Politikwissenschaftliche Paperbacks

Studien und Texte zu den politischen Problemfeldern und Wandlungstendenzen westlicher Industriegesellschaften

Reihe herausgegeben von
Dieter Nohlen, Heidelberg, Deutschland
Rainer-Olaf Schultze, Augsburg, Deutschland
Wichard Woyke, Münster, Deutschland

Weitere Bände in der Reihe http://www.springer.com/series/12319

Sebastian Geßler

Souveränität ohne Unabhängigkeit

Aufstieg und Niedergang der Unabhängigkeitsbewegung in Quebec

Springer VS

Sebastian Geßler
Augsburg, Deutschland

Dissertation Universität Augsburg, 2019, u.d.T.: Geßler, Sebastian: Das Ende eines Traums? Aufstieg und Niedergang der Unabhängigkeitsbewegung in Quebec (1960–2014)

Politikwissenschaftliche Paperbacks
ISBN 978-3-658-27384-2 ISBN 978-3-658-27385-9 (eBook)
https://doi.org/10.1007/978-3-658-27385-9

Die Deutsche Nationalbibliothek verzeichnet diese Publikation in der Deutschen Nationalbibliografie; detaillierte bibliografische Daten sind im Internet über http://dnb.d-nb.de abrufbar.

Springer VS

Springer VS ist ein Imprint der eingetragenen Gesellschaft Springer Fachmedien Wiesbaden GmbH und ist ein Teil von Springer Nature.
Die Anschrift der Gesellschaft ist: Abraham-Lincoln-Str. 46, 65189 Wiesbaden, Germany

Vorwort

Die vorliegende Arbeit ist das Resultat meiner Tätigkeit als wissenschaftlicher Mitarbeiter an der Professur für vergleichende Politikwissenschaft und dem Institut für Kanada-Studien an der Universität Augsburg. Im Januar 2019 wurde sie von der Philosophisch-Sozialwissenschaftlichen Fakultät unter dem Titel „Das Ende eines Traums? Aufstieg und Niedergang der Unabhängigkeitsbewegung in Quebec (1960 – 2014)“ als Dissertation angenommen. Für die Drucklegung wurde sie geringfügig überarbeitet.

Während der knapp fünfjährigen Entstehungszeit haben mich mehrere Personen unterstützt, denen ich herzlich dafür danken möchte. An erster Stelle gilt mein Dank meinem Doktorvater, Prof. Dr. Peter A. Kraus, der mich die gesamte Zeit an der Professur und dem Institut in meinem Forschungsprozess begleitet und mir mehrere Forschungsaufenthalte in Kanada und Quebec ermöglicht hat. Herrn Prof. Dr. Rainer-Olaf Schultze verdanke ich mein wissenschaftliches Interesse an Kanada. Er hat mich während meiner Zeit als studentische Hilfskraft an seiner Professur davon überzeugt, meinen Master in Vancouver zu absolvieren und hat mit mir während des Forschungs- und Schreibprozesses regelmäßig ausführlich über meine Forschung diskutiert. Mein Dank gilt ebenfalls Prof. Alain-G. Gagnon und dem Forschungsnetzwerk CRIDAQ von der Université du Québec à Montréal. Prof. Gagnon hat meine Arbeit stets kritisch begleitet und mir im Jahr 2016 einen viermonatigen Forschungsaufenthalt in Montreal ermöglicht.

Im Verlauf des Forschungsprozesses haben mich meine Kolleginnen und Kollegen am Lehrstuhl und am Institut sowie dies- und jenseits des Atlantiks durch konstruktive Kritik und zahlreiche inhaltliche Anmerkungen unterstützt. Dazu zählen Prof. Dr. Jörg Broschek, Melanie Frank, Dr. Núria Garcia, Ivan Gregurić, Félix Mathieu und Marc Sanjaume. Für die organisatorische Unterstützung am Lehrstuhl und am Institut danke ich besonders Jonas Graber, Claudia Glöckner, Maria Gruber und Lisa Metzger. In der Endphase der Dissertation konnte ich zudem auf zahlreiche Freundinnen und Freunde bauen, die mir beim Korrekturlesen und beim Formatieren zur Hand gingen. Dazu zählen neben einigen der bereits genannten Personen Annika Betzler, Franziska Pux, Thomas Weisser und Franziska Wex.

Den Herausgebern der Reihe „Politikwissenschaftliche Paperbacks“ – Prof. Dr. Dieter Nohlen, Prof. Dr. Rainer-Olaf Schultze und Prof. Dr. Wichard Woyke – danke ich für die Aufnahme meiner Studie in dieser Reihe. Ebenfalls danken möchte ich für die redaktionelle Unterstützung vor allem Frau Sabine Schöller vom Springer-Verlag.

Ein ganz besonderer Dank gilt jedoch an dieser Stelle meinen Eltern, Georg und Sigrid Geßler, die mich stets tatkräftig unterstützt und in meiner Arbeit bestärkt haben. Ihnen ist diese Arbeit gewidmet.

Augsburg im Mai 2019 Sebastian Geßler

Inhaltsverzeichnis

Tabellenverzeichnis

Abbildungsverzeichnis

Abkürzungen

ADQ	Action démocratique du Québec
B&B-Kommission	Royal Commission on Bilingualism and Biculturalism
BIP	Bruttoinlandsprodukt
CAD	Canadian Dollar
CAQ	Coalition Avenir Québec
CDPQ	Caisse de dépôt et placement du Québec
CHST	Canada Health and Social Transfer
CHT	Canada Health Transfer
CST	Canada Social Transfer
CiU	Convergència i Unió
CPQ	Conseil du patronat du Québec
CTCC	Confédération des travailleurs catholiques du Canada
EPF	Established Programs Financing
ERC	Esquerra Republicana de Catalunya
HRT	Health Reform Transfer
Mio.	Millionen
MSA	Mouvement Souveraineté-Association
Mrd.	Milliarden
NAFTA	North American Free Trade Agreement
NDP	New Democratic Party
PDeCAT	Partit Demòcrata Europeu Català
PLQ	Parti libéral du Québec
PME	Petites et moyennes entreprises
PQ	Parti québécois
QS	Québec solidaire
RAP	Rassemblement pour l'alternative progressiste
RIN	Rassemblement pour l'indépendance nationale
RN	Ralliement national
SGF	Société générale de financement

SNP	Scottish National Party
SUFA	Social Union Framework Agreement
UFP	Union des forces progressistes
UN	Union nationale

1. Einleitung

Unabhängigkeits- und Autonomiebestrebungen erleben im 21. Jahrhundert unter den Minderheitsnationen im westlichen Europa einen bisher nicht dagewesenen Aufschwung. In Schottland stimmte zwar eine Mehrheit von über 55 Prozent der Bürger 2014 für den Verbleib im Vereinigten Königreich. In Katalonien hingegen sprachen sich im Oktober 2017 92 Prozent der Katalanen in einem von Madrid untersagten Referendum für die Abspaltung der autonomen Gemeinschaft von Spanien aus. Im selben Monat stimmten die Bürger der zwei italienischen Regionen Venetien und der Lombardei jeweils in einem rechtlich nicht bindenden Referendum für mehr Autonomierechte für ihre Regionen.

Dieses Phänomen ist nicht neu. Bereits die zweite Hälfte des 20. Jahrhunderts war geprägt gewesen von den Unabhängigkeitsbestrebungen früherer Kolonien – vor allem derjenigen der britischen und französischen Imperien – und von den Staatsneugründungen in Folge des Zerfalls einstiger multinationaler Staaten wie zum Beispiel der Sowjetunion oder Jugoslawiens. Auch Minderheitsnationen in den etablierten Demokratien Westeuropas und Nordamerikas forderten ihre Souveränität und ihre Unabhängigkeit ein. Dabei unterschieden sich diese Gruppen zum Teil deutlich voneinander. Einige trugen ihre Konflikte friedlich aus (Quebec, Katalonien und Schottland), manche aber auch gewaltsam (Baskenland und Nordirland). Manche Regionen sind eher ärmer (Quebec), andere reicher (Katalonien und Flandern), manche politisch eher linker (Schottland), andere konservativer (Südtirol). Dennoch verbindet alle Regionen das Streben nach „Souveränität".

Diese Beispiele stehen allesamt für den Fall von „Minderheitsnationen" (Gagnon 2014, S. 27f.; Kymlicka 2001, S. 224), in dem nationale Minderheiten nach Unabhängigkeit beziehungsweise nach dem Recht auf Selbstbestimmung streben und dabei den Souveränitätsanspruch der eigenen Nation betonen. Der Begriff der Minderheit darf hierbei allerdings nicht in die Irre führen. Minderheitsnationen sind Gruppen, die territorial konzentriert innerhalb eines multinationalen Staates leben, innerhalb ihres Territoriums die soziodemographische Mehrheit stellen und sich auf Grund askriptiver Merkmale von der Mehrheit des Gesamtstaates unterscheiden. „Within many established states, there continue to be entities that can credibly claim to be nations. Their roots lie not in political institutions but in social conditions such as culture, language and communication structures" (McRoberts

S. Geßler, *Souveränität ohne Unabhängigkeit*, Politikwissenschaftliche Paperbacks, https://doi.org/10.1007/978-3-658-27385-9_1

2003, S. iii; siehe auch Stepan 2001, S. 327). Diese Merkmale dienen als Mittel der Differenzierung gegenüber anderen Nationen. Nationen sind folglich im Sinne Benedict Andersons „imagined communities“ und damit begrenzt und souverän (Anderson 1991). Viele dieser Minderheitsnationen in Nordamerika und Westeuropa sind darüber hinaus im hegelschen Sinne *historische* Nationen; das heißt sie haben bereits in der Vergangenheit einmal in einer unabhängigen, in jedem Fall eigenständigen staatlichen Einheit gelebt, verfügten über ein eigenes Rechtssystem und grenzten sich durch kulturelle und/oder sprachliche Eigenheiten von der Mehrheitsgruppe ab. Sie wurden aber auch zu einem bestimmten Zeitpunkt in der Geschichte in den Staat der Mehrheitsgesellschaft inkorporiert. Damit gehen diese Nationen über die Definition von McRoberts hinaus und schließen institutionelle Faktoren mit ein. Zu diesen historischen Minderheitsnationen zählen in Europa unter anderem die Katalanen und die Schotten, oder in Nordamerika die Quebecer. Somit geht die hier verwendete Definition über ein rein kulturalistisches Verständnis hinaus und schließt als Kriterium für eine Nation ebenso das Vorhandensein von eigenen institutionellen (Staats-)Strukturen mit ein.

Das Verhältnis von Mehrheit und Minderheit und der politische Konflikt um die Forderungen, die beide Seiten an die jeweilige andere Seite stellen, sowie die Rechte, die jeweils eingefordert werden, prägen das Zusammenleben und die politischen Prozesse in multinationalen Demokratien und föderalen Systemen. Minderheiten und Mehrheiten sind dabei keine statischen Akteure und dürfen nicht als einheitliches und homogenes Ganzes gedacht werden (Tully 2008, S. 167). Zwar versuchen Politiker, Parteien oder soziale Bewegungen innerhalb dieser Nationen beständig, sich selbst als Repräsentanten „der ganzen“ und „wahren“ Nation darzustellen (Brubaker 1997, S. 61), doch ist eine Minderheitsnation in der Realität ein dynamisches Konstrukt. Dieses ist intern heterogen und fragmentiert und kann sich im Laufe der Zeit in seiner politischen Ausrichtung (Autonomie vs. Sezession) oder auch in der Frage, auf welcher Basis die nationale Identität beruht (Religion vs. Sprache), wesentlich verändern.

Der Ausgangspunkt dieser Arbeit sind die Diskussionen über den Aufstieg und Erfolg sezessionistischer Bestrebungen. Dabei gilt es, in der Debatte auf einen wichtigen Punkt hinzuweisen. Der Fokus kann bei der in Teilen gegenwärtig zu beobachtenden gesellschaftlichen und politischen Euphorie über die nationalen Bestrebungen von Minderheitsnationen in Europa nicht ausschließlich in der Beantwortung der Frage des Aufstiegs oder der normativen Begründung für das demokratische Recht auf Selbstbestimmung liegen. Auch den Faktoren und Mechanismen eines möglichen Niedergangs dieser Bewegungen gilt es Aufmerksamkeit zu widmen. Diese werden in der Literatur häufig vernachlässigt. Genau hier findet sich die Forschungslücke, in die diese Arbeit stößt. Das Fallbeispiel der frankophonen kanadischen Provinz Quebec zeigt etwa deutlich, dass das Streben nach Unabhängigkeit nicht auf einen unausweichlichen Endpunkt in Form eines unabhängigen Staates zusteuert. In der vergangenen Dekade nahm dort die Unterstützung für die Unabhängigkeit langsam und kontinuierlich ab und pendelte sich auf einem für Quebec niedrigen Level ein (vgl. Abbildung 1.1). Es gibt nämlich keine historisch festgeschriebenen Ziele, auf die sich Gesellschaften unausweichlich zubewegen. Anders als noch vor einigen hundert Jahren gibt es keine göttlichen Gebote oder naturrechtlichen Prinzipien, die das Handeln des Menschen determinieren und das Ziel seines Strebens festlegen. Es gibt auch bei diesem Phänomen der Unabhängigkeitsbestrebungen kein „Ende der Geschichte" (Fukuyama 1992).

Die Zukunft und die Geschichte im Allgemeinen sind in meinem Verständnis vielmehr offen. Geschichte verläuft nicht teleologisch und unilinear. Sie ist geprägt von Rückschritten und – in der Terminologie von Ernst Bloch (1962, S. 104) – „Ungleichzeitigkeiten". Sie lässt zudem Abweichungen in den gesamtgesellschaftlichen Zielen von Akteuren zu. Sie zeichnet sich durch unterschiedliche Perspektiven und Kontingenz sowie durch das spezifische Zusammenwirken bestimmter Mechanismen und Faktoren aus, welche eine wichtige Rolle bei der Frage spielen, ob eine Bewegung wie diejenige der Souveränisten und Unabhängigkeitsbefürworter in Quebec, Katalonien oder Schottland ihre Ziele erreichen kann. Diese unterschiedlichen Sichtweisen und die Anerkennung von Multikausalitäten, auf der diese Phänomene beruhen, stehen im Zentrum der hier vorliegenden Analyse, welche auf der Weberschen Trias von Interessen, Institutionen und Ideen aufbaut.

Historische Offenheit impliziert dabei allerdings nicht das Prinzip „anything goes". Wie Karl Marx festgestellt hat, machen Menschen ihre eigene Geschichte innerhalb der vorgefundenen normativen und strukturellen Gegebenheiten. Aber sie machen ihre Geschichte dennoch selbstverantwortlich. Handlungsalternativen sind also möglich (Marx 1927, S. 21f.). Diese Schlussfolgerungen spielen auch im für diese Analyse gewählten Zugang des historischen Neo-Institutionalismus eine wichtige Rolle – wenngleich sich dessen Vertreter nicht auf Marx beziehen. Wenn man also davon ausgeht, dass die Geschichte offen ist, aber Gesellschaften gleichzeitig sozialen und institutionellen Zwängen unterliegen, dann sind beispielsweise Pfadabhängigkeiten möglich. Diese sind nicht deterministisch zu betrachten (Lehmbruch 2000, S. 77), sondern können im historischen Prozess aufgebrochen werden, sofern politische und gesellschaftliche Akteure die Gelegenheit ergreifen, welche ihnen kritische Weggabelungen bieten.

Abbildung 1.1: Zustimmung der quebecer Bevölkerung zur Souveränität der Provinz in einem Referendum 01/2004 - 12/2016

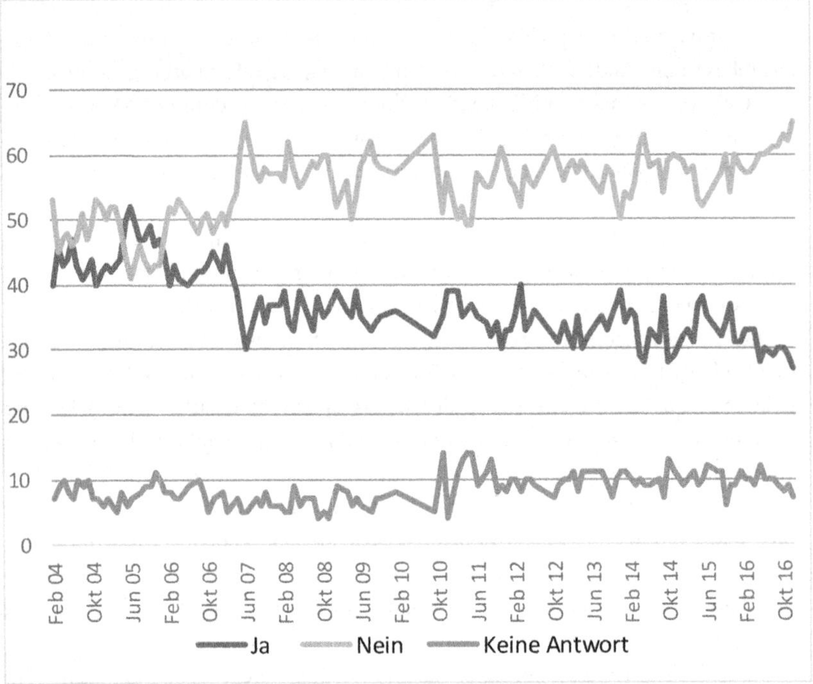

Quelle: Daten von CROP

Die in manchen politischen und wissenschaftlichen Kreisen fast schon dogmatische Fokussierung auf die Unabhängigkeit als ein Ziel normativ begründeter guter Ordnung stellt somit die eigentliche Problemstellung in den Hintergrund. Es ist an der Zeit, die Unabhängigkeitsdebatte vom Kopf auf die Füße zu stellen. Die wesentliche Frage lautet nicht, ob und wie eine Unabhängigkeit normativ gerechtfertigt ist und wann sie endlich erreicht werden kann.[1] Die Unabhängigkeit muss nicht notwendigerweise das Problem oder das Heilmittel für die grundlegenden Herausforderungen einer Minderheitsnation sein. Das Streben nach Unabhängigkeit kann die Reaktion einer Gesellschaft auf einen bestimmten gesellschaftlichen Problemkontext sein und kann nicht als objektives Interesse einer Gruppe gelten. Unter der Bedingung, dass die Geschichte offen ist, spielt die Frage nach dem Niedergang von Unabhängigkeitsbewegungen somit eine wichtige Rolle.

Aus einer vergleichenden Perspektive ergeben sich daher aus den Herausforderungen des Zusammenlebens von Minderheitsnationen und Mehrheitsnationen in multinationalen Staaten zwei zentrale Fragen, die in dieser Arbeit für das Fallbeispiel Quebec beantwortet werden sollen. Diese Fragen beziehen sich auf den Aufstieg und Niedergang von Unabhängigkeitsbewegungen und auf die strategische Reaktion von Parteien, die für die Unabhängigkeit eintreten, auf diese Entwicklungen. Quebec bietet sich hierbei an, da die frankophone, kanadische Provinz beide Phasen, die des Aufstiegs und die des Niedergangs, durchlaufen hat. Die zentralen Forschungsfragen lauten daher:

1) Worin begründet sich der Aufstieg und Niedergang der Unabhängigkeitsbewegung in Quebec zwischen 1960 und 2014?
2) Wie reagiert der *Parti québécois* als Partei, die für die Unabhängigkeit eintritt, strategisch auf diese Entwicklungen?

Der *Parti québécois* (PQ) hat seit den verlorenen Provinzwahlen von 2003 kein einziges Mal mehr die absolute Mehrheit der Sitze in der quebecer[2] Nationalversammlung erringen können. Regierungsverantwortung konnten die Péquisten[3] nur in einer Minderheitsregierung von 2012 bis 2014 übernehmen.

1 Dies bedeutet nicht, dass es sich hierbei nicht um legitime Fragen handelt. Die normativen und juristischen Problemstellungen nach den Voraussetzungen für eine Unabhängigkeit haben ihre Berechtigung und müssen in der politischen und wissenschaftlichen Debatte diskutiert werden. Sie dürfen aber nicht andere – ebenfalls relevante – Fragestellungen verdecken. Die Debatte darf somit nicht ausschließlich normativ geführt werden.

2 Die deutsche Sprache kennt laut der offiziellen Version des Dudens kein Adjektiv, das sich auf Quebec bezieht. In der wissenschaftlichen Literatur werden deshalb unterschiedliche Begriffe wie zum Beispiel „quebecisch", „quebecer" und „quebecker" verwendet. Im Kontext dieser Arbeit wird das Adjektiv „quebecer" genutzt.

3 Als Péquisten (*Péquistes*) werden in Kanada die Anhänger des PQ bezeichnet.

Im internationalen Vergleich föderaler politischer Systeme befindet sich die Provinz Quebec innerhalb eines Bundesstaates, der als eines der am stärksten dezentralisierten, politischen Systeme weltweit gilt (Simeon 2006, 2009; Watts 2009). Dies betrifft nicht nur die Verteilung der Kompetenzen zwischen dem Bund und den Gliedstaaten, sondern auch den Finanzföderalismus (Anderson 2010; Boadway und Shah 2009). Innerhalb der quebecer Diskussion wird dieser Sachverhalt oftmals übersehen (siehe unter anderem Rocher und Rouillard 1996). Obwohl Kanada vergleichsweise stark dezentralisiert ist, findet man auch hier Dynamiken der Zentralisierung und Dezentralisierung wieder und diese Debatten werden von den Akteuren innerhalb eines spezifischen kanadischen Kontexts geführt.

Der Konflikt zwischen Quebecern und dem Bund stellt jedoch nicht den einzigen territorialen Konflikt in Kanada dar. Ein starker Regionalismus spielt seit der Gründung des Bundesstaates im Jahre 1867 eine wichtige Rolle. Dabei waren etwa wirtschaftliche Disparitäten zwischen reicheren und ärmeren Provinzen von großer Bedeutung. Gleiches gilt für den Konflikt zwischen dem Osten und dem Westen des Landes. Vor allem die Provinz Alberta fordert seit Jahrzehnten mehr Mitspracherecht auf der Bundesebene sowie eine Dezentralisierung des Bundesstaates. Wie auch Quebec verlangen die Konservativen des Westens den Rückzug des Bundes aus den Kompetenzbereichen der Provinzen. Quebec stand somit Ottawa nicht allein gegenüber, sondern konnte sich im Laufe der Zeit immer wieder in einer gemeinsamen Front mit anderen Provinzen organisieren (Schultze 1997a, S. 3f.; Simeon 2013, S. 336f.).

Allerdings ging Quebec in seinen Forderungen am weitesten. Die Provinz strebt seit den 1960er Jahren nach Souveränität. Während der Zeit der *Trente Glorieuses,* als die regulierende Kraft des Staates ihren Höhepunkt erreicht hatte, war die Aussicht verlockend, „Herr im eigenen Hause" zu sein (*maîtres chez nous*)[4]. Wenn Souveränität hierbei mit dem Begriff der politischen Handlungsfähigkeit in Verbindung gebracht wird (Geßler 2015a), dann leuchtet der Zusammenhang ein. Deswegen war in Quebec der Ausbau des Staates von zentraler Bedeutung. In diesen Zeiten war der Ruf nach Unabhängigkeit und damit nach der vollständigen Kontrolle über das eigene Schicksal ein starkes Motiv, das die politischen Eliten

---

4 In der Dissertation werden zentrale Begriffe aus der kanadischen Politik wie etwa Kommissionsnamen, Konzepte oder Gesetze in der Regel mit den englischen Begriffen verwendet, sofern sie nicht in direkten Zitaten genutzt werden. Handelt es sich allerdings um spezifische quebecer Kommissionen, Konzepte oder Gesetze, dann werden die französischen Bezeichnungen verwendet.

zur Mobilisierung genutzt haben. Von Anfang der 1960er Jahre bis zum zweiten Referendum von 1995 Jahre nahm die Zustimmung zu den unterschiedlichen Formen der Souveränität (Unabhängigkeit, Separation, *souveraineté-association*, *souveraineté-partenariat*, etc.) die meiste Zeit zu (Cloutier et. al. 1992, S. 45). Seitdem nimmt die Zustimmung allerdings beständig ab und seit Anfang 2006 gibt es in den Umfragen eine klare Mehrheit des Nein-Lagers.

Die Souveränitätsbestrebungen der Quebecer können jedoch nicht als abschließend gescheitert betrachtet werden. Dieser Punkt ist für die vorliegende Analyse sehr wichtig. Ziel dieser Arbeit ist es nicht, für das unumkehrbare Ende der Unabhängigkeitsbewegung zu argumentieren. Da von der Offenheit der Geschichte ausgegangen wird, kann der auf Unabhängigkeit ausgerichtete Nationalismus in Quebec nicht zu Grabe getragen werden. Dies wurde in der Vergangenheit bereits mehrmals getan und immer lag man damit falsch (Lammert 2004, S. 11). Diese Arbeit analysiert vielmehr die Entwicklungen der vergangenen Jahrzehnte. Dabei muss eine weitere Einschränkung beachtet werden. Der quebecer Nationalismus ist sehr heterogen und umfasst nicht nur die Unabhängigkeitsbewegung. Gleichzeitig stellte diese den dominanten Vektor für den Nationalismus seit den 1960er Jahren dar. Eine ähnliche Einschränkung gilt für den PQ, der nur einen Teil der Unabhängigkeitsbewegung widerspiegelt. Zwar vereinte der PQ bis zum Ende der 1990er Jahre einen Großteil der Bewegung, doch begann die Erosion dieser Koalition ab den frühen 2000er Jahren. Um die Zusammenhänge im empirischen Teil dieser Arbeit besser nachvollziehen zu können, wird der gesellschaftliche und politische Kontext Kanadas und Quebecs etwas ausführlicher dargestellt werden.[5]

Diese Arbeit gliedert sich in insgesamt zwei Teile. Der erste Teil beinhaltet den konzeptionellen Rahmen. In Kapitel 2 folgt eine Einführung in die zentralen institutionellen, akteurzentrierten und ideellen Ansätze, die im Kontext dieser Arbeit von Relevanz sind. Im Anschluss daran folgt die Darlegung der aus der Theorie abgeleiteten Leitfragen für die empirische Analyse. Das Ende des Kapitels bietet eine Übersicht über die methodische Vorgehensweise bei dieser Analyse. Dabei wird die Auswahl des Forschungsdesigns begründet und das verwendete Datenmaterial kurz präsentiert.

---

5 Im Anhang dieser Arbeit befinden sich drei Tabellen, die einen zeitlichen Überblick über die Wahlen in Quebec seit 1956 (Tabelle 8.1), über die Regierungsparteien und -chefs in Quebec und Kanada seit 1958 (Tabelle 8.2) und über die Regierungschefs und Parteiführer des PQ und des PLQ in Quebec seit 1958 (Tabelle 8.3) liefern.

Der zweite Teil der Arbeit enthält die empirische Analyse des Fallbeispiels Quebecs. Kapitel 3 beschreibt den Aufstieg der Unabhängigkeitsbewegung während der *révolution tranquille*[6] ab 1960 im Kontext der von den quebecer Liberalen vorangetriebenen Gesellschaftsprojektes der *rattrapage*[7]. Der neu entstehende PQ verlegte sich mit dem Beginn der 1970er Jahre auf die Forderung nach einem Referendum über die Abspaltung von Kanada. Im vierten Kapitel stelle ich die Konsolidierung der Macht des PQ und der Unabhängigkeitsbewegung in der Politik Quebecs dar und analysiere die politischen und gesellschaftlichen Veränderungen in der Provinz nach der Machtübernahme durch den PQ im Jahre 1976. Kapitel 5 befasst sich mit der Post-Referendumszeit nach 1995 bis zu den Provinzwahlen von 2014. Innerhalb dieses Zeitraums fand eine weitere Dezentralisierung des politischen Systems statt. Gleichzeitig schwenkte die politische Debatte hin zu einer Auseinandersetzung über Zuwanderung und Integration. Abschließend wird in Kapitel 6 ein kurzes Resümee zum Fallbeispiel Quebec und – in vergleichender Perspektive – für die breitere Debatte über Minderheitsnationen gezogen.

---

6 Die *révolution tranquille* bezeichnet eine Phase des tiefgreifenden wirtschaftlichen und sozialen Wandels in Quebec in den 1960er Jahren.

7 Das Gesellschaftsprojekt der *rattrapage* bezeichnet das „Aufholen" Quebecs bei der wirtschaftlichen, sozialen und politischen Modernisierung der Provinz. Quebec sollte dabei zu einem modernen Staat werden und die frankophonen Quebecer ökonomisch und sozial aufsteigen.

2. Theoretischer Rahmen, Fragestellung und Methode

Die Analyse basiert auf der von Max Weber aufgeworfenen Trias von Institutionen, Interessen und Ideen, die er als wichtig ansah, um soziale Phänomene in der Welt begreiflich werden zu lassen. Keine dieser Kategorien ist jedoch für sich selbst in der Lage, diese Leistung zu erbringen.

> "Interessen (materielle und ideelle), nicht: Ideen, beherrschen unmittelbar das Handeln der Menschen. Aber: die ‚Weltbilder' welche durch ‚Ideen' geschaffen wurden, haben sehr oft als Weichensteller die Bahnen bestimmt, in denen die Dynamik der Interessen das Handeln fortbewegte." (Weber 1963, S. 252)

Gleichzeitig sind diese Ideen und Interessen in Institutionen eingebettet. So können Akteure einerseits diese Institutionen nach ihren Vorstellungen und Präferenzen formen. Andererseits schränken diese dann menschliches Handeln ein und lenken es in gewisse Bahnen (Hall 1992). Wie Peter Hall zudem mit Rückgriff auf Max Weber ausformuliert hat, darf der historische Kontext, in dem Interessen und Präferenzen entstehen und in dem sie eingebettet sind, nicht einfach beiseite gewischt werden. „[T]o impute preferences to actors without considering their perceptions of what they were doing is to populate the historical world with ahistorical actors, figments of our imagination, whose own political imagination escapes us" (Hall, 2005, S. 154). Gleiches gilt auch für Institutionen und Ideen, die sich ebenfalls innerhalb bestimmter geschichtlicher Konstellationen entwickeln.

Auf Grund der Interdependenzen zwischen Institutionen, Interessen und Ideen kann keine Festlegung auf unabhängige und abhängige Variablen erfolgen. Das Bild vom Dreieck kann jedoch helfen zu verstehen, dass die drei Kategorien sich gegenseitig beeinflussen. Dies sind wichtige Grundlagen für die folgende Analyse über den Aufstieg und den Niedergang der Unabhängigkeitsbewegung in Quebec und über die parteistrategische Reaktion des PQ auf diese Entwicklungen.

Dabei wird zur Illustration der Zusammenhänge in diesem Kapitel auf Fallbeispiele zurückgegriffen, in denen die Konflikte um die Souveränitätsbestrebungen von Minderheitsnationen mit der Mehrheitsgesellschaft friedlich innerhalb eines gemeinsamen institutionellen Rahmens ausgetragen werden. Gewaltsame Konfrontationen, wie etwa im Baskenland oder in Nordirland, werden nicht weiter berücksichtigt, da diese Konflikte anderen politischen Dynamiken und Prozessen

S. Geßler, *Souveränität ohne Unabhängigkeit*, Politikwissenschaftliche Paperbacks, https://doi.org/10.1007/978-3-658-27385-9_2

unterworfen sind.[8] Des Weiteren sind alle hier aufgeführten Minderheitsnationen Teil eines gefestigten demokratischen Systems mit gut entwickelten sozio-ökonomischen Strukturen. Aus diesem Grund findet die Betrachtung des in dieser Arbeit behandelten Beispiels Quebecs im Kontext des größeren Falls der Minderheitsnationen innerhalb der multinationalen Demokratien Westeuropas und Nordamerikas statt. Andere multinationale politische Systeme wie diejenigen Indiens, Indonesiens, des Iraks oder Nigerias werden ausgeblendet, da hier der politische Umgang mit Minderheiten oftmals „versicherheitlicht"[9] ist (Kymlicka 2007, S. 119).

Seit Anfang der 1960er Jahre lässt sich im Rahmen des hier behandelten Falls dieser Minderheitsnationen eine zunehmende Politisierung der Identitäten erkennen. Damit einher geht die politische Mobilisierung dieser Gruppen mit dem Ziel der „Selbstbestimmung". Quebecer, Schotten, Katalanen, Flamen oder Südtiroler sahen im Laufe ihrer Geschichte den Status quo innerhalb der politischen Systeme als unbefriedigend an und strebten nach Reformen, die auf die politische, wirtschaftliche und soziale Gleichberechtigung abzielen. Dies sind nur einige Beispiele aus einer großen Gruppe an Minderheitsnationen in Westeuropa und Nordamerika. Quebec durchlebt diese Prozesse der Mobilisierung im Zuge der *révolution tranquille* und während der Krisen der 1980er und 1990er Jahre, in denen um die verfassungsrechtliche Einbindung Quebecs in den kanadischen Bundesstaat gerungen wurde. In Belgien hatte sich der Konflikt zwischen den niederländisch sprechenden Flamen und den französisch sprechenden Wallonen in den 1960er Jahren an der Sprachenfrage in Brüssel entzündet. Er führte zu den Verfassungsreformen von 1970 und 1993, die das unitarisch-zentralistische Belgien in einen hochgradig dezentralisierten Föderalstaat verwandelten. In Katalonien stand die das Parteiensystem dominierende christdemokratisch-liberale Koalitionspartei *Convergència i Unió* (CiU) seit dem Übergang zur Demokratie im Jahr 1978 für einen autonomistischen Kurs, ehe die politischen und wirtschaftlichen Krisen der späten 2000er Jahre der Unabhängigkeitsbewegung Auftrieb verschafften und sich die Partei 2015 spaltete. In Schottland verschaffte die unter der Labour-Partei Tony Blairs Ende der 1990er Jahre eingeleitete Devolution der *Scottish National Party* (SNP) eine neue politische Arena, um Zustimmung für die Unabhängigkeit Schottlands zu mobilisieren und die Autonomie der Region auszubauen.

---

8 Für einen Überblick über derartige Fallbeispiele wie Nordirland oder dem Baskenland siehe unter anderem Waldmann (1992) oder Bew, Frampton und Gurruchaga (2009).

9 Zum Konzept der „Versicherheitlichung" siehe Buzan, Wæver und de Wilde (1998).

Auf Grund der neuen Bestrebungen in Katalonien und Schottland und auch mit Hinblick auf die beiden Unabhängigkeitsreferenden in Quebec stellt Alain-G. Gagnon zu Recht die Frage, ob uns eine neue Welle der Nationalstaatenbildung in Westeuropa und Nordamerika bevorsteht, da sich die jeweiligen Mehrheitsgesellschaften schwertun, den Forderungen der Minderheitsnationen gerecht zu werden. Wenngleich Gagnon offen gegenüber anderen Formen des Zusammenlebens von Mehrheit und Minderheit ist, kommt er dennoch zu dem Schluss, dass in einigen Fällen den Minderheitsnationen keine andere Wahl bleibe, als die Unabhängigkeit vom Gesamtstaat zu fordern, um ihre nationale Selbstbestimmung zu erlangen (Gagnon 2014, S. 28ff.).

In diesem Kapitel stellt sich folglich die Frage, welchen Mechanismen und Faktoren bei der Interpretation dieser beschriebenen Prozesse in der Literatur eine entscheidende Rolle eingeräumt wird. Dies geschieht anhand der Weberschen Trias von Institutionen, Interessen und Ideen. Zuvor werden jedoch kursorisch einige Vorüberlegungen zu den normativen Grundannahmen der hier relevanten Konzepte wie Souveränität und Multinationalismus angestellt.

2.1 Souveränität und Multinationalismus – Einige Vorüberlegungen

Sowohl Souveränität als auch Multinationalismus spielen in der Debatte um die Unabhängigkeit von Minderheitsnationen im 21. Jahrhundert eine wichtige Rolle. Das Ziel dieser Minderheitsnationen ist es, auf Basis einer Ablehnung des auf gesellschaftlicher Homogenität beruhenden Nationalstaatsmodells, das kollektive Selbstbestimmungsrecht ihrer Nationen einzufordern. Sogenannte *Minderheitsparteien*[10] dienen dabei als politisches Vehikel für die Unabhängigkeitsbestrebungen. Dies sind Parteien von regional konzentriert lebenden Minderheitsnationen, die für das Recht auf Selbstbestimmung eintreten. Dies bedeutet, dass ein spezieller Bezug zum Territorium besteht, in dem diese Minderheitsnation lebt, dass diese Parteien nur in diesem Gebiet zu Wahlen antreten und dass eine ganze Bandbreite

---

10 In der Literatur finden sich unterschiedliche Bezeichnungen für dieselbe Parteienfamilie. So sprechen etwa Mazzoleni und Mueller (2017) von *regionalist parties*, Hepburn (2010b) von *stateless nationalist and regionalist parties (SNRP)* und Türsan (1998) von *ethnoregionalist parties*.

an Optionen – von Autonomie bis Unabhängigkeit – zur Erlangung von Selbstbestimmung bestehen kann.

Für Minderheitsparteien als Vertreterinnen dieser Minderheitsnationen besteht das Ziel in der Verwirklichung der „Selbstregierung“ (*self-government*), wobei die konkrete Definition dieses Begriffs innerhalb der einzelnen Gruppen oftmals unterschiedlich ausfällt (de Winter 1998, S. 191ff., 204f.). Dabei darf der mit dieser Forderung oftmals einhergehende Minderheitennationalismus nicht per se als rückständig zurückgewiesen oder als normativ schlecht betrachtet werden. Nationalismus ist zudem keine Anomalie, die vorherrschend bei kleineren Gruppen vorgefunden werden kann. So ist beispielsweise Nationalismus in seiner „banalen“ Form, wie Michael Billig gezeigt hat, ein alltägliches Phänomen in menschlichen Gemeinschaften (Billig 1995), welches durch das Hissen von Flaggen, das Singen von Nationalhymnen und das Nutzen von Sprache alltäglich reproduziert wird. Auch Mehrheitsnationen nutzen laut Gagnon et al. (2011) das Prinzip des Nationalismus, um ihre Interessen innerhalb eines Staates durchzusetzen. Vor allem in multinationalen Staaten sei dieser Nationalismus der Mehrheit (*majority nationalism*) eine tagtägliche Erfahrung für Minderheitsnationen. Der Nationalismus der Mehrheit ist dabei jedoch oftmals positiv konnotiert und wird mit dem Begriff des „Patriotismus“ beschrieben oder gleichgesetzt (Lecours und Nootens 2011, S. 6f.). Allerdings liegen auch dieser Art von „Patriotismus“ ähnliche Prozesse und Mechanismen von Inklusion und Exklusion zu Grunde wie dem Nationalismus. Dabei impliziert Mehrheit nicht immer nur eine signifikante numerische Mehrheit, wie dies in den Beispielen von Quebec-Kanada oder Katalonien-Spanien der Fall ist. Gruppen können auch nahezu ähnlich groß sein, oder aber die kleinere Gruppe auf Grund von historischen Entwicklungen eine strukturelle Mehrheit darstellen. So zeigte sich dieses Phänomen etwa lange Zeit mit den französisch sprechenden Wallonen in Belgien.

Ein geeignetes Beispiel zur Verdeutlichung der soeben beschriebenen Prozesse ist die Politik des ehemaligen Oppositionsführers und späteren spanischen Ministerpräsidenten Mariano Rajoys und seiner Partei *Partido Popular* (PP) mit Hinblick auf die Forderungen Kataloniens nach einem neuen Autonomiestatut Ende der 2000er Jahre. Die jakobinische Tradition, in der die Nation als unauflösliche Einheit dargestellt wird, spielte im politischen und juristischen Kampf um das katalanische Autonomiestatut eine wichtige Rolle. Diese Tradition ist in Artikel 2 der spanischen Verfassung verankert, welcher von der „unauflöslichen Einheit“

der spanischen Nation ausgeht. Diese Formel nutzte Rajoy, um die Bestrebungen der Katalanen nach einer rechtlichen Anerkennung als Nation (*nación*) – im Gegensatz zur Kategorie der *nacionalidad* – zu verhindern und den besonderen Status der spanischen Nation herauszustellen. Im kanadischen Fall verhält es sich anders. Zwar findet sich etwa in der Politik des ehemaligen Premierministers Pierre E. Trudeau ein Pankanadismus wieder (Rocher und Smith 2003), dem nationalistische Elemente eigen waren. Durch die Einführung einer Grundrechtecharta (*Canadian Charter of Rights and Freedoms*) und durch die Errichtung gemeinsamer Standards in der Sozialpolitik sollte dieser gestärkt und das kanadische *nation-building* vorangetrieben werden (Gagnon 2003). Damit wollte die kanadische Bundesregierung den zentrifugalen Kräften innerhalb Kanadas entgegenwirken. Deswegen lehnten Politiker wie Trudeau oder (anglo-)kanadische Nationalisten wie der Historiker Donald Creighton eine Sonderstellung für Quebec innerhalb des kanadischen Bundesstaates vehement ab. Creighton und andere anglophone Nationalisten gingen jedoch noch einen Schritt weiter und verneinten sogar den Bikulturalismus in Kanada (Creighton 1972).

Nationalismus verändert sich allerdings auch im Laufe der Zeit, weil sich die sozial konstruierten Identitäten der Gruppen wandeln. So hat sich der Nationalismus der Mehrheit im anglophonen Kanada – wie auch der Nationalismus der Frankophonen in Quebec – im Laufe der vergangenen 100 Jahre verändert (Bickerton 2011). Diese Wandlungstendenzen müssen bei der Analyse der Interaktion von Mehrheit und Minderheit mitgedacht werden. Nationalismus ist somit nichts inhärent Schlechtes, sondern vielmehr ein politisches Prinzip, nach dem Akteure in der Politik handeln können.

Selbstbestimmung als multidimensionaler Begriff

Wenn aber das erklärte Ziel der Minderheitsnationen das Recht auf kollektive Selbstbestimmung beziehungsweise der Souveränität der Nation darstellt, dann gilt es im folgenden Abschnitt kursorisch darzustellen, was Selbstbestimmung in diesem Kontext überhaupt bedeutet.[11] In dieser Debatte müssen dabei drei zentrale Punkte beachtet werden.

---

11 Für eine ausführlichere Darstellung der Entwicklung des Begriffs der „Souveränität" siehe unter anderem Schwarz et al. (2017, S. 201ff.).

Erstens: Selbstbestimmung bedeutet auf einer konzeptionellen Ebene nicht ausschließlich nur völkerrechtliche Unabhängigkeit beziehungsweise Souveränität – im Sinne von externer und interner Souveränität. Bei kollektiver Selbstbestimmung handelt es sich vielmehr um ein Kontinuum von Ansprüchen und nicht um eine dichotome Variable „Unabhängigkeit ja/nein". Auf diesem Kontinuum befinden sich unter anderem Forderungen nach der Unabhängigkeit von einzelnen Gliedstaaten, der (weiteren) Föderalisierung eines bestehenden politischen Systems, oder auch die Dezentralisierung von Kompetenzen in bestimmten Politikfeldern (Brubaker 1997, S. 61; Kymlicka 2007, S. 68). Michael Keating etwa zeigt, dass in den Fällen des Baskenlandes, Kataloniens, Quebecs und Schottlands unterschiedliche Modelle für die Umsetzung des Selbstbestimmungsrechts diskutiert wurden. Diese Modelle nennt er, in Anlehnung an die Begriffe von Unabhängigkeit und Föderalismus, *independence-lite* und *devolution-max* beziehungsweise *federalism-max* (Keating 2012b). Der erste Begriff bezeichnet die Sezession eines Gliedstaates bei gleichzeitiger Beibehaltung der verfassungsrechtlichen Grundlagen, die beide Staaten verbindet. Das von René Lévesque für Quebec vorgeschlagene Modell der „souveraineté-association" (Lévesque 1977) spiegelt dieses Prinzip in Teilen wider. Hierbei sollten ökonomische Verflechtungen etwa im Bereich Handel und Währung mit dem Rest Kanadas bestehen bleiben. *Devolution-max* hingegen meint die maximale Ausweitung föderaler Prinzipien, sodass die einzelnen Regionen innerhalb des Nationalstaates de-facto politische Unabhängigkeit genießen, aber weiterhin Teil des Gesamtstaates bleiben. Dies kann zum Beispiel durch die Verlagerung von Kompetenzbereichen in verschiedenen Politikfeldern auf die substaatliche Ebene geschehen. Die belgischen Regionen Flandern und Wallonien sind Beispiele für diesen Fall der Ausreizung des föderalen Prinzips.

In diesem Kontext stellt Keating (2012a, S. 13) fest, dass es eines semantischen Umdenkens bedarf, falls eine Lösung für die Konflikte um territoriale Autonomie gefunden werden soll. Wenn Diskussionen über Autonomie und Selbstbestimmung sich nur um *Rechte* drehen, dann werden Kompromisse zwischen den Gruppen erschwert, da man auf Rechte nur schwer oder gar nicht verzichten kann oder möchte. Es sollte deshalb vielmehr von *Forderungen ge*sprochen werden, da in diesem Zusammenhang Verhandlungen und Abmachungen eher zu erreichen seien. Dabei geht es nicht mehr um absolute Ziele, von denen nicht abgewichen werden kann. Ein Umdenken fordert hier auch Peter A. Kraus, der auf das Problem der „Minderheitenfalle" hinweist. Am Beispiel Kataloniens argumentiert er, es gebe eine „ungleiche Anerkennung" von Minderheitsnationen, da diese sich in ihrer Identität immer auch an der Mehrheitsnation ausrichten müssen. Territoriale Autonomie allein reicht nicht aus, um Anerkennung und Selbstbestimmungsrechte zu erzielen. Es bedarf vielmehr einer Veränderung des Diskurses über die Beziehungen der unterschiedlichen Gruppen auf der gesamtstaatlichen Ebene (Kraus 2015, S. 81ff.). Dies darf jedoch nicht dazu führen, diese Konflikte nur diskursiv zu betrachten. Wie Kymlicka treffend formuliert, reicht die rein semantisch-symbolische Anerkennung nicht aus. Viel wichtiger ist die materielle Dimension. Es geht um die Verteilung von Ressourcen und politischer Macht, die mit der tatsächlichen Anerkennung der Minderheiten einhergehen muss (Kymlicka 2007, S. 80).

Zweitens: In der Diskussion um Selbstbestimmung muss zudem beachtet werden, dass sich die Bedeutung des Souveränitätsbegriffs in der politischen und politikwissenschaftlichen Diskussion seit dem Ende des Zweiten Weltkriegs verändert hat. Der klassische Nationalstaat des westfälischen Friedens, in welchem die Souveränität in einer einzigen Akteursgruppe – der der Nationalstaaten – gebündelt war und in dem die Einheit von Territorium und Volk als grundlegend angenommen worden war, kommt durch die ökonomischen und politischen Herausforderungen einer zunehmend globalisierten Welt verstärkt unter Druck (Sassen 2008; Zürn 2005). Neue Ideen führten laut Daniel Philpott in den vergangenen Jahrhunderten immer wieder zu Veränderungen in der Wahrnehmung dessen, was Souveränität in ihrem Wesenskern bedeutet (Philpott 2001). Das Westfälische System der souveränen Nationalstaaten ist ebenfalls nur ein soziales Konstrukt, das kein Ende der Geschichte darstellen muss. Entgrenzungsprozesse und die vermeintliche „Enterritorialisierung" politischer Gemeinschaften innerhalb von Nationalstaaten haben zu Veränderungen mit Hinblick auf die Frage der Souveränität und der politischen Solidarität geführt (Elkins 1995). Dabei wird im Zuge der Globalisierung und der technologischen Revolution im Bereich der Telekommunikation die Souveränität des Nationalstaates ausgehöhlt, und andere Akteure wie internationale Organisationen, transnationale Unternehmen oder „die" Märkte treten auf den Plan (Sassen 1996). Wenn Souveränität vor einigen hundert Jahren bei Bodin oder Hobbes noch als unteilbares Herrschaftsmonopol galt, welches dem Staat beziehungsweise dessen Herrscher innewohnt, dann trifft diese Beschreibung in einer globalisierten Welt mit den genannten Prozessen immer weniger zu. Dies impliziert jedoch nicht, dass Begriffe wie „Souveränität" oder der Staat als Akteur irrelevant geworden sind.

Es gilt vielmehr die Frage zu stellen: Was kann der Begriff „Souveränität" im 21. Jahrhundert bedeuten? Dieser Begriff ist so schillernd, wie er nichtssagend ist. Er ist im Sinne Laclaus (1996) ein „leerer Signifikant", ein an sich inhaltsloser Begriff, den unterschiedliche Akteure mit Bedeutung zu füllen versuchen. Für manche Akteure impliziert Souveränität „Unabhängigkeit", für andere „Autonomie". Der PQ benutzte den Begriff über lange Strecken mit ersterer Bedeutung, der Parti libéral du Québec (PLQ) mit der Letzteren. Dabei gibt es durchaus Kritiker, die vehement argumentieren, dass Autonomie eben nicht dasselbe darstellt wie Souveränität (Kraus 2017, S. 110). Diese Kritik ist legitim. Die aufgeworfene Frage kann jedoch im Kontext der Arbeit nicht beantwortet werden. Souveränität ist mehr als Autonomie. Allerdings kann Souveränität in einer globalisierten Welt nicht mehr mit völkerrechtlicher Unabhängigkeit nach innen und außen gleichgesetzt werden. Wenn es Minderheitsnationen darauf ankommt, autonom handeln zu können, dann kann und muss Souveränität heutzutage vielmehr auf „Handlungsfähigkeit" (Geßler 2015a) von Akteuren in einem Mehrebenensystem unter den Bedingungen von Globalisierung und Transnationalisierung abzielen.[12] Dies kann einen eigenen Staat voraussetzen, muss es aber nicht zwangsläufig.

Die Unkenrufe vom Ende des Nationalstaates, wie sie in den 1990er Jahren zu hören waren, haben sich aber als übertrieben herausgestellt. Der Wandel in der Bedeutung dessen, was Souveränität ist, führt, wie Michael Keating (2001a, 2001b) argumentiert, nicht zwangsläufig zu einer Bedeutungslosigkeit des Staates als Institution und als Referenzrahmen politischen Handelns. Vielmehr entstünde ein komplexes Geflecht aus mehreren Loci von Souveränität. Dadurch können auch Chancen entstehen, Minderheitsnationen in das politische System zu integrieren oder ihnen zumindest Handlungsfähigkeit zu ermöglichen. Dieses Konzept der geteilten Souveränität bringt Jaime Lluch mit Parteien in Verbindung, die sich für eine föderale Ausgestaltung von multinationalen Demokratien einsetzen (Lluch 2014, S. 199ff.). Es ist auch Grundlage des Selbstverständnisses einiger Minderheitsnationen. Gagnon (2014, S. 166ff.) argumentiert in eine ähnliche Richtung, wenn er sagt, dass der „Paktismus" als föderale Idee eine Möglichkeit

12 Da in dieser Arbeit der Begriff der Souveränität mit „Handlungsfähigkeit" innerhalb eines Mehrebenensystem gleichgesetzt wird, mag kritisch angemerkt werden, dass die semantische Leerstelle damit durch den Autor gefüllt werde und somit eine konkrete empirische Größe darstellt. Allerdings ist dieses Füllen das Ergebnis der geführten Interviews, in welchem die Interviewpartner mit konkreten empirisch begründeten Argumenten arbeiteten und somit keine *a priori* Festlegung von Seiten des Autors.

biete, Minderheitsnationen innerhalb eines multinationalen Bundesstaates zu integrieren. Dabei gibt es zwei unterschiedliche Varianten dieses Pakts. Im frankophonen, quebecer Verständnis etwa ist Kanada ein Staat, der von einer anglophonen und einer frankophonen Nation (und in neueren Ansätzen indigenen Nation(en)) gleichberechtigt begründet wurde (Gagnon und Iacovino 2007, S. 21; Schneider und Schultze 1997, S. 332f.). Das anglophone Verständnis beruht auf dem Prinzip der Territorialität, wonach der Bundesstaat einen Zusammenschluss der einzelnen Provinzen darstellt. Vor diesem Hintergrund der unterschiedlichen Perzeptionen lassen sich die Forderungen der quebecer Nationalisten begründen.

Drittens: Es ist zu simplistisch, die Forderungen nach Souveränität und deren Bedeutung innerhalb einer Minderheitsnation über einen längeren Zeitraum hinweg als stabil und homogen anzusehen. Dies lässt sich etwa im synchronen wie diachronen Vergleich der beiden ehemals großen politischen Parteien in Katalonien zeigen. Trennte die CiU (autonomistisch) und die *Esquerra Republicana de Catalunya* (ERC) (independentistisch) noch bis Ende der 2000er Jahre zentrale Elemente in Hinblick auf die Selbstbestimmung Kataloniens (Marcet und Argelaguet 1998; Barberà und Barrio 2006), glichen sich die Positionen vor allem im Zuge der wirtschaftlichen und politischen Krisen der vergangenen zehn Jahren weiter an und führten, nach einer Spaltung der CiU, zur Gründung einer gemeinsamen Liste *Junts pel Sí* für die Regionalwahlen 2015. Alle Minderheitsnationen sind von den soeben beschriebenen unterschiedlichen Prozessen und Veränderungen direkt betroffen und versuchen auf ihre spezifische Art und Weise mit den dadurch entstehenden Problemen umzugehen.

Formen der Anerkennung

Unabhängig von den Konsequenzen dieses Wandels gilt es prinzipiell zu fragen, was die normativen Grundlagen sind, auf denen die Rechtfertigung der Selbstbestimmung beziehungsweise der Souveränität der Minderheitsnationen fußt. Wie lässt sich das Recht auf Selbstbestimmung legitimieren? Dabei steht in den meisten Fällen nicht sofort die Frage der Sezession[13] im Zentrum, sondern das Problem,

[13] Für einen kursorischen Überblick über die Theorien der Sezession und deren Beurteilung am aktuellen Fallbeispiel Kataloniens siehe Pérez und Sanjaume (2013). Für einen anderen

wie in einem demokratisch organisierten, multinationalen politischen System die Rechte der Minderheitsnationen geschützt, und wie diese Gruppen in das politische System und die Gesellschaft integriert werden können. Wie Jürgen Habermas bereits vor über 20 Jahren argumentiert hat, nimmt „[d]ie Vielfalt an kulturellen Lebensformen, ethnischen Gruppen, Konfessionen und Weltbildern zu“ (Habermas 1996a, S. 142). Damit muss innerhalb des politischen Systems umgegangen werden. „Dazu gibt es keine Alternative, es sei denn um den normativ unerträglichen Preis ethnischer Säuberungen“ (ebd.). Da dies in den multinationalen Demokratien Westeuropas und Nordamerikas nicht gesellschaftlich akzeptabel ist, bedarf es anderer Mechanismen des Zusammenlebens und der Konfliktbehandlung.

Führende Theoretiker der (nordamerikanischen) Multikulturalismustheorien[14] wie beispielsweise Will Kymlicka oder Charles Taylor geben Antworten auf diese Fragen. Kymlicka (2007) argumentiert, dass nach dem Zweiten Weltkrieg eine Bewegung eingesetzt habe, die der Idee der Menschenrechte eine zentrale Rolle in der politischen Debatte eröffnete. Gruppenrechte, die Minderheiten – wie Indigene, Minderheitsnationen oder Einwanderer – nach außen gegenüber anderen Gruppen schützen, seien mit den Vorstellungen des Liberalismus vereinbar. Diese kollektiven Rechte dürfen allerdings nicht zur Unterdrückung von Individuen innerhalb einer Gruppe missbraucht werden. Gruppenrechte sind in multikulturellen oder multinationalen Gesellschaften zudem notwendig, um dem Einzelnen die Möglichkeit einer freien Entfaltung zu ermöglichen (Kymlicka 1995, 2007). Im Falle von territorial konzentriert lebenden Minderheitsnationen ist die Gewährleistung territorialer Autonomie in Form von föderalen oder quasi-föderalen Institutionen ein zentrales Element, um die Handlungsmöglichkeiten von Minderheitsnationen zu erweitern und um diese anzuerkennen (Kymlicka 2007, S. 71).

Charles Taylor befürwortet mit seinem kommunitaristischen Ansatz ebenfalls eine gleichberechtigte Anerkennung unterschiedlicher Identitäten (Taylor 1992a, 1993, 1994). Dabei glaubt er allerdings nicht, dass der Liberalismus Minderheiten adäquat schützen kann. Er kritisiert den Liberalismus vielmehr als *difference blind* und fordert deshalb eine Politik der Differenz, die die kulturellen Eigenarten des „Fremden“ berücksichtigt und anerkennt. Taylor bezieht sich hierbei auf die

---

Ansatz (*right to decide*), der explizit demokratische Elemente und nicht die Nation in das Zentrum stellt siehe unter anderem López (2015).

14 Hierbei ist es wichtig zu bedenken, dass Multikulturalismus nur ein bestimmtes Integrationsparadigma darstellt und auch Assimilation oder Segregation Formen von Integration darstellen (Heins 2013, S. 53ff.), die Minderheitsnationen allerdings ablehnen.

Anerkennung von Minderheitsnationen im Besonderen die der Quebecer innerhalb Kanadas. Er nutzt dabei das Konzept der *deep diversity*, um zu rechtfertigen, dass je nach Institutionalisierungsgrad der gemeinsam geteilten Vorstellungen (*shared understandings*) einer Minderheitsnation Gruppenrechte berücksichtigt werden müssten. Dies dient dazu, deren Anerkennung sicherzustellen. Am Beispiel Kanadas lässt sich dies nachvollziehen. Quebecer oder Ureinwohner fühlen sich als Kanadier oder als dem kanadischen Staat verbunden auf Grund ihrer Zugehörigkeit zur quebecer Nation oder zu einer *Aboriginal Community*. Würden diese beiden Gruppen nicht länger existieren, dann wäre auch die Grundlage für die Bildung einer kanadischen Identität dieser Gruppenmitglieder nicht mehr existent.

> „Un Torontois d'origine italienne par exemple, ou encore un citoyen d'Edmonton d'origine ukrainienne, pourraient bien se sentir Canadiens à titre de titulaires de droits individuels dans une mosaïque multiculturelle. Leur appartenance ne passerait pas par une autre communauté, bien que l'identité ethnique puisse être importante pour eux de diverses façons. Toutefois, ces personnes pourraient accepter qu'un Québécois, un Cri ou un Déné puissent concevoir leur appartenance autrement que ceux qui se perçoivent Canadiens tout en étant membres de leur communauté culturelle." (Taylor 1992b, S. 213)

Deshalb muss der Staat die Anerkennung der Minderheitsnationen sicherstellen und den Erhalt dieser Gruppen unterstützen, indem er den Minderheitsnationen gruppenspezifische Rechte zugesteht. Dies geschieht über die Ausweitung der politischen Handlungsmöglichkeiten dieser Minderheitsnationen, wie etwa über die Gewährung von territorialer Autonomie. Dies dürfe jedoch, wie Jürgen Habermas treffend formuliert, nicht in „administrativen Artenschutz" enden. Das Ziel sei nicht die „Konservierung" von Kulturen. Mitglieder dieser Kulturen müssten sich vielmehr selbst dazu entschließen, diese Kulturen zu reproduzieren. Der Rechtsstaat kann diese Leistung nicht übernehmen, sondern lediglich ermöglichen (Habermas 1996b, S. 259). Diese Prozesse müssen deshalb auch in der hegelschen Dialektik von Selbstbehauptung und Anerkennung gesehen werden (Roth 1990). Anerkennung ist kein Recht, dass einseitig zuerkannt wird. Vielmehr muss man sich im gesellschaftlichen Umfeld behaupten.

Die Forderung nach einer Anerkennung nationaler Heterogenität innerhalb einer Gesellschaft ist auch für James Tully ein wichtiger Ausgangspunkt für eine funktionierende multinationale Demokratie. Dafür ist in seinen Augen eine postkoloniale und antiimperialistische Philosophie nötig. Demokratie ist in seiner Konzeption agonal und deshalb konfliktbehaftet. Verfassungen und Gesetze sind das Ergebnis von politischen Kämpfen und können jederzeit hinterfragt und verändert werden. Keine demokratische Entscheidung ist für die Ewigkeit getroffen worden. Sollten sich also Minderheitsnationen (oder die Mehrheit) durch interne oder externe Entwicklungen dazu veranlasst sehen, Änderungen in der Verfassung zu verlangen, so ist dies eine legitime Forderung, auf die die anderen Akteure einzugehen haben. Dies bedeutet, dass Verhandlungen über diese Forderungen stattfinden müssen. Keine Institution könne sich dem Streit über Anerkennung auf legitime Weise entziehen (Tully 2001, 2008, S. 293). Das reine Bewahren einer verfassungsrechtlichen Struktur ist in dieser Argumentation kein legitimer Grund, um Forderungen von Gruppen zurückzuweisen. Forderungen nach Veränderungen müssen immer im Dialog und Austausch zwischen den Individuen und Gruppen behandelt werden. Gleichzeitig besteht allerdings kein Anspruch auf die Umsetzung aller Forderungen. Vielmehr soll eine Partnerschaft zwischen Mehrheit und Minderheit entstehen, die beiden Seiten Vorteile verschafft und ein friedliches Zusammenleben bei gegenseitiger Anerkennung ermöglicht.

Territoriales Management, wie zum Beispiel durch föderale Elemente, wird in der Literatur als Lösungsmöglichkeit angesehen. Es soll dabei nicht als hierarchisches Instrument zur Unterdrückung der Minderheit genutzt werden, sondern – laut Alain-G. Gagnon (2010, 2012, 2015) – vielmehr den Minderheitsnationen eine Möglichkeit bieten, innerhalb eines multinationalen Bundesstaates ihr eigenes Gesellschaftsmodell zu verwirklichen. Dies sei auch eine Frage von Würde und Selbstrespekt. Beide Prinzipien seinen wichtig für Minderheitsnationen. Durch bestimmte institutionelle Arrangements können Minderheitsnationen deshalb nach ihren Vorstellungen Politik gestalten und gleichzeitig die Vorteile eines Bundesstaates weiterhin nutzen. Dadurch werde diesen nicht nur Anerkennung zuteil, sondern sie werden auch befähigt (*empowerment*), eine eigene Gesellschaft aufzubauen und zu gestalten. Lluch spricht in diesem Kontext von einer „moral polity" (Lluch 2014, S. 27), welche Minderheitsnationen als Basis für das Zusammenleben mit der Mehrheitsgesellschaft sehen. In diesem politischen System gebe es historisch tradierte Erwartungen darüber, was einen fairen Umgang miteinander ausmacht. Auf der Basis von gegenseitigem Respekt soll das Zusammenleben der Nationen innerhalb des Staates geregelt werden. Diese Erwartungshaltungen sind im institutionellen System eines Staates festgeschrieben – können aber auch je nach der Geschichte des Zusammenlebens von Mehrheit und Minderheit Misstrauen schüren und Kooperation verhindern (siehe auch Hale 2008, S. 80f.). Idealerweise entsteht im Laufe der Zeit jedoch ein „föderaler Geist" (Burgess 2012a), der das Zusammenleben der Mehrheits- und Minderheitsnation auf Basis festgelegter Werte und Prinzipien regelt.

Letztlich gilt festzuhalten, dass der Staat kein Auslaufmodell ist, sondern er sich beständig wandelt. Das klassische Bild des mononationalen Staates, der die volle Souveränität nach innen und außen innehat, findet sich heutzutage nicht mehr.[15] Auf Grund von Prozessen der Supranationalisierung verlieren zum Beispiel die europäischen Staaten an Souveränität zu Gunsten der EU. Die Globalisierung verstärkt zudem die Macht von wirtschaftlichen Akteuren und verringert die wirtschafspolitische Steuerungskraft der Staaten. Aber auch nach innen werden Konzepte der geteilten Souveränität immer wichtiger, zumal in multinationalen Demokratien Minderheitsnationen nach Anerkennung und Handlungsfähigkeit streben. Gleichzeitig stellt sich die Frage, was denn der Vorteil von Unabhängigkeit ist, wenn die Kontrollfähigkeit des Staates eingeschränkt ist und sich Staaten auf supranationaler Ebene zusammenschließen, um den politischen Kontrollverlust einzudämmen. Ist es für Minderheitsnationen nicht vorteilhaft, innerhalb eines multinationalen Bundesstaates die Größenvorteile der Volkswirtschaften zu nutzen? Für Katalonien und Schottland ist die Einbindung in den europäischen Markt unabdingbar. Das spiegeln auch die jeweiligen Diskurse zur Unabhängigkeit in den beiden Regionen wieder. Ein Ausschluss aus der EU wäre für beide Akteure wirtschaftspolitisch fatal. Gleichzeitig bedeutet es aber nicht, dass kleinere Staaten, wie es Schottland oder Katalonien etwa sein werden, größere Nachteile erfahren müssen (Keating 2015), solange sie Teil eines größeren Binnenmarktes sind. Diese beiden Fragen werden auch in der späteren Analyse an einigen Stellen nochmals kursorisch aufgegriffen.

2.2 Institutionen: Die Ausgestaltung multinationaler Demokratien

Das Hauptaugenmerk bei der Analyse der Unabhängigkeitsbestrebungen von Minderheitsnationen liegt in dieser Arbeit allerdings auf der Weberschen Trias von Institutionen, Interessen und Ideen. Wichtig für die Durchsetzung von Interessen und Politikinhalten sind institutionelle Strukturen, denn viele Minderheitsnationen, die zum Teil schon seit mehreren Jahrzehnten nach Anerkennung und

---

15 Es stellt sich prinzipiell die Frage, ob diese Art von Staat je existiert hat. Falls ja, dann stellt er in jedem Fall eher die Ausnahme als die Regel dar.

Handlungsfähigkeit streben, sehen sich oftmals nicht in der Lage, ihre Interessen innerhalb des Gesamtstaates durchzusetzen.

Dabei wird in dieser Arbeit von einem historisch-institutionellen Verständnis von der Beschaffenheit von Institutionen ausgegangen (Fioretos, Falleti und Sheingate 2016; Hall 2010; Peters 2012). In diesem Verständnis determinieren Institutionen keine Handlungen, sondern setzen einen Rahmen, innerhalb dessen Akteure frei agieren können. In anderen Worten: Institutionen strukturieren menschliches Handeln. Daraus ergibt sich, dass unterschiedlich ausgeprägte institutionelle Strukturen den Akteuren auch verschiedene Handlungsmöglichkeiten eröffnen und Ressourcen zur Verfügung stellen. Am konkreten Beispiel von Quebec, Katalonien und Schottland lässt sich etwa zeigen, dass der PQ andere Möglichkeiten hat, die Autonomie Quebecs zu verteidigen oder auszubauen, als die SNP in Schottland oder die CiU oder die ERC in Katalonien (Geßler 2015a).

Tabelle 2.1: Institutionelle Ausgestaltung der politischen Systeme[16]

	Kanada/Quebec	Spanien/Katalonien	Vereinigtes Königreich/ Schottland
Staatsaufbau	Föderalstaat	Regionalisierter Staat	Regionalisierter Staat
Wahlsystem in der Region	Relative Mehrheitswahl in Einerwahlkreisen	Verhältniswahl in Wahlkreisen unterschiedlicher Größe	Relative Mehrheitswahl mit Minderheitenschutz
Parteiensystem in der Region	Dreiparteiensystem	Mehrparteiensystem ohne dominante Partei	Mehrparteiensystem mit einer dominanten Partei
Regierungsaufbau in der Region	Einparteiregierung	Koalitionsregierung	Einparteiregierung /Koalitionsregierung

Quelle: Abgeänderte Darstellung aus Geßler (2015a, S. 192) in Anlehnung an Lijphart (1984, S. 211ff.).

Darüber hinaus entwickeln sich Institutionen pfadabhängig und weisen einen hohen Grad an Stabilität auf (Pierson 2004, 2015). Dies bedeutet, dass wenn eine Institution etabliert wird, sich diese entlang eines bestimmten Pfades entwickelt. Ein Wechsel des Entwicklungspfads ist mit hohen Kosten verbunden, weshalb Wandel prinzipiell nicht stattfindet. Es ergeben sich zwar in der Geschichte bestimmte Entwicklungspunkte, an denen der Pfad verlassen werden kann, aber das

16 Die Variablen Staatsaufbau, Wahlsysteme, Parteiensysteme und Regierungsaufbau sind Veränderungsprozessen unterworfen. Die Tabelle zeigt die derzeitigen Ausprägungen.

Verlassen und damit die Revision der ursprünglichen Entscheidung über einen Pfad ist eher selten (Levi 1997, S. 28). In der Vorstellung des historischen Neo-Institutionalismus findet Wandel an kritischen Weggabelungen statt (Capoccia 2015, 2016). Neuere Ansätze innerhalb dieser Schule gehen jedoch davon aus, dass gradueller Wandel ebenfalls von zentraler Bedeutung bei der Veränderung institutioneller Strukturen ist (Conran und Thelen 2016; Mahoney und Thelen 2010; Streeck und Thelen 2005).

Zu den zentralen Institutionen bei Fragen der Autonomie von Minderheitsnationen zählen die territoriale Gewaltenteilung, die Ausgestaltung des Parteiensystems auf den unterschiedlichen Ebenen sowie das Wahlsystem. Als empirische Beispiele zur Verdeutlichung der Zusammenhänge dienen in diesem Kapitel primär die Fallbeispiele Quebec, Katalonien und Schottland (vgl. Tabelle 2.1).

2.2.1 Territoriale Autonomie

Territoriale oder vertikale Gewaltenteilung wird oftmals mit dem Prinzip des Föderalismus in Verbindung gebracht. Wie Alfred Stepan (1999, S. 20) treffend festgestellt hat, gebe es zwar weltweit eine große Anzahl multinationaler Staaten, doch gleichzeitig seien alle multinationalen *Demokratien* im Prinzip föderal verfasst. Hier stellt sich dann die Frage, was Föderalismus ist. Ivo Duchacek hat vor fast 50 Jahren darauf aufmerksam gemacht, dass Föderalismus kein klar umrissenes Konzept darstellt.

> „*Federalism* has now become one of those good echo words that evoke a positive response but that may mean all things to all men, like *democracy, socialism, progress, constitution, justice*, or *peace*. We see the term applied to almost any successful combination of unity and diversity, to almost any form of pluralism and cooperation within and among nations." (Duchacek 1970, S. 191)

Unter Stepans oben genannter These sind auch Spanien und das Vereinigte Königreich föderale Systeme, obwohl beide Staaten über keinen föderalen Staatsaufbau verfügen. Gleichzeitig bringen einige Autoren die EU mit dem Prinzip des Föderalismus in Verbindung (Keil und Bransden 2015; Piazolo und Weber 2004).

Aus einer soziologischen Perspektive, wie sie etwa William Livingston (1956) einnimmt, ist Föderalismus kein institutionelles, sondern ein gesellschaftliches Phänomen. Gesellschaften mit verfestigten ökonomischen, politischen, kulturellen oder gesellschaftlichen Unterschieden sind föderale Systeme (Livingston 1952, S. 5). Aus diesem Grund sind Staaten mit Minderheitsnationen unabhängig von ihrer institutionellen Ausgestaltung föderale Staaten. Damit lassen sich die von Stepan eingeschlossenen Beispiele Spaniens und Indiens als föderal definieren.

Nun spielt im Kontext dieser Arbeit allerdings die institutionelle Ausgestaltung politischer Systeme eine wichtige Rolle. Somit ist die genannte Charakterisierung nach Livingston für sich allein genommen nicht zielführend. Föderalismus bedeutet in einem institutionell-funktionalen Verständnis nach William Riker (1964, S. 11), dass es erstens eine vertikale Gewaltenteilung mit mindestens zwei Regierungsebenen geben muss. Dabei herrschen die höhere Ebene und alle substaatlichen Einheiten in der Summe über dasselbe Staatsgebiet und dieselbe Bevölkerung. Zweitens verfügt jede Ebene über mindestens einen Kompetenzbereich, in dem die jeweiligen Exekutiven und Legislativen autonom handeln können (*self-rule*) (siehe auch Lijphart 1999, S. 185ff.). Beide Ebenen können sich dabei nicht gegenseitig kontrollieren (Leslie 1994). Es finden sich aber auch Bereiche, in denen die beiden Ebenen kooperieren müssen (*shared-rule*). Föderalismus sei laut Riker eine Kombination aus *self-rule* und *shared-rule* (siehe auch Elazar 1987, S. 5; Watts 1998, S. 120). In einem letzten Punkt müsse es verfassungsrechtliche Garantien dieser zugeschriebenen Autonomie geben, auf die sich die einzelnen Ebenen berufen können (siehe auch Watts 2005, S. 240).

Föderalismusmodelle

Bei dieser Definition wird deutlich, dass Föderalismus primär ein Mittel zur Verteilung von Macht und Kompetenzen innerhalb eines Staates ist. Dabei wird nicht speziell auf die Autonomie von Minderheitsnationen abgezielt, sondern Föderalismus kann auch in mononationalen Staaten wie den USA, Deutschland oder Österreich angewendet werden. Dies bietet in der Folge je nach Ausgestaltung dieser Gewaltenteilung bestimmte Möglichkeiten für Minderheitsnationen, um ihre eigenen Vorstellungen von Politik und Gesellschaft innerhalb ihres Territoriums umzusetzen. Die verfassungsrechtlich festgelegte Institutionenstruktur beeinflusst dabei grundlegend, wie die Akteure miteinander interagieren können und müssen (Bolleyer, Swenden und McEwen 2014).

Föderale Systeme sind hierbei eine Kategorie, die aus unterschiedlichen Subtypen besteht, welche für die Analyse konföderaler oder regionalisierter Staaten relevant sind. In der Föderalismusforschung unterscheidet man zwischen interstaatlichem oder konföderalem Föderalismus einerseits und intrastaatlichem beziehungsweise unitarischem Föderalismus andererseits (vgl. Tabelle 2.2). Bei der Frage der Kategorisierung ist relevant, welche Ebene über welche Kompetenzen verfügt, wie der Interaktionsmodus der Akteure gestaltet ist (enge vs. lose Koppelung) und auf welchen Ideen dieses Modell beruht.

Tabelle 2.2: Interstaatlicher und Intrastaatlicher Föderalismus

	Föderalismusmodell	
	interstaatlich	*intrastaatlich*
Institutionelle Ebene	Dualistische Aufteilung politischer Machtressourcen	Integrierte Aufteilung politischer Machtressourcen
Akteursebene a) Regierungen b) Parteien	Unilateralismus oder Kooperation Organisatorisch schwach integriert	Politikverflechtung/ Zwangsverhandlung Organisatorisch hoch integriert
Ideenebene	Séparation des pouvoirs/ self-rule	Distribution des pouvoirs/ shared rule

Quelle: Broschek (2009: 47)

So basiert das Modell des interstaatlichen Föderalismus laut Broschek (2005, 2009, S. 47) auf einer dualistischen Aufteilung politischer Machtressourcen zwischen den Ebenen. Zudem sind die Politikfelder einer einzelnen Ebene zugeordnet. Dies entspricht dem Prinzip des *self-rule*. Dadurch können die verschiedenen Akteure auf ihrer jeweiligen Ebene unabhängig von der jeweils anderen Ebene Politikinhalte umsetzen. Auf der Akteursebene findet man organisatorisch schwach integrierte Parteien vor und die Regierungen der einzelnen Ebenen können entweder miteinander kooperieren oder unilateral handeln. Dadurch verfügen Akteure der jeweiligen Ebene über ein hohes Maß an Autonomie und großen Handlungsspielraum für die Implementierung ihrer jeweiligen Agenden. Dabei können sie auf Kooperation setzen, müssen dies aber nicht tun. Ein Beispiel für dieses Modell ist der kanadische Bundesstaat. Der intrastaatliche Föderalismus beruht auf der institutionellen Ebene laut Schultze (1990, S. 479ff., 1993, S. 228ff., 1999, S. 174f.) auf einer integrierten Aufteilung von Machtressourcen. Politikfelder würden nach Kompetenzart an die unterschiedlichen Ebenen verteilt; das heißt eine Ebene ist für die Entscheidung und eine Ebene für die Implementation zuständig.

Dieses Modell beruht auf dem Prinzip des *shared-rule*. Dadurch sei diese Art von föderalem System in der Regel viel integrierter als interstaatlich ausgerichtete Systeme. Auch Parteien seien dabei organisatorisch hochgradig vertikal integriert und die Regierungen beider Ebenen müssen Kompromisse im Policy-Bereich eingehen, um Lösungen für gesellschaftlich bedeutsame Probleme zu finden. Dabei stehe ihnen die Option des *Opting out* und des Unilateralismus nicht offen. Vielmehr fände sich hier ein System der Politikverflechtung wieder, welches auf dem Prinzip der Zwangsverhandlung beruht. Ein Beispiel hierfür stellt der bundesrepublikanische Föderalismus dar.

Vor allem in der deutschen Debatte wird die pfadabhängige Entwicklung föderaler Systeme im historischen Verlauf betont und dadurch die grundlegende Reformfähigkeit dieser Bundesstaaten in Zweifel gezogen (Lehmbruch 2000, 2002). Wie Roland Sturm (2010) allerdings treffend darstellt, können gesellschaftliche Veränderungen in der Betrachtungsweise dessen, was das föderale System sei oder wozu es benötigt wird, dazu führen, dass trotz mangelnden oder geringfügigen institutionellen Wandels die Akteure vor neue Aufgaben gestellt werden. Den Wandel der Interaktionsformen zwischen den Akteuren innerhalb des kanadischen Bundesstaates im Laufe der vergangenen 150 Jahren zeigen Simeon, Robinson und Wallner (2014) auf. Dabei spielten die Zentralisierungs- und Dezentralisierungsprozesse eine wichtige Rolle. Föderale Strukturen sind wegen dieser Prozesse immer instabil. Sie benötigen somit bestimmte Absicherungssysteme gegen die Einmischung und Ausweitung der Macht anderer Ebenen (Bednar 2009). So können föderale politische Systeme mit sich verändernden Kontextbedingungen umgehen und Herausforderungen wie ökonomische Disparitäten und kulturelle Heterogenität angehen.

Finden sich nun Minderheitsnationen auf dem Gebiet eines föderalen Staates, dann ist dieser oftmals so aufgeteilt, dass die territorial konzentriert lebende Minderheit in einer einzigen substaatlichen Einheit zusammengefasst ist.[17] Dies ist unter anderem in Flandern, Quebec, Schottland oder Südtirol der Fall. Dadurch erhalten diese Minderheitsnationen die Möglichkeit, innerhalb ihres Gebietes ihre eigenen politischen Vorstellungen umzusetzen. In diesem Zusammenhang wird von Ethnoföderalismus (Roeder 2009) beziehungsweise von „ethnoterritorial federations“ (Anderson 2013) gesprochen. Dies impliziert nicht, dass ausschließlich

17 Dabei kann allerdings nie sichergestellt werden, dass alle Mitglieder der Gruppe innerhalb desselben Gebiets leben.

Angehörige dieser Minderheitsnationen auf dem jeweiligen Gebiet leben. Vielmehr stellt diese Gruppe die Mehrheit dar. So findet sich auch in Quebec eine signifikante anglophone und in Südtirol eine italienischsprachige Minderheit.

Föderale politische Systeme müssen zudem normative Erwartungen erfüllen (Gagnon 2010; Lluch 2011; Norman 2006). Diese Erwartungen beziehen sich auf die Arbeitsweise dieser politischen Systeme und gehen über die rein funktionalistische Betrachtungsweise hinaus.[18] So soll Föderalismus ein zentrales Element für den Erfolg von *policy-innovation* sein (Hollander und Patapan 2017). Föderalismus wird aber auch mit dem Begriff der Demokratie in Verbindung gebracht. Als normatives Konzept kann der Föderalismus nicht verwirklicht werden, solange es nicht mit einer demokratischen Praxis verbunden wird (Burgess und Gagnon 2010, S. 17). Werden Gesetze in den Zuständigkeitsbereichen der jeweiligen Ebenen verabschiedet, so muss die jeweils andere Ebene diese anerkennen. Werden Regierungen in demokratischen Wahlen gewählt, so gelten diese als legitime Ansprechpartner. Wird in einem demokratischen und verfassungskonformen Referendum die Unabhängigkeit eines Gliedstaates beschlossen, dann gilt es diesen Willen des Volkes anzuerkennen. Das Prinzip der demokratischen Entscheidung gilt sowohl in mononationalen Bundesstaaten als auch in denjenigen mit Minderheitsnationen. Letztere werden auch *Pluralist/Multicultural Federations* (McGarry und O'Leary 2015, S. 20ff.) oder *Multinational Federations* (Burgess und Pinder 2007; Gagnon 2010) genannt. In ihnen sollen sich die bereits beschriebenen Elemente von Multinationalismus und der Anerkennung der Minderheitsnationen verwirklichen lassen. Multinationaler Föderalismus setzt nicht nur darauf, das Prinzip der Demokratie zu verwirklichen, sondern dieser

> „convey[s] a sense of 'separateness' within the state rather than separation from the state. It presume[s] the protection, preservation and promotion of distinct substate nations that would be able to determine themselves as nations within the larger federal state" (Burgess 2012b, S. 24).

Es soll folglich die Möglichkeit bestehen, dass mehrere Nationen unter dem Dach eines gemeinsamen Staates ihre Gesellschaften entwickeln. Deshalb können multinationale Bundesstaaten gleichzeitig plurinational sein. Dies bedeutet, dass die

---

18 An dieser Stelle muss auf den Unterschied zwischen Föderalismus (*federalism*) als normatives Konzept und dem Bundesstaat (*federation*) als institutionelles Arrangement hingewiesen werden (Burgess 2012b; Watts 1998).

einzelnen Nationen einer multinationalen Demokratie keine gemeinsame Vorstellung darüber haben (müssen), was die gemeinsame Nation ausmacht. Keating zeigt dies exemplarisch am Beispiel des Vereinigten Königreiches. Hier hätten Schotten, Waliser, Engländer und Nordiren unterschiedliche Vorstellungen davon, was die gemeinsame Union bedeutet (Keating 2012c: 108). Ähnliche Phänomene finden sich in Kanada oder in Spanien.

Diese multinationalen Bundesstaaten können aus verschiedenen Gründen entstehen, Laut Stepan (1999) beschreibt Riker in seiner klassischen Studie zur Entstehung von föderalen Systemen nur das Phänomen des „coming-together"-Föderalismus, da er das Fallbeispiel der USA idealtypisch in das Zentrum seiner Betrachtung stellt. Bei diesem Föderalismustypen schließen sich vormalig unabhängige Einheiten zu einem gemeinsamen Bundesstaat zusammen. Bei Riker passiert dies vor allem auf Grund von militärischen Überlegungen, um sich vor übermächtigen Feinden besser schützen zu können. Beispiele für diese Art von Bundesstaaten sind etwa die Schweiz oder die USA. Stepan legt darüber hinaus noch zwei weitere Idealtypen fest (Stepan 2001). Einen zweiten Typ bildet der „holding-together"-Föderalismus. Hier wandeln sich vormals unitarische, multinationale Staaten in föderale Systeme um, um den Minderheitsnationen mehr Eigenständigkeit zu ermöglichen und um die Gefahr von Sezessionen zu ersticken. Belgien ist das Beispiel für diese Art von Bundesstaat. Sollten sich Spanien und das Vereinigte Königreich zu föderalen Staaten weiterentwickeln, dann würden sie ebenfalls in diese Kategorie fallen. Einen letzten Föderalismustyp stellt der „putting-together"- Föderalismus dar. Stepan spricht hierbei von föderalen Systemen, die gegen den Willen der Minderheitsnationen entstanden sind. Sie wurden von einem mächtigen Akteur geschaffen. Dazu gehören unter anderem die Sowjetunion und Jugoslawien, die durch Eroberung (des Baltikums) oder durch einen starken Führer (Tito) errichtet wurden. Auch im Zuge der Dekolonisation schufen die vormaligen Kolonialherren multinationale Bundesstaaten wie etwa Nigeria oder Malaysia. Aus Gründen des Zwangscharakters der bundesstaatlichen Institutionen einerseits und der Frage nach demokratischen Mitbestimmungsrechten von Minderheiten andererseits sind die langfristigen Erfolgschancen dieses Typs aber eher negativ zu beurteilen (McGarry und O'Leary 2009, S. 9; Stepan 2001, S. 322).

Verfassungspolitische Absicherungen und Asymmetrien

Die oben genannten Rikerschen Kriterien für föderale politische Systeme sind nicht vollumfänglich in allen hier angesprochenen Fallbeispielen verwirklicht. Alle diese Beispiele sind multinationale Demokratien mit territorial konzentrierten Minderheitsnationen. Zudem erfüllen die politischen Systeme die ersten beiden Bedingungen, dass es erstens mindestens zwei Regierungsebenen gibt, die zweitens in mindestens einem Politikfeld autonom entscheiden können. Bei der verfassungsrechtlichen Verankerung jedoch treten entscheidende Unterschiede hervor. Quebec unterscheidet sich – wie etwa Flandern – in einem zentralen Punkt von den meisten anderen Minderheitsnationen in Europa und Nordamerika. Quebec ist Teil eines föderalen Bundesstaates, in dem die Politikfelder des Bundes (Artikel 91) und der Provinzen (Artikel 92) verfassungsrechtlich festgeschrieben sind. Für die Veränderung der kanadischen Verfassung stehen fünf unterschiedliche Verfahren zur Verfügung. Dabei sind, je nach Teilbereich der Verfassung, bei Verfassungsänderungen unterschiedliche Akteure eingebunden.[19] Dieses komplexe Verfahren, das in der Verfassungsreform von 1982 implementiert worden war, hat seitdem alle größeren verfassungsrechtlichen Reformanstrengungen – wie den *Meech Lake Accord* und den *Charlottetown Accord* – verhindert. Obwohl manche Autoren, wie Astrid Lorenz (2008), Kanada eine erfolgreiche Verfassungspolitik bescheinigt haben, muss in der Realität doch anerkannt werden, dass alle elf Verfassungsänderungen seit 1982 Konsensentscheidungen über nicht-kontroverse Sachverhalte darstellten. Die zentralen, konfliktbehafteten Verfassungsrunden von Meech Lake und Charlottetown scheiterten jedoch und hätten beinahe zum Ende des kanadischen Bundesstaates geführt.

In vielen regionalisierten Staaten Europas, wie Italien, Spanien, oder dem Vereinigten Königreich stehen den Minderheitsnationen durch die Verfassung

[19] Das allgemeine Verfahren (*7+50 formula*) besagt, dass beide Kammern des Bundesparlamentes sowie mindestens sieben Provinzen, die mindestens 50 Prozent der Bevölkerung vertreten, zustimmen müssen, um die Verfassung zu verändern. Bestimmte Bereiche wie die Neuregelung der *amending formula* selbst, die Besetzung des *Supreme Courts* oder die Regelung der Amtssprachen Englisch und Französisch müssen von beiden Kammern des Bundesparlamentes sowie von allen Provinzparlamenten gebilligt werden. Darüber hinaus kann der Bund in bestimmten Bereichen die Verfassung eigenständig verändern. Provinzen können ebenfalls ihre eigene Provinzverfassung ändern. Veränderungen von Verfassungsartikeln, die nur bestimmte Provinzen und den Bund betreffen, müssen nur von den betroffenen Akteuren beschlossen werden.

zugewiesene Kompetenzen und Aufgabenbereiche in dieser Form nicht zur Verfügung (Swenden 2006, S. 14f.). Schottland erhielt seine Autonomie auf Grund eines Gesetzes des britischen Parlamentes (*Scotland Act 1998*). Diese Autonomie kann jederzeit per Gesetz ohne Zustimmung des schottischen Parlaments zurückgenommen werden, wenngleich dies in der Realität eine unwahrscheinliche Option darstellt. In Spanien wird das jeweilige Autonomiestatut zwischen dem Zentralstaat und der autonomen Region ausgehandelt. Zwar kann die Regierung in Madrid das katalanische Autonomiestatut nicht einseitig ersetzen oder aufkündigen, aber dennoch hat dieses Statut nicht Verfassungsrang. Die andauernden Konflikte um das neue Autonomiestatut seit 2006 zeigen die Grenzen der katalanischen Eigenständigkeit auf. Im Falle von Südtirol handelt es sich um eine hybride Version der genannten Modelle von verfassungsrechtlicher und gesetzlicher Verankerung. Die Autonomie Südtirols basiert auf drei Säulen: 1) der italienischen Verfassung, 2) dem zweiten Autonomiestatut von 1972 und 3) einem internationalen Abkommen (Gruber-De-Gasperi-Abkommen) zwischen Österreich und Italien von 1946.

Alle genannten Beispiele zeigen, wie unterschiedlich Kompetenzen und Aufgabenbereiche der einzelnen substaatlichen Einheiten geregelt sind. Diese Modelle lassen sich auf einem Kontinuum darstellen, auf dem Kanada und das Vereinigte Königreich die beiden Pole repräsentieren. Auf der einen Seite sind die Kompetenzen Quebecs verfassungsrechtlich geregelt und können (de facto und de jure) nicht ohne die Zustimmung Quebecs verändert werden. Auf der anderen Seite findet sich Schottland, dessen Autonomie durch ein Gesetz des britischen Parlamentes aufgehoben werden kann. Diese unterschiedlichen Formen der verfassungsrechtlichen Absicherung der Kompetenzen müssen nicht zwangsläufig das Prinzip der Selbstbestimmung verletzen. Letzten Endes entscheidend für eine Verletzung dieses Prinzips ist nicht primär die rechtliche Stellung der substaatlichen Einheit, sondern die tatsächlichen Handlungsmöglichkeiten, welche den substaatlichen Regierungen in Bezug auf Politikinhalte zur Verfügung stehen.

Dies führt zurück zum zweiten Element der Rikerschen Föderalismusdefinition. Die substaatliche Ebene muss in mindestens einem Bereich autonom entscheiden können. Dies ist in allen hier genannten Beispielen der Fall. Allerdings lassen sich Unterschiede in der Autonomie der einzelnen Gliedstaaten feststellen. Die drei Minderheitsnationen der Quebecer, Katalanen und Schotten verfügen in ihrem Territorium über breite Gestaltungsmöglichkeiten beispielsweise in den

Bereichen Zivilrecht, Polizei, Bildung, und Gesundheit. Hinzu kommen in Katalonien und Quebec die Sprach- und Kulturpolitik sowie in letzterem Fall die Einwanderungspolitik.

Tabelle 2.3: Auswahl von Kompetenzen bestimmter substaatlicher Einheiten innerhalb des jeweiligen Mehrebenensystems.

Kompetenzen	Quebec	Katalonien	Schottland
Steuererhebung (zum Beispiel regionale Einkommens-, Lohn- und Mehrwertsteuern) Besteuerung natürlicher Ressourcen	X	(Einzelne Steuern, aber nicht unabhängig)	(10 Prozent der Einkommenssteuer)
Kultur/Sprache	X	X	[20]
Bildung	X	X	X
Zivilrecht	X	X	(Großteil Zivil- und Strafrecht)
Polizei	X	X	X
Gesundheitspolitik	X	X	X
Kommunale Einrichtungen	X	X	X
Einwanderungspolitik	X		

Quelle: In Anlehnung an Geßler 2015a: 194.

Bei der Verteilung von Kompetenzen ist mit dem asymmetrischen Föderalismus ein weiteres Prinzip wichtig. Der Begriff wurde zum ersten Mal 1965 von Charles Tarlton in Bezug auf die Föderalismustheorie von William Livingston genutzt. Ein nach dem Prinzip der Asymmetrie organisiertes föderales System ist ein System, in dem „the diversities in the larger society find political expression through local governments possessed of varying degrees of autonomy and power" (Tarlton 1965, S. 869). Da bei Livingstons soziologischem Föderalismus die Vielfalt innerhalb einer Gesellschaft eine zentrale Rolle spielt, bildet asymmetrischer Föderalismus folglich für Minderheitsnationen die Chance, zusätzliche Kompetenzen in Politikfeldern zu erhalten, die für die Gruppe als notwendig für ihr Gesellschaftsmodell erachtet werden. Dies kann unabhängig davon geschehen, ob andere substaatliche Akteure diese Kompetenzen übernehmen möchten oder nicht. Dies geht in Richtung der oben genannten Forderung von Charles Taylor nach gruppenspezifischen Rechten für nationale Minderheiten.

[20] Die gälische Sprache spielt im Kontext der schottischen Unabhängigkeit keine bedeutende Rolle. Anders als in Quebec oder Katalonien basiert die schottische Identität nicht auf der Sprache.

Hierbei muss jedoch zwischen rechtlicher Ungleichheit (De-jure-Asymmetrien), und politischer Ungleichheit (De-facto-Asymmetrien) unterschieden werden. Erstere stellen etwa die Frage danach, wie die territoriale Repräsentation in einer zweiten Kammer geregelt ist, oder ob bestimmte Gliedstaaten über besondere Gesetzgebungskompetenzen verfügen. Letztere beziehen sich etwa auf Forderungen, die auf Grund unterschiedlicher politischer Kulturen, dem Vorhandensein von Minderheitsnationen, oder sozioökonomischer Ungleichgewichte basieren (von Beyme 2007). Ein Beispiel für mögliche Asymmetrien in einem föderalen politischen System sind die Kompetenzen Quebecs im Bereich der Einwanderungspolitik und der Rentenpolitik.[21] Auch in anderen multinationalen Demokratien finden sich Asymmetrien in der institutionellen Ausgestaltung der Beziehungen zwischen den unterschiedlichen Ebenen, selbst wenn sie nicht föderal strukturiert sind. Als Beispiel sind hier die *Foralrechte* im Baskenland und Navarra oder das Autonomiestatut Südtirols zu nennen.

Diese unterschiedlichen Elemente der Asymmetrie fordern auch andere Lösungsansätze. Einerseits können ökonomische Disparitäten zu politisch-institutionellen Asymmetrien führen und etwa Mechanismen eines horizontalen oder vertikalen Finanzausgleichs erforderlich machen. Andererseits kann gesellschaftliche Heterogenität in einer multinationalen Bevölkerung zu politisch-soziologischen oder politisch-institutionellen Asymmetrien führen wie zum Beispiel zu Mechanismen des *Opting out* oder zu unterschiedlichen politischen Regionalkulturen. Deshalb ist asymmetrischer Föderalismus ein Prinzip, das die Anerkennung der Minderheitsnationen gewährleisten kann und ihnen durch gesonderte territoriale Gruppenrechte die Möglichkeit eröffnen kann, die eigenen Vorstellungen eines guten Lebens innerhalb des eigenen Territoriums zu verwirklichen. Die normative Grundlage für einen asymmetrischen Föderalismus basiert auf einem kommunitaristischen Verständnis, welches die Gemeinschaft ins Zentrum stellt und das Prinzip der Ergebnisgleichheit im Gegensatz zur Chancengleichheit hochhält (Gagnon 2001; Gagnon und Laforest 2012).

---

21 Prinzipiell steht es allen Provinzen in Kanada frei, mehr Einfluss auf die Einwanderungspolitik zu nehmen, oder etwa ein eigenes Rentensystem nach dem Vorbild Quebecs zu etablieren. Dies wird von den anglophonen Provinzen jedoch nicht gewünscht.

Finanzföderalismus

Hier zeichnet sich allerdings ein zentrales Problem ab. Für die Implementation von Politik in den unterschiedlichen Politikfeldern sind finanzielle Ressourcen unabdingbar. Ohne finanzielle Mittel sind selbst weitreichende Autonomiebestimmungen bedeutungslos. Regionale Autonomie hängt also ganz elementar davon ab, ob regionale Parlamente über eine eigene Steuerpolitik entscheiden können (Marks, Hooghe und Schakal 2010, S. 18f.). Das regionale Parlament verliert über Handlungsspielräume in allen anderen Politikfeldern, wenn Gelder nur durch die Zentralregierung zugewiesen werden wie beispielsweise mit den *block grants* in Schottland. Dies wird in der Föderalismusforschung mit den beiden Typen des Steuertrennsystems und des Steuerverbundsystems beschrieben (vgl. Tabelle 2.4). Bei Letzterem werden Steuereinnahmen zentral gesammelt und dann nach einem bestimmten Schlüssel an die einzelnen Ebenen verteilt. Es handelt sich hierbei um einen horizontalen Finanzausgleich mit hohem Umverteilungseffekt. Dabei finden sich die gleichen Steuersätze in sämtlichen Regionen und auf allen Ebenen wieder. Auch auf der Ausgabenseite ist die Autonomie wenig ausgeprägt, da es unterschiedliche Mechanismen gegenseitiger Mitspracherechte gibt. Dieses Steuersystem kennzeichnet intrastaatlich organisierte Systeme. Beim Steuertrennsystem sind die Kompetenzen über die Steuerhoheit (auf-)geteilt. Somit kann jede Ebene in den ihnen zugewiesenen Bereichen eigene Steuern erheben und zwischen den substaatlichen Einheiten kann es zu einem Wettbewerb um die niedrigsten Steuersätze kommen (*race to the bottom*). Durch einen vertikalen Finanzausgleich sollen Disparitäten zwischen den substaatlichen Einheiten ausgeglichen werden, wobei die Umverteilungseffekte eher gering sind. Dieses System findet sich in der Regel in interstaatlich organisierten föderalen Systemen wieder.

Quebec verfügt im Vergleich zu Katalonien und Schottland über die größte finanzielle Autonomie und besitzt ein eigenes Steuersystem mit einer eigenen Steuerverwaltung. Im Finanzhaushalt 2016/17 wurden 20 Prozent der Einnahmen durch Transferleistungen aus den anderen Provinzen oder vom Bund getragen. Etwa 30 Prozent der Einnahmen generierten sich aus der provinzeigenen Einkommenssteuer und etwa 19 Prozent aus provinzeigenen Verbrauchssteuern (Ministère des Finances du Québec 2016). Diese Steuern kann Quebec selbst erheben und die Sätze verändern. Dadurch erhält Quebec Spielraum für die Schaffung von Programmen in den jeweiligen Politikfeldern. Dennoch verfügt Ottawa über die größeren Geldquellen. Laut Artikel 93(3) der kanadischen Verfassung gehört zur Kompetenz des Bundes „[t]he raising of Money by any Mode or System of Taxation" (Government of Canada 1982). So besteht zwar generell immer noch eine Abhängigkeit mancher Provinzen vom Bund (oder über den horizontalen Finanzausgleich von den reicheren Provinzen), doch geht der Trend hin zu einer zunehmenden Eigenfinanzierung der meisten Provinzen (Noël 2009).

Tabelle 2.4: Finanzföderalismus in inter- und intrastaatlich organisierten Bundesstaaten.

	Interstaatlicher Föderalismus/ Steuertrennsystem	Intrastaatlicher Föderalismus/ Steuerverbundsystem
Entscheidungsmacht über Einnahmen	Konkurrierende und/oder exklusive Steuerkompetenzen der Ebenen	Exklusive Steuerkompetenz des Bundes; zentralisiert
Entscheidungsmacht über Ausgaben	Weitgehende Finanzautonomie der Ebenen	Eingeschränkte Finanzautonomie auf Grund von reziproken Mitentscheidungsmöglichkeiten der Ebenen
Umverteilungs-mechanismus	Schwach ausgeprägt; zumeist durch vertikalen Finanzausgleich	Stark ausgeprägt; zumeist durch horizontalen Finanzausgleich
Fallbeispiel	Kanada	Deutschland

Quelle: Eigene Darstellung nach Broschek (2009)

Kataloniens Finanzen sind hingegen stärker von der Politik des Zentrums abhängig. Der Haushalt Kataloniens bestand im Jahr 2012 zu 61 Prozent aus Steuern, die je zur Hälfte zwischen Madrid und der jeweiligen Region geteilt werden. Dazu gehören unter anderem die Einkommens- und die Mehrwertsteuer. Zusätzlich kamen weitere 11 Prozent aus Steuern hinzu, die allein von Katalonien erhoben wurden, wozu unter anderem die Vermögens- und die Grundsteuer zählte (Castells 2014). Im Gegensatz zu Quebec kann Katalonien keine eigene Einkommens- oder Mehrwertsteuer erlassen. Die Raten für beide Steuern werden von der Zentralregierung festgelegt, wobei die Regionen eingeschränkte Möglichkeiten haben, die Raten in einzelnen Fällen um wenige Prozentpunkte zu erhöhen. Katalonien gehört zu den reichsten Regionen Spaniens. Konflikte um die finanzielle Umverteilung zwischen den Regionen haben sich in den letzten Jahren zunehmend verstärkt, da sich Katalonien ungerecht behandelt fühlt. Obwohl Katalonien als der wirtschaftliche Motor Spaniens gilt, stieg die Verschuldung auf Grund des horizontalen Finanzausgleichs stetig an. Laut Boylan (2015) ist der Konflikt um diese Umverteilung – neben der Identitätsfrage und der gescheiterten Reform des

Autonomiestatuts – ein wichtiger Faktor für die katalanischen Unabhängigkeitsbefürworter. In eine ähnliche Richtung argumentieren Guibernau (2012, S. 165ff.) sowie Requejo und Sanjaume (2015). Die finanzielle Ungleichheit bei der Verteilung von Geldern, die politischen Konflikte um das Statut und die Nicht-Anerkennung Kataloniens haben die Unabhängigkeitsbestrebungen weiter angefacht. Die Katalanen orientieren sich bei ihren Forderungen an den Rechten, welche in der Vergangenheit den Basken eingeräumt worden waren. Diese haben auf Grund der ihnen zugestandenen *Foralrechte* ein eigenes Steuersystem, das unabhängig von Madrid organisiert wird. Das Baskenland und Navarra verwalten ihre Finanzen somit (fast) vollständig selbst.

In Schottland wurde das Steuersystem durch den *Scotland Act 2016* reformiert. Ursprünglich erhielt Schottland Zuweisungen vom britischen Parlament, mit denen die Region ihre Ausgaben managen musste. Schottland hatte zwar auch das Recht, einen dreiprozentigen Aufschlag auf die Einkommenssteuer zu erheben, nutzte dieses aber bisher nicht. Mit der Reform von 2016 schuf London für das schottische Parlament einen größeren steuerpolitischen Spielraum. So steht Schottland ein Anteil von 10 Prozent an der Einkommenssteuer schottischer Bürger zu. Diese zehn Prozent kann das schottische Parlament anheben oder absenken. Jede Anhebung oder Absenkung gilt aber für jede der vier Einkommenssteuerstufe gleichermaßen. Eine Senkung der zweiten Stufe um zwei Prozent auf 18 Prozent führt ebenfalls in der vierten Stufe zu einer Absenkung von 40 auf 38 Prozent. Dadurch wird eine Umverteilungspolitik von Oben nach Unten verhindert. Dazu erhält Schottland die Hälfte der im Landesteil erhobenen Mehrwertsteuer. Die Höhe der Mehrwertsteuer kann das schottische Parlament allerdings nicht beschließen. Wie diese Neuerungen sich auf die Handlungsfähigkeiten Schottlands auswirken, muss gesehen werden und hängt mit den Kürzungen der Zuweisungen aus London zusammen.

Der Grad der territorialen Autonomie ist somit ein wichtiger Gradmesser für die Handlungsfähigkeit von substaatlichen Einheiten. Er scheint aber isoliert betrachtet nicht ausreichend für die Beantwortung der Frage, warum Unabhängigkeitsbewegungen erstarken oder sich im Laufe der Zeit abschwächen. Trotz der unterschiedlichen institutionellen Ausgestaltung der regionalen Autonomie und Handlungsfähigkeit in Bezug auf Kompetenzfelder, finanzieller Ressourcen und verfassungsrechtlicher Absicherung, finden sich in allen drei Fallbeispielen von Quebec, Schottland und Katalonien Unabhängigkeitsbewegungen.

2.2.2 Parteien- und Wahlsysteme

Neben der territorialen Gewaltenteilung sind allerdings zwei weitere Institutionen von Bedeutung. Wollen Minderheitsnationen auf demokratischem Wege ihre Unabhängigkeit erreichen oder die Handlungsfähigkeit ihrer substaatlichen Einheit erhöhen, dann müssen sie den Marsch durch die (politischen) Institutionen antreten. Dafür spielen Parteien eine wichtige Rolle. Um regieren zu können, müssen sich Parteien in Wahlen gegen ihre Mitbewerberinnen durchsetzen. Deshalb müssen sowohl Wahl- als auch Parteiensysteme auf deren Einfluss auf die Unabhängigkeitsbestrebungen von Minderheitsnationen untersucht werden.

Wahlsysteme sind Systeme, die die Prozesse regeln, nach denen die Parteien- und Kandidatenpräferenzen von Wählern in Mandate übertragen werden (Nohlen 2009, S. 61). Je nach Ausgestaltung des Wahlsystems, Einteilung von Wahlkreisen oder Verrechnung von Wählerstimmen können Mehrheiten konstruiert, Gegenspieler kleingehalten und Parteiensysteme beeinflusst werden. Es spielt folglich eine große Rolle, ob beispielsweise nach einem Mehrheitswahlsystem oder einem Verhältniswahlsystem abgestimmt wird (Lijphart 1994). Laut Giovanni Sartori ist das Wahlsystem eines der zentralsten Institutionen in einem demokratischen System. „Not only are electoral systems the most manipulative instrument of politics; they also shape the party system and affect the spectrum of representation" (Sartori 1994, S. ix).

Ein Parteiensystem ist in der Definition von Sartori

> „the *system of interactions* resulting from inter-party competition. That is, the system in question bears on the relatedness of parties to each other. On how each party is a function (in the mathematical sense) of the other parties and reacts, competitively or otherwise, to other parties." (Sartori 1976, S. 44, Hervorhebung im Original)

Dabei spielen neben der Anzahl und der Größe der Parteien unter anderem die unterschiedlichen Interaktionsmuster zwischen den Parteien eine Rolle. Für diese Muster sind die ideologisch-programmatische Ausrichtung der Parteien, die Anzahl der Pole innerhalb des Systems und die Art des Wettbewerbs, ob dieser also zentripetal oder zentrifugal wirkt, bedeutsam.

Wenngleich es einen Zusammenhang zwischen Wahl- und Parteiensystem gibt, so lässt sich dieser nicht auf ein paar einfache Formeln bringen. Gesetzmäßigkeiten, wie die von Maurice Duverger Anfang der 1950er Jahre aufgestellte These, dass Mehrheitswahlsysteme zu Zweiparteiensystemen führen oder

Verhältniswahlsysteme Zweiparteiensysteme verhindern (Duverger 1958, S. 235, 247, 269), lassen sich in der Realität nicht aufrechterhalten. Zwar gibt es Parteiensysteme, die diese Voraussetzungen erfüllen, wie etwa in den USA, doch finden sich noch mehr Beispiele, wie etwa Kanada, in denen dieser Zusammenhang nicht stimmt. Bereits kurz nach dem ersten Weltkrieg wandelte sich das kanadische Parteiensystem mit dem Aufstieg der Agrarpopulisten aus dem Westen vom klassischen Zweiparteiensystem in ein Mehrparteiensystem. So entstanden über die Jahre immer wieder erfolgreich Drittparteien wie die *Social Credit Party,* die *New Democratic Party* (NDP) oder der *Bloc Québécois* (*Bloc*), welche sich zum Teil langfristig etablieren konnten.

Um diesen Wandel in den Parteiensystemen verstehen zu können, muss auf die soziokulturellen und sozio–ökonomischen Dimensionen innerhalb der politischen Systeme eingegangen werden. In multinationalen Gesellschaften mit territorial konzentrierten Minderheitsnationen, die auf Basis eines relativen Mehrheitswahlrechts in Einerwahlkreisen wählen, ist die Chance hoch, dass regionale Minderheitsparteien erfolgreich in die zentralstaatlichen Parlamente einziehen. Dies ist in Kanada mit dem *Bloc* und im Vereinigten Königreich mit der SNP der Fall. Aber auch wirtschaftliche Disparitäten und diesbezügliche *Cleavages* können zum Entstehen regionaler Parteien führen, wie beim Agrarpopulismus des kanadischen Westens oder der *Social Credit Party* ersichtlich wird. Diese Beispiele zeigen, was schon Klaus von Beyme (1984, S. 325) und Dieter Nohlen (2009, S. 66ff., 154) formuliert haben: Auf Grund kontingenter Erscheinungen und der multikausalen und kontextabhängigen Wirkung von Wahlsystemen kann nicht von diesem auf ein spezifisches Parteiensystem geschlossen werden.

Die drei Regionen Quebec, Katalonien und Schottland unterscheiden sich grundsätzlich sowohl in ihren Wahl- als auch in ihren Parteiensystemen (siehe Tabelle 2.5). Der Fall Quebec kam dem Duvergerschen Gesetz, wonach ein Mehrheitswahlsystem zu einem Zweiparteiensystem führt, über einen längeren Zeitraum hinweg am nächsten. In Quebec werden die 125 Abgeordneten der *Assemblée nationale* nach der relativen Mehrheitswahl in Einerwahlkreisen gewählt. Dies hat in der Vergangenheit in der Regel ein stabiles Zweiparteiensystem mit jeweils wechselnden Gegenspielern für den PLQ hervorgebracht. Durch das Prinzip des *first-past-the-post* konnten sowohl der PQ als auch der PLQ immer wieder die absolute Mehrheit der Sitze in der Nationalversammlung gewinnen. Bei der ersten Regierungsübernahme des PQ 1976 reichten etwa knapp 41 Prozent der Stimmen für eine komfortable Mehrheit von etwa 65 Prozent der Sitze.[22] Durch die grundsätzlich stabilen Mehrheiten und der weitreichenden finanziellen und politischen Autonomie, verfügte der PQ historisch gesehen über andere Möglichkeiten des Regierens als die SNP in Schottland oder die CiU in Katalonien. Das stabile Zweiparteiensystem steht allerdings seit der Jahrtausendwende zunehmend unter Druck. Im Laufe der Zeit entstand ein Mehrparteiensystem, welches auf Grund der Erfolge des links-souveränistischen *Quebec solidaire* (QS) in Montreal und der konservativen *Coalition Avenir Québec* (CAQ) auf dem Land bisher vor allem dem PQ schadet.

Tabelle 2.5: Wahlsysteme in Quebec, Schottland und Katalonien im Vergleich (Stand 2018).

	Quebec	Katalonien	Schottland
Wahlsystem	Relative Mehrheitswahl in Einerwahlkreisen	Verhältniswahl in Wahlkreisen unterschiedlicher Größe	Relative Mehrheitswahl mit Minderheitenschutz
Wahlkreise	125	-	73
Wahlregionen	-	4	8
Größe der Wahlregionen	-	15, 17, 18 und 85 Abgeordnete	Je 7 Abgeordnete nach Verhältniswahlsystem
Anzahl der Abgeordneten	125	135	129

Quelle: Geßler 2015a, S. 187

In Katalonien hingegen findet man ein Verhältniswahlsystem in Wahlkreisen unterschiedlicher Größen vor. Bei der Verhältniswahl steht die möglichst proportionale Verteilung der Parlamentsmandate im Zentrum. Der Proporzeffekt kann bei unterschiedlich großen Wahlkreisen jedoch verzerrt werden, wenn die Anzahl der Mandate in den Wahlkreisen zu gering ist und unter etwa fünf bis sechs Mandate fällt (Nohlen 2009, S. 93). Derartig kleine Wahlkreise benachteiligen vor allem kleinere Parteien, da diese von der möglichst proportionalen Verteilung der Parlamentssitze abhängig sind. In Katalonien treten diese verzerrenden Effekte nur geringfügig auf, da alle vier Wahlkreise mit der Anzahl ihrer Mandate (15, 17, 18

[22] Durch die starke Konzentration der Wählerstimmen der Liberalen in Montreal, benachteiligt das Wahlsystem allerdings den PLQ, da viele Stimmen „verloren“ gehen (Massicotte 1995).

und 85) deutlich über der von Nohlen genannten Grenze liegen, ab der die Verzerrungen signifikant werden. Allerdings findet sich in Katalonien ein anderes Problem. In Bezug auf die Gesamtbevölkerung Kataloniens werden die drei ländlich geprägten Wahlkreise Girona, Lleida und Tarragona bei der Anzahl der zu vergebenden Mandate gegenüber der Metropole Barcelona bevorzugt. Deshalb benötigte die CiU in der Vergangenheit auf Grund ihrer Stärke in den ländlich geprägten Wahlbezirken weniger Mandate in Barcelona, um die absolute Mehrheit der Sitze im Regionalparlament zu erringen (Barberà und Barrio 2006).

Die CiU profitierte jedoch nicht nur von der Ausgestaltung des katalanischen Wahlsystems. Im Mehrparteiensystem Kataloniens nahm sie eine dominante Position ein und stellte seit der Wiedererrichtung der *Generalitat* von 1980 bis 2003 und von 2010 bis 2015 die Regierung Kataloniens. Trotz Verhältniswahlsystem regierte die Partei von 1984 bis 1995 mit absoluter Mehrheit. Dies lag nicht nur an der Stärke der CiU, sondern auch an den Schwächen ihrer Konkurrenten. Die ERC war bis in die 1990er Jahre hinein durch interne Streitereien über die eigene Ausrichtung und über die Unterstützung für die CiU-Regierung viel zu sehr mit sich selbst beschäftigt (Argelaguet 2006). Es konnte sich auf der politischen Linken somit über lange Zeit keine ernsthafte Gegenwehr etablieren. Im Konflikt mit Madrid konnte sich die CiU lange Zeit als einzige Verteidigerin der katalanischen Interessen profilieren (Barberà und Barrio 2006, S. 126, 2017, S. 77ff.). Erst Mitte der 1990er Jahre verlor die CiU an Zustimmung und wurde 2003 von einer Dreierkoalition aus Sozialisten, ERC und Linksgrünen (*Tripartit*), abgelöst. Zwar kam die CiU 2010 zurück an die Macht, doch im Kontext der steigenden Zustimmung für die Unabhängigkeit kam die autonomistische Partei von Seiten der ERC unter Druck. 2015 zerbrach die Partei dann an der Frage der Unabhängigkeit und der größere Teil, die vormalige *Convergència Democràtica de Catalunya*, ging für die Regionalwahlen 2015 eine gemeinsame Liste mit der ERC ein. Im Juli 2016 änderte die CiU ihren Namen in *Partit Demòcrata Europeu Català* (PDeCAT).

Das schottische Wahlsystem vereint Elemente aus den beiden schon genannten Systemen. Auf der einen Seite werden 73 der 129 Abgeordneten mittels einer relativen Mehrheitswahl in Einerwahlkreisen gewählt. Die restlichen 56 Abgeordneten werden in acht Wahlregionen gleicher Größe in einer Verhältniswahl gewählt. Die Kombination der beiden Wahlsysteme verhindert im Regelfall die Erringung einer absoluten Mehrheit für eine Partei, da den kleineren Parteien ein Minderheitenschutz gewährt wird. Durch die Kombination der beiden Wahlsysteme werden bei der Verteilung der Mandate die direkt gewählten Kandidaten mit den Listenkandidaten verrechnet (Geßler 2015a, S. 190).[23] Trotz dieses Verfahrens konnte die SNP allerdings bei den Wahlen 2011 eine absolute Mehrheit der Sitze erringen. Grund dafür war das schlechte Abschneiden der Labour Party.

Schottlands Parteiensystem ist noch relativ jung. Nach dem *Scotland Act 1998* und den ersten Wahlen zum schottischen Parlament entwickelte sich bis 2007 ein Mehrparteiensystem mit zwei dominierenden (SNP und Labour) und zwei kleineren Parteien (Konservativen und Liberaldemokraten) (Keating 2010, S. 52). Seit den Wahlen von 2011 lässt sich aber ein möglicher Wandel feststellen, der das Potential hat, die Grundlagen für eine Dominanz der SNP zu legen. Nach der absoluten Mehrheit 2011 konnte die SNP ihre dominante Stellung in den Regionalwahlen 2016 verteidigen. Inwieweit dies ein dauerhaftes Phänomen darstellt, ist derzeit jedoch noch nicht zu überblicken, da die Erfolge mit der Mobilisierung der SNP für ein Unabhängigkeitsreferendum zusammenhängen.

Parteien- und Wahlsysteme sind letztlich keine hinreichenden Faktoren, die den Aufstieg oder Niedergang einer aus der Gesellschaft heraus getragenen Unabhängigkeitsbewegung alleinig beeinflussen. In der politischen Arena ermöglichen sie es allerdings den parteipolitischen Akteuren dieser Bewegungen an die Macht zu gelangen und den Konflikt somit in das politische System hineinzutragen.

2.3 Interessen: Die Rolle von Parteien als Akteure der Unabhängigkeit

Neben den Institutionen spielen – als zweite Webersche Kategorie – Interessen eine zentrale Rolle bei der Analyse von Unabhängigkeitsbestrebungen. Dabei stellt sich die Frage, welche Interessen Akteure verfolgen. Warum entscheiden sich manche Akteure für die Forderung nach Unabhängigkeit und andere für eine weitere Föderalisierung des Staates? Unabhängigkeitsbestrebungen entstehen nicht spontan. Politische Parteien und die gesellschaftlichen Gruppen, die sie

---

[23] So wird die Anzahl der Wählerstimmen in einer Wahlregion durch den Faktor eins plus die Anzahl der in der Wahlregion errungenen Mandate geteilt und im Anschluss nach der Methode von d'Hondt verfahren. Dadurch wird der Divisor in jeder Runde um den Faktor eins erhöht. Die Konsequenz daraus ist, dass jede Partei einen eigenen Divisor in Abhängigkeit zur Anzahl der errungenen Direktmandate erhält. Eine Partei mit vielen gewählten Direktkandidaten erhält deshalb weniger Listenplätze. Bei einem größeren prozentualen Abstand zwischen erst- und zweitplatzierter Partei bei der Listenwahl, kann die erstplatzierte Partei aber auch über die Liste mehrere Mandate erringen (Geßler 2015a, S. 190f.).

vertreten, sind zentral für die Beantwortung dieser Fragen. Hierbei kommt die in der politikwissenschaftlichen Analyse zentrale Kategorie der Macht zum Vorschein. Wer besitzt die Macht, seine Interessen innerhalb eines bestimmten institutionellen Kontextes durchzusetzen, und wer sind die gesellschaftlichen Akteure, die diese spezifischen Interessen mit Hilfe politischer Parteien vorantreiben? Wie positionieren sich politische Parteien in der Frage der Unabhängigkeit und wie verändert sich diese Positionierung? Dies sind Fragen, die in diesem Unterkapitel genauer betrachtet werden.

In den vergangenen 50 Jahren haben Minderheitsparteien in Nordamerika und Westeuropa immer wieder größere Erfolge bei Wahlen zu regionalen oder gesamtstaatlichen Parlamenten erzielt. Neben regionalen Regierungen gelten Minderheitsparteien als die zentrale Antriebskraft für die Forderungen nach territorialen Reformen im Gesamtstaat (Swenden 2006; Toubeau 2011; Toubeau und Massetti 2013, S. 303f.). Die Bedeutung dieser Parteien nahm in den vergangenen Dekaden in der europäischen Politik beständig zu (Jolly 2015; Mazzoleni und Mueller 2017, S. 2f.). Davor wurden sie in der sozialwissenschaftlichen Forschung weitestgehend ignoriert, da man davon ausging, dass sie im Zuge der Modernisierung verschwinden würden (Deutsch 1966; Tilly 1975). Vor diesem Hintergrund wurde die Entstehung von Minderheitsparteien mit äußerster Skepsis betrachtet. Seymour Martin Lipset (1985) bezeichnete sie, beziehungsweise die *Cleavages*, aus denen sie hervorgehen, als eine „revolt against modernity". Eric Hobsbawm (1992) nannte sie „throwbacks to the past".

Da Parteien allerdings nicht im luftleeren Raum agieren, muss das Zusammenwirken von Parteiakteuren und institutionellen Strukturen näher betrachtet werden. Vor allem in der Literatur über den Zusammenhang zwischen regionalen Parteien und föderalen politischen Systemen werden Minderheitsparteien negativ gesehen. Diesen Parteien wird nachgesagt, dass sie zur Instabilität eines föderalen Systems beitragen und Sezessionskonflikte befeuern (Brancati 2007, 2008; Roeder 2009). Deshalb müssen regionale Parteien „gezähmt" werden, um die negativen Auswirkungen für ein föderales System zu vermeiden und Unabhängigkeitsbestrebungen abzuwehren (Brancati 2009; Heinemann-Grüder 2011).

Dawn Brancati (2008, 2009) argumentiert in diesem Kontext, dass die Föderalisierung eines politischen Systems – oder in ihren Worten die politische Dezentralisierung – nicht direkt zu sezessionistischen Tendenzen führe. Der Grund für die aufkommenden Sezessionsbestrebungen ist die Minderheitspartei innerhalb einer Region. Entweder entstünden solche Parteien als Konsequenz aus der Föderalisierung oder bereits vorhandene Parteien würden durch derartige Prozesse weiter gestärkt. Der Fall Belgiens zeigt sehr deutlich, wie die Föderalisierung eines vormalig unitarischen Staates diesen an den Rand der Auflösung brachte. Das Parteiensystem spaltete sich entlang der Sprachengrenze und ein starker flämischer Nationalismus radikalisierte die flämischen Parteien in ihren Forderungen nach immer mehr Autonomie für die Region Flandern (Deschouwer 2013).

Die Föderalisierung eines Staates geht immer einher mit der Schaffung neuer politischer Arenen und der Verlagerung von Ressourcen von einer zentralen auf eine regionale Ebene. Diese Reformen verfestigen territoriale Konflikte als zentrales Element im Parteienwettbewerb (Alonso 2012, S. 150). Durch die Institutionalisierung neuer politischer Arenen werden bestimmte Interessen innerhalb eines Gebietes gestärkt, die sich ohne diese Ressourcen und die interne Fragmentierung des politischen Systems gar nicht erst mobilisieren könnten. Regionale Parteien können dies nutzen, um ihre Anhänger zu mobilisieren und um *province-building* (Young et al. 1984) durch die Stärkung substaatlicher Institutionen zu betreiben. Dieses Phänomen lässt sich jedoch nicht nur dort feststellen, wo Minderheitsparteien existieren. Vielmehr betreiben alle Parteien in unterschiedlichen Umfang *province-building*. Laut Lori Thorlakson habe die Dezentralisierung eines politischen Systems erhebliche Auswirkungen auf das Parteiensystem. Nicht nur würden eben regionale Parteien entstehen (siehe auch Chhibber und Kollman 2004; Massetti und Schakal 2017), sondern es ließe sich auch innerhalb von gesamtstaatlichen Parteien eine Verringerung des vertikalen Organisationsgrads beobachten. Wenn Ressourcen auf die substaatlichen Ebene verlagert werden, dann gäbe es für die Regionalableger gesamtstaatlicher Parteien Anreize, mehr Autonomie zu fordern und die vertikale Integration zu verringern (Thorlakson 2009, 2013).

Die vertikale Desintegration von gesamtstaatlichen Parteien und die damit einhergehende Autonomie für regionale Ableger nehmen in den letzten Jahren zu (Hepburn und Detterbeck 2010). Das gilt vor allem für multinationale Gesellschaften. Anhand der *Scottish Labour Party* oder der katalanischen Sozialisten lassen sich diese Prozesse nachvollziehen. Am deutlichsten lassen sich die Konsequenzen eines stark dezentralisierten Bundesstaates auf das Parteiensystem am Beispiel Kanadas darstellen. Im Laufe des 20. Jahrhunderts spalteten sich immer mehr Provinzableger der Liberalen Partei Kanadas ab. 1955 erklärten sich die quebecer Liberalen für eigenständig und kappten alle vorhandenen organisatorischen und personellen Beziehungen zur Bundespartei. 1987 geschah das gleiche in British Columbia. Mit der zunehmenden Dezentralisierung entstanden in den vergangenen Dekaden viele Minderheitsparteien in Nordamerika und Westeuropa. Michael Keating (2001b, S. 47) sprach in einem allgemeineren Kontext von der „reinvention of territory". Dabei muss man mit diesem Begriff vorsichtig umgehen, denn er suggeriert, dass territoriale Politik in der Zeit davor nicht von großer Bedeutung war. Wie Schultze und Zinterer (2002) hingegen darlegen, hat der territoriale Aspekt von Politik und Macht zumindest in Bundesstaaten auch während der fortschreitenden Globalisierung und Supranationalisierung nie in Frage gestanden. Von einer „Entterritorialisierung" von Politik konnte nie gesprochen werden.

Es finden sich in der Literatur allerdings auch solche Autoren, die Minderheitsparteien eine wichtige Funktion für die Stabilisierung von multinationalen politischen Systemen zusprechen. Befürworter von konkordanzdemokratischen Systemen sehen in Minderheitsparteien keine prinzipielle Gefahr für die Stabilität eines Staates. Vielmehr trifft das Gegenteil zu. Arend Lijphart (1968) und Eric A. Nordlinger (1972) erkennen eher eine Chance darin, Konflikte zu regulieren, indem diese Parteien in das politische System integriert werden. Dadurch wird den jeweiligen Minderheiten eine Teilnahme an Wahlen und eine Beteiligung an der Regierungsbildung ermöglicht. Die Schweiz gilt als Paradebeispiel für die erfolgreiche Integration unterschiedlicher Gruppen in das politische System. Trotz religiöser und sprachlicher Konflikte konnte so ein stabiler Bundesstaat entstehen.

Das grundlegende Problem im Ansatz derjenigen Autoren, die in Minderheitsparteien eine Gefahr für die Stabilität eines politischen Systems sehen, liegt in der impliziten Annahme, dass alle Minderheitsparteien und alle territorial konzentrierten Minderheitsnationen Souveränität in Form eines eigenen Staates für sich beanspruchen und deswegen die Sezession ihres Gliedstaates vom Gesamtstaat aktiv vorantreiben. Dieses Schwarz-Weiß-Denken, wonach Minderheitsparteien entweder sezessionistisch sind oder stabilisierend wirken, greift allerdings zu kurz und ignoriert die unterschiedlichen strategischen Ausrichtungen von Minderheitsparteien im Speziellen sowie nationalistischer Bewegungen im Allgemeinen. Wie Rogers Brubaker treffend formuliert, ist die Reduzierung der Betrachtung von nationalistischen Bestrebungen auf die Unabhängigkeit ein viel zu schmaler Fokus, um den komplexen Beziehungen, die hinter den Forderungen dieser Gruppen stecken, zu begegnen.

> „I do not think nationalism can be well understood as nation-based, state seeking activity. In the first place, nationalism is not always, or essentially, state-seeking. To focus narrowly on state-seeking nationalist movements is to ignore the infinitely protean nature of nationalist politics; it is to ignore the manner in which the interests of a putative 'nation' can be seen as requiring many kinds of action other than, or in addition to, formal independence." (Brubaker 1998, S. 276)

Laurence J. Sharpe geht in dieselbe Richtung, wenn er argumentiert, dass „the majority of regional nationalist movements do not seek separation but, rather, some institutional and symbolic recognition of their sense of difference from the core culture" (Sharpe 1993, S. 6). Dem schließt sich Hudson Meadwell an. Man finde neben sezessionistischen Akteuren auch Regionalisten, die nicht auf Unabhängigkeit drängen (Meadwell 1991). Wenn also Minderheitsparteien nicht ausschließlich nach einem unabhängigen Staat streben, dann hat dies Konsequenzen für die Debatte um die Einbeziehung dieser Minderheitsnationen in den politischen Prozess und für den Umgang mit Minderheitsparteien im Parteienwettstreit. Dabei war und ist der Nationalstaat des 19. und 20. Jahrhunderts für Nationen immer die Option gewesen, die am erstrebenswertesten ist, da innerhalb der Grenzen des Territorialstaates mit seiner internen und externen Souveränität das Schicksal der Nation am ehesten gelenkt werden konnte. In einer Zeit der Globalisierung und Transnationalisierung, in welcher die Steuerungsfähigkeit des Staates abnimmt, können aber Alternativen für Minderheitsnationen attraktiv werden.

Parteistrategien

Hier bietet sich ein Rückblick auf die Frage an, was Minderheitsnationen und die sie repräsentierenden Parteien fordern. Im Zentrum steht dabei das Recht auf Selbstbestimmung. Es handelt sich um das Ziel, ein eigenes Gesellschaftsprojekt durchsetzen zu können, um die Interessen bestimmter gesellschaftlicher Akteure und Wählergruppen zu befrieden. Wie diese Selbstbestimmung aussieht und wie sie erreicht werden kann, sind zwei Fragen, die eng miteinander verwoben sind und auf die Minderheitsnationen unterschiedliche Antworten geben. Dabei behandelt der Großteil der Forschungsarbeiten – vor allem der neueren Literatur – zum größten Teil westeuropäische Minderheitsparteien.

Rokkan und Urwin (1983, S. 141) stellten bereits vor mehr als 30 Jahren ein Kontinuum an sogenannten „peripheral aims" vor, das die unterschiedlichen Ziele von Minderheitsnationen zwischen der vollständigen Integration in den Gesamtstaat einerseits und der Unabhängigkeit der Peripherie andererseits darstellt. Minderheitsnationen können somit nicht nur Unabhängigkeit fordern, sondern auch föderale Elemente oder regionale Autonomie für sich beanspruchen. Nach diesem Modell gäbe es Fälle, in denen Minderheitsnationen keinerlei Forderungen stellen. Hepburn (2010a) baut auf dieser Differenzierung auf. Sie spricht aber nicht von Zielen, sondern von Strategien. Dabei unterscheidet sie zwischen „autonomy strategies" und „capacity strategies". Erstere ähneln dem Modell von Rokkan und Urwin und liegen auf den Polen zwischen Unitarismus und Unabhängigkeit mit den Zwischenstufen Unionismus, Devolution und Föderalismus. Hier geht es um die Frage, wie viel Autonomie für Minderheitsnationen innerhalb des Staates vorhanden ist. In einem zweiten Set von Strategien bezieht sich Hepburn auf die Handlungsmöglichkeiten der Minderheitsnationen innerhalb der Region. Dabei unterscheidet sie zwischen 1) „political capacity", also der politischen Repräsentation der Minderheit innerhalb des Staates auf den verschiedenen Ebenen und der dadurch vorhandenen Machtposition, 2) „cultural capacity" als Handlungsfähigkeit in der Kultur-, Sprach-, oder Bildungspolitik und 3) „socioeconomic capacity", also der Fähigkeit sozioökonomische Projekte innerhalb des eigenen Territoriums durchsetzen zu können. Diese Strategien können Minderheitsnationen auch in Kombination verfolgen, um ihre Interessen durchzusetzen.[24]

Ein wichtiger Punkt muss allerdings beachtet werden. Minderheitsnationen dürfen nicht als homogene Einheit dargestellt werden. Sie sind vielmehr intern fragmentiert und pluralistisch organisiert. Auch die Basis für die Ansprüche dieser internen Gruppen kann unterschiedlich sein (Tully 2008, S. 167). Es gibt diejenigen, die Unabhängigkeit fordern und solche, die für den Verbleib im Gesamtstaat eintreten. Es gibt Gruppen, die ihre Forderung auf Grund einer eigenen Sprache stellen und solche, die als Rechtfertigungsgrund Religion oder Kultur wählen. Es kann folglich mehrere Minderheitsparteien geben, die unterschiedliche Strategien und Ziele verfolgen. Der Fall Quebecs und Kataloniens zeigt dies ganz deutlich. In Quebec tritt der PLQ für den Verbleib der Provinz im kanadischen Bundesstaat ein und wehrt sich gegen die Unabhängigkeit, welche der PQ erreichen möchte. Dennoch würde keine der Parteien die besondere Identität der quebecer Nation

24 Es finden sich weitaus mehr Typologien zu den unterschiedlichen Zielen und Strategien von Minderheitsparteien, die allerdings nicht alle aufgeführt werden können. Für weitere Ausführungen siehe unter anderem Alonso (2012), Meadwell (1991) und Sorens (2008).

oder das Selbstbestimmungsrecht in Frage stellen (Lecours 2013, S. 105). Sie unterscheiden sich lediglich in der Strategie, wie die Selbstbestimmung erreicht werden kann. In Katalonien verhält es sich ähnlich. Während die CiU (lange Zeit) für die Autonomie Kataloniens einstand, sehen die ERC und die PDeCAT in der Unabhängigkeit den einzigen Weg, um die Selbstbestimmung der Katalanen zu gewährleisten. Laut Lluch (2014) finden sich in den meisten Minderheitsnationen Parteien mit drei generellen Stoßrichtungen in der strategischen Ausrichtung: föderalistische, autonomistische und independentistische Parteien. Diese Parteien der einzelnen Strömungen haben jedoch unterschiedliche Vorstellungen davon, wie den legitimen Forderungen der Minderheitsnation entsprochen werden könne. Es herrsche Uneinigkeit darüber, wie viel Souveränität beziehungsweise Selbstbestimmung nötig sei (Lluch 2014, S. 5, 10f.). Mit dieser Argumentation lässt sich dann die unterschiedliche Strategie für den Erhalt beziehungsweise für das Erlangen der nationalen Selbstbestimmung nachvollziehen.

Warum aber wählen Minderheitsparteien unterschiedliche Ziele und Strategien, und wie verändern sich diese? Parteien operieren im politischen Wettbewerb nach unterschiedlichen Logiken. Es finden sich solche, für die die Bewahrung ihres ideologisch-programmatischen Kerns im Zentrum steht und die, auch um der Bewahrung der reinen Lehre willen, auf Regierungsbeteiligungen verzichten. Andererseits finden sich auch Parteien, für die die Regierungsbeteiligung wichtiger ist, als das Festhalten an politischen Prinzipien oder Ideologien. Wolfgang C. Müller und Kaare Strøm unterscheiden bei diesen unterschiedlichen Zielen zwischen drei Idealtypen: *Policy-Seeking Parties*, *Office-Seeking Parties* und *Vote-Seeking Parties* (Müller und Strøm 1999; Strøm 1990). Die ersten beiden genannten Typen entsprechen in dieser Reihenfolge den zuvor genannten Parteien, für die entweder die Programmatik oder die Regierungsbeteiligung im Zentrum des Handelns steht. Der Idealtypus der *Vote-Seeking Party* geht auf die Arbeiten von Anthony Downs (1957, S. 34f.) zur ökonomischen Theorie der Demokratie zurück. Nach dieser Theorie handeln Parteien nach einer Kosten-Nutzen Abwägung und versuchen möglichst viele Stimmen zu erhalten. In Zweiparteiensystemen sind die Logiken des *Vote-Seeking* und *Office-Seeking* fast identisch, da der Gewinn einer Wahl oftmals mit der Kontrolle der Regierung einhergeht.

Im Kontext von Politik in einem multinationalen Mehrebenensystem wird diese Typologie komplexer. Parteien treten auf mehreren Ebenen an, finden sich in zum Teil unterschiedlichen Parteiensystemen wieder und müssen mit (anderen)

Minderheitsparteien konkurrieren. Somit kann eine Partei auf unterschiedlichen Ebenen jeweils anderen Logiken folgen. Dadurch erscheint eine Anpassung dieser Typologie sinnvoll. Toubeau und Massetti (2013: 302) entwickeln hierzu ein Modell mit dem Ziel, die strategische Ausrichtung von Parteien im Konflikt um territoriale Reformanstrengungen zu analysieren. Bei der Frage, wie Parteien strategisch agieren, schließen sie an die ursprüngliche Typologie von Wolfgang C. Müller und Kaare Strøm an und fügen dieser eine territoriale Dimension hinzu. Zudem sprechen sie nicht mehr von Zielen, sondern von Handlungslogiken, welche für Minderheitsparteien relevant sind und unterschiedlich stark die Ausrichtung dieser Parteien prägen. Die erste Logik, die dem Ziel des *Vote-Seeking* und dem des *Office-Seeking* entspricht, nennen die Autoren *Electoral Logic*. *Policy-Seeking* wird von Toubeau und Massetti nicht speziell aufgeführt, da für die Autoren dieses Ziel in der DNA der einzelnen Minderheitsparteien fest eingeschrieben ist. Das Ziel ist, die Selbstbestimmung der Nation zu erreichen. Die *Ideological Logic* basiert auf der Loyalität einer Partei zu ihren eigenen ideologischen Überzeugungen. Dabei geht es etwa darum, welche institutionellen Rahmenbedingungen die Partei für das politische System anstrebt. Dies sind stabile und auf Dauer angelegte Ansichten und keine kurzfristigen, taktischen Überlegungen. Neu an dieser Stelle ist die *Territorial Logic*. Wohingegen die ersten beiden Logiken bei Wahlen auf der Bundesebene prinzipiell auf die gesamtstaatliche Ebene abzielen, werden bei letzterer regionale Interessen ins Zentrum gestellt. Eine Partei stellt sich beispielsweise als Vertreterin einer Minderheitsnation dar und versucht damit erfolgreich zu sein. So folgen etwa viele große Minderheitsparteien wie der *Bloc*, die SNP oder die CiU/PDeCAT und die ERC bei Wahlen auf der gesamtstaatlichen Ebene dieser Logik. Für die einzelnen Parteien ist es nahezu ausgeschlossen, dass sie in ihren jeweiligen politischen Systemen auf der gesamtstaatlichen Ebene jemals die Regierung stellen können. Bestenfalls können sie sich als Mehrheitsbeschafferin an einer Regierung beteiligen oder diese unterstützen. Auch kann keine der Parteien die absolute Mehrheit der Sitze gewinnen, da sie, der Logik folgend, nur in ihren jeweiligen Regionen antreten.

Dies bedeutet jedoch auf keinen Fall, dass die *Electoral Logic* und die *Ideological Logic* auf substaatlicher Ebene nicht relevant sind. Auch der PQ, die SNP oder die CiU verfolgen auf substaatlicher Ebene bei Wahlen diese Logiken, um ihre Macht zu erhalten oder Politikinhalte durchzusetzen. Hier zählt für Minderheitsparteien somit dieselbe Logik, wie sie für die meisten Parteien auf gesamtstaatlicher Ebene gilt. Auf regionaler Ebene ist es vor allem wichtig, die Regierung zu stellen, um in erster Linie die politischen Inhalte der Partei umzusetzen (Strøm und Müller 1999, S. 6). Auf substaatlicher Ebene haben die einzelnen Parteien bei erfolgreichen Wahlen eine realistische Perspektive, die Regierung zu bilden. Zwar haben Minderheitsparteien in Regierungsverantwortung in einem Mehrebenensystem mit ähnlichen Problemen zu kämpfen, wie alle anderen Parteien (Elias und Tronconi 2011b). Man erkennt jedoch ganz deutlich, dass diejenigen Minderheitsparteien, die auf mehreren Ebenen antreten, mit einem komplexeren Umfeld zu kämpfen haben als Parteien, die dies nur auf einer Ebene tun.

Die Wahl einer spezifischen Strategie oder eines Ziels ist jedoch ebenso wenig ein Zufallsprodukt wie deren möglicher Wandel. Wie Harmel und Janda (1994, S. 259) zugespitzt formuliert haben: „Change does not 'just happen'." Wandel wird vielmehr von Akteuren forciert und geplant. Parteiakteure agieren folglich strategisch und interessengeleitet. Damit unterliegen auch Parteiziele und -strategien generell einem Wandel. Dabei nennen Autoren unterschiedliche Variablen, die für den Wandel verantwortlich sind. Robert Harmel und Kenneth Janda führen hier zur Erklärung Veränderungen in der Parteiführung, interne Machtverschiebungen zwischen den einzelnen Parteilagern oder „externe Schocks" an. Bei Toubeau und Massetti (2013) wählen Parteien eine Strategie im Spannungsfeld zwischen strategischen Anreizen einerseits und internen Zwängen andererseits. Zu den strategischen Anreizen zählen die eigene Positionierung im Parteienwettbewerb und strategische Annahmen mit Hinblick auf die Handlungsmöglichkeiten regionaler Regierungen innerhalb eines föderalen politischen Systems. Interne Zwänge bestehen hinsichtlich der ideologischen Ausrichtung der Partei und ihrer organisatorischen Struktur. Wie verhält es sich also mit den Machtverhältnissen innerhalb der Partei und wie sehr muss die „reine Lehre" von den Parteiführern vertreten werden? Somit lassen sich die Auswahl der Strategien und Ziele von Parteien in Bezug auf die territoriale Ausgestaltung des politischen Systems im Spannungsverhältnis von ideologischer Ausrichtung der Partei, ihrer Stellung im Parteienwettbewerb und der Ausgestaltung der vertikalen Gewaltenteilung nachvollziehen. Für Parteistrategien gilt hierbei dasselbe wie für föderal organisierte politische Systeme. Auch Parteistrategien sind im weitesten Sinne Institutionen, die sich innerhalb der Parteien verfestigen. Somit entwickeln sie sich pfadabhängig. Dies kann dazu führen, dass sich Parteien neuen gesellschaftlichen Entwicklungen nicht anpassen können.

Tabelle 2.6: Parteienwettbewerb in Quebec, Schottland und Katalonien (Stand: 2018)		
Region	Regionale Ebene	gesamtstaatliche Ebene
Quebec	Separatisten (PQ) vs. Autonomisten (PLQ), (CAQ) keine Bundesparteien Zwei(einhalb)parteiensystem	*Bloc* vs. Bundesparteien Mehrparteiensystem mit dominanter Partei
Schottland	Gesamtstaatliche Parteien vs. SNP Mehrparteiensystem	Gesamtstaatliche Parteien vs. SNP Mehrparteiensystem
Katalonien	Bundesparteien (PSC-PSOE, PPC) vs. PDeCAT, ERC Autonomisten (C's) vs. Separatisten (PDeCAT, ERC, CUP) Mehrparteiensystem mit einer dominanten Partei	Bundesparteien (PSOE, PP) vs., PDeCAT, ERC Mehrparteiensystem
Quelle: Eigene Darstellung in Anlehnung an Klaus von Beyme (1984).		

Der Parteienwettbewerb findet – in den meisten Fällen – auf mehreren Ebenen und zwischen Minderheitsparteien und gesamtstaatlichen Parteien statt (siehe Tabelle 2.6). Letztere dürfen bei der Betrachtung nicht ausgeschlossen werden, da sie eine wichtige Rolle für die strategische Positionierung der Minderheitsparteien spielen. Gesamtstaatliche Parteien nehmen ebenso eine thematische Positionierung zu Fragen der territorialen Reform eines politischen Systems vor. Darüber hinaus sind sie in vielen Fällen direkte Konkurrentinnen für Minderheitsparteien bei den Wahlen zu regionalen Parlamenten. Gesamtstaatliche Parteien handeln ebenfalls nach bestimmten Strategien (Alonso 2012, S. 37)[25], sehen sich durch Veränderungen in der territorialen Gewaltenteilung organisatorischen Herausforderungen ausgesetzt (Hepburn und Detterbeck 2010; Swenden und Maddens 2009; Thorlakson 2009) und entscheiden sich bei inhaltlichen Fragen zu den territorialen Reformen im Kontext der eigenen Positionierung im Parteienwettbewerb. Dabei ist das wahlstrategische Bedrohungspotential von Minderheitsparteien ausschlaggebend (Mazzoleni 2009). Es ist dabei wichtig, ob diese den gesamtstaatlichen Parteien Wähler abwerben können, und wie sich dies auf die Regierungsfähigkeit der gesamtstaatlichen Parteien auswirkt. Im Folgenden bleibt der Fokus jedoch auf den Minderheitsparteien und gesamtstaatliche Parteien werden nur herangezogen, um deren Bedeutung für die strategische Ausrichtung der Minderheitsparteien darzustellen.

---

[25] Diese Strategien nennt Alonso *pro periphery convergence* und *anti-periphery polarisation* (Alonso 2012, S. 35ff.; siehe auch Meguid 2008, S. 32ff).

Parteienwettbewerb und ideologische Ausrichtung

Parteien stehen dabei allgemein im Wettstreit zueinander hinsichtlich verschiedener Politikinhalte. „Parties compete by accentuating issues on which they have an undoubted advantage, rather than by putting forward contrasting policies on the same issues" (Budge und Robertson 1987, S. 391). Nicht der Gegensatz in verschiedenen Politikfeldern, sondern das Alleinstellungsmerkmal auf einem bestimmten Gebiet sei ausschlaggebend für den Erfolg. Damit wurden Minderheitsparteien in der Literatur oftmals auf das Feld der territorialen Reform verbannt – abseits ideologischer Auseinandersetzungen um „Rechts" und „Links". Sie werden als *Single-Issue-Partei* dargestellt, denen es ausschließlich um die Unabhängigkeit für die eigene Nation geht. Hier schließt sich der Kreis mit der anfänglichen Frage, was die Ziele von Minderheitsparteien sind. Diese sind eben nicht, wie Brancati (2009) oder zum Teil Meguid (2008) implizit annehmen, nur auf einen Themenbereich – der Frage nach der Unabhängigkeit beziehungsweise der territorialen Reform – beschränkt. Minderheitsparteien sind keine *Single-Issue-Parteien.* Diese Annahme greift zu kurz und wird den Forderungen und Zielen der Parteien nicht gerecht. Vielmehr sehen sich diese gezwungen, sich auf einer Rechts-Links-Achse zu positionieren, wenn sie auf regionaler Ebene regieren möchten (Alonso 2012, S. 36; Massetti und Schakal 2015, S. 866).

Ideologische Unterschiede spielen folglich eine elementare Rolle, wenngleich sie der Frage der Selbstbestimmung nachgeordnet sind. Die nationale Frage ist somit das „super-issue", das alle Parteien auf der regionalen Ebene bedienen müssen (Bélanger et al. 2018, S. 23). Aber dennoch reicht diese Ausrichtung alleine nicht aus. In Katalonien haben sich die Minderheitsparteien mit der christdemokratisch-liberalen CiU und der dezidiert linken ERC schon immer im Links-Rechts-Spektrum eingeordnet. Wie wichtig die ideologische Eingruppierung für die nationalen Bewegungen in Quebec und Schottland waren, zeigen sowohl die SNP als auch der PQ. Beide Parteien sind die dominanten Vertreterinnen für die Selbstbestimmung der schottischen beziehungsweise der quebecer Nation. Mit ihrer ideologischen Ausrichtung hängt ein Gesellschaftsprojekt zusammen, das beide Parteien durchzusetzen versuchen. Quebec und Schottland sollen jeweils eine progressivere Politik betreiben als Kanada oder das Vereinigte Königreich. Die Sozialdemokratie spielte dabei für den PQ (McGrane 2014) und die SNP (Lynch 2009) als ideologisches Fundament im Laufe der vergangenen Jahrzehnte eine wichtige Rolle. Gleichzeitig – und hierbei erkennt man, warum die Einordnung auf einer Rechts-Links-Achse der Frage der Selbstbestimmung nachgeordnet ist – sind sowohl der PQ als auch die SNP keine rein sozialdemokratischen Parteien. Die SNP entwickelte sich erst im Laufe der 1980er Jahre zu einer sozialdemokratischen Partei mit starker Verankerung in der schottischen Arbeiterschaft. Allerdings finden sich innerhalb der Partei noch heute liberale und konservative Kreise. Mit der Wahl von John Swinney zum Parteiführer 2000 rückte die SNP mit einer neoliberalen Wirtschaftspolitik in Richtung Mitte-Rechts (Keating 2010, S. 54, 70), bevor unter Alex Salmond das Pendel wieder in die andere Richtung ausschlug. Der PQ war bei der Gründung eine Koalition aus Konservativen vom *Ralliement national*, Linken vom *Rassemblement pour l'indépendance nationale* und einer Gruppe um René Lévesque, die sich von der PLQ abspaltete. Das die Lager einende Element war das gemeinsame Streben nach Souveränität, welches die ideologischen Gegensätze in den Hintergrund geraten ließ. Diese Parteien, welche man vor allem in Systemen mit Mehrheitswahlrecht und mit einem ausgeprägten Zweiparteiensystem vorfindet, werden in der Literatur als „broad churches" bezeichnet (Massetti 2009, S. 514).

Der Zusammenhang zwischen der Einordnung auf der Rechts-Links Achse und den Forderungen hinsichtlich des Grads der Autonomie ist an dieser Stelle ebenfalls bedeutsam. Massetti und Schakal (2015) stellten mit Hilfe statistischer Analysen von Minderheitsparteien in Westeuropa fest, dass in relativ reichen Regionen eher Minderheitsparteien rechts der Mitte und in relativ ärmeren Regionen Minderheitsparteien links der Mitte anzutreffen sind. Linkere Parteien propagieren zudem eher die Unabhängigkeit wohingegen konservative oder christdemokratische Parteien eher mehr Autonomie einfordern (siehe auch Massetti 2009). Insgesamt neigen die meisten Minderheitsparteien jedoch eher zu Positionen nahe der Mitte und weniger zu den extremen linken oder rechten Rändern.

In weiteren Analysen fanden Massetti und Schakal (2013) zudem heraus, dass die Dezentralisierung des politischen Systems autonomistischen Parteien in Regionalwahlen zu besseren Ergebnissen verhelfe und sie bei Wahlen auf der gesamtstaatlichen Ebene schwäche. Unterdessen führe sowohl eine zunehmende politische Dezentralisierung (Massetti und Schakal 2016) als auch der Parteienwettbewerb mit anderen Minderheitsparteien (Massetti 2009) in Fragen der regionalen Selbstbestimmung zu einer Radikalisierung in den Positionen von Minderheitsparteien auf der gesamtstaatlichen Ebene. Gleichzeitig zeigen Elias und Tronconi

(2011b), dass Regierungsbeteiligungen von Minderheitsparteien eher zur Mäßigung in den Forderungen führen. Gesamtstaatliche Parteien müssen zudem bereit sein, die Dezentralisierung des politischen Systems einzuleiten und umzusetzen. Diese Bereitschaft hängt laut Toubeau und Wagner (2015, 2016) zum einen von der Positionierung von gesamtstaatlichen Parteien bei wirtschaftlichen und kulturellen Fragen ab. Parteien, die in der ökonomischen Dimension eher konservativ sind, sowie Parteien, die in der kulturellen Dimension liberal sind, neigen eher zu Dezentralisierung als Mittel der Konfliktbewältigung, wohingegen sich ökonomisch linke und wertkonservative Parteien eher dagegen positionieren. Die meisten dieser Studien leiden an dem Problem, welches quantitativ-statistischen Arbeiten generell anhaftet. So können diese Studien zwar generelle Zusammenhänge über mehrere Fälle hinweg darstellen, allerdings die dahinterliegenden Strukturen nicht klar beleuchten. Wie und warum diese Parteien so handeln und sich positionieren, wie sie es tun, kann dadurch nicht näher herausgearbeitet werden.

Die Frage, wie Ideologie auf eine Partei wirkt, hängt auch davon ab, in welchem Verhältnis Parteiführung und Basis beziehungsweise die Partei und ihre Wählerschaft stehen. Man muss der Parteiführung eine wichtige Rolle bei der Entscheidung über die strategische Ausrichtung und bei dem Verhalten der Partei bei kritischen Fragen einräumen. Diese Aussage erscheint erst einmal trivial. Christian Lammert (2004) zeigt in seiner Vergleichsstudie zwischen Quebec und Korsika, welche entscheidende Bedeutung Elitenakkommodation in Fragen der friedlichen Konfliktbewältigung zugekommen ist. Parteieliten und gesellschaftliche Eliten als Ganzes haben einen großen Einfluss auf die politische und gesellschaftliche Reaktion zu bestimmten Prozessen. Dies veranschaulichen Ellen Bos (1996) für demokratische Übergangsprozesse und Duncan Morrow (2005) für Konflikte in multinationalen Gesellschaften. Laut Morrow können Eliten, wenngleich sie durch Institutionen in ihren Handlungen eingeschränkt sind, dennoch politische Prozesse so beeinflussen, dass Konflikte gelöst werden. Dies funktioniere allerdings nur, solange diese Eliten jenes Ziel erreichen wollen. Gleichzeitig ist wichtig zu berücksichtigen, dass es für den Erfolg von Autonomiebestrebungen wichtig ist, ob die Eliten eigenständig handeln, um ihre Interessen durchzusetzen, oder ob sie sich auf eine breite öffentliche Bewegung stützen können (Behnke 2013, S. 466). Dies gilt für Eliten auf allen Ebenen und in den verschiedenen Arenen innerhalb eines Mehrebenensystems. Können Parteiführer also ihre Partei auf Linie bringen, dann sind Kompromisse möglich. Je zentralisierter eine Partei aufgebaut ist und je weniger Macht einzelne Ableger und Lager innerhalb einer Partei haben, umso eher kann sich die Parteiführung durchsetzen. Dieses Argument ist beispielsweise bei der Analyse des Zusammenspiels zwischen René Lévesque und dem PQ wichtig. Aber auch die Verbindung zwischen Parteiführung und Wählerschaft ist hier wichtig. Ist das Verhältnis eher programmatisch geprägt oder klientelistisch? Im ersten Fall spielt die Ideologie bei der Ausrichtung einer Partei eine größere Rolle (Toubeau und Massetti 2013, S. 305f.).

Ein Teil der Literatur zeigt zudem, dass regionale Akteure zweckrational im eigenen Interesse handeln. Dabei sind wirtschaftliche Kalkulationen ausschlaggebend. Laut John Breuilly gilt, dass „no nationalist movement is based on pure sentiment. All nationalist movements build upon a variety of interests" (Breuilly 1993, S. 113). So finden sich Fälle, in denen Autonomie nicht notwendig ist, um die kulturellen Eigenheiten der Minderheit zu bewahren, sondern – vielmehr in umgekehrter Logik – diese kulturelle Verschiedenheit im politischen Prozess genutzt wird, um Autonomie oder gar die Unabhängigkeit einzufordern (Bauböck 2000, S. 384). Jason Sorens (2008) argumentiert ebenfalls auf Basis von Annahmen der rationalen Wahl, wenn er sagt, dass die Frage nach Sezession oder Autonomie für Minderheitsnationen vom daraus entstehenden wirtschaftlichen Gewinn der Region abhinge. Minderheitsparteien träten für die Sezession ein, wenn sie ökonomisch davon profitieren. Wenn sie dadurch verlieren, setzen Minderheitsnationen viel eher auf Autonomie innerhalb des existierenden Staates (siehe auch Massetti und Schakal 2015). Donald L. Horowitz hat auf diesen Umstand der individuellen Kosten-Nutzen Kalkulation schon vor mehreren Jahrzehnten hingewiesen. Laut ihm kann erwartet werden, dass erfolgreiche Sezessionen in den meisten Fällen zu wirtschaftlichen Schwierigkeiten für die betroffene Region führen (Horowitz 1981, S. 194). Dies ist jedoch eine Annahme, die seit längerem kritisiert wird (Meadwell 1993a, S. 192). Dass die Frage nach dem wirtschaftlichen Nutzen in der Debatte um die Unabhängigkeit wichtig ist, kann an der Diskussion während der Unabhängigkeitskampagne in Schottland und im katalanischen Unabhängigkeitsdiskurs nachvollzogen werden. Auch bei den beiden Referenden in Quebec stand die wirtschaftliche Entwicklung mit im Vordergrund.

Ähnlich wie Sorens (2008) argumentieren Meadwell und Martin (1996). Auch sie sehen ökonomische Kosten- und Nutzenabwägungen als ein zentrales Element für den Erfolg nationalistischer Mobilisierung für Unabhängigkeit. Wollen Minderheitsnationen ihre eigenen Vorstellungen einer Gemeinschaft verwirklichen, dann brauchen sie finanzielle Ressourcen und politische Kompetenzen. Die dahinterstehende Logik lautet, dass durch die Einigung zwischen Mehrheit und Minderheit ein Gleichgewicht erzeugt wird, das es den Minderheitsnationen unattraktiv erscheinen lässt, aus dem Staat „auszutreten". Um Minderheitsnationen in multinationalen Gesellschaften zu befrieden, würden Mehrheiten dann beispielsweise Steuern dezentralisieren (Sorens 2016).

Emmanuel Dalle Mulle spricht in seiner Arbeit über das Phänomen des „nationalism of the rich." Dabei handelt es sich um eine diskursive Strategie, um die ökonomische Ausbeutung einer Region durch ärmere Regionen oder durch den Zentralstaat zu beklagen (Dalle Mulle 2018, S. 2). Der instrumentelle Nutzen von Unabhängigkeit wird dabei ins Zentrum gestellt und als Chance betrachtet, um ein als besser angesehenes Gesellschaftsmodell zu verwirklichen (ebd., S. 201). Als Beispiel führt der Autor im Kontext der ERC in Katalonien den *catalanisme del benestar* an. Für diese Argumente sind bestimmte Wählergruppen durchaus empfänglich. Paul Howe (1998) zeigt etwa im Kontext von Quebec die Bedeutung der Wahrnehmung der ökonomischen Folgen einer Unabhängigkeit für die Unterstützung der Bevölkerung für diese Option. Laut Ivan Serrano (2013) besteht zudem die Zustimmung von etwa einem Drittel der Katalanen zur Unabhängigkeit aus dem Glauben heraus, dass sich dadurch die ökonomische Ausgangslage für Katalonien verbessern werde. Politische Dezentralisierung, die mit ökonomischer Umverteilung einhergeht, kann somit als Alternative gelten, um die Handlungsfähigkeit der Minderheitsnationen zu erhöhen und deren Interessen zu befrieden.

In politischen Systemen, in denen die Fronten zwischen Mehrheit und Minderheit stark verhärtet sind, können Kompromisse allerdings nur schwer erzielt werden. Parteiführer haben nicht die Möglichkeit, das Parteiprogramm oder ihre eigene Position spontan zu ändern. Das brächte Glaubwürdigkeitsprobleme mit sich (Sorens 2008, S. 350). Zudem ergeben sich spezifische wahltaktische Anreize für Parteien auf regionaler und gesamtstaatlicher Ebene, die Kompromisse erschweren können. Die Frage nach der elektoralen Bedeutung einer Region ist hier von zentraler Bedeutung. Sie zielt darauf ab zu berücksichtigen, wie wichtig die jeweilige Region aus der wahlstrategischen Perspektive einer gesamtstaatlichen Partei ist. Ist die Region also wichtig, um auf gesamtstaatlicher Ebene die Mehrheit der Mandate für das Parlament zu erringen, oder nicht (Geßler 2015a, S. 196)?

Werden gewisse Regionen oder bestimmte Wählerschaften als relevant eingestuft, unternehmen gesamtstaatliche Akteure den Versuch, durch Veränderungen in ihrer Haltung zum Thema Dezentralisierung das Monopol der Minderheitsparteien auf diesem Politikfeld zu unterminieren (Meguid 2008). In der elektoralen Bedeutung für die gesamtstaatlichen Parteien unterscheiden sich die hier genannten Minderheitsparteien voneinander. Schottland und Katalonien sind für die konservativen Parteien für ihre Strategie, bei den Wahlen zum gesamtstaatlichen Parlament die Mehrheit der Sitze zu erringen, nahezu irrelevant. Seit der Regierungszeit von Margaret Thatcher sind die Konservativen in Schottland nur noch marginal vertreten. Die Wahl von 2017 stellt hier die Ausnahme dar. In Katalonien stößt vor allem der spanische Nationalismus des *Partido Popular* viele Katalanen ab. Da die britischen Konservativen jedoch in England und der PP in Kastilien und Madrid stark sind, benötigen sie außerhalb ihrer Hochburgen oftmals nicht viele Mandate zum Gewinn der absoluten Mehrheit. Für die britische *Labour Party* oder die spanischen Sozialisten stellt sich der Sachverhalt anders dar. Möchte Labour die britischen Wahlen gewinnen, dann sind sie auf einen Großteil der 59 schottischen Sitze angewiesen. Gleiches gilt für die Sozialisten, die über einen langen Zeitraum hinweg einen Großteil der katalanischen Sitze bei gesamtstaatlichen Wahlen erringen konnten. Es erscheint somit nicht verwunderlich, dass das neue Autonomiestatut während der Regierungszeit des Sozialisten José Luis Rodríguez Zapatero initiiert und von Mariano Rajoys PP bekämpft worden war. Auch der Devolutionsprozess in Schottland wurde von der neugewählten Labour-Regierung unter Tony Blair Ende der 1990er Jahre in die Wege geleitet. Hier kamen sowohl Labour als auch die Sozialisten den Wünschen ihrer Wählerschaft nach, ohne die sie die Wahlen nicht hätten gewinnen können.

In Quebec verhielt es sich historisch anders. Aus dieser Provinz kommt rund ein Viertel der gesamten Abgeordneten für das Parlament in Ottawa. Eine Mehrheit der Sitze ist ohne einen größeren Anteil der Abgeordneten aus Quebec für beide große Parteien nur schwer zu erzielen (vgl. Tabelle 2.7). Seit Ende des Zweiten Weltkriegs kam zudem die Hälfte der kanadischen Premierminister aus Quebec.[26] Quebec hat folglich einen viel wichtigeren Status im kanadischen Wahlsystem als dies Schottland oder Katalonien im Vereinigten Königreich beziehungsweise Spanien haben. Die elektorale Bedeutung Quebecs für die beiden großen gesamtkanadischen Parteien ist sehr hoch. In den 21 Wahlen zwischen dem

26 Louis St. Laurent (1948 – 1957), Pierre Elliott Trudeau (1968 – 1979; 1980 – 1984), Brian Mulroney (1984 – 1993), Jean Chrétien (1993 – 2003), Paul Martin (2003 – 2006) und Justin Trudeau (seit 2015).

Ende des Ersten Weltkriegs und dem Aufkommen des *Bloc* 1993 konnten sich 17 der gewählten Bundesregierungen (Ausnahmen stellten die vier Wahlen von 1930, 1957, 1962 und 1979 dar) auf eine signifikante Mehrheit der quebecer Abgeordnetenmandate stützen. Die Bevölkerung in Quebec stimmte folglich zumeist *en bloc* für eine bestimmte Partei auf der Bundesebene (Bickerton 2007, S. 426; Gagnon und Boucher 2017). Dies bedeutet nicht, dass die großen kanadischen Parteien die Politik der Separatisten vertraten. Vielmehr verfolgten die kanadischen Premierminister – allen voran diejenigen der *Liberal Party of Canada* – eine komplett gegensätzliche Politik zu der des PQ. Dennoch zeigten vor allem die Wahlkämpfe von *Brian Mulroney* 1984 und 1988, dass sich die Bundesparteien explizit der Forderungen Quebecs annahmen – wenngleich sie diese nicht umsetzen konnten.

Tabelle 2.7: Anteil der quebecer Abgeordneten an der Gesamtstärke der Regierungsfraktion in Ottawa in den vergangenen 50 Jahren.

Wahl	Prozente der Mandate	Regierungspartei
1963	36	Liberals (Minderheit)
1965	42	Liberals (Minderheit)
1968	36	Liberals
1972	51	Liberals (Minderheit)
1974	43	Liberals
1979	1	PC (Minderheit)
1980	50	Liberals
1984	27	PC
1988	37	PC
1993	10	Liberals
1997	16	Liberals
2000	20	Liberals
2004	15	Liberals (Minderheit)
2006	8	CPC (Minderheit)
2008	7	CPC (Minderheit)
2011	3	CPC
2015	22	Liberals

Quelle: Eigene Darstellung

Aber auch Minderheitsparteien stellen sich wahltaktischen Überlegungen. So haben Untersuchungen in Schottland und Katalonien ergeben, dass Minderheitsparteien bei regionalen Wahlen signifikant mehr Stimmen erhalten hatten, als bei Wahlen zu gesamtstaatlichen Parlamenten. Die SNP und die CiU schnitten bei schottischen und katalanischen Wahlen im Durchschnitt wesentlich besser ab, als bei gesamtstaatlichen Wahlen (Liñeira 2011; Wyn Jones und Scully 2006). Dies lässt sich mit der besseren Interessenrepräsentation auf den unterschiedlichen Ebenen begründen. In den letzten Wahlen finden sich allerdings Abweichungen von dieser „Regel". Bei den Wahlen zum britischen Parlament 2015 errang die SNP 56 von 59 schottischen Sitzen. Ähnliches gilt für Katalonien. Bis zu den Wahlen 2011 waren die Sozialisten die dominante Partei bei Wahlen zum Parlament in Madrid. Im Zuge des Konflikts um das Autonomiestatut wurde 2011 die CiU zum ersten Mal die stärkste Kraft in Katalonien. In den Wahlen 2015 und 2016 gewann eine regionale Wählerkoalition (*En Comú Podem*) mit *Podemos* an der Spitze die meisten Stimmen. Inwieweit diese Wahlen eine Ausnahme darstellen oder zu einer neuen Regel werden lässt sich derzeit allerdings noch nicht weiter abschätzen. Der Fall Quebec ist hier schwer vergleichbar, da man in der Provinz zwei voneinander getrennte Parteiensysteme vorfindet. Alle Parteien, die in Quebec auf der Provinzebene antreten sind Minderheitsparteien. Bei der Wahl zum kanadischen Parlament trat 1993 zum ersten Mal der *Bloc* auf und erhielt einen Großteil der Stimmen. Seit dem Wahldesaster für den *Bloc* im Jahre 2011 nahm sein Einfluss auf der Bundesebene allerdings zunehmend ab.

Letztlich sind die Interessen von Akteuren – sichtbar in den Ideologien von Parteien, in den ökonomischen Erwartungen, etc. – ein wichtiger Gradmesser für den Erfolg von Unabhängigkeitsbestrebungen. Diese Interessen entstehen allerdings nicht aus dem Äther, sondern im Kontext institutioneller Möglichkeiten und gesellschaftlicher und politischer Debatten. Interessen können somit für sich ebenfalls keine zufriedenstellende Antwort auf die Frage nach dem Aufkommen von Unabhängigkeitsbestrebungen bei Minderheitsnationen bieten. In Kombination mit Institutionen ist hier eine dritte Kategorie von Nöten.

2.4 Ideen: Narrative und Mobilisierung

Seit dem *linguistic turn* in den Sozialwissenschaften der 1980er Jahre werden Diskursen, Narrativen und Ideen eine zunehmend wichtige Rolle bei der Bearbeitung politikwissenschaftlicher Fragestellungen zuteil. Dabei ist diese Kategorie schon bei Max Weber von Bedeutung und bildet den dritten Teilbereich seiner Trias. Ideen – oder ideelle Faktoren – sind in der Lage, Interessen zu formen und, wenn sie in Institutionen inkorporiert werden, das Handeln – und das Denken (*framing*)

– von Akteuren zu beeinflussen. Allerdings gilt hier die selbe Einschränkung wie für Institutionen, den

> „[p]olitical ideas […] do not have an immediate normative or morally obliging character which actors have to accept and which over-determinate all interest considerations. Political ideas are rather like storylines or narratives which are convincing or plausible in a given situation for a variety of reasons." (Braun 1999, S. 26)

Politische Ideen haben eine indirekte Wirkung auf Akteure. Sie wirken im Hintergrund, aber schränken trotzdem die Möglichkeiten dessen ein, was gedacht werden kann. Bestimmte Optionen werden folglich als nicht akzeptabel oder unmöglich angenommen, obwohl diese unter anderen Bedingungen möglich wären.

> „[P]olicymakers customarily work within a framework of ideas and standards that specifies not only the goals of policy and the kind of instruments that can be used to attain them, but also the very nature of the problems they are meant to be addressing." (Hall 1993, S. 279)

Hierbei wird deutlich, dass Ideen keine diffusen oder abstrakten Konstruktionen sind, die sich im gesellschaftlichen Raum nach Belieben ausbreiten können. Vielmehr spielen politische und gesellschaftliche Akteure eine wichtige Rolle bei der Verbreitung. Peter A. Hall (1992) zeigt bei seiner Analyse des Wandels der britischen Wirtschaftspolitik vom Keynesianismus zum Monetarismus, wie über die Verbreitung von neuen Ideen an den wirtschaftswissenschaftlichen Fakultäten diese Ideen durch die neu ausgebildeten Bürokraten in die Politik hineingetragen wurden und im Zuge der wirtschaftlichen Krisen der 1970er und 1980er Jahren den Keynesianismus ablösten.

Dabei darf der Faktor der Macht nicht unterschätzt werden (Laclau 1990, 1996). Ein wichtiger Akteur bei der Verbreitung von Ideen im Politikprozess sind politische Parteien (Peters et al. 2005, S. 1284). Bei der gesellschaftlichen und politischen Mobilisierung für die Unabhängigkeit spielen der PQ in Quebec und die SNP in Schottland jeweils eine zentrale Rolle. Beide Parteien vermitteln die Narrative der Unterdrückung, der Ausbeutung und der Fremdbestimmung durch die gesamtstaatliche Mehrheit im öffentlichen Raum und bieten gleichzeitig eine Plattform, um diese Politik in den jeweiligen Regionen zu verändern. So ist in Quebec der Separatismus stark verbunden mit dem PQ, der die genannten Narrative im politischen Diskurs ab den 1960er Jahren eingesetzt hatte (Monière 1981). Auch bei den politischen Entwicklungen in Katalonien seit dem Beginn der 2010er Jahre sind Fragen der finanziellen Ausbeutung und der politischen Fremdbestimmung beziehungsweise der Bevormundung durch Madrid zentral für die Mobilisierung der Katalanen (Guibernau 2012). Eine Unabhängigkeitsbewegung kann dabei von einzelnen oder aber mehreren miteinander verwobenen Narrativen getragen werden. In Katalonien und Schottland geht es nicht nur um die bereits genannten Erzählungen, sondern auch um die Idee von „Europa" (Bourne 2014; Muro und Vlaskamp 2016). Nicht umsonst wurde „*Independence in Europe*" zum zentralen Slogan des schottischen Unabhängigkeitsreferendums von 2014. Die Unabhängigkeit ginge demnach einher mit einer Mitgliedschaft in der EU, die sämtliche ökonomischen Nachteile eines Austritts aus dem Vereinigten Königreich aufwiegen könne.

Diese herrschenden Ideen, Diskurse und Narrative können sich über die Zeit hinweg allerdings wandeln und abgelöst werden. In Quebec wurde der Souveränitätsgedanke über die Zeit hinweg von verschiedenen Narrativen getragen. Zum einen war dies das Gefühl der Ausbeutung und der Unterdrückung der quebecer Nation – man bedenke die Aufschrift *Je me souviens* auf den Kfz-Kennzeichen. Aber auch die Vision einer besseren Zukunft war ausschlaggebend für eine erfolgreiche Mobilisierung der französischsprachigen Quebecer. Ein Wandel in den herrschenden Ideen kann dabei auf unterschiedliche Art und Weise vonstattengehen. Auf der einen Seite können Krisenmomente an kritischen Weggabelungen zu einem Wechsel führen (Capoccia 2015, S. 158f.). Es kann sich aber ebenso um einen schleichenden Prozess handeln, der zu einem bestimmten Zeitpunkt einen *tipping point* erreicht und sich bestimmte Ideen dann durchsetzen. Beide Prozesse können auch Hand in Hand gehen. Dies lässt sich am oben dargestellten Fall der Ablösung des Keynesianismus durch den Monetarismus in der britischen Wirtschaftspolitik darstellen (Hall 1992). Einerseits fand in Großbritannien ein langsamer, altersbedingter Austausch der britischen Bürokratie statt, die den Monetarismus verinnerlicht hatten. Gleichzeitig benötigte es aber die Krisen der 1970er und 1980er Jahre, die den Sieg des Monetarismus in der Wirtschaftspolitik des Vereinigten Königreiches erst ermöglichte.

Diese Veränderungen in den herrschenden Diskursen und Narrativen haben reale Konsequenzen für Politik und Gesellschaft. Die Durchsetzung der Unabhängigkeit als Idee in der politischen Debatte Kataloniens hat nicht nur das institutionelle System erschüttert. Die CiU von Artur Mas setzte sich zudem auf einmal für die Unabhängigkeit Kataloniens ein, und als Gegenreaktion zum aufkommenden katalanischen Nationalismus formierte sich die Partei *Ciutadans*. Es fand somit eine grundlegende Veränderung des Parteiensystems statt und zentrale Akteure richteten ihre Interessen neu aus. In Quebec fand Ähnliches statt. Wie später im Verlauf der Analyse dargestellt wird, war das Aufkommen des Souveränitätsgedankens als politische Ideologie ein zentraler Moment, der Anfang der 1970er Jahre zu einer Veränderung im Parteiensystem führte und der die Interessen der Akteure in Quebec nachhaltig beeinflusste. Auch die Wahrnehmung dessen, was als „gerechte" Institutionen im kanadischen Bundesstaat angesehen worden war, die den multinationalen Charakter des Landes wiederspiegeln, wandelte sich im Laufe der Geschichte grundlegend. Wie können sich diese Ideen nun institutionalisieren und wie geht deren Veränderung und Ablösung vonstatten?

Chantal Mouffe und Ernesto Laclau sprechen hier von hegemonialen Praktiken, die zu hegemonialen Formationen führen können. Diese sind

> „the practices of articulation through which a given order is created and the meaning of social institutions is fixed [...] Any order is always the expression of a particular configuration of power relations [...] It [the natural order, S.G.] is never the manifestation of a deeper objectivity that is exterior to the practices that brought it into being. Every order is therefore susceptible to being challenged by counter-hegemonic practices that attempt to disarticulate it in an effort to install another form of hegemony" (Mouffe 2013, S. 2).

Um diese hegemoniale Formation zu errichten bedarf es sogenannter „leerer Signifikante". Im leeren Signifikanten findet einerseits die konstruierte Schließung eines Diskurses statt und andererseits wird der Signifikant derart weit seiner Bedeutung entleert, dass er mit allen möglichen Bedeutungen gefüllt werden kann. Der Signifikant hat folglich laut Laclau die Aufgabe, die Universalität des Diskurses durch eine Partikularität zu repräsentieren (Laclau 1996, S. 53). Somit schafft es der leere Signifikant, eine bestimmte (Be-)Deutung – trotz ihrer Partikularität – als universell darzustellen und aus der Diskussion herauszunehmen. Dieser Prozess des „Füllens" ist das, was als hegemoniale Praxis bezeichnet wird (ebd., S. 43f.). Laclau zeigt dies kursorisch am Begriff der „Ordnung". Ordnung trete in vielen Formen auf und hängt von der jeweiligen Realisierung ab. Wenn es aber Momente des Chaos oder extremer Unordnung gibt, dann wird „Ordnung" als das dargestellt, was nicht vorhanden ist. Es entstehen also politische Konflikte darüber, was Ordnung ist und wie sie erreicht werden kann. Die Gruppe mit der Macht den Signifikanten zu füllen, führt die hegemonialen Praktiken aus (ebd.).

Dabei muss klargestellt werden, dass dies keine beliebigen Prozesse sind. „Not any position in society, not any struggle is equally capable of transforming its own contents in a nodal point that becomes an empty signifier" (ebd.). Begriffe wie „Freiheit", „Gerechtigkeit" oder eben „Souveränität" können als leere Signifikanten dienen – müssen dies aber nicht zwingend. Es hängt vielmehr von der Stellung der jeweiligen Debatte im politischen System oder in der Gesellschaft ab. Souveränität spielt sowohl in Deutschland als auch in Quebec eine wichtige Rolle. Allerdings ist „Souveränität" in Quebec viel mehr politisiert als in Deutschland, und das Verständnis dessen, was Souveränität meint, in der öffentlichen Debatte viel umstrittener. Gleiches gilt für Katalonien und Schottland. In allen drei Regionen gibt es starke Kräfte, die darum ringen, den Inhalt von „Souveränität" zu definieren. Bedeutet Souveränität Unabhängigkeit, dann ist jegliche Art von Autonomie innerhalb eines Staates undenkbar. Meint Souveränität allerdings die Durchsetzung von Politikinhalten, die für die Minderheitsnation relevant sind, dann kann dies innerhalb eines Staates durch die Implementierung von föderalen Strukturen geschehen. Sowohl in Quebec als auch in Katalonien und Schottland finden sich die unterschiedlichen Deutungen in den Stellungen der Parteien innerhalb des Parteiensystems (siehe Tabelle 2.6).

Das reine Vorhandensein von Narrativen und Ideen reicht allerdings nicht aus, um diesen politische und gesellschaftliche Einflussmöglichkeiten zu geben und Bedeutung zu verschaffen. Vielmehr bedarf es in einem demokratischen System politischer und gesellschaftlicher Mobilisierung, denn nur damit lassen sich politische Projekte durchsetzen. Modelle der rationalen Wahl (Downs 1957), wie sie etwa von Sorens (2008) oder Meadwell (1991, 1993a) vorgestellt werden, greifen dabei zu kurz. Erfolgreiche Mobilisierung hängt nicht nur von einer positiven Abwägung von Kosten und Nutzen ab. Potenzieller wirtschaftlicher (Miss-)Erfolg reicht für sich als Begründungszusammenhang nicht aus. Es mag für einige Fälle wie Katalonien und Schottland derzeit zutreffen. Anderenfalls müsste es dann aber ebenfalls eine stärkere Bewegung für die Unabhängigkeit in Flandern geben. Dort sind in den letzten Jahren allerdings die Bemühungen territoriale Reformen durchzusetzen hinter die Lösung bestimmter Policy-Probleme zurückgetreten (Elias und Mees 2017, S. 130). Ebenso hätte es in Katalonien schon seit 30 Jahren eine starke Mobilisierung für die Unabhängigkeit geben müssen und in Quebec hätte sie in der Form gar nicht so früh in Erscheinung treten dürfen.

Zudem ist es naiv, den Fokus nur auf die Fähigkeit zur Mobilisierung der Bevölkerung durch nationale Eliten zu richten. Elitenakkommodation kann ein probates Mittel zur friedlichen Konfliktbewältigung sein und diese Eliten können eine elementare Rolle bei der Mobilisierung von Minderheitsnationen spielen. Lammert (2004) zeigt dies am Beispiel Quebecs auf. Aber dennoch zeigen andere Fallbeispiele wie Katalonien, dass bei einer erfolgreichen zivilgesellschaftlichen Mobilisierung politische Eliten machtlos sein können. Erfolgreiche Mobilisierung für die Unabhängigkeit hat die politischen Parteiführer der CiU dazu gezwungen, ihre Position zu überdenken. Somit unterlag die Mobilisierung nicht der Kontrolle der Eliten und deren Akkommodation hätte nicht automatisch zur erfolgreichen Demobilisierung geführt.

Neben diesen interessengeleiteten Zugängen muss die Bedeutung von Ideen für den Prozess der Mobilisierung dargestellt werden. Hudson Meadwell schließt in seinem Modell der „ethnischen Mobilisierung" eine weitere Variable ein, die im Zusammenspiel mit der Kosten-Nutzen Abschätzung der Akteure Erfolg begründen könnte. So ist für eine gelungene Mobilisierung von Minderheitsnationen die Errichtung einer „Gegenhegemonie" (*counterhegemony*) unabdingbar (Meadwell 1993a, S. 200f.). Diese Gegenhegemonie sei eine Strategie von politischen Aktivisten, bei der es um die Resozialisierung von Bürgern geht, damit diese ihre „wahren" Interessen erkennen und sich ihrer Identität bewusst würden. Hier handelt es sich somit in einem ersten Schritt um Identitätspolitik. In einem zweiten Schritt sei für die erfolgreiche Etablierung einer Gegenhegemonie zudem ein bestimmter institutioneller Kontext wichtig. Föderalismus ist ein klassisches Beispiel. Dieser gilt als institutionelles Element, welches durch die Schaffung neuer politischer Arenen die Mobilisierung ermöglicht. Eigene Rechtssysteme oder Institutionen, die in das neue politische System inkorporiert wurden, können als Elemente herangezogen werden, um eine Gegenhegemonie zu etablieren. Wenn diese Identitätsbildung gelingt und die institutionelle Stellung politisch relevant ist, dann kann eine „Schicksalsgemeinschaft" (ebd., S. 201) entstehen, welche die Wahrnehmung der Mitglieder der Minderheitsnation in Bezug auf gesellschaftliche und politische Ungerechtigkeiten beeinflusst und kollektives Handeln ermöglicht.

Die Schicksalsgemeinschaft ist ein Begriff, der in den Arbeiten von Karl Mannheim und seinem phänomenologischen Konzept der „Generation" (Mannheim 1970) eine zentrale Stellung einnimmt und auch im quebecer Kontext bei der Frage, ob der PQ die Partei einer spezifischen Unabhängigkeitsgeneration darstellt, eine wichtige Rolle spielt. In seinem Aufsatz „Das Problem der Generationen" legt Mannheim die Bedeutung von politischen Generationen für den gesellschaftlichen Wandel dar. In der Vergangenheit wurde das Konzept oftmals genutzt, um gesellschaftliche und politische Veränderungen in westeuropäischen und nordamerikanischen Demokratien zu untersuchen (Crête und Favre 1989; Lepsius 1973). Für Mannheim sind Generationen das Ergebnis aus den menschlichen Erfahrungen sich wandelnder Lebensverhältnisse, politischen Umbruchs und radikalen Wandels. Hinzu kommt, dass alle Menschen mit bestimmten politischen und moralischen Wertvorstellungen und Ideen von der Beschaffenheit der Welt und der sozialen Ordnung sozialisiert werden (Braungart und Braungart 1989; Lepsius 2002; Pilcher 1994). Die Entstehung und Formierung einer bestimmten Generation ist folglich ein Prozess der Sozialisierung und Politisierung der Jugend in einer Gesellschaft. Der Zeitpunkt, wann diese Sozialisierung stattfindet, ist umstritten (Alford et. al. 2005) und hat sich in den vergangenen Dekaden verschoben, da mehr und mehr Menschen höhere Bildungsabschlüsse anstreben und später zu arbeiten beginnen, heiraten und Familien gründen.

Vor dem Hintergrund von Mannheims Ausführungen sind drei unterschiedliche Begriffe für die Diskussion über die Entstehung derartiger Generationen relevant: (1) die Generationslagerung, (2) der Generationszusammenhang und (3) die Generationseinheit. Die Generationslagerung beschreibt die Tatsache, „im selben historisch-sozialen Raum – in derselben historischen Lebensgemeinschaft – zur selben Zeit geboren worden zu sein" (Mannheim 1970, S. 542). Allerdings reicht es nicht aus, nur in derselben Gegend oder Region geboren zu sein, um Teil einer bestimmten Generationslagerung zu sein. Vielmehr müssen die jeweiligen Individuen auch zu ungefähr derselben Zeit und innerhalb desselben gesellschaftlichen, kulturellen und politischen Kontexts geboren worden sein. Dies ist eine notwendige, aber keine hinreichende Bedingung dafür, eine politische Generation entstehen zu lassen.

Ein essenzieller Teil dessen, was eine politische Generation entstehen lässt und was dieser zur Bedeutung verhilft, ist der Generationszusammenhang. Mannheim beschreibt dieses Phänomen als ein Zusammengehörigkeitsgefühl. „Diese Verbundenheit könnte man kurzweg eine *Partizipation* an den *gemeinsamen Schicksalen* dieser historisch-sozialen Einheit bezeichnen." (ebd., Hervorhebung im Original) An dieser Stelle bezieht sich Mannheim auf die Arbeiten Martin Heideggers zu „Da-sein" und der Rolle von „Geschick" und bezieht das auf politische Generationen. Dabei darf laut Heidegger (1993, S. 384ff.) das Geschick, was sich auf ein Kollektiv wie etwa eine Gemeinschaft, ein Volk oder eine Generation als Ganzes bezieht nicht mit dem Schicksal des Individuums verwechselt werden. Jedes

Individuum innerhalb einer Gruppe hat somit sein eigenes Schicksal, aber alle Mitglieder einer Generation sind als Gruppe Teil eines gemeinsamen Geschicks. Außerdem muss anerkannt werden, dass Individuen Teil einer gemeinsamen Generationslagerung sein können, aber nicht denselben Generationszusammenhang teilen. Dies geschieht, wenn es in den Worten von Mannheim kein gemeinsames Band zwischen diesen Individuen gibt. Menschen müssen denselben gesellschaftlichen und politischen Prozessen ausgesetzt sein, um dieses notwendige Band knüpfen zu können.

In einem letzten Schritt gilt es den Generationszusammenhang genauer zu betrachten. Selbst wenn es diese Partizipation am gemeinsamen Schicksal und die gemeinsame Erfahrung von bestimmten formativen Ereignissen gibt, bedeutet das nicht, dass alle Individuen auf die gleiche Art und Weise auf diese gesellschaftlichen und politischen Veränderungen in ihrer räumlichen Umgebung reagieren. Die Gruppen, die unterschiedlich darauf reagieren bilden eine viel engere und signifikantere Bande zueinander aus, als die tatsächliche Generation als Ganzes. Sie konstituieren dadurch ihre eigene Generationseinheit. Dies sind *„diejenigen Gruppen, die innerhalb desselben Generationszusammenhanges in jeweils verschiedener Weise ihre Erlebnisse verarbeiten*“ (Mannheim 1970, S. 544, Hervorhebung im Original). Aus diesem Grund darf die „Generation“ nicht als essentialistisches Konzept gesehen werden. Generationen können intern fragmentiert sein.

Diese Ausführungen implizieren auch nicht, dass jede Alterskohorte eine eigene Generation im Sinne Mannheims darstellt. Diese Arbeit postuliert ebenso wenig wie Mannheim die automatische Entstehung von Generationen. Diese entstehen nicht beliebig und aus dem Nichts. Vielmehr sind Generationen das Resultat gesellschaftlichen und politischen Wandels in Verbindung mit der eigenen, individuellen Wahrnehmung dieser Veränderungen. Damit ist deren Entstehung kontingent und die Aktivierung dieser Generation ein Potential, was ihr innewohnt. Wenn die oben genannten Bedingungen für die Entwicklung der Generationen erfüllt sind, kann das Potential aktiviert werden. Darüber hinaus hängen die Realisierung und die Aktivierung der Potentiale von der Geschwindigkeit und der Dynamik gesellschaftlichen Wandels ab (Mannheim 1970, S. 550). Das bedeutet: Je schneller und einschneidender gesellschaftlicher Wandel aus Sicht der Individuen stattfindet, desto entscheidender beeinflussen die formativen Ereignisse die Gesellschaft und desto wahrscheinlicher ist die Aktivierung einer bestimmten politisch sozialisierten Generation.

Aus den hier geschilderten Ausführungen ergibt sich, wie wichtig formative Ereignisse für das Konzept der politischen Generationen sind. Aus diesem Grund ist die historische Analyse von Gesellschaften bei der Anwendung wichtig. Das Ergebnis dieser Ereignisse ist intra-generationale Stabilität und inter-generationaler Wandel. Dies ähnelt anderen sozialwissenschaftlichen Konzepten, Modellen und Theorien wie etwa Pfadabhängigkeiten in historisch-institutionalistischen Ansätzen (Capoccia 2016; Pierson 2004). Die Sozialisierung von Individuen innerhalb derselben Generation auf der Mikroebene hat ähnliche Effekte auf die Gesellschaft wie Institutionen auf der Meso- und Makroebene.

Profiteure dieser Prozesse der Generationenbildung können Parteien sein, die Vincent Lemieux (2011, 2012) als *parti générationnel* bezeichnet hat.

> „Un parti générationnel est par définition un parti qui se fonde sur une génération politique et qui perd son caractère générationnel quand s'efface cette génération […] Toutefois, la domination d'un parti générationnel peut être telle que durant une période de trente ans à quarante ans, il maintient à son avantage un système monopolistique de partis." (Lemieux 2011: 18)

Dieser Parteityp nutzt die Unzufriedenheit mit den etablierten Parteien und bietet neue Lösungsvorschläge an. Dabei schafft es die *parti générationnel*, neue Wählergruppen auf Basis eines Gemeinschaftsgefühls zu rekrutieren. Die Partei hängt dabei vom Lebenszyklus der Personen und der politischen Konjunktur ab und besitzt eine mittlere Lebensdauer von 30 bis 40 Jahren. Während dieser Zeit hat sie Chancen, zur dominanten Partei innerhalb des Parteiensystems aufzusteigen (ebd., S. 20ff.).

Die wichtige Rolle politischer Generationen für die Unabhängigkeitsbewegung in Quebec wurde in der Literatur schon des Öfteren hervorgehoben. Françoise Ouellet (1989) warf etwa die Frage auf, ob die Veränderungen im Parteiensystem während der 1960er Jahre auf das Aufkommen einer Unabhängigkeitsgeneration zurückgeführt werden können. Vincent Lemieux würde diese Frage bejahen und auf den PQ als eine *parti générationnel* verweisen (Lemieux 2011: 78ff.). Eine politisierte Jugend trug 1976 den PQ zum Wahlsieg. Die jungen Quebecer, die in der Hochphase der *révolution tranquille* sozialisiert wurden, waren diejenigen, die im Referendum von 1980 mit überwiegender Mehrheit „Ja" gestimmt hatten (Latouche 1985). Wie ich an anderer Stelle gezeigt habe (Geßler 2015b), formte diese politische Generation über die nächsten Dekaden hinweg den Kern der Unabhängigkeitsbewegung. Diese Quebecer wurden alle zu etwa derselben Zeit geboren[27] und können deshalb als Teil einer bestimmten Generationslagerung begriffen werden. Die Mitglieder dieser Kohorten durchliefen eine ähnliche sozio-kulturelle und politische Sozialisation während desselben formativen Ereignisses: der *révolution tranquille* und des Aufstiegs des quebecer Nationalismus in den 1960er und 1970er Jahren. Dadurch lässt sich ein Generationszusammenhang zwischen den Mitgliederns dieser Alterskohorten finden. Allerdings muss gleichzeitig festgehalten werden, dass nicht alle Quebecer auf dieselbe Art und Weise auf diese Ereignisse der *révolution tranquille* reagiert haben. Wohingegen die neuaufsteigende frankophone Mittelschicht – und hier vor allem der in Montreal lebende Teil – die Idee der „Souveränität" unterstützte, erfuhren anglophone und allophone[28] Minderheiten diese Entwicklungen anders und bildeten eine eigene Generationseinheit.

Gagné und Langlois (2005) argumentieren ähnlich und kommen zu dem Schluss, dass sich die Idee der Unabhängigkeit in Quebec über die nächsten Jahre hinweg durchsetzen werde, da die älteren Kohorten, die noch als Frankokanadier (*Canadien français*) sozialisiert worden waren, aussterben und die jüngeren Alterskohorten viel independentistischer eingestellt seien. Sie stützen sich dabei auf Daten, die vor dem Referendum 1995 und im Jahr 2005 erhoben wurden. Diese Analyse erweist sich jedoch als problematisch. Grundsätzlich hat sich der Trend in der Unterstützung der Unabhängigkeit über einen längeren Zeitraum seit 1977 gewandelt. So steigt die Zustimmung der älteren Altersgruppen kontinuierlich an. Gleichzeitig sinkt aber die Zustimmung bei den jüngeren Generationen (Geßler 2015b). Dazu kommt, dass das Jahr 2005 aus methodischer Sicht ein zweifelhaftes Vergleichsjahr darstellt. 2004 und 2005 wurden vom sogenannten *Sponsorship Scandal* bestimmt. Dieser führte zu einem zeitweisen Anstieg der Unabhängigkeitsbefürwortung. Vor dem Skandal hat der Anteil der Unterstützer seit 1995 kontinuierlich abgenommen. Nach der Veröffentlichung des Untersuchungsberichts zu diesem Skandal (*Gomery Report*) im November 2005 fiel die Zustimmung wieder ab (Yale und Durand, 2011). Sie ging seitdem beständig weiter zurück und erreichte nicht mehr die gleiche Anzahl an potenziellen Ja-Wählern. Aus dieser

27 Blais und Nadeau (1984, S. 326) sprechen hier von den Jahrgängen 1940 – 1944, Lemieux (2011, S. 99) nimmt hier noch die Jahrgänge der späten 1940er und der 1950er Jahre hinzu, die zum Kernklientel des PQ werden sollten und die Unabhängigkeit der Provinz am vehementesten vertreten würden.

28 Als allophone Minderheiten werden in Quebec diejenigen sprachlichen Gruppen definiert, deren Muttersprache nicht Englisch oder Französisch ist.

Sicht ist 2005 eher ein Ausreißer als die Regel. Deshalb stellt sich vielmehr die Frage, ob es nicht die Unabhängigkeitsgeneration ist, die sich am Aussterben befindet (Geßler 2014, 2015b).

Für die Fallbeispiele Kataloniens und Schottlands lässt sich diese Analyse noch nicht abschließend durchführen, da beide Regionen nicht die in Quebec bereits stattgefundenen Prozesse durchlaufen haben. Wenn man versucht das Analyseraster anzuwenden, dann kann man argumentieren, dass Katalonien sich derzeit in einer Phase befindet, die Quebec mit der *révolution tranquille* in den 1960er Jahren durchlebte. Die (junge) Bevölkerung mobilisiert sich, die Zustimmung zur Unabhängigkeit ist in der vergangenen Dekade kontinuierlich angestiegen beziehungsweise hat sich auf hohem Niveau stabilisiert, subjektiv wahrgenommene wirtschaftliche Ungerechtigkeiten treten in Folge der Finanzkrise und auf Grund der Umverteilung durch den spanischen Finanzausgleich offen zu Tage und das Parteiensystem verändert sich mit noch nicht absehbaren Folgen. In dieser Melange aus Ereignissen und Prozessen kann sich eine neue souveränistische Generation sozialisieren (Generationszusammenhang), die das *Potential* besitzt, auf mittlere oder längere Sicht die katalanische Gesellschaft, deren Politik und das Parteiensystem als Ganzes grundlegend zu verändern.

In Schottland lassen sich ähnliche Prozesse feststellen, wenngleich die Mobilisierung gegen die Zentralregierung nicht so stark polarisierend verläuft wie in Katalonien oder Quebec. Die erfolgreiche Mobilisierung für die schottischen Nationalisten lässt sich auch anhand der Mitgliederzahlen und der Wahlergebnisse der SNP nachzeichnen. Während die SNP am 31. Dezember 2013 etwa 25.000 Mitglieder hatte, hat sich deren Anzahl bis zum Juli 2016 auf etwa 120.000 Mitglieder beinahe verfünffacht. (Keen und Apostolova 2017, S. 13). Zudem konnte die SNP bei den Wahlen zum britischen Parlament im Jahre 2015 56 von 59 schottischen Sitze gewinnen und erhielt dabei 50 Prozent der schottischen Stimmen. Bei den Regionalwahlen 2016 konnte die SNP ihre absolute Mehrheit auf Grund des Wahlsystems nicht halten, wurde aber dennoch mit 46,5 Prozent der Erststimmen und 41,7 Prozent der Zweitstimmen mit deutlichem Abstand stärkste Kraft im schottischen Parlament. Ob die starke Unterstützung für die SNP und die schottische Unabhängigkeit nur ein temporärer Effekt oder ein nachhaltiges Ergebnis einer sich formierenden Unabhängigkeitsgeneration ist, kann hier noch nicht abschließend bewertet werden. Bei den Wahlen zum britischen Unterhaus 2017 verlor die SNP 21 ihrer 56 Sitze und erhielt 36,9 Prozent der Stimmen. Dies ist zwar immer noch das zweitbeste Ergebnis in der Geschichte der SNP bei dieser Art von Wahlen, doch zeigt vor allem das deutliche Comeback der Konservativen (12 Sitze), dass die Begeisterung für die Unabhängigkeit nicht überall vorhanden ist. Dies galt auch, obwohl die Diskussionen um den Ausstieg Großbritanniens aus der EU die Debatte um ein weiteres Referendum wieder angefacht hatten.

Diese Ausführungen zeigen, dass ideelle Faktoren wie Narrative, Erzählungen und Gesellschaftsprojekte für die Entstehung und Aufrechterhaltung von Unabhängigkeitsbestrebungen eine zentrale Rolle spielen. Dabei können diese Faktoren bis zu einem gewissen Grad instrumentell von Akteuren genutzt werden. Ein rein instrumenteller Ansatz würde allerdings – wie Mannheim zeigt – zu kurz greifen, da in seiner Argumentation die Sozialisationskontexte, in denen Menschen ihre Ideen und Interessen entwickeln, nicht künstlich erzeugt werden können.

2.5 Zwischenfazit und zentrale Fragestellungen

Die Beschäftigung mit der Weberschen Trias (Weber 1963, S. 252) in Bezug darauf, warum Minderheitsnationen sich für die wie auch immer definierte „Souveränität" ihrer Nation einsetzen, zeigt abschließend einen Punkt sehr deutlich: Kein einzelnes Element dieser Trias kann das hier vorliegende Phänomen für sich alleine genommen zufriedenstellend erläutern. Institutionen dienen zur Einrahmung menschlichen Handelns, und nicht um das Handeln von Akteuren zu determinieren. Sie setzen einen Rahmen für individuelles und kollektives Handeln. Wie sich Parteien, Regierungen oder Individuen dann im Einzelfall verhalten, kann nicht mit letzter Sicherheit prognostiziert werden. Ähnliche Einschränkungen finden sich für das Verhalten von Akteuren. Wenn Institutionen einen Rahmen aufspannen, wie lässt sich dann das Handeln von Akteuren begründen? Verkürzte Darstellungen, wonach alle Minderheitsparteien Unabhängigkeitsbestrebungen verfolgen (Brancati 2009), sind in der Realität so nicht festzustellen. Es gibt somit viele Kontextvariablen – institutionelle und ideelle – die das Verhalten von Akteuren beeinflusst. Diese ideellen Faktoren sind aber zugleich nicht immer politisiert und gesellschaftlich relevant. Es bedarf vielmehr gewisser Narrative und Gesellschaftsprojekte, derer sich Akteure bedienen können. Damit diese Narrative aber für Akteure relevant werden und damit eine Mobilisierung gelingt, bedarf es institutioneller Strukturen, in denen Mobilisierung stattfinden kann und darüber hinaus

„Krisenmomente“, die als Katalysatoren für erfolgreiche Mobilisierung herhalten müssen. Wenn alle drei Faktoren – Interessen, Institutionen und Ideen – eine Rolle spielen, dann stellt sich die Frage, wie diese Prozesse der Mobilisierung und Demobilisierung von Unabhängigkeitsbestrebungen in der Realität ablaufen.

Der institutionelle Kontext spielt hier als Handlungsrahmen für die Austragung politischer Konflikte eine zentrale Rolle. In multinationalen Gesellschaften ist dabei die Frage nach der territorialen Autonomie der Minderheitsnationen von elementarer Bedeutung. Für das Fallbeispiel Quebecs geht es dabei vornehmlich um die Ausgestaltung des föderalen Systems. Wie zuvor gezeigt, sind auch Parteien- und Wahlsysteme relevant, doch ist der föderale Aufbau des politischen Systems die dominante Variable, die beiden vorgeordnet ist.

Der Nutzen von Föderalismus als Prinzip oder von Bundesstaaten als institutioneller Rahmen für die Regelung von Konflikten beziehungsweise für die Vermeidung von sezessionistischen Bestrebungen innerhalb von multinationalen Demokratien wird in der Wissenschaft kontrovers diskutiert (siehe unter anderem Anderson 2010; Behnke 2013; Erk und Anderson 2010; McGarry et al. 2008). Das liegt vor allem daran, dass Föderalismus über Elemente verfügt, die die Sezessionsbestrebungen von Minderheitsnationen sowohl befördern als auch einhegen. Bei dieser Debatte ist wichtig, was Föderalismus und föderale Elemente leisten sollen und können. Wie Alain-G. Gagnon klarstellt, sind föderale politische Systeme nicht dafür vorgesehen, Konflikte zu beenden. Vielmehr sollen diese organisiert und kanalisiert werden (Gagnon 1993a, S. 18). In Bezug auf den kanadischen Föderalismus schreibt Alain Noël, dieser sei „a constantly renewed pattern of conflicts, an ever debated way of politics“ (2013b, S. 372). Sein anglophoner Kollege Alain C. Cairns, einer der führenden kanadischen Politikwissenschaftler, stimmt ihm zu. „Constitutional politics is never-ending and involves many actors“ (Cairns 1992, S. 98). Diese Feststellungen schließen noch einmal an den Punkt an, der in dieser Arbeit bereits in der Diskussion um Multinationalismus in Anlehnung an James Tully ausgeführt worden war. Multinationale, demokratische Bundesstaaten benötigen den Konflikt über politische Strukturen, Politikinhalte und politische Prozesse, um den Minderheitsnationen Anerkennung ermöglichen zu können. Ein auf Konsens und auf der Basis der Präferenzen der Mehrheit ausgelegter Staat wird von Minderheitsnationen immer als benachteiligend angesehen werden. Gleiches stellt Lecours (2013) fest: Föderalismus sei schon immer ein Kompromiss zwischen *self-rule* und *shared-rule* gewesen. Dies stelle eine Grundeigenschaft föderal organisierter politischer Systeme dar. Diese können *per definitionem* nicht frei von Spannungen sein, da sie immer einen Balanceakt zwischen Integration und Autonomie darstellen.

Es finden sich aber auch Konflikte, die durch die Implementierung (quasi-)föderaler Strukturen erst geschaffen worden sind. Wie der spätere kanadische Premierminister Pierre E. Trudeau Mitte der 1960er Jahre festgestellt hat, ergeben sich aus dem Spannungsverhältnis zwischen Selbstbestimmungsrechten einerseits und deren Anerkennung durch föderale Institutionen andererseits neue Konflikte. „The principle of self-determination which makes federalism necessary makes it also rather unstable" (Trudeau 1968, S. 192). Diese Sichtweise wird von McGarry und O'Leary (1993, S. 34) in ihren frühen Arbeiten unterstützt. Sie sehen föderale Systeme als ungeeignet an, um Konflikte in multinationalen beziehungsweise multi-ethnischen Kontexten lösen zu können. In späteren Jahren zeichnen die beiden Autoren ein differenzierteres Bild von multinationalen Bundesstaaten. So argumentieren sie, dass diese unter gewissen Umständen erfolgreich bestehen können (McGarry und O'Leary 2009). Ethnoföderale Arrangements, die in diesen Bundesstaaten oftmals die dominante Form darstellen, werden jedoch insgesamt besonders kritisch bewertet (Christin und Hug 2012; Hale 2004; Roeder 2009). Laut Philip Roeder stelle die föderale Grenzziehung entlang ethnischer Linien ein großes Problem dar. Wenn Gliedstaaten nach diesem Prinzip geschaffen werden, bietet man sezessionistischen Akteuren eine institutionelle Plattform, um das eigene Nationenprojekt voranzubringen. Dieses Argument, wonach Föderalismus eine Vorstufe für eine spätere Sezession des Teilgebietes vom Gesamtstaat darstellt, wird selbst von Anhängern des Multikulturalismus anerkannt. Selbst wenn föderale Institutionen ursprünglich für die Sicherung des Zusammenhalts des Staates eingeführt worden waren, können sie im Laufe der Zeit zur Unterstützung sezessionistischer Tendenzen genutzt werden (Kymlicka 1998, S. 138f.).

Es lassen sich allerdings auch Verfechter der föderalen Idee finden (siehe unter anderem Agranoff 1999; Amoretti und Bermeo 2004; Gurr 2000; Heinemann-Grüder 2011; Lijphart 1968; Riedel 2016). Ted R. Gurr etwa sieht in föderalen Strukturen – oder in seiner Terminologie in der *negotiated autonomy* – einen Weg, um erfolgreich gewaltsame Konflikte innerhalb von multinationalen Staaten zu vermeiden. Der Erfolg dieser Strukturen liege auch darin, dass ethnische Konflikte auf Forderungen nach mehr Autonomie und Selbstbestimmung fußen und durch föderale Elemente den Minderheitsnationen die Angst genommen werden könne, dass sie ihre Kultur, Sprache oder andere identitätsstiftende Merkmale verlieren könnten. Auch Nancy Bermeo vertritt diese Ansicht. Durch föderale institutionelle Arrangements könne die Stabilität des Gesamtstaates erhalten werden, sofern der Staat demokratisch organisiert sei. „No violent separatist movement has ever succeeded in a federal democracy" (Bermeo 2002, S. 108). Diese empirische Beobachtung unterstützt auch Alfred Stepan. Er stellt ebenfalls die Problemlösungsfähigkeit von multinationalen Bundesstaaten heraus. Die Schweiz habe es über die vergangenen Jahrhunderte geschafft, weiter zu bestehen. Auf der anderen Seite zeige das Beispiel Sri Lankas ganz deutlich, das unitarische Systeme viel eher Probleme hätten, Vielfalt zu managen, was häufig zu gewaltsamen Auseinandersetzungen führt (Stepan 1999, S. 20).

Wenn man die empirischen Beispiele multinationaler Bundesstaaten in der Gänze betrachtet, dann lassen sich Fälle für beide Hypothesen finden. Dies ist umso verwunderlicher, als sich diese Hypothesen im Kern widersprechen. Es zeigt sich also, dass es in der Wissenschaft keinen Konsens über den Nutzen föderaler Systeme gibt. Die Realität bietet ausreichend Material, um dieses Dilemma darzustellen. Die drei Fallbeispiele Kataloniens, Quebecs und Schottlands zeigen einen Sachverhalt deutlich: Trotz teils erheblicher Unterschiede in der Ausgestaltung der territorialen Gewaltenteilung, und damit zusammenhängend dem Parteien- und dem Wahlsystem, finden sich zu unterschiedlichen Zeitpunkten starke gesellschaftliche und politische Kräfte, die für die Unabhängigkeit der jeweiligen Minderheitsnation eintreten. Auf der anderen Seite gibt es Beispiele für föderale Systeme, die durch die Einbeziehung der Minderheitsnationen erfolgreich die Konflikte um eine Unabhängigkeit des Gliedstaates lösen konnten.

Die genannten institutionellen Arrangements sind also für sich allein genommen keine verlässlichen Faktoren für die Antwort auf die Frage, wie sich Unabhängigkeitsbestrebungen entwickeln. Hinter diesen Entwicklungen verbirgt sich ein anderes Phänomen. Institutionen, wie Bundesstaaten, Wahl- und Parteiensysteme, wirken nicht in allen Kontexten auf dieselbe Art und Weise. Wie Graham K. Brown (2009) ausführt, hängt vom gesellschaftlichen, wirtschaftlichen und politischen Kontext, in dem das politische System eingebettet ist, ab, ob Föderalisierung zu einem stabilen oder instabilen Bundesstaat führt. Letztlich bestätigt dies die These von Karlo Basta, wonach der Zusammenhang zwischen föderalen Strukturen und Krisen der nationalen Einheit kontextabhängig ist und sich hier keine lineare Wechselbeziehung feststellen lässt (Basta 2017).

Gleiches gilt für alle anderen Institutionen, wie eben auch das Wahl- und das Parteiensystem. Wenn man der *Cleavage*-Theorie von Lipset und Rokkan (1967) folgt, dann ist das Parteiensystem ein Spiegelbild manifestierter gesellschaftlicher Konflikte, die im politischen System institutionalisiert wurden. Die Reduktion auf Institutionen ist somit viel zu kurzsichtig. Sowohl in Katalonien als auch in Schottland und Quebec gab es ab einem bestimmten Zeitpunkt hohe Zustimmungswerte für Unabhängigkeitsbewegungen. Gleichzeitig besitzen alle drei Fallbeispiele unterschiedliche institutionelle Arrangements. Wenn diese Institutionen folglich die nationale Bewegung befördern, dann liegt das ebenso an der Art und Weise, wie gesellschaftliche Akteure als Vehikel gesellschaftlicher Gruppen Institutionen nutzen, um ihre Interessen durchzusetzen.

Minderheitsparteien werden hierbei zu Recht als zentrale Akteure bei Unabhängigkeitsbestrebungen gesehen. Auf Grund ihres Handelns wird das Fortbestehen multinationaler Staaten in Zweifel gezogen. Die Frage, die allerdings weiterhin besteht, ist: Wie unabhängig sind politische Parteien sowie die Eliten innerhalb der Parteien bei der Wahl der jeweiligen Handlungsoptionen sowie der strategischen Ausrichtung ihrer Politik wirklich?

Bei der Diskussion über die Wirkung von Institutionen auf Akteure lag der Fokus auf den Makrostrukturen wie zum Beispiel dem Grad der regionalen Autonomie, der Ausgestaltung des Wahlsystems und der Struktur des Parteiensystems. Wie aber im Laufe der Argumentation deutlich geworden ist, spielen die internen Strukturen einer Partei eine wichtige Rolle. Wie viel Handlungsautonomie besitzen Parteiführer? Wie stark bindet die ideologische Grundhaltung der Partei die Parteielite? Wie viel Macht besitzen Parteiableger oder Parteilager innerhalb der Partei? Éric Montigny (2011) stellt in seiner vergleichenden Analyse zwischen dem PQ und der britischen Labour Party fest, wie bedeutend die internen demokratischen Strukturen des PQ für das Verhältnis zwischen Parteiführung und Basis war. Dabei hatte vor allem René Lévesque in den frühen Jahren der Partei große Probleme, eine radikale Basis von seinem eher pragmatischen Kurs zu überzeugen. Diese internen Zwänge beeinflussen darüber hinaus die Möglichkeiten der Partei, die eigene strategische Ausrichtung in Bezug auf ihre Ziele zu verändern oder beizubehalten.

Aber nicht nur Institutionen im klassischen Sinne beeinflussen die Handlungsmöglichkeiten von Parteien. Auch Ideologien können dabei helfen, bestimmte Verhaltensweisen nachzuvollziehen. So haben etwa Parteien unterschiedliche strategische Ausrichtungen, je nachdem wo sie sich auf dem Links-Rechts Kontinuum verorten. Es finden sich Regionen, in denen die Parteiensysteme stark in die eine oder andere Richtung ausschlagen, wie etwa in Südtirol, wo die deutschsprachigen Parteien eher konservativ geprägt sind. Allerdings trägt auch diese Argumentation für einige bekanntere Beispiele nicht. Wie Lluch (2014) für die Fälle Kataloniens und Quebecs gezeigt hat, entwickeln sich unterschiedliche Strömungen innerhalb der Regionen, von denen einige links und andere rechts auf dem Kontinuum angesiedelt sind und einige Parteien Unabhängigkeit befürworten und andere nicht. Die Ausrichtung der Parteien hängt zwar auch in diesen Fällen an der ideologischen Positionierung, allerdings sind die nationalen Bewegungen in ihrer Mehrheit pluralistisch und vielfältig und nicht homogen.

Minderheitsparteien vertreten jedoch nicht nur die reine Lehre. Um ihre Ziele erfolgreich umzusetzen, müssen sie die Regierungsverantwortung übernehmen. Aus diesem Grund verhalten sich Minderheitsparteien strategisch und zwar „innerhalb eines Spannungsfeldes zwischen nationaler Identität und völkerrechtlicher Souveränität einerseits und effizientem, leistungsfähigen Regieren im Rahmen der vorgegebenen Ordnung andererseits“ (Geßler 2015a, S. 184). Hier prallen Ideologie und Pragmatismus aufeinander und die Akteure müssen abwägen, welchem Prinzip sie den Vorrang lassen, beziehungsweise wie sie einen Ausgleich zwischen beiden Prinzipien herstellen können, der sowohl die Parteibasis zufrieden stellt als auch die Regierungsfähigkeit nicht beeinträchtigt. Sowohl exogene als auch endogene institutionelle Einflüsse können somit politische Parteien bei der Wahl ihrer Handlungsoptionen beschränken oder neue Möglichkeiten eröffnen.

Neben parteipolitischen Akteuren spielt allerdings auch die Zivilgesellschaft für die Mobilisierung der Unabhängigkeitsbewegung eine wichtige Rolle. Dies lässt sich holzschnittartig am Beispiel Kataloniens zeigen. Dort entzündete sich der Konflikt zwischen Madrid und Barcelona nicht auf Grund der sezessionistischen Haltung der Minderheitsparteien. Die Zustimmung zur Unabhängigkeit ist ein Phänomen der vergangenen Dekade (Elias und Mees 2017). Vor allem seit Mitte der 2000er Jahre und dem Konflikt um das Autonomiestatut und die wirtschaftlichen Krisen Spaniens stieg die Zustimmung zur Unabhängigkeit Kataloniens kontinuierlich an (Guibernau 2012). Die Trägerin dieser Bewegung war nicht eine bestimmte Partei, sondern die Zivilgesellschaft. Die öffentliche Diskussion über die Benachteiligung Kataloniens innerhalb der bestehenden spanischen Institutionen wurde zu einem wichtigen Narrativ, und bestimmte Gruppen sahen ihre

Interessen durch einen starken spanischen Staat gefährdet. Die CiU wurde zu Beginn der 2010er Jahre zunehmend eine Getriebene der öffentlichen Meinung und spaltete sich letzten Endes über der Frage der Unabhängigkeit. Mit der PDeCAT findet sich nun eine liberale Mitte-Rechts Partei, die die Unabhängigkeit unterstützt. Einer der entscheidenden Faktoren, der im Falle Kataloniens die Sezessionsbestrebungen anfachte, war die Veränderung in den zentralen Diskursen und die Mobilisierung der Zivilgesellschaft auf Basis dieser Diskurse.

Ideen, das heißt Narrative, Diskurse und andere ideelle Faktoren, sind folglich nicht um ihrer selbst willen von sozialwissenschaftlicher Relevanz. Wie bei Institutionen oder Interessen ist nicht die reine Deskription interessant; also nicht das, was die jeweilige Institution ist, wie das Interesse gelagert ist, oder was der Diskurs widerspiegelt, sondern vielmehr welche Rolle diese Ideen für politisches Handeln spielen. Wie werden sie im politischen und gesellschaftlichen System von verschiedenen Akteuren genutzt und welche Folgen haben sie auf menschliches Handeln?

In allen drei dargestellten Fällen haben Ideen eine wichtige Rolle. Narrative der Ausbeutung, Unterdrückung und Fremdbestimmung sind zentral für das Selbstverständnis dieser Minderheitsnationen. Aber auch Gesellschaftsprojekte, die sich bestimmter Narrative bedienen, um eine erfolgreiche Zukunft zu beschreiben, dürfen nicht vernachlässigt werden. Allerdings wurden bestimmte Narrative zu unterschiedlichen Zeitpunkten bedeutsam. Während in Quebec bereits zu Beginn der 1960er Jahre das Projekt der *rattrapage* und die Idee der Souveränität zu einer Mobilisierung der Quebecer führte, findet sich das gleiche Phänomen in Katalonien erst gegen Ende der 2000er Jahre. In Katalonien ging es dabei eher um das Narrativ der Ausbeutung und Fremdbestimmung durch Madrid. Dieses Beispiel zeigt noch einmal deutlich, dass die reine Existenz von Narrativen nicht sofort Konsequenzen hat. Gesellschaftlicher Wandel und politische Krisenmomente, wie in diesem Kapitel anhand der Arbeiten von Karl Mannheim dargestellt wurde, führen zu einer Mobilisierung von Menschen und einer Politisierung der Ideen.

Aber hier lassen sich ebenfalls wieder deutliche Schwachstellen aufzeigen. Ideen mobilisieren sich nicht selbst; auch nicht in Krisenmomenten. Notwendig sind hier Akteure, die diese Ideen nutzen und sie politisieren. Gerade weil die CiU autonomistisch war wurde das Narrativ der Fremdbestimmung nicht in der Art und Weise ausgelegt, sodass nur die Unabhängigkeit eine logische Schlussfolgerung sein konnte. Erst im Zuge der wirtschaftlichen und politischen Krisen gegen Mitte der 2000er Jahre kam der Umschwung. Auf der anderen Seite sehen wir in Quebec eher eine Demobilisierung in Sachen Unabhängigkeit, obwohl zentrale politische Kräfte wie der PQ weiterhin für diese Idee stehen.

Aber Ideen sind nicht nur abhängig von Akteuren und deren Interessen. Ideen beeinflussen gleichzeitig auch Akteure, deren Interessen und die Art und Weise wie sie handeln. Die Idee der Souveränität und das Narrativ der *rattrapage* waren bedeutend für den Aufstieg der Unabhängigkeitsbewegung in Quebec. Damit wurde eine politische Generation sozialisiert, die sich im PQ als *parti générationnel* sammelte. Auf der anderen Seite war die zunehmende Radikalisierung des Diskurses zur Unabhängigkeit in Katalonien der entscheidende Punkt, der die alleinige Dominanz der CiU in Katalonien beendete.

Ideen und Institutionen hängen ebenfalls zusammen. Institutionen sind historisch geronnene Ideen, oder in den Worten von Gerhard Lehmbruch (2004) mit Bezug auf den Föderalismus „entwicklungsgeschichtlich geronnene Verteilungsentscheidungen", die auf das Handeln von Menschen wirken (Hall 1992, 1993). So beeinflussen Institutionen das, was gedacht und getan werden kann. Dadurch werden im Gegenzug bestimmte Ideen ausgegrenzt, die nicht in das herrschende Weltbild passen. Die von Ernesto Laclau und Chantal Mouffe angeregte Debatte über hegemoniale Formationen und leere Signifikante stehen beispielhaft dafür.

Aus diesem kursorischen Überblick theoretischer Annahmen ergeben sich für die Beantwortung der ersten Frage, wie sich der Aufstieg und der Niedergang der Unabhängigkeitsbewegung in Quebec zwischen der *révolution tranquille* und den Provinzwahlen von 2014 begründen lässt, innerhalb der Kategorien von Institutionen, Interessen und Ideen folgende untergeordnete Leitfragen.

1. *Welche Folgen hatte die Zentralisierung beziehungsweise die Dezentralisierung des kanadischen Bundesstaates für die Unabhängigkeitsbestrebungen?*
2. *Welche spezifischen Interessen standen hinter den Unabhängigkeitsbestrebungen? Wie waren diese Interessengruppen mit politischen Parteien verbunden? Wie wurde die Unabhängigkeit politisch gerechtfertigt?*
3. *Wie beeinflussten unterschiedliche Gesellschaftsprojekte die Mobilisierung für die Unabhängigkeit? Worin unterschieden sich die einzelnen Projekte? Welche Narrative waren relevant?*

Für die Deutung des Aufstiegs und des Niedergangs der Unabhängigkeitsbewegung in Quebec spielt dabei die spezifische Kombination der drei Faktoren des Föderalismus, der gesellschaftlich dominanten Gruppe(n) und des mobilisierenden Gesellschaftsprojektes die entscheidende Rolle.

Im Kontext dieser Arbeit stellt sich aber noch eine zweite Frage, nämlich wie der PQ als lange Zeit zentraler Akteur der Unabhängigkeitsbewegung in der parlamentarischen Arena auf diese Veränderungen des politischen und gesellschaftlichen Kontextes reagierte. Eine zentrale Annahme in Bezug auf die strategische Ausrichtung einer Partei lautet, dass die Parteistrategie über einen längeren Zeitraum stabil und nicht leicht zu verändern sei (Harmel und Janda 1994; Toubeau und Massetti 2013; Sorens 2008: 350). Deshalb soll auf Basis dieser Annahmen folgender Frage machgegangen werden:

1. *Wie hat sich die strategische Ausrichtung des PQ seit seiner Gründung in Bezug auf die Unabhängigkeit verändert? Wie lässt sich die Entwicklung nachvollziehen?*

Zur Beantwortung der Fragen wird die Analysephase in drei Sequenzen eingeteilt, die den Aufstieg (1960 – 1976), die Konsolidierung (1976 – 1995) und den vorläufigen Niedergang (seit 1995) der Unabhängigkeitsbestrebungen widerspiegeln. Innerhalb der drei Phasen treten dabei unterschiedliche Kombinationen der genannten Faktoren auf.

2.6 Methodisches Vorgehen

In Anlehnung an einen fallanalytischen Zugriff geht es in den Worten von Alexander L. George und Andrew Bennett darum herauszufinden, wovon das gewählte Ereignis oder Phänomen ein Fallbeispiel ist (George und Bennett 2005, S. 18; siehe auch Ragin und Becker 1992). Ohne die Beantwortung dieser Frage lässt sich keine Analyse in einen sinnhaften Gesamtzusammenhang einordnen. Im Kontext dieser Arbeit handelt es sich um den Fall von Minderheitsnationen, die versuchen, innerhalb des Staates, in dem sie sich befinden, nach Souveränität zu streben.

Quebec beziehungsweise die quebecer Nation ist hierbei das konkrete Fallbeispiel, welches aus der Vielzahl von Minderheitsnationen ausgewählt wurde.

Was begründet die Auswahl Quebecs? Die dargestellten drei Fallbeispiele Quebecs, Schottlands und Kataloniens sind Fälle von Minderheitsnationen innerhalb multinationaler Demokratien, die nach mehr Autonomie beziehungsweise Unabhängigkeit streben. Quebec ist jedoch das einzige Fallbeispiel aus dieser Gruppe, welches bisher sowohl die Phase einer Mobilisierung, die 1995 beinahe zur Unabhängigkeit Quebecs von Kanada geführt hätte, wie auch eine längere Phase der Demobilisierung durchlebte. Beide Prozesse können somit im Kontext dieses Fallbeispiels untersucht werden. Dies begründet auch die Auswahl des Untersuchungszeitraum von 1960 bis 2014. Mit der Wahl der liberalen Regierung unter Jean Lesage begann 1960 die *révolution tranquille*. Die Abwahl der Minderheitsregierung des PQ 2014 nach nicht einmal zwei Jahren stellt eine weitere Zäsur für die Unabhängigkeitsbewegung in Quebec dar.

Zur Analyse dieses spezifischen Fallbeispiels wird eine Einzelfallstudie durchgeführt. Einzelfallstudien[29] hatten in der sozialwissenschaftlichen Forschung lange Zeit einen schlechten Ruf. Campbell und Stanley (1963, S. 7) sprachen dieser Art von Studien fast jeglichen wissenschaftlichen Mehrwert ab. Wer ernsthaft Wissenschaft betreibe, könne keine Einzelfallstudien durchführen. Campbell relativierte seine Kritik zwar einige Jahre später etwas (Campbell 1975), doch bleibt ein grundlegendes Problem von Einzelfallstudien durchaus weiter bestehen. So sind Einzelfallstudien durchaus geeignet explorative und deskriptive Untersuchungen durchzuführen, allerdings sind sie nicht dafür geeignet, um Theorien zu bilden (Lijphart 1971) oder diese anhand einer möglichst großen Fallzahl zu testen. Dies liegt daran, dass bei der Betrachtung eines einzelnen Fallbeispiels zu einem bestimmten Zeitpunkt kein Vergleichsrahmen gegeben ist, mit dem die in der Analyse gewonnenen Erkenntnisse verglichen werden könnten (King et al., 1994, S. 210). Die Strategie zum Beheben dieses Malus muss somit darin liegen, Wege zu finden, die es erlauben, eine größere Anzahl von Beobachtungen innerhalb eines spezifischen Falles zu erhalten (ebd., S. 217ff.). Damit tritt die Methode des Vergleichs in den Vordergrund der Diskussion.

[29] Für eine genauere Aufstellung der unterschiedlichen Kategorien von Einzelfallstudien siehe unter anderem die Arbeiten von Eckstein (1975, S. 96ff.), Levy (2008) und Lijphart (1971, S. 691).

Um dieses methodologische Problem zu berücksichtigen, wurde die vorliegende Einzelfallstudie angepasst. Das Forschungsdesign basiert auf einem diachronen Vergleich (Gerring 2007, S. 21). Die zeitliche Entwicklung innerhalb des Einzelfalles steht dabei im Vordergrund. Wie lässt sich die Mobilisierung der quebecer Unabhängigkeitsbewegung in den 1960er und 1970er Jahren nachvollziehen? Wie die Demobilisierung nach dem zweiten Referendum? Wie lässt sich die Entwicklung der Parteistrategie des PQ im Zusammenhang mit den Unabhängigkeitsbestrebungen begründen? Diese Fragen lassen sich mit der Analyse des Zeitraums zwischen 1960 und 2014 untersuchen. Durch die Erhöhung der Anzahl an Beobachtungen lässt sich die Problematik der Einzelbeobachtung umgehen.

Damit erhöht sich die Aussagekraft der Ergebnisse für das Fallbeispiel, wenngleich keinerlei generalisierende Aussage zur Übertragbarkeit der Erkenntnisse auf andere Fallbeispiele getroffen werden kann. Die Generalisierbarkeit der Ergebnisse mag zwar durchaus von Interesse sein, muss aber mit einer gewissen Vorsicht betrachtet werden. Die Fallstudie dient als „detailed examination of an aspect of a historical episode to develop or test historical explanations that may be generalizable to other events" (George und Bennett 2005, S. 5). Die spezifische Auseinandersetzung mit einem bestimmten Beispiel kann es also erlauben, ein besseres Verständnis von einem bestimmten Phänomen zu erhalten. Dies vermag in manchen Fällen hilfreicher für die Entwicklung von Hypothesen sein, als oberflächliches Wissen über eine größere Anzahl von Fallbeispielen (Gerring 2007, S. 1). So kann zwar nicht von einem Einzelfall auf die Gesamtheit der Fälle geschlossen werden, doch lassen sich womöglich Hypothesen entwickeln, die im weiteren Verlauf an anderen Fallbeispielen getestet werden können. Fundiertes Wissen über einen bestimmten Einzelfall ist dabei durchaus von Vorteil, wenn man mögliche Erklärungsmuster und Hypothesen ausschließen möchte (Freedman 2010).

Dabei gilt es zu beachten, dass mit Einzelfallstudien andere Fragen beantwortet werden, als bei der statistischen Analyse einer möglichst großen Anzahl an Fallbeispielen.[30] „Qualitative methodologists do not look for the net effect of a cause over a large number of cases but rather for how causes interact in the context

30 Für die Debatte zwischen Anhängern von großen Fallzahlen und kleineren Fallzahlen (siehe die Diskussion über Large-N vs. Small-N) siehe unter anderem King, Keohane und Verba (1994), Rueschemeyer (2003) und Ebbinghaus (2005). Dabei festzuhalten ist, dass kein Verfahren den Anspruch erheben kann, „alles" begründen und interpretieren zu können. Die Auswahl des Falldesigns impliziert immer einen „trade-off" zwischen Generalisierbarkeit und interner Validität.

of a particular case or a few cases to produce an outcome" (Bennett und Elman 2006, S. 262). Es handelt sich somit in dieser Arbeit um die Analyse von Prozessen und sozialen Mechanismen, um eine ganz bestimmte Entwicklung innerhalb Quebecs nachzeichnen zu können. Soziale Mechanismen sind dabei nach Renate Mayntz (2004, S. 241) sich wiederholende Prozesse, die einen Zusammenhang zwischen bestimmten Ausgangsbedingungen und einem spezifischen Ergebnis herstellen können. Die Bedeutung der Analyse sozialer oder kausaler Mechanismen besteht darin, dass damit der Schritt hinter das reine Aufdecken von Korrelationen gesetzt wird und die Frage nach Ursachen und Wirkungen von spezifischen Zusammenhängen gestellt wird. Dadurch können Fehlschlüsse vermieden werden. Es geht gleichzeitig nicht darum, allgemeine Aussagen über eine möglichst große Anzahl von Fallbeispielen hinweg treffen zu können, um etwa „Gesetzmäßigkeiten" zu erkennen. Kausale Mechanismen sind vielmehr kontextabhängig und damit nicht notwendigerweise übertragbar, weil sie etwa Teil einer pfadabhängigen Entwicklung sind.

So unterscheiden sich soziale Mechanismen in der Folge von sozialwissenschaftlichen „Gesetzen" dahingehend, dass erstere keinen Anspruch darauf erheben, in jeglichen Kontexten dasselbe oder ein ähnliches Phänomen „erklären" zu können. Mechanismen sind in der Terminologie von James S. Coleman (1964, S. 516ff.) vielmehr „sometimes-true theories", die vom spezifischen zeitlichen und räumlichen Kontext abhängen. Dabei können soziale Mechanismen durchaus für die Theoriegenerierung und die Hypothesenbildung genutzt werden, wie dies etwa bei den Theorien mittlerer Reichweite der Fall ist (Merton 1968).

Zur Analyse dieser sozialen Mechanismen und Prozessen bietet sich das methodische Werkzeug einer Prozessanalyse an.

> „Causal reconstruction [i.e. process tracing, S.G.] does not look for statistical relationships among variables but seeks to *explain* a given social phenomenon [...] by identifying the processes through which it is generated. Causal reconstruction may lead to a [...] historical narrative, but in its theoretically more ambitious version, causal reconstruction aims at generalizations." (Mayntz 2004, S. 238, Hervorhebung im Original)

Angewandt auf das Phänomen dieser Arbeit bedeutet dies: Es geht eben gerade nicht darum zu zeigen, *dass* es in Quebec im Laufe der Zeit eine Mobilisierung und Demobilisierung der Bevölkerung im Kontext der Unabhängigkeitsdebatte gegeben hat, sondern um die Frage, *warum* dies geschah. Gleiches gilt für die zweite Fragestellung dieser Arbeit. Auch hier steht nicht im Fokus, *dass* sich die strategische Positionierung der Partei zum Thema der Unabhängigkeit in eine bestimmte Richtung bewegt hat, sondern *warum* sich die strategische Ausrichtung in der Weise entwickelt hat. Die Prozessanalyse erlaubt eine tiefgehende Analyse der verschiedenen Ablaufschritte (Beach und Pedersen 2013; Bennett 2010; Bennett und Checkel 2014; Checkel 2005, 2008; George und Bennett 2005). Sie ermöglicht einen Einblick in die sogenannte "Black Box" zwischen Ursache und Wirkung. Die Prozessanalyse ist deshalb eine probate methodologische Vorgehensweise zur Reduzierung des „lag between input and outcome, between cause and effect" (Checkel 2005, S. 4). Die Frage lautet auf der allgemeinen Ebene folglich, wie ein bestimmtes Ergebnis als Folge eines sozialen Mechanismus aus einer Ausgangssituation entsteht. Dadurch könnten, unter anderem, spezifische Pfadabhängigkeiten in einem Einzelfall herausgearbeitet werden, die bei der Analyse einer großen Anzahl von Fällen nicht erkannt werden könnten.

Um die hier durchgeführte Analyse möglichst valide, reliabel und intersubjektiv nachvollziehbar gestalten zu können, zieht diese Dissertation verschiedene Materialien heran. Einerseits stützt sich die Arbeit auf Textdokumente wie etwa Wahl- und Parteiprogramme, Berichte von kanadischen und quebecer Kommissionen, von parteipolitischen Akteuren verfasste Schriften und Bücher, auf Gesetzesinitiativen und verabschiedete Gesetze sowie auf Zeitungsartikel, die in den großen französischsprachigen, quebecer Tageszeitungen *Le Devoir* und *La Presse* erschienen sind. *Le Devoir* gilt dabei als nationalistische Zeitung, wohingegen *La Presse* eher dem Lager der Föderalisten zugeordnet wird. Eine Auflistung der Artikel findet sich in den bibliographischen Angaben am Ende dieser Arbeit. Ergänzend wurden Experteninterviews durchgeführt (Tabelle 2.8) und ausgewertet. Diese Interviews wurden in erster Linie mit Akteuren aus den Reihen des PQ und des PLQ geführt – ein weiteres Interview fand mit einem Vertreter von QS statt – und waren von entscheidender Bedeutung für das Gelingen des Projekts. Hilfreich waren in diesem Kontext zudem Hintergrundgespräche mit Akteuren aus der quebecer Provinzpolitik, der kanadischen Bundespolitik sowie mit quebecer und kanadischen Politikwissenschaftlern, Historikern und Soziologen. Dadurch ergab sich die Möglichkeit, eine „dichte" Beschreibung der genannten Mechanismen und Prozesse durchzuführen, die über die reine Deskription hinausgehen und einen analytischen Mehrwert mit sich bringt.

Tabelle 2.8: Liste der Interviewpartner für die Experteninterviews

	Name	Partei	Funktion	Termin
1	Louis Bernard	PQ	Berater mehrere PQ-Premiers	11.2.2016
2	Jean Charest	PLQ	Oppositionsführer (1998 – 2003) und Premier (2003 – 2012)	5.4.2016
3	Joseph Facal	PQ	Minister für intergouvernementale Beziehungen (1998 – 2002)	8.3.2016
4	Daniel Johnson	PLQ	Premier 1994 und Oppositionsführer (1994 – 1998)	15.4. 2016 (Telefon)
5	Pauline Marois	PQ	Ministerin unter verschiedenen Premieren, Parteichefin (2007 – 2014) und Premier (2012 – 2014)	5.4.2016
6	Claude Morin	PQ	Minister für intergouvernementale Beziehungen (1976 – 1982); davor Berater von Lesage, Jonson Sr., Bertrand und Bourassa	22.3.2016
7	John Parisella	PLQ	Bürochef und Berater von Premier Bourassa	23.2.2016
8	Ronald Poupart	PLQ	Generalsekretär des PLQ (1970 – 1978)	4.4.2016
9	Gil Remillard	PLQ	Minister für intergouvernementale Beziehungen und Justizminister (1985 – 1994)	29.3.2016
10	Benoit Renaud	QS	Unter anderem Generalsekretär QS (2008 – 2010) sowie zahlreiche andere Positionen innerhalb der Partei	26.03.2018
11	Jean-Claude Rivest	PLQ	Berater von Premier Bourassa (1970 – 1976)	23.3.2016
12	Jean Royer	PQ	Berater von Premier Parizeau	16.2.2016
13	Martine Tremblay	PQ	Büroleiterin von Premier Lévesque	9.2.2016

Quelle: Eigene Darstellung

3. Die *révolution tranquille* und der Aufstieg des PQ (1960 – 1976)

Um die Entwicklungen in Quebec in den vergangenen knapp 60 Jahren zu beurteilen und um die Frage nach dem Aufstieg der Unabhängigkeitsbewegung beantworten zu können, muss zeitlich an die Stelle zurückgegangen werden, an der die moderne Zeitrechnung der quebecer Politik beginnt: die *révolution tranquille*. In der *révolution tranquille* erfolgte die Politisierung des modernen quebecer Nationalismus (Monière 2001, S. 114). Sie bedeutete die Umsetzung eines kulturellen, politischen und wirtschaftlichen Programms durch die liberale Partei Quebecs, welche in den 1950er und 1960er Jahren zunehmend nationalistischer wurde, und vermehrt auf Staatsinterventionismus setzte. Der PLQ sah den aktiven Staat[31] als Garanten für die Zukunft Quebecs. Die Partei verkörperte einen neu aufkommenden franko-kanadischen Nationalismus, der bereits zur Spaltung mit der liberalen Bundespartei im Jahre 1955 geführt hatte (Lemieux 2008). Der PQ hingegen ist ein Kind der *révolution tranquille* und entstand 1968 als Zusammenschluss aus einer Abspaltung des PLQ, dem *Mouvement Souveraineté-Association* (MSA), und den independentistischen Parteien Quebecs. Der PQ entwickelte sich zu einem Sammelbecken der independentistischen Strömungen in der Provinz, setzte aber zugleich auf ein sozialdemokratisches Programm und Gesellschaftsmodell.

Die *révolution tranquille* läutete in Quebec ein neues politisches Zeitalter ein. Um das Ausmaß dieses Wandels darstellen zu können, bedarf die Analyse jedoch eines anderen Startpunktes. Die *révolution tranquille* ist mehr als ein Symptom einer größeren gesellschaftlichen Transformation zu sehen, die die franko-kanadische Gesellschaft in Quebec erfasst hatte. Diese Entwicklung startete zu Beginn des 20. Jahrhunderts und führte nach dem Zweiten Weltkrieg zu einem zunehmenden Druck auf die Regierung Quebecs, damit diese der sozialen und wirtschaftlichen Modernisierung der Provinz Rechnung trug (Behiels 1985; McRoberts 1988). Die *idéologie de conservation*, also das Beibehalten des traditionellen ländlichen Lebens und der dazugehörigen Werte und damit das Sicherstellen des „Überlebens" (*la survivance*) der frankophonen Kultur in Nordamerika, wurde im

---

31 Dieser Begriff bezieht sich auf die Selbsteinschätzung des Staates im Sinne eines staatsinterventionistischen Verständnisses vom Eingriff in die unterschiedlichen Sphären der Gesellschaft und in die Ökonomie. Damit grenzt sich dieser Begriff vom „aktiven Staat" des sozialdemokratischen dritten Weges ab.

S. Geßler, *Souveränität ohne Unabhängigkeit*, Politikwissenschaftliche Paperbacks, https://doi.org/10.1007/978-3-658-27385-9_3

Zuge der zunehmenden Urbanisierung Quebecs von einem neuen Gesellschaftsprojekt des „Aufholens“ (*le rattrapage*) in der sozialen und wirtschaftlichen Entwicklung unter Druck gesetzt (Rioux 1968). Letzteres entwickelte sich zu einem zentralen Ziel innerhalb der nationalistischen frankophonen Kreise Quebecs. Die Basis für die politische Modernisierung der Provinz wurde folglich in den späten 1940er und in den 1950er Jahren gelegt. „The ‘quiet revolution’ of the fifties was swept aside by the ‘not-so-quiet revolution’ of the 1960s“ (Behiels 1985, S. xii). Die wirkliche „stille“ Revolution war laut Michael Behiels in erster Linie eine ideologische Revolution, die bereits Jahre vor ihrer politischen Realisierung in den Köpfen der quebecer Mittelschicht Einzug gehalten hatte.

> „Les Québécois sous [Premier Ministre, S.G.] Duplessis [1936 – 1939; 1944 – 1959, S.G.] ont vécue activé des phénomènes apparemment marginaux qui, pendant et malgré le long règne du chef, transformaient la société québécoise. Ce temps des ruptures en est un de gestation, une longue marche qui préparait ce qui fut appelé la Révolution tranquille.“ (Roy 1976, S. 11)

Die liberale Regierung unter Jean Lesage implementierte ein auf dieser Weltanschauung basierendes politisches Programm, welches auf der ideologischen Ebene über breite Zustimmung bei neu aufstrebenden gesellschaftlichen Gruppen innerhalb der frankophonen Gesellschaft verfügte und von einer zunehmend politisierten Minderheit gut-ausgebildeter frankophoner Quebecer, der *nouvelle classe moyenne*, getragen wurde (Behiels 1985, S. 5). Die Unterstützung lag primär darin begründet, dass diese ideologische Ausrichtung die materiellen Interessen dieser Gruppe widerspiegelte. Die *révolution tranquille* ist somit mehr ein längerer Prozess als ein einmaliges Ereignis. Sie ist auch mit Bezug auf den Staat kein vollständiger, singulärer Bruch mit der Vergangenheit, sondern viel eher eine Reform des Staates von innen (Cuccioletta und Lubin 2003), welche über den Zeitraum von mehreren Jahren das Gesicht Quebecs fundamental verändern sollte.

3.1 Die ökonomische und soziale Modernisierung Quebecs

Aufbauend auf der Argumentation von McRoberts (1988) zur Modernisierung in Quebec, müssen folgende Variablen herangezogen werden. Zur Begründung der ökonomischen Modernisierung gilt das Hauptaugenmerk der Entwicklung des Wirtschaftswachstums. Durch das wirtschaftliche Wachstum und den damit zusammenhängend Lohnzuwachs von Arbeitnehmern kann eine breitere Bevölkerungsschicht einen höheren Lebensstandard erreichen. Im Falle der sozialen Modernisierung bedarf es der Analyse der Variablen „Urbanisierung“, „Säkularisierung“ und „Bildung“. Diese Analyse soll im Folgenden kursorisch stattfinden, um die grundlegenden Prozesse der Modernisierung, welche ausschlaggebend für die Entstehung der neuen frankophonen Mittelschicht waren, aufzuzeigen.

Quebecs wirtschaftliche Situation wird in der Literatur mit Blick auf die Phase vor der *révolution tranquille* als rückständig und unterentwickelt dargestellt (Kempf 1999; Parizeau 1980). Allerdings verliefen die ökonomischen Zyklen im Allgemeinen synchron zu denen in Nordamerika als Ganzes. Nach dem Boom der frühen 1920er Jahren, welcher mit dem Zufluss von Kapital aus den USA zusammenhing, traf die *Große Depression* Quebec hart. Doch mit dem Zweiten Weltkrieg schaffte Quebec die ökonomische Wende. Die Kriegswirtschaft stellte viele Arbeitsplätze für Quebecer zur Verfügung und förderte den Ausbau der Ressourcenindustrie und die damit zusammenhängende Erschließung des Hinterlandes.[32] Vor allem die Ausbeutung der natürlichen Ressourcen führte zum wirtschaftlichen Aufstieg nach dem Krieg. Zu diesen Ressourcen zählte unter anderem Asbest, welches in der Nähe von Asbestos in der Region der *Eastern Townships* abgebaut wurde. Hinzu kam der Abbau von Eisenerz im nördlichen Hinterland des Sankt-Lorenz-Stroms sowie die Förderung von Gold, Kupfer und Zink in den nordwestlichen Gebieten an der Grenze zu Ontario. Das verarbeitende Gewerbe, wie etwa die Papierindustrie, war ebenfalls auf die natürlichen Ressourcen Quebecs angewiesen. Die Expansion im Bergbau finanzierten größtenteils Geldgeber von außerhalb der Provinz. Gleiches gilt für Teile des verarbeitenden Gewerbes und der Schwerindustrie, was die quebecer Wirtschaft somit im hohen Maße abhängig von anglokanadischem und US-amerikanischem Kapital machte (Saint-Germain 1973, S. 109f.). Neben den natürlichen Ressourcen war die kostengünstige Produktion von Energie ein Standortvorteil, der die wirtschaftliche Entwicklung Quebecs vorantrieb. Dabei konzentrierte sich Quebec vor allem auf die Wasserkraft.

Zur Mitte des 20. Jahrhunderts setzten in Quebec allerdings jene wirtschaftlichen Veränderungen ein, welche die USA und Europa bereits früher durchlaufen hatten. Der Primärsektor schrumpfte signifikant, was sowohl wirtschaftlichen Er-

32 Für eine genauere Ausführung der Entwicklungen in Quebecs Wirtschaft seit Beginn des 20. Jahrhunderts siehe unter anderem Armstrong (1984, S. 206ff.), Geloso und Fortin (2013, S. 31ff.) oder Dickinson und Young (2003).

trag als auch den Anteil der abhängig Beschäftigten betrifft. Zwischen 1946 und 1961 fielen der Anteil dieses Sektors am BIP von 13,4 Prozent auf 6,3 Prozent und der Anteil der Beschäftigten von 26,8 Prozent auf 11,4 Prozent. Der starke Rückgang der Beschäftigtenzahlen im primären Sektor hatte in erster Linie mit dem technischen Fortschritt zu tun (Daneau 1966, S. 671). Dies betraf vornehmlich die Landwirtschaft, wohingegen der Bergbau auf Grund ausländischen Kapitals eher expandieren konnte. Der Sekundärsektor hielt sich relativ stabil was sowohl die Wertschöpfung, welche zwischen 1946 und 1961 nur minimal von 41,2 Prozent auf 37,2 Prozent sank, als auch den Anteil der Erwerbstätigen angeht, welcher leicht von 36 Prozent im Jahre 1946 auf 34,5 Prozent im Jahre 1961 zurückging. Die größte Expansion konnte im tertiären Sektor beobachtet werden. 1961 arbeitete über die Hälfte der Beschäftigten, 51,1 Prozent, in diesem Bereich, was einen Anstieg von etwa 20 Prozentpunkten im Vergleich zu 1946 darstellt. Der Anteil des tertiären Sektors am BIP stieg ebenfalls zwischen 1946 und 1961 von 41 Prozent auf 56,5 Prozent an (Bernier und Boily 1999, S. 64f.; LeBel 1970, S. 145ff., 170ff., 182ff., 199ff.).

Das ökonomische Wachstum und die signifikante Veränderung in der Größe der verschiedenen Wirtschaftszweige wurden durch die soziale Modernisierung beeinflusst. Dabei standen zu Beginn die Landflucht und die damit einhergehende Urbanisierung Quebecs im Zentrum. Die Migration in die größeren urbanen Zentren von Montreal und Quebec City begann bereits um die Jahrhundertwende und schon gegen Ende des Ersten Weltkriegs lebten über die Hälfte der Quebecer in den großen Ballungsräumen. Der Großraum Montreal hatte 1961 eine Bevölkerung von etwa 2,1 Mio. Menschen. Quebec City wuchs von 1901 bis 1961 von 69.000 auf 172.000 Menschen an. In den anderen Städten war der Bevölkerungszuwachs über denselben Zeitraum hinweg ebenso deutlich sichtbar. So stiegen die Bevölkerungszahlen in mittleren Städten wie zum Beispiel in Sherbrooke von 12.000 auf 66.500, in Trois-Rivières von 10.000 auf 53.000 oder in Hull von 14.000 auf 57.000 (Linteau et al. 1989, S. 281, 284f.; Parenteau 1980, S. 55). Der relative Anteil der in den Städten lebenden frankophonen Bevölkerungsmehrheit war insgesamt allerdings geringer als der der anglophonen Minderheit. Letztere lebte schon seit längerer Zeit konzentriert in Montreal sowie in den Eastern Townships. Wenn also in diesem Kontext von Urbanisierung gesprochen wird, dann steht vor allem der Wandel der frankophonen Lebenswelt im Zentrum. Noch 1941 lebten rund 41 Prozent der frankophonen Quebecer auf Bauernhöfen im ländlichen Bereich und nur circa 55 Prozent in den Städten (Government of Canada 1961)[33]. Diese Bevölkerungsstruktur änderte sich nachhaltig bis zum Jahre 1961. Zu diesem Zeitpunkt lebten bereits 71 Prozent der frankophonen Quebecer in Städten und nur noch 13 Prozent auf Bauernhöfen (ebd.).

Dies stellte eine bedeutende Entwicklung für die Provinz dar. Die traditionellen Eliten der katholischen Kirche und die seit 1944 regierende Union nationale (UN) von Premier Duplessis, die vornehmlich die Interessen der ländlichen Bevölkerung repräsentierten, wollten diesen urbanen Trend stoppen. Für Duplessis standen Religion und Tradition im Zentrum seiner Weltanschauung (Monière 1981, S. 234). Deren Erhalt war aus seiner Sicht für die kleine frankophone Gemeinschaft in Nordamerika überlebensnotwendig. Als der wahre Franko-Quebecer wurde derjenige angesehen, der auf dem Land lebte und diese Werte verkörperte. Diese Lebensweise symbolisierte Stabilität und Tradition, wohingegen die zunehmende Urbanisierung in den Augen von Duplessis für Anarchie und Instabilität stand. Landwirtschaft und bäuerliches Leben waren für ihn die Grundpfeiler der quebecer Gesellschaft (Le Devoir, 29.06.1950). Der Föderalismus war für Duplessis ein geeignetes Mittel, um diese Werte und Traditionen zu verteidigen.

Die UN hatte somit ein großes Interesse, den Modernisierungsprozess zu verschleppen. Einerseits lag das daran, dass ein großer Teil der UN-Fraktion in der Nationalversammlung aus Abgeordneten aus ländlichen Regionen bestand. In den drei Provinzwahlen zwischen 1948 und 1956 gewann die UN fast alle der als ländlich eingestuften 51 Wahlkreise in Quebec (Nouailhat 1992, S. 27). Da der ländliche Raum gegenüber den urbanen Zentren mit Hinsicht auf die Gesamtanzahl der Wähler innerhalb der Wahlkreise bevorzugt wurde, profitierte die UN überproportional von der Stärke der Zustimmung der ländlichen Wähler. In den ländlichen Wahlkreisen lebten auf Grund der zunehmenden Urbanisierung weniger Wähler, als in den Städten und die Größe der Wahlkreise war schon länger nicht mehr angepasst worden. Der Machterhalt auf dem Land basierte auf dem System der Patronage, welches dort zum festen Bestandteil der politischen Kultur gehörte (Lemieux und Hudon 1975). Bei einer Wahlkampfveranstaltung im Jahre 1952 erläuterte Maurice Duplessis den Bewohnern einer Kleinstadt, die sich staatliche Zu-

33 Hierbei muss berücksichtigt werden, dass beim Vergleich der Zensusdaten die Definitionen dessen, was „ländlich" oder „städtisch" bedeutet, in den Volkszählungen über die Jahre hinweg unterschiedlich festgelegt worden waren. Allerdings veränderten die unterschiedlichen Definitionen nur die Zuordnung eines sehr kleinen Teils der Bevölkerung.

schüsse für den Bau einer Brücke erhofft hatten, dass „je vous avais avertis en 1948 de ne pas élire le candidat libéral. Vous ne m'avez pas écouté. Malheureusement votre comté n'a pas obtenu les subventions, les octrois qui auraient pu le rendre plus heureux. J'espère que la leçon aura servi" (Jones 1983, S. 17).

Gerade diese politisch-kulturelle Dimension war wichtig. Die politische Kultur war geprägt von einem Skeptizismus gegenüber der liberalen Demokratie britischer Herkunft. Somit standen der Erhalt der traditionellen, ländlichen Lebensweise und die Omnipräsenz der katholischen Kirche im Zentrum des politischen Geschehens (Monière 1999). Die katholische Kirche spielte hier eine nicht zu unterschätzende Rolle. Durch eine mythische Überhöhung der quebecer Geschichte sollte die traditionelle Lebensweise erhalten bleiben. Problematisch war dabei nur, dass diese normativen Vorstellungen einer moralisch überlegenen und reinen quebecer Gesellschaft durch die Industrialisierung und Urbanisierung untergraben worden waren. Dieser Entwicklung versuchte sich die katholische Kirche zu widersetzen, da sie nur in der traditionellen und agrarisch geprägten Gesellschaft Quebecs ihre Macht erhalten konnte (Rioux 1955; Tremblay 1953). Die Kirche konnte somit auf Grund der großen Depression und der ersten Wahl von Duplessis ihre Machtstellung weiter ausbauen (Rouillard 1997). Sie blieb trotz dieser gesellschaftlichen und sozialen Entwicklungen bis in die 1960er Jahre hinein ein wichtiger Akteur in der Politik und Gesellschaft der Provinz, indem sie weiterhin die Bildungspolitik kontrollierte und sozialstaatliche Aufgaben übernahm. Von einer Trennung zwischen Kirche und Staat konnte bis in die 1950er Jahre hinein nicht gesprochen werden.

Ein Blick auf die Literatur dieser Epoche bestärkt den Eindruck der Vormachtstellung der *idéologie de conservation* und des Narrativs der *survivance*. Es ist kein Zufall, dass Louis Hémons Roman *Maria Chapdelaine* zu einem Klassiker der quebecer Literatur avancierte. „Au pays du Québec, rien n'a changé. Rien ne changera [...] et rien ne doit changer" (Hémon 1947, S. 124). Diese Schlussfolgerung zieht die Hauptfigur zum Ende. Es handelt sich um eine metaphorische Beschreibung der gesellschaftlichen Strukturen im Quebec des frühen des 20. Jahrhunderts, welche geprägt waren vom starren Korsett traditioneller Denkweisen.

Zusammenfassend lässt sich sagen, dass es im Interesse der traditionellen Eliten lag, das ländliche Leben zu erhalten. Mit der Urbanisierung gerieten die gesellschaftlichen Säulen Quebecs, die Patronage und die traditionelle Lebensweise, jedoch ins Wanken. Eine neue, städtische Elite setzte die alte, ländliche Elite unter Druck und löste sie im Zuge der *révolution tranquille* ab (Behiels 1985, S. 13).

Schulbildung stellte ebenfalls eine große Herausforderung für Quebec dar. Eine allgemeine Schulpflicht über die Grundschule hinaus gab es nicht und der Lehrplan wurde vor allem durch die Kirche bestimmt. Noch 1961 ging nur etwa die Hälfte der 15- bis 19-jährigen Kinder in die Schule. In der universitären Ausbildung vollzog sich jedoch seit den 1920er und 1930er Jahren ein tiefgreifender Wandel. Zwar befanden sich die Universitäten für die französischsprachige Mehrheit, die *Université Laval* und die *Université de Montréal*, weiterhin offiziell unter der Leitung der katholischen Kirche, doch veränderte sich das Verhältnis zwischen kirchlichen und nicht-kirchlichen Angestellten und Lehrenden an diesen Institutionen. Der Anteil der Letzteren stieg seit Beginn des 20. Jahrhunderts kontinuierlich an. Gleichzeitig wurden die Felder, in denen gelehrt und geforscht werden konnte, ausgeweitet. Neue Fakultäten für Natur- und Sozialwissenschaften wurden an beiden Universitäten eröffnet. Die 1938 gegründete sozialwissenschaftliche Fakultät der Universität Laval unter ihrem Dekan Pater George-Henri Lévesque entwickelte sich zu einem der Zentren des intellektuellen Widerstandes gegen die Regierung Duplessis. Dies führte unter anderem dazu, dass Duplessis Gelder für die Fakultät streichen oder umwidmen ließ. Die Fakultät wurde zu einer der zentralen Ausbildungsstätten für die Reformer der *révolution tranquille*. Darüber hinaus nahm der Anteil der Studierenden unter den 15- bis 24-jährigen, welcher bis etwa 1940 bei zwischen eineinhalb und zwei Prozent stagnierte, bis zum Jahr 1960 signifikant zu und erreichte fast fünf Prozent dieser Alterskohorte (Geloso und Fortin 2013, S. 84). Aber nicht nur Wissenschaftler, sondern auch Bürokraten, Techniker und Wirtschaftsfachleute wurden an den Universitäten ausgebildet – etwa an der *École polytechnique de Montréal* oder an der *École des hautes études commerciales* in Montreal. Hinzu kamen Sozialarbeiter, die an der *École de service sociales* in Montreal ausgebildet wurden, und deren einziger großer Arbeitgeber bis dahin die katholische Kirche darstellte.

3.2 Die Träger der *révolution tranquille*

Quebec erlebte folglich in der ersten Hälfte des 20. Jahrhunderts einen tiefgreifenden ökonomischen und gesellschaftlichen Wandel. Durch die Veränderung der

Wirtschaftsbereiche, die Urbanisierung und die zunehmende Verbesserung des Bildungsangebotes – vor allem durch Universitäten – nahm in den 1940er und 1950er Jahren der gesellschaftliche und politische Druck auf die konservative UN zu, die weitere gesellschaftliche und politische Modernisierung Quebecs einzuleiten und zu unterstützen.

Dieser politische und gesellschaftliche Druck ging von einer neuen, aus gut ausgebildeten frankophonen Quebecern bestehenden, Mittelschicht aus, die zunehmend auf den Arbeitsmarkt drängte und in den urbanen Zentren Quebecs – und hier vor allem im immer frankophoner werdenden Montreal (Jacos 1980, S. 11f.) – beheimatet war. Diese entstehende *nouvelle classe moyenne* entwickelte sich zur Trägerin eines neuen Nationalismus in Quebec. Sie wollte den Staat modernisieren und sowohl den Einfluss der Kirche im Bildungs- und Gesundheitsbereich zurückdrängen als auch die Macht der anglophonen Wirtschaftselite brechen (Brazeau 1964, 1966; Guindon 1964; Renaud 1984). Diese *nouvelle classe moyenne* setzte sich zusammen aus den späteren Technokraten, die den quebecer Staat aufbauten, und einer „Intelligentsia" (Pinard und Hamilton 1982, S. 221f., 1984) beziehungsweise den „travailleurs de langage" (Fournier 1978) bestehend aus Lehrern, Professoren und Wissenschaftlern sowie Künstlern und Journalisten. Laut Renaud übernahm diese *nouvelle classe moyenne* auf der symbolischen Ebene die Rolle der katholischen Bischöfe, wobei die Technokraten und die frankophonen Intellektuellen die religiöse Symbolik durch eine sozialdemokratische Vision ersetzten. Die *nouvelle classe moyenne* erfand dabei nicht den Nationalismus. Vielmehr stellten sie dessen Verbindung mit der Sozialdemokratie her (Renaud 1984, S. 178f.). Sie war zwar keine Mehrheit innerhalb der frankophonen quebecer Bevölkerung; auf Grund ihrer prominenten Stellung in Staat und Gesellschaft konnte sie diesen neuen Nationalismus jedoch effektiv verbreiten.

Neben dieser *nouvelle classe moyenne* etablierte sich ein zweiter Akteur, der die politische Modernisierung Quebecs forderte und voranbringen wollte und der sich mit der *nouvelle classe moyenne* verbündete: die organisierte Arbeiterschaft in Form der Gewerkschaften. Die Regierung Duplessis verfolgte einen marktliberalen Wirtschaftskurs des *Laissez-faire* und versuchte die Macht der Gewerkschaften zu beschränken, um damit die Attraktivität des Wirtschaftsstandortes Quebec zu erhöhen (Desrosiers 1971, S. 387f.). Dadurch sollte internationales – und vor allem US-amerikanisches – Kapital angelockt werden. In mehreren Gesetzesinitiativen unternahm die Regierung immer wieder den Versuch, die Macht der

Gewerkschaften zu beschneiden. So wurden im Januar 1954 zwei Gesetze beschlossen, die die Gewerkschaften als reine Schikane ansahen. Im *Loi 19* wurde festgelegt, dass Gewerkschaften ihren Status verlieren, falls diese Kommunisten in ihren Reihen duldeten. Im *Loi 20* wurde der Statusverlust für den Fall angedroht, dass Gewerkschaften Streiks im öffentlichen Dienst organisierten.

Eine wichtige Rolle im Kampf gegen die Anti-Gewerkschaftspolitik der Regierung hatte dabei die *Confédération des travailleurs catholiques du Canada* (CTCC)[34]. Neben der *Fédération provinciale du travail du Québec* und der *Fédération des unions industrielles du Québec*, welche sich 1957 zur *Fédération des travailleurs et travailleuses du Québec* zusammenschlossen, war die CTCC eine der drei großen Dachgewerkschaften in Quebec. Sie durchlief nach dem Zweitem Weltkrieg einen ideologischen und personellen Wandel. Dieser wurde unter der Führung von Gérard Picard als Vorsitzenden (1946 – 1958) und Jean Marchand als Generalsekretär (1948 – 1961) vollzogen. Letzterer wurde anschließend als Minister für Einwanderung in die liberalen Bundesregierungen von Lester B. Pearson und Pierre E. Trudeau berufen. Die CTCC wurde unter der Führung von Picard und Marchand weniger korporatistisch, wandte sich vom katholischen Einfluss ab und wurde militanter (Rouillard 1980; Tremblay 1972, S. 36f.). Die CTCC stellte sich gegen die arbeiterfeindliche Politik der Duplessis-Regierung sowie der internationalen und anglo-kanadischen Konzerne. Dies mündete in einer aggressiveren Streikpolitik der Gewerkschaften 1949 und in den 1950er Jahren wie etwa bei dem bekannten viermonatigen Asbest-Streik (1949)[35] in Asbestos und Thetford Mines, oder den Streiks in Louisville (1952), Murdochville (1957), Arvida (1957) und bei Radio-Canada (1959). Bei Letzterem war der spätere Premier Quebecs, René Lévesque, der zur damaligen Zeit beim Fernsehsender arbeitete, involviert.

Die Koalition zwischen der Arbeiterschaft und der *nouvelle classe moyenne* konnte gelingen, weil letztere in Quebec nicht die klassische Bourgeoisie im Sinne Marx darstellte. Die Produktionsmittel kontrollierten vorwiegend ausländische oder anglophone Investoren (Renaud 1984, S. 156). Die organisierte Arbeiterschaft und die *nouvelle classe moyenne* hatten somit gemeinsame Interessen, die aller-

---

[34] Die CTCC nannte sich 1960 in Confédération des syndicats nationaux (CSN) um.

[35] Der kanadische Historiker Irving M. Abella sieht im Streik von Asbestos den „first shot of the Quiet Revolution" (Abella 1974, S. xiv). Diese Darstellung ist etwas zu weit hergeholt. Was Asbestos dennoch zeigt ist der soziale und politische Veränderungsdruck, der nach dem Zweiten Weltkrieg kontinuierlich zunahm.

dings von unterschiedlichen Problemstellungen herrührten. Beide verlangten eine interventionistische Wirtschaftspolitik der quebecer Regierung sowie einen Ausbau des Staatsapparates. Die Gewerkschaften verlangten dies, da sie staatliche Sozialprogramme forderten und ihre Anhängerschaft durch die Aufnahme von Staatsbediensteten erweitern wollten.

Das Problem der *nouvelle classe moyenne* bestand in den 1950er Jahren jedoch darin, dass es in der freien Wirtschaft nicht genügend gutbezahlte Arbeitsplätze gab, um alle frankophonen Absolventen der Universitäten aufzunehmen. Die schwach ausgebildete staatliche Verwaltung verfügte ebenfalls nicht über die Kapazitäten, um größere Teile der *nouvelle classe moyenne* zu beschäftigen, da die Kirche viele genuin staatliche Funktionen in der quebecer Gesellschaft übernahm. Die *nouvelle classe moyenne* agitierte, da sie sich neue Arbeitsplätze in der staatlichen Bürokratie und verstaatlichten Unternehmen erhoffte und gleichzeitig durch eine aktive (Sprachen-)Politik des Staates das Monopol der anglophonen Wirtschaftselite in der Industrie und dem Finanzwesen brechen wollte. Aus diesen Gründen drängten Gewerkschaften und Mittelschicht auf die politische Modernisierung Quebecs.

Diese hinkte der sozialen und wirtschaftlichen Entwicklung weit hinterher. Die staatliche Verwaltung war stark dezentralisiert und nur spärlich ausgebaut. So waren im Jahre 1960 nur 36.766 Staatsbedienstete in Quebec angestellt. Bis zum Jahre 1984 sollte sich diese Zahl auf über 350.000 fast verzehnfachen (Monière 1999, S. 49). Der Grund für die schwach ausgebauten staatlichen Strukturen lag in der ideologischen Ausrichtung der Regierung Duplessis begründet. So war auf Grund der bereits erwähnten marktliberalen *Laissez-faire*-Politik der Ausbau des Staates nicht erwünscht. Das freie Spiel der Marktkräfte sollte nicht durch den Aufbau eines Sozialstaates und durch die damit verbundene Notwendigkeit einer höheren Besteuerung gestört werden (Kempf 1999). Sozialstaatliche Politik war im Verständnis der UN nie Teil der zu erhaltenden quebecer Identität und Geschichte. Ziel der Regierung war es vielmehr im Sinne eines defensiven Autonomismus die Autonomie der Provinz innerhalb Kanadas zu erhalten und das Überleben (*la survivance*) der frankophonen Minderheit in Nordamerika zu sichern. Defensiv war dieser Autonomismus, weil sich die Politik der Regierung dabei nicht um die Ausweitung verfassungsrechtlicher Kompetenzen drehte, sondern um das Entgegenwirken gegen die Zentralisierungsversuche der Bundesregierung. Der Bundesstaat sollte aus den Politikfeldern, die gemäß der Verfassung im Kompetenzbereich der Provinzen lagen, herausgehalten werden (Jones 1983). Quebec wollte diese Bereiche aber nicht selbst verwalten und plante auch keine eigenen Programme. Dies stand im Gegensatz zum Staatsverständnis der Regierung von Duplessis. Dieser war kein Befürworter der Unabhängigkeit Quebecs. Sein Ziel war es vielmehr, den Status quo zu verteidigen (Monière 1981, S. 235).

Der zentralisierte Bundesstaat

Maurice Duplessis hatte dabei berechtigte Sorgen. Von etwa Mitte der 1930er Jahre bis Ende der 1950er kann von einer Hochzeit der Zentralisierung des kanadischen Bundesstaates gesprochen werden (Simeon 2013, S. 333; Simeon et al. 2014, S. 73vff.). Mit der Übernahme des Keynesianismus in der Wirtschaftspolitik und dem zunehmenden Ausbau des Wohlfahrtsstaates in den meisten westlichen Industrieländern stellten sich auch für den kanadischen Föderalismus und die Politik in Quebec neue Herausforderungen. Im Zuge des Zweiten Weltkrieges wurden die Steuern für den Zeitraum von 1942 bis 1947 stärker zentralisiert. Die Provinzen traten etwa die Kompetenz zur Erhebung einer Einkommens- und einer Unternehmenssteuer vorübergehend an den Bund ab. Quebec stimmte dem zu, weigerte sich aber nach dem Kriegsende die beiden Verlängerungen des Programms bis Ende der 1950er Jahre mitzutragen. Ein weiteres Element dieser Zentralisierung war die *Rowell-Sirois Commission*. Die liberale Bundesregierung unter Mackenzie King setzte diese 1937 ein, um die Beziehungen zwischen dem Bund und den Provinzen zu untersuchen und Verbesserungsvorschläge zu erarbeiten. Als Konsequenz auf den Bericht der Kommission ordneten die Ebenen einige Kompetenzen neu. So entstanden nach Verfassungsänderungen, die die Zuständigkeiten in der Arbeitslosenversicherung und bei den Rentensystemen neu regelten, sowohl eine bundesweite Arbeitslosenversicherung (1941) als auch Programme zur Unterstützung von Familien (1944) und die Einführung eines Finanzausgleichs zwischen Ottawa und den Provinzen. Mit der *Old Age Security* entstand 1951 ein erstes Rentenprogramm des Bundes. Dessen Investitionen in den Provinzen stiegen in der Folge weiter an. Dies geschah etwa in Bereichen der ausschließlichen Gesetzgebungskompetenz der Provinzen mit Hilfe der *federal spending power* durch sogenannte *shared cost programs* oder durch *conditional grants*. So förderte der Bund etwa die berufliche Ausbildung, unterstützte die Universitäten mit finanziellen Mitteln oder legte im Gesundheitsbereich Programme auf, deren Kosten er sich mit den Provinzen teilte. Die Provinzen verfügten zwar über die verfassungsmäßigen Kompetenzen etwa im Bereich der Sozialpolitik. Allerdings fehlten die Möglichkeiten der Finanzierung, da die eigentliche Steuerkompetenz beim Bund lag und sich die Provinzen primär über eine Einkommenssteuer finanzieren mussten. Diese wollte Quebec aber nicht erheben (Le Devoir, 27.01.1955).

Die Intervention des Bundes in die Bereiche der ausschließlichen Gesetzgebungskompetenz der Provinzen konnte jedoch nicht als verfassungswidrig eingestuft werden. Erstens wurde diese Politik Ottawas durch die *federal spending power* gedeckt.[36] Diese beschreibt „the power of Parliament to make payments to people or institutions or governments for purposes on which it (Parliament) does not necessarily have the power to legislate" (Trudeau 1969, S. 4). Ottawa kann zwar keine Gesetze oder Verordnungen erlassen, aber trotzdem in allen Bereichen Geld ausgeben. Zudem kann Ottawa in einigen Fällen das Geld an bestimmte Bedingungen knüpfen und damit durch die Hintertüre gesamtstaatliche Regelungen erlassen, da die Provinzen diese akzeptieren müssen, um an das Geld zu gelangen (Dunn 2010). Der Bund hat zudem zweitens das Recht dann zu intervenieren, wenn er das nationale Interesse verletzt sieht. Dies bezieht sich auf die in der Verfassung festgeschriebenen Prinzipien von *Peace, Order, and Good Government*. In den vergangenen Dekaden nahm die Bedeutung des Prinzips in der politischen Diskussion zwar ab, in den 1940er und 1950er Jahren stand es allerdings noch im Vordergrund. Zuletzt besitzt der Bund die Residualkompetenz, was diesem ermöglicht, Bereiche zu regulieren, die in der Verfassung nicht explizit einer Ebene zugeordnet worden waren. Auch diese Kompetenz wurde in den vergangenen Jahrzehnten auf Grund der politischen Entwicklung immer seltener angewandt.

Als Konsequenz aus dieser zentralisierenden Politik der liberalen Bundesregierungen unter William Lyon Mackenzie King und Louis St. Laurent berief Premier Duplessis 1953 die *Commission royale d'enquête sur les problèmes constitutionnels* (*Commission Tremblay*). Diese sollte sich des Problems der gemeinsamen Steuererhebung des Bundes und der Provinzen sowie den grundsätzlichen Herausforderungen des kanadischen Föderalismus annehmen. Der Bericht der

36 Die *federal spending* power ist einer der strittigsten Mechanismen, der über die Jahre hinweg vor allem von den Regierungen in Quebec immer wieder kritisiert wurde (Brown 2012, S. 120; Noël 2010). Gleichzeitig muss berücksichtigt werden, dass sie nicht explizit in der Verfassung verankert ist, sondern nur aus dieser abgeleitet wird.

Kommission zeichnete noch einmal die vorherrschende Wahrnehmung der konservativen Eliten Quebecs mit Blick auf die gesellschaftlichen Vorstellungen der Provinz nach und legte die Erwartungen Quebecs an den Bundesstaat dar. Die Kommission forderte aber in einigen Punkten die Abkehr vom schlanken Staat, indem sie beispielsweise die Erhebung einer Einkommenssteuer empfahl (Commission royale d'enquête sur les problèmes constitutionnels 1956), was Duplessis nach einigem Widerstand akzeptierte und umsetzte.

Die B&B-Kommission und kulturelle Arbeitsteilung

Die marktliberale Politik Quebecs in den 1940er und 1950er Jahren hatte ernste Folgen für die Arbeitsplatzsituation der *nouvelle classe moyenne*. Laut dem Bericht der *Royal Commission on Bilingualism and Biculturalism* (B&B-Kommission) waren Franko-Kanadier ökonomisch gesehen 1961 noch schlechter gestellt als 1941. Diese Entwicklung ist auf folgenden Mechanismus zurückzuführen. In Quebec hatte sich über die Jahrhunderte eine Art der „kulturellen Arbeitsteilung" (Hechter 1975) durchgesetzt, die zu einer ökonomischen Besserstellung der anglophonen Minderheit geführt und deren soziale Mobilität erhöht hatte (de Jocas und Rocher 1957; McRoberts 1979; Porter 1970). Diese kulturelle Arbeitsteilung basierte laut Hechter auf den Mechanismen der Hierarchie und Segmentation.

> „A cultural division of labor is *hierarchical* to the extent that the groups within it (ethnic groups in this case) are differentially stratified. A cultural division of labor is *segmental* to the extent that the ethnic groups within it are occupationally specialized to a high degree." (Hechter 1978, S. 312; Hervorhebungen im Original)

Die berufliche Spezialisierung hatte in Quebec bereits mit der Eroberung durch die Briten eingesetzt, da diese den Handel – allen voran mit Pelzen und Hölzern – in der Provinz übernahmen und die französischen Siedler aus diesen Bereichen verdrängten. Die Spezialisierung darf folglich nicht als Konsequenz eines Unterschieds in den Normen und Wertvorstellungen der beiden Bevölkerungsgruppen gesehen werden. Die Briten hatten den Vorteil, dass ihre eigene Gesellschaft bereits früh auf den Handel und die Industrie ausgelegt war. „The British have always been much more industrial and commercial in their occupations than the French" (Porter 1970, S. 97). Die Verdrängung der frankophonen Bevölkerung war vielmehr das Resultat eines sich ändernden Marktes, welcher nun auf Großbritannien ausgerichtet war. Neben diesen veränderten Marktzugängen war ebenfalls die Kapitalausstattung der Unternehmen zentral. Hier kamen die meisten Direktinvestitionen in der Provinz aus dem britischen Mutterland. Im 19. und 20. Jahrhundert erfolgte zudem ein größerer Zufluss an Kapital aus den Vereinigten Staaten (McRoberts 1979, S. 304, 1984 S. 73). Die anglophone Minderheit verfügte somit schon früh über strukturelle Vorteile, die sich über die Zeit hinweg verfestigten und damit die Position dieser Bevölkerungsgruppe im ökonomischen Prozess zementierte und pfadabhängig reproduzierten.

> „Because of their higher educational level, their position in the occupational structure, and their original position as leaders in Quebec's industrialization, the Anglophones have always been better prepared than the Francophones to enjoy the benefits of the province's economic development. Once socio-economic patterns have been established, they tend to be self-perpetuating; the momentum favouring Anglophones was never matched in the Francophone community." (Royal Commission on Bilingualism and Biculturalism 1969a, S. 81)

Die Hierarchie oder Stratifikation als zweites Element der kulturellen Arbeitsteilung ist in Quebec hingegen ein modernes Phänomen, das erst mit der zunehmenden Urbanisierung offen hervortrat (McRoberts 1979). Bis in die 1920er und 1930er Jahre lebte noch die Mehrzahl der frankophonen Quebecer auf dem Land. In der Landwirtschaft war die Dominanz der anglophonen Minderheit nicht spürbar. Wie bereits geschildert, konnten die frankophonen Quebecer hier in einer homogenen Gesellschaft leben und kamen mit der englischen Sprache oftmals nicht in Kontakt. Mit der Urbanisierung änderte sich dies. Vor allem in Montreal mussten frankophone Quebecer schnell erfahren, dass sie in den anglokanadischen und internationalen Konzernen den sozialen und ökonomischen Aufstieg nicht schaffen konnten. Oft wurden sie auf Grund von mangelnden Sprachkenntnissen von den gehobenen Positionen ausgeschlossen. Dies liegt nicht unbedingt an einer politischen Strategie, die frankophonen Quebecer von diesen Bereichen fernzuhalten, als vielmehr an den Eigentümerverhältnissen und historisch eingefahrenen Strukturen. Ethnische Diskriminierung spielte zwar eine nicht zu unterschätzende Rolle, aber weitaus wichtiger war, dass Englisch die Arbeitssprache in vielen dieser Unternehmen darstellte. Dadurch wurde die Mobilität eines einsprachigen frankophonen Quebecers eingeschränkt (McRoberts 1979, S. 306). Sprache wurde dadurch mehr und mehr zu einer entscheidenden Ressource im ökonomischen Wettbewerb um Arbeitsplätze und die historisch gewachsene diglossische Struktur trat offen zu Tage (Fishman 1967).

Diese Analyse bestätigte die B&B-Kommission Ende der 1960er Jahre. Die Kommission arbeitete mit Zahlen des Zensus aus dem Jahre 1961. Erstaunlicherweise stellte der Bericht fest, dass es frankophonen Kanadiern mit Hinblick auf die berufliche Stellung besser erging, als frankophonen Quebecern in Montreal.

> „In relation to those of British origin, those of French origin fare better on the occupational scale in Canada as a whole than they do in the one province where they form a majority of the population; and they fare better on the occupational scale in Quebec as a whole than they do in the industrial center of the province, Montreal." (Royal Commission on Bilingualism and Biculturalism 1969a, S. 42)

In Quebec als Ganzes arbeiteten 30,4 Prozent der Quebecer britischer Abstammung in höheren Managementpositionen, wohingegen nur 14,2 Prozent der Quebecer französischer Abstammung dort arbeiteten. In Montreal war die Diskrepanz noch deutlicher sichtbar. 34,8 Prozent der Quebecer britischer Abstammung arbeiteten in Managementpositionen und in technischen Berufen verglichen mit nur 16,6 Prozent der Quebecer französischer Abstammung (ebd., S. 43f.).

Die Zahlen, die das Einkommen der unterschiedlichen Gruppen widerspiegeln, und die mit der beruflichen Stellung zusammenhängen, unterstreichen noch einmal die Benachteiligung der frankophonen Quebecer in der ökonomischen Sphäre. Anglophone Quebecer verdienten 1961 im Schnitt 5918 CAD. Dies entspricht 140 Prozent des durchschnittlichen Bruttojahreslohns eines Quebecers. Frankophone Quebecer hingegen verdienten im Schnitt nur 3880 CAD, was 91,7 Prozent des Durchschnittslohnes beträgt. Wenn man die ethnische Herkunft heranzieht und dann innerhalb dieser Gruppen nach Sprache unterscheidet, erkennt man eine noch größere Diskrepanz. Ein Quebecer britischer Herkunft, der Englisch spricht, verdiente durchschnittlich 6049 CAD. Auf der anderen Seite erhielt ein Quebecer französischer Abstammung, der nur in der Lage ist Französisch zu sprechen, was für 45,8 Prozent der Personen in dieser Gruppe gilt, gerade einmal 3107 CAD und damit etwas mehr als die Hälfte im Vergleich zur vorhergenannten Gruppe (ebd., S. 18, 21). Frankophone Firmen beschäftigten zudem etwa 50 Prozent der Arbeitnehmer. Die Hälfte dieser Gruppe – folglich ein Viertel der Arbeiterschaft – arbeitete im Servicesektor und in der Landwirtschaft (ebd., S. 53f.). Die Zahlen im Bereich des verarbeitenden Gewerbes zeigen zudem für Quebec, dass sich nur 15,4 Prozent dieser Firmen im Besitz von frankophonen Kanadiern befanden, wohingegen anglophone Kanadier 42,8 Prozent und internationale Geldgeber 41,8 Prozent dieser Firmen kontrollierten. Die von Frankophonen dominierten Sektoren waren primär die Holz- und die Lederindustrie (ebd., S. 56).

Die Ergebnisse aus dem Bericht der B&B-Kommission zeigen die deutlichen Unterschiede zwischen den ethnischen und sprachlichen Gruppen in Quebec auf. Die frankophonen Quebecer waren in den meisten Bereichen schlechter gestellt als ihre anglophonen Nachbarn. Daraus ergab sich für die Kommission ein ganz klares Ergebnis.

> „The present situation is highly unjust. These arrangements constitute major difficulties for Francophone employees; they have far-reaching implications with respect to work performance, career advancement, and retention of linguistic and cultural identity." (Royal Commission on Bilingualism and Biculturalism 1969b, S. 469)

Nun wurde dieser Bericht zwar erst im Jahre 1969 veröffentlicht und somit in einer Zeit, in der der neue Nationalismus in Quebec bereits Wurzeln geschlagen hatte, doch zeigte die B&B-Kommission ganz deutlich die Herausforderungen auf, denen sich die Quebecer *nouvelle classe moyenne* und die Arbeiterschaft gegenübersahen und die zu politischen Konflikten führten, die die Debatte um die Unabhängigkeit befeuerten. Seymour Martin Lipset, einer der führenden US-amerikanischen Modernisierungsforscher des 20. Jahrhunderts, argumentiert in seinem Buch *The Political Man*, dass sich Konflikte über die Zeit vertiefen, wenn sie nicht beseitigt werden. Wenn sich unterschiedliche dominante Konfliktlinien in einer Gesellschaft überlappen und sich verstärken dann werden politische Konflikte schwieriger zu lösen (Lipset 1960, S. 89). Dies galt in Quebec mit Hinblick auf die Sprache und den ökonomischen Status.

Die *nouvelle classe moyenne* und die Gewerkschaften sahen letztlich zwei Möglichkeiten, um mehr Arbeitsplätze zu schaffen: 1) Da in der Privatwirtschaft keine ausreichende Anzahl gut bezahlter Stellen für frankophone Quebecer verfügbar waren, hatte diese Gruppe keine andere Chance, als beim Staat oder in Staatsunternehmen zu arbeiten (Renaud 1984, S. 155). Die Verstaatlichung von Unternehmen beziehungsweise der Aufbau staatseigener Betriebe wurde somit als unabdingbar angesehen. 2) Zudem hätte die Provinzregierung durch eine eigene Sprachgesetzgebung den Weg zum ökonomischen Aufstieg der *nouvelle classe moyenne* innerhalb der privaten Wirtschaft öffnen können. Wie aus der Debatte um die ideologische Ausrichtung der Regierung Duplessis jedoch hervorging, konnte und wollte sie einerseits diese Arbeitsplätze nicht zur Verfügung stellen, andererseits aber auch nicht durch regulative Politik, wie etwa durch Sprachengesetze, in den Wettbewerb eingreifen. Aus dieser Darstellung zeigt sich, dass das zentrale Element zur Überwindung der Ungleichheiten für die *nouvelle classe moyenne* und die Arbeiterschaft ein aktiver quebecer Staat darstellte.

Der Wandel des Nationalismus

Aus der Analyse dieser Problemlage heraus hatten sich im Quebec der 1940er und 1950er Jahre neue nationalistische Strömungen und Reformbewegungen entwickelt. Diese speisten sich aus älteren nationalistischen Bewegungen, radikalisierten deren Ideen jedoch zum Teil und passten sie an. Gegen Ende des 19. und zu Beginn des 20. Jahrhunderts fanden sich bereits zwei nationalistische Strömungen in der Provinz, die mit den Namen Lionel Groulx und Henri Bourassa verknüpft waren. Ersterer gilt als Ziehvater eines klerikal-konservativen Nationalismus, der die Besonderheit des franko-kanadischen Charakters Quebecs hervorhob und für dessen Bewahrung er eintrat (*la survivance*). Auf der anderen Seite findet sich Henri Bourassa, dessen Nationalismus zwar konservative Züge trug, der allerdings den bikulturellen Charakter Kanadas verteidigte und vehement für ökonomische Reformen und einen Ausbau des Bildungssystems in Quebec warb. Dieser im Großteil liberale, auf die Modernisierung Quebecs ausgelegte Nationalismus eines Henri Bourassas war von den Forderungen her dem Nationalismus der 1950er und 1960er Jahre ähnlich.

Eine dieser neuen Bewegungen sammelte sich in einem Kreis um die Zeitschrift *Cité libre*, welche 1950 vom späteren Premierminister Pierre E. Trudeau, dem Journalisten Gérard Pelletier und anderen liberal und vor allem sozialdemokratisch eingestellten Intellektuellen gegründet worden war.[37] Die *Citélibristes* wollten die Demokratisierung der quebecer Politik und Gesellschaft vorantreiben und die katholische Kirche aus den originären Bereichen des Staates wie dem Bildungswesen und der Gesundheitsversorgung zurückdrängen (Behiels 1984). Die Forderung nach laizistischen Verhältnissen in Quebec basierte allerdings nicht auf der generellen Ablehnung des Katholizismus oder der Kirche als Institution. Viele der Begründer der *Cité libre* kamen aus dem katholischen Milieu und waren zuvor in der katholischen Gewerkschaftsbewegung oder im Journalismus tätig gewesen.

37 Für eine ausführlichere Darstellung über die Weltanschauung der *Citelibristes* und anderer Strömungen in Quebec siehe Bélanger (1977).

Die Forderung richtete sich vielmehr danach, dass die Kirche sich auf ihre eigentlichen Aufgaben konzentrieren und sich nicht mit den weltlichen Problemen der Menschen beschäftigen sollte (Pelletier 1952). Solange sich die Kirche als dominante Institution innerhalb der Gesellschaft Quebecs auf Grund ihrer Stellung als Sozialdienstleister in die Niederungen der Wirtschaft und der Politik begeben musste, konnte sie sich nicht um das Seelenheil ihrer Anhänger kümmern. Der eigene gesellschaftspolitische Erfolg der Kirche war somit ein Wegbereiter für ihren Abstieg (Guindon 1960, S. 551).

Der Staat sollte zudem ein eigenes wohlfahrtsstaatliches System aufbauen. Die *Citélibristes* sahen den Staat in der Pflicht, in die Wirtschaft zu intervenieren und sozialstaatliche Programme für die Bevölkerung aufzulegen. Laut Pierre E. Trudeau hätte es dafür keiner Verfassungsänderungen gebraucht, da Quebec bereits über die dafür notwendigen Kompetenzen verfügt hätte. Man hätte diese Kompetenzen nur wahrnehmen müssen. Quebec hätte dabei vom kanadischen Bundesstaat profitieren können, da die Provinz allein nicht in der Lage gewesen wäre, eine überlebensfähige Gemeinschaft zu errichten (Trudeau 1962, S. 12). Den Quebecern hätte zum damaligen Zeitpunkt auf Grund ihrer Geschichte zuerst einmal die grundlegenden demokratischen Werte beigebracht werden müssen (Trudeau 1958). Deshalb sei Nationalismus kein Rezept für die Gesellschaft Quebecs. Nationalismus sei anti-demokratisch und reaktionär. Zudem habe dieser, wie der Klerikalismus, erst dazu geführt, dass sich in der Vergangenheit keine genuine franko-kanadische Kultur und Gesellschaft entwickeln konnte (Behiels 1985, S. 85, 96; Trudeau 1970). Deswegen sahen die *Citélibristes* im Nationalismus kein Heilmittel. Vielmehr müssten die gesellschaftlichen und politischen Institutionen wie Staat und Kirche modernisiert und demokratisiert werden, um die hausgemachten Probleme zu überwinden.

Die Vertreter dieser Strömung konnten sich in Quebec allerdings nie durchsetzen. Die meisten von ihnen, wie etwa Pierre E. Trudeau und Gérard Pelletier, gingen später in die Bundespolitik und überließen das politische Feld in der Provinz den sogenannten „Neonationalisten“ (Behiels 1984, 1985; Monière 1981, S. 260f.). Zum inneren Kern dieses Kreises zählten etwa André Laurendeau und Gérard Filion. Ersterer war Begründer des *Bloc populaire* und ging später zur Tageszeitung *Le Devoir*, wo er bis zum Chefredakteur aufstieg. In den 1960er Jahren war Laurendeau einer der beiden Vorsitzenden der B&B-Kommission. Zur selben Zeit war Gérard Filion leitender Direktor von *Le Devoir*, welche sich zu einem der zentralen, kritischen Sprachorgane gegen die Regierung Duplessis entwickelte. In einem seiner bekanntesten Leitartikel mit dem Titel *La théorie du roi nègre* schmähte Laurendeau Premier Duplessis als eine Marionette des anglophonen Kanadas, der nicht die wahren Interessen Quebecs verfolgen würde (Le Devoir, 04.07.1958). Ab den 1960er Jahren trat die Zeitung zunehmend für eine Sonderstellung Quebecs innerhalb des kanadischen Bundesstaates ein.

Die Kritik der Neonationalisten richtete sich nicht gegen den quebecer Nationalismus als solchen. Vielmehr müsse der Nationalismus an der Gegenwart und den Bedürfnissen einer wachsenden urbanen Bevölkerung angepasst werden (Behiels 1984, S. 155). Der klerikal-konservative Nationalismus des frühen 20. Jahrhunderts musste aus ihrer Sicht abgelöst werden. Dem träumerischen Narrativ der *survivance* musste ein Nationalismus folgen, der die Interessen Quebecs in einer sich wandelnden Welt gerecht würde und der die (frankophonen) Quebecer zu *maîtres chez eux* mache. Dies stand – wie die Forderungen der *Citélibristes* – ganz in der Tradition des Nationalismus eines Henri Bourassas.

Um diese Ziele zu erreichen, musste zusammen mit der Arbeiterschaft ein interventionistischer Staat geschaffen werden, der die ökonomische Benachteiligung der frankophonen Quebecer beendete. Zudem mussten Finanzierungsmöglichkeiten für frankophone Firmen geschaffen werden, um den Mangel an ausländischem Kapitel für diese Industriezweige auszugleichen. Darüber hinaus stand die Intervention in der Sprachenfrage auf den Plan sowie eine Verpflichtung neuer Immigranten, ihre Kinder auf frankophone Schulen zu schicken (McRoberts 1984, S. 74). Diese Forderungen entwickelten sich zum Gesellschaftsprojekt der *rattrapage*, welches auf den Interessen der *nouvelle classe moyenne* basierte. Zusammen mit den Gewerkschaften trieb sie das Projekt ab den 1950er Jahren voran. Für die Umsetzung musste allerdings die Macht der alten Eliten gebrochen und das Gesellschaftsprojekt der *survivance* abgelöst werden. Zum politischen Vehikel für die *rattrapage* entwickelte sich der PLQ.

3.3 Die *révolution tranquille* und der neue Nationalismus

Die Regierung von Duplessis saß jedoch vorerst weiterhin fest im Sattel, was an den bereits erwähnten Ungleichgewichten in der Wahlkreisaufteilung und dem System der Patronage lag. Die Provinzwahlen von 1952 hatte die UN mit 50,5

Prozent der Stimmen und 68 von 92 Sitzen gewonnen. Noch 1956 hatte die Partei 51,8 Prozent der Stimmen und 72 von 92 Mandaten erlangt. Die politischen Kräfte verschoben sich allerdings mit dem plötzlichen Tod von Duplessis am 7. September 1959. Sein Nachfolger Paul Sauvé leitete einen ersten Übergang zu einer reformorientierten Politik ein und übernahm inhaltlich mehrere Projekte der Liberalen (Thomson 1984, S. 78ff.). Allerdings starb Sauvé ebenfalls wenig später am 2. Januar 1960. Die UN unter der Führung von Antonio Barrette war im Aufruhr und durch interne Streitigkeiten politisch gelähmt. Hinzu kamen ökonomische Probleme, welche mit der wirtschaftlichen Krise von 1957 in den USA zusammenhingen und bis 1961 zuerst zu einer Rezession und anschließend zu einer stagnierenden Wirtschaft in Quebec führten. Die Arbeitslosenquote stieg dabei von 2,9 Prozent im Jahre 1951 auf 8,8 Prozent 1958 und kurzzeitig auf knapp 10 Prozent im Wahljahr 1960 an (Young und Dickinson 2003, S. 314).

Am 22. Juni 1960 verlor Barrette mit seiner UN die Wahlen zur quebecer Nationalversammlung gegen Jean Lesage und den PLQ. Dieser war unter dem Slogan „C'est le temps que ça change!" und einem weitreichenden Reformprogramm, welches sich an einigen zentralen Stellen am Bericht der *Commission Tremblay* orientierte, angetreten. Für Monière waren diese Wahlen „the moment when 'respect for tradition' gave way to the 'challenge of progress'" (Monière 1981, S. 250). *La survivance* sollte durch *le rattrapage* abgelöst werden. Der Zeitraum von Duplessis Tod bis zu den Wahlen von Lesage kann als kritische Weggabelung gesehen werden, die die *révolution tranquille* in Quebec einleitete (Broschek 2009, S. 223).

Es darf dabei aber nicht übersehen werden, dass die Liberalen die Provinzwahlen nur sehr knapp für sich entscheiden konnten. Zwar gewannen sie 51 von 95 Sitzen bei 51 Prozent der Stimmen, aber vor allem in den ländlichen Stimmbezirken fanden sich sehr knappe Ergebnisse. 34 der 95 Kandidaten wurden mit weniger als fünf Prozent Vorsprung gewählt und René Lévesque (129 Stimmen Vorsprung) und der spätere Bildungsminister Paul Gérin-Lajoie (149 Stimmen Vorsprung) gewannen ihre Wahlkreise nur knapp. Die Liberalen siegten nur in 28 der 54 ländlichen Stimmkreise, aber dafür in 23 der 37 urbanen Wahlkreise (Hamelin und Garon 1969, S. 14). Es stellte sich deshalb die Frage, ob Lesage tatsächlich ein so breites Votum für seine Reformen errungen hatte. Gérin-Lajoie und Lévesque gehörten zusammen mit René Hamel zu den progressiven Köpfen der neuen Regierung (*l'équipe du tonnerre*).

Die liberale Regierung hatte sich viel vorgenommen. Als Vorbild für ihr Reformprojekt galt die sozialdemokratische Regierung in Saskatchewan unter Tommy Douglas (1944 – 1961). Diese hatte innerhalb kürzester Zeit weitreichende Reformen angestrengt. In Quebec sollten diese allerdings – anders als in Saskatchewan – durch das betriebene *province-building* zentrifugale Kräfte entfalten (Broschek 2009, S. 223). Im Zentrum der neuen Politik Quebecs stand nämlich das vorrangige Ziel, *mâitres chez eux* zu werden, neue (Arbeits-)Möglichkeiten für die wachsende *nouvelle classe moyenne* der Provinz zu schaffen und das Selbstbewusstsein der quebecer Nation zu stärken. Die *rattrapage* war nicht nur ein Aufholen aus ökonomischer Perspektive, sondern fand in den Köpfen der Menschen statt. Zu diesem Zweck strengte die liberale Regierung in Quebec im Zeitraum zwischen 1960 und 1966 zahlreiche Reformen an, die sämtliche Bereiche des öffentlichen Lebens in der Provinz von der Politik über die Wirtschaft bis hin zu Fragen der Religion betrafen.[38]

Dazu zählte der zügige Ausbau des Staates und seiner Verwaltung. In der ersten Thronrede der liberalen Regierung kündigte diese die Schaffung neuer Ministerien an. Bereits im April 1961 richtete die neue Regierung die Ministerien für intergouvernementale Beziehungen (Jean Lesage), Kultur (Georges-Emile Lapalme) und natürliche Ressourcen (René Lévesque) ein. Im Mai 1964 schuf sie zudem nach längerem Konflikt und knapp 90 Jahren nach seiner Abschaffung wieder ein Bildungsministerium (Paul Gérin-Lajoie). Gleichzeitig sagten die Liberalen dem System der Patronage im öffentlichen Dienst den Kampf an. Ein neues Rekrutierungsverfahren für Staatsbedienstete sollte das meritokratische Prinzip in den Vordergrund stellen. Die Eignung eines Kandidaten sollte über dessen Jobaussichten bestimmen und nicht mehr ein Schreiben des lokalen Abgeordneten. Auch das Selbstvertrauen in die eigene Leistungsfähigkeit der quebecer Nation sollte gestärkt und der Nationalstolz der Quebecer angefacht werden. Dazu zählten Projekte wie die Weltausstellung 1967 in Montreal und der Bau der Daniel-Johnson-Talsperre (1968) am Wasserkraftwerk Manic-5 (1970), welche die Provinz als Glanzleistung quebecer Ingenieurskunst feierte.

---

38 Diese Reformen befriedigten einen in der quebecer Gesellschaft erhofften Wandel, den selbst die spätere UN-Regierung von Daniel Johnson Sr. und Jean-Jacques Bertrand (1966 – 1970) nicht mehr rückgängig machen konnte. Laut Roy (1976) und Rouillard (1997) ist der Grund dafür in der Gesellschaft Quebecs zu finden, in der der Liberalismus der *révolution tranquille* Ende der 1960er Jahre fest verankert war. Diese Reformen waren nur eine politische Antwort auf eine bereits stattgefundene gesellschaftliche Entwicklung.

Der quebecer Staat der *révolution tranquille* war außerdem ein aktiver Staat, der in die wirtschaftlichen Prozesse innerhalb der Provinz eingriff, um mit der Gründung staatlicher Unternehmen zum einen Arbeitsplätze zu schaffen und andererseits industriepolitisch tätig zu werden. Bestimmte Wirtschaftszweige wurden verstaatlicht oder staatliche Institutionen und Firmen gegründet. Als zentrales Beispiel hierfür gilt die Nationalisierung der größten Energieunternehmen unter dem Dach von *Hydro Québec*. Das Unternehmen war schon 1944 durch die Verstaatlichung des Montrealer Energieunternehmens *Montreal Light, Heat & Power* durch die liberale Regierung Godbout entstanden. Vor allem René Lévesque wollte als zuständiger Minister die weitere Verstaatlichung vorantreiben. Er war die treibende Kraft und brachte Jean Lesage nach einer Klausursitzung am Lac-à-l'Epaule zu der Entscheidung, vorgezogene Neuwahlen im Herbst 1962 abzuhalten, um sich ein Mandat für die staatliche Energiepolitik zu holen (Thomson 1984, S. 116ff.). Die Liberalen gewannen die Provinzwahlen mit einer noch größeren Mehrheit als zwei Jahre zuvor und stützen sich dabei auf die städtische Bevölkerung und auf die gehobene Mittelschicht (Le Devoir, 16.11.1962). Im Frühjahr 1963 gliederte dann die Regierung die *Gatineau Power Company* und die *Shawinigan Water & Power Company* neben anderen kleineren Unternehmen *Hydro Quebec* ein. Damit entstand ein Unternehmen, das zu einem der größten Arbeitgeber für frankophone Universitätsabsolventen avancierte. Daneben gründete der Staat noch weitere Betriebe, wie etwa im Bereich der Stahlproduktion die *Sidérurgie Québécoise* (SIDBEQ), um die Abhängigkeit Quebecs von der Stahlproduktion Ontarios zu vermindern, oder im Bergbau die *Société québécoise d'exploration minière* (SOQUEM). Beide sollten zusammen mit *Hydro Quebec* als Arbeitgeber für die *nouvelle classe moyenne* fungieren und dieser Gruppe ermöglichen, Managementpositionen auszufüllen.

Die liberale Regierung wollte allerdings nicht nur die frankophonen Arbeitnehmer fördern. Ein ebenso wichtiges Ziel war es, Kapital für frankophone Unternehmer zur Verfügung stellen, um diese von der Abhängigkeit von anglophonen Geldgebern zu befreien. Als zentrale Institution hierfür entwickelte sich nach ihrer Gründung 1962 die *Société générale de financement* (SGF). Diese entpuppte sich allerdings bereits gegen Ende der 1960er Jahre als Fehlschlag (McRoberts 1988, S. 133f.). Die SGF finanzierte keinesfalls nur Projekte. Sie beteiligte sich auch an Firmen, wobei zu Beginn primär die Rettung angeschlagener quebecer Firmen im Zentrum stand (Schneider 1994, S. 72). Mehrere Kompetenzen der SGF wurden später der *Caisse de dépôt et placement du Québec* (CDPQ) übertragen. Die CDPQ entstand 1965 als wichtige Finanzinstitution durch die Schaffung einer eigenen quebecer Rentenversicherung (*Régie des rentes du Québec*). Die CDPQ war für die Verwaltung und Anlage der Gelder aus der Rentenversicherung zuständig. Durch den Aufkauf von Bonds der Regierung wurde letztere unabhängiger von ausländischem und anglokanadischem Kapital. Das Mandat der CDPQ bestand ursprünglich zum einen aus der Anlage der Einlagen aus der Rentenkasse mit dem Ziel, möglichst hohe Renditen zu erwirtschaften und zum anderen darin, gezielt regionale frankophone Unternehmen zu unterstützen. Allerdings investierte die CDPQ nicht vornehmlich in frankophone Betriebe. Auch in anglophone Großunternehmen wie Banken und Versicherungen legte die CDPQ große Teile ihres Vermögens an. Hier lässt sich der Zielkonflikt erkennen, dem die CDPQ zur Gründung ausgesetzt war, dem sie sich im Laufe ihrer Entwicklung aber auf Grund der strukturellen Veränderung in den Eigentümerverhältnissen innerhalb der Provinz immer besser entziehen konnte.

Der Ausbau des Staates hatte ebenfalls gesellschaftliche Konsequenzen für die Provinz. Durch die Schaffung und Ausweitung der staatlichen Gesundheitsversorgung und des Schulsystems verdrängte der Staat die katholische Kirche aus ihrer mächtigen Position und trieb die Säkularisierung Quebecs voran. Die Regierung Lesage setzte kurz nach ihrer Amtseinführung die *Parent-Commission* ein, in der einflussreiche Neonationalisten wie Arthur Tremblay und Gérard Filion saßen. Die Kommission beschäftigte sich mit der Frage, wie das Bildungssystem Quebecs reformiert und modernisiert werden konnte. Als Konsequenzen aus den Veröffentlichungen der Kommissionsberichte wurden 1964 mit der *Loi 60* das Bildungsministerium geschaffen, unter der UN Regierung von Daniel Johnson Sr. 1966 die *Collège d'enseignement général et professionnel* (CEGEP) gegründet, und die Sekundarstufe an den Schulen ausgeweitet. Die Schüler- und Studierendenzahlen nahmen in der Folge erheblich zu und höhere Bildung wurde von einem elitären Gut in ein Grundrecht transformiert. Im Gesundheitswesen trat die Provinz dem Programm der Bundesregierung zur Versicherung von Patienten bei Krankenhausaufenthalten bei. Die Regierung nahm die Krankenhäuser zudem aus der Obhut der Kirche und setzte den Staat als Träger ein. Dadurch wurde die Behandlung für die Bürger Quebecs weniger bürokratisch und kostengünstiger.

Der quebecer Staat wurde somit in den 1960er Jahren grundlegend modernisiert, seine Strukturen ausgebaut und die Macht der Kirche beschränkt. Die Vorstellung eines aktiven, in die Wirtschaft und Gesellschaft intervenierenden Staates hielt Einzug in Quebec und der Staat entwickelte sich zum zentralen Akteur in der Provinz. Das Ausmaß dieses Ausbaus wird bei der Betrachtung des quebecer Haushaltes deutlich, welcher im Zeitraum von 1960/61 bis 1966/67 von 745 Mio. auf 2.124 Mio. CAD anstieg und sich somit beinahe verdreifachte (Hamelin und Garon 1969, S. 22).

Die *nouvelle classe moyenne* übernahm darüber hinaus die dominante Rolle in der quebecer Gesellschaft und die der Trägerin des neuen Nationalismus von der Kirche und den alten politischen und sozioökonomischen Eliten (Schneider und Schultze 1997, S. 325). Diese Entwicklung hatte grundlegende Konsequenzen, denn dadurch veränderte sich der quebecer Nationalismus an sich. Aus dem ursprünglichen Grundpfeiler nationalistischer Weltanschauung, welche auf der katholischen Kirche und der Religion basierte, wurde ein Nationalismus, in dessen Zentrum der neu gebildete quebecer Staat stand und in dem die Sprache die Religion als identitätsstiftendes Merkmal ersetzte. „The French language became Quebec society's new religious icon“ (Wiseman 2016, S. 11). Der alte, franko-quebecer Nationalismus war im Kern ethnisch. Der neue liberale Nationalismus der *nouvelle classe moyenne* war auf das Territorium Quebecs, den Staat und die Sprache gerichtet. Zudem waren die quebecer Nationalisten viel mehr als ihre frankophonen Vorfahren daran interessiert, neue Einwanderer in ihre Nation zu integrieren (Balthazar 1994).

Die Bedeutung der Sprache darf in diesem Kontext nicht auf eine rein kulturalistische Dimension reduziert werden. Sie ist in Quebec nicht nur um ihrer selbst willen politisch bedeutsam. Dies würde dazu führen, den dahinterliegenden Problemmechanismus zu übersehen.[39] Sprache hat eine Funktion und ist eine Ressource, die etwa in der Berufswelt genutzt wird und soziale Mobilität ermöglicht. Deshalb nahm sie im Kontext des neuen quebecer Nationalismus eine wichtige Rolle ein. Der Staat war dabei das Vehikel, um die Sprachenpolitik voranzutrei-

---

39 Es gab zwar prominente Vertreter, die die Sprache und die quebecer Kultur aus Prinzip und um ihrer selbst willen erhalten wollten. So schrieb George-Émile Lapalme in Artikel 1 des liberalen Wahlprogramms von 1960, dass „[d]ans le contexte québécois, l'élément le plus universel est constitué par le fait français que nous nous devons de développer en profondeur. C'est par notre culture plus que par le nombre que nous nous imposerons. Conscients de nos responsabilités envers la langue française, nous lui donnerons un organisme qui soit à la fois protecteur et créateur" (Parti libéral du Québec 1960, S. 3). Für Lapalme war die Kultur neben der Sprache das wichtigste Element der quebecer Nation. Dennoch war er ein überzeugter Föderalist, der nie für die Unabhängigkeit Quebecs eintrat

ben. In dem Maße, in dem der quebecer Staat an Einfluss gewann und für die Belange seiner frankophonen Mehrheit einzutreten begann, schwand die pan-(franko-)kanadische Identität der frankophonen Quebecer. Die junge Generation definierte sich in der Folge nicht mehr als Franko-Kanadier, sondern als Quebecer (Monière 1981, S. 256).

Wie oben bereits geschildert erhielt die Sprache in Quebec in dem Moment politische Bedeutung, als im Zuge der Urbanisierung und Industrialisierung die ökonomische Diskriminierung der frankophonen Quebecer ins Bewusstsein der Mehrheitsgesellschaft trat. Die Mitglieder der *nouvelle classe moyenne* konnten ursprünglich besserbezahlte Arbeitsplätze nur dann erhalten, wenn sie Englisch sprachen. Die Regierung Lesage wurde unter anderem dafür gewählt, diesen Umstand zu beseitigen. Die elektorale Unterstützung für den PQ war, laut Hubert Guindon, somit primär eine Protestwahl, da sich die *nouvelle classe moyenne* durch strukturelle Barrieren vom sozialen und ökonomischen Aufstieg abgehalten sah (Guindon 1964).

> „As the educational reforms began to have an effect, Quebec schools started to produce larger numbers of graduates who had both the qualifications for assuming white-collar positions within the economy and the aspirations to assume such positions. Given the failure of the Quiet Revolution economic policies to expand rapidly the opportunities open to them in Quebec's sector, many of those graduates were bound to be frustrated." (McRoberts 1988, S. 135f.)

Wenn *maîtres chez nous* als die Kontrolle der frankophonen Mehrheit über die quebecer Wirtschaft verstanden wurde und dies das eigentliche Ziel der *révolution tranquille* darstellte, dann war die Regierung Lesage daran gescheitert. Dieses Versprechen war bis in die Mitte der 1970er Jahre noch nicht erfüllt worden (ebd., S. 176). Dennoch wurde Sprache als Türöffner für ökonomischen Aufstieg aber zunehmend erfolgreich politisiert. Der Bericht der B&B Kommission machte diesen Sachverhalt 1969 noch einmal deutlich.

Wie konnten die Interessen dieser spezifischen, dominanten quebecer Gruppe nun umgesetzt werden? Quebec verfügte mit der *rattrapage* über ein neues Gesellschaftsprojekt, das die *nouvelle classe moyenne* trug. Die eigentliche Umsetzung auf der politischen Ebene stellte sich jedoch als schwierig heraus, da eine Dezentralisierung von Kompetenzen und die Abwehr bundesstaatlicher Einwirkungsmöglichkeiten nur im Zusammenspiel mit den anderen Provinzen und mit Ottawa geregelt werden konnten. Die Bemühungen der quebecer Regierung, durch

Staatsinterventionismus die Wirtschaft zu regulieren, stießen somit an Grenzen. Daraus ergaben sich zwei unterschiedliche Lager, die in der Debatte innerhalb der Provinz zwei unterschiedliche Wege zur Lösung dieses Problems artikulierten. Auf der einen Seite stand der PLQ, der den kanadischen Bundesstaat als einzigen Rahmen sah, innerhalb dessen sich die quebecer Nation erfolgreich entwickeln konnte. Deshalb versuchte der PLQ mittels Verhandlungen zu einer politischen Lösung zu gelangen, welche die Forderungen Quebecs erfüllt hätte. Auf der Gegenseite fanden sich die independentistischen Kräfte, die sich später im PQ zusammenschließen sollten und die die einzige Chance auf Souveränität in der Unabhängigkeit Quebecs sahen.

> „Die Unabhängigkeit wurde als funktionelle Lösung in einer modernen Gesellschaft angesehen, in der der Staat als wirtschaftliche und soziale Regulationskraft dient. Das Unabhängigkeitsprojekt entsprach der technokratischen Rationalität und wurde den Gleichberechtigungsansprüchen der französischsprachigen Bevölkerung gerecht." (Monière 1999, S. 50)

Beide Gruppierungen hatten als Ziel den Schutz der quebecer Nation. Sie setzten aber unterschiedliche Mittel zum Erreichen des Ziels ein. Zentral war dabei der Ausbau des Staates. Viele spätere Spitzenleute des independentistischen PQ waren während der *révolution tranquille* am Aufbau des Staates beteiligt und waren unzufrieden mit der Rolle des quebecer Staates beziehungsweise damit, welche Rolle Ottawa dem quebecer Staatsapparat zuwies. Das war der Grund dafür, warum sie innerhalb Quebecs für die Unabhängigkeit der Provinz warben.

3.4 Die Spaltung des PLQ und der Aufstieg des PQ

Der aktive Staat in Quebec zeigte sich deshalb neben den administrativen Anpassungen und den ökonomischen Reformen mit Blick auf die Beziehungen Quebecs zur Bundesebene. Dafür wurde eigens das Ministerium für intergouvernementale Beziehungen geschaffen. Die Lesage-Regierung verfolgte eine offensiv-konfrontative Politik gegenüber Ottawa. Dies stand im Gegensatz zum defensiven Autonomismus von Duplessis. Die liberale Provinzregierung wollte erreichen, dass sich der Bund aus den gemeinsam finanzierten Programmen zurückzieht und Quebec seine eigenen Programme auflegen konnte. Um das zu bewerkstelligen, verlangte die Provinzregierung die alleinige Kompetenz über die direkte Besteuerung und eine Entschädigung vom Bund für die Kosten, die durch die Nichtteilnahme an den Bundesprogrammen entstanden. Diese Form des *Opting out* wurde der Provinz von der liberalen Bundesregierung unter Lester B. Pearson in der Rentenpolitik ermöglicht.

Auf der Ebene konkreter verfassungsrechtlicher Veränderungen gelangten die unterschiedlichen Akteure jedoch auf keinen gemeinsamen Nenner. Seit über drei Dekaden versuchten Politiker beider Ebenen während des Prozesses der *patriation* eine gemeinsame Lösung für eine *amending formula* zu finden, um diese letzte Kompetenz – das Verabschieden von Verfassungsänderungen ohne die notwendige Zustimmung des britischen Parlaments – aus London übertragen zu bekommen. Anfang der 1960er Jahre einigten sich Ottawa und die Provinzen auf eine gemeinsame Formel (*Fulton-Favreau Formula*), welche dieses verfassungsrechtliche Problem lösen sollte. Dadurch hätte Quebec ein Veto-Recht bei fast allen wichtigen Fragen erhalten. Gleichzeitig wäre eine zentrale Forderung der Duplessis-Regierung erfüllt worden und Quebec hätte alle seine verfassungsrechtlichen Kompetenzen verteidigen können. Laut Peter H. Russell (2004, S. 72ff.) sei diese Einigung unter den neuen Umständen der *révolution tranquille* mit dem sich verändernden politischen und gesellschaftlichen Verhältnissen für die Nationalisten in Quebec jedoch nicht genug gewesen und die Regierung Lesage musste den Kompromissvorschlag ablehnen. Damit war der Ton für die zukünftigen Verfassungsrunden (*mega constitutional politics*) gesetzt, die auf Grund des aufkommenden quebecer Nationalismus einerseits, aber auch durch den pankanadischen Nationalismus der liberalen Regierung in Ottawa andererseits geprägt waren.

Einen großen Anteil daran hatte der langjährige Premierminister Pierre E. Trudeau (1968 – 1979 und 1980 – 1984). Dieser stellte die Antithese eines quebecer Nationalisten dar. Er erkannte den Dualismus zwischen den beiden Sprachen Englisch und Französisch an, wollte die Sprachenrechte der frankophonen Minderheit in Kanada ausbauen und sämtliche bundesstaatlichen Leistungen von Küste zu Küste in beiden Sprachen anbieten. Zugleich sollte die frankophone Minderheit besser in der Bundesregierung vertreten sein. Für Trudeau war die Lösung der Diskriminierung frankophoner Kanadier die volle rechtliche Gleichstellung aller Bürger unabhängig davon, ob sie Französisch oder Englisch sprachen. Eine Sonderstellung für die Provinz Quebec lehnte er aus diesen Gründen vehement ab. Die Lösung für ihn war vielmehr die Einführung einer *Bill of Rights*, die die Grundrechte aller Kanadier schützen sollte und somit einen Sonderstatus für Quebec unnötig gemacht hätte (Trudeau 1968, S. 54). Deswegen unterstützte Pierre E.

Trudeau die Multikulturalismuspolitik innerhalb eines zweisprachigen Rahmens, die auf Grund von zivilgesellschaftlichem Druck und Empfehlungen der B&B-Kommission ab 1971 umgesetzt wurde. Viele quebecer Nationalisten sahen darin jedoch den Versuch, die Sonderstellung Quebecs als eine der beiden Gründernationen Kanadas zu unterminieren, da die frankophone Kultur allen anderen gleichgestellt gewesen wäre. Die Diskussion über verfassungsrechtliche Bestimmungen hielt Trudeau für verfehlt. Vielmehr sollte Quebec versuchen, sich ökonomisch und gesellschaftlich weiterzuentwickeln und nicht Energie dadurch verschwenden, dass beständig über Verfassungsänderungen debattiert würde.

> „Our province [Quebec, S.G.] must have a long period of constitutional stability if it is to establish a sound basis for the great economic, social, and cultural development it wishes to achieve [...] We must not meddle with the constitution just yet. The real danger is that all these constitutional debates will provide an escape valve for our energies, and useful diversionary tactics for those who fear the profound social reforms advocated by the progressive elements in our province." (Trudeau 1968, S. 43)

Die unterschiedlichen Handlungsstrategien des Bundes und Quebecs lassen sich somit auf unterschiedliche Grundannahmen über den Ursprung der Probleme frankophoner Kanadier und Quebecer zurückführen.

Nationalistische Bewegungen

Auf Grund der Erkenntnis der quebecer Nationalisten, dass sich die ökonomische Lage in der Provinz für die frankophonen Quebecer nicht schnell verbesserte, wurde nach Gründen für die als nicht ausreichend angesehenen Ergebnisse der Reformanstrengungen gesucht. Für viele Nationalisten lag die Ursache im angesprochenen Ausbau des kanadischen Staates, welcher durch seine starke Zentralisierung den Provinzen nicht über genügend Autonomie bereitstellte, und an der Politik der Bundesregierung. Deshalb konnte der quebecer Staat nicht effektiv für die Belange der frankophonen Mehrheit in der Provinz eintreten. Aus diesem Grund versuchte die Regierung Lesage und nach deren Niederlage bei den Provinzwahlen 1966[40] die Regierung von Daniel Johnson durch eine Neuverhandlung

40 Die UN gewann unter Daniel Johnson Sr. die Wahlen von 1966, obwohl die Partei weniger Stimmen erhielt als die Liberalen unter Jean Lesage. Die UN errang 56 Sitze bei einem Stimmanteil von etwas unter 41 Prozent, wohingegen der PLQ mit über 47 Prozent nur 50

der Ressourcen- und Kompetenzverteilung die Möglichkeiten der Provinzregierung zu erweitern.

Für eine „radikalere" Gruppe war diese Verhandlungsstrategie keine Option, um ihre Interessen durchzusetzen. Laut ihrer Meinung konnten die Quebecer innerhalb des kanadischen Bundesstaates niemals *maîtres chez eux* werden. Die einzige Lösung war vielmehr die „Souveränität" Quebecs in Form der völkerrechtlichen Unabhängigkeit. Dazu zählte zum einen der 1966 entstandene *Ralliement national* (RN) von Gilles Grégoire. Die Partei hatte einen primär klerikal-konservativen und ländlichen Ausrichtung. Der RN spielte politisch jedoch bei den Wahlen 1966 kaum eine Rolle.

Eine politisch-ideologisch bedeutendere Position nahm jedoch eine andere Gruppierung ein. Bereits 1960 wurde das *Rassemblement pour l'indépendance nationale* (RIN) als eine *Pressure-Groupe* von André d'Allemagne, Marcel Chaput und Jacques Bellemare gegründet. 1966 wandelte sich die Bewegung unter dem Vorsitz von Pierre Bourgeault in eine links-independentistische politische Partei um. Intellektueller Kopf des RIN war d'Allemagne, der die Situation Quebecs mit dem Befreiungskampf unterdrückter Kolonien gleichsetzte. Für d'Allemagne war Quebec eine Kolonie, die es zu befreien galt. Aus dieser Sicht war die nationale Bewegung in Quebec eine Dekolonisationsbewegung, die sich auch gegen die Regierung in Quebec richtete, da diese die Interessen einer privilegierten Minderheit und des ausländischen Kapitals denjenigen der frankophonen Quebecer vorzog.

> „Bref, l'économie québécoise, développée par le capital étranger d'une façon qui l'a rendue non pas concurrentielle mais complémentaire et tributaire des économies canadienne et américaine, présente toutes les caractéristiques d'une économie colonial." (d'Allemagne 1966, S. 54)

Die Forderung nach der Dekolonisierung Quebecs und die Gleichstellung mit den Freiheitskämpfen der Dritten Welt waren ein beliebtes Argumentationsmuster linker und marxistischer Kräfte in Quebec, die auch durch Künstler und Schriftsteller verbreitet wurden. Nicht umsonst schrieb mit Pierre Vallières einer der geistigen Väter der terroristischen *Front de libération du Québec* (FLQ) über die weißen „Neger" Nordamerikas (Vallières 1974), die es – wenn nötig im Kampf gegen ein

Sitze erringen konnte. Zwei Sitze gingen an unabhängige Kandidaten. Vor allem das vergleichsweise starke Abschneiden independentistischer Parteien (fast neun Prozent der Stimmen) schadete dem PLQ.

unterdrückendes System – zu befreien galt. Dahinter standen die Ideen von Frantz Fanon (1968) aus *Die Verdammten dieser Erde*, die schon zur damaligen Zeit heftig kritisiert wurden, da sie die Anwendung von Gewalt zur Befreiung einer unterdrückten Gesellschaft zu rechtfertigen versuchten. Ein anderes Beispiel einer quebecer Künstlerin, die auf diese Unterdrückung hinwies, war Michèle Lalonde. Sie verfasste 1968 ein Gedicht auf französischer Sprache mit dem englischen Originaltitel *Speak White* (Lalonde 1974). Darin prangerte sie den Rassismus der Anglophonen gegenüber den frankophonen Quebecern an.

Aber nicht nur von Seiten der radikalen Linken oder vom RIN waren diese kolonialistischen Untertöne zu hören. Auch der ehemalige liberale Minister René Lévesque nutzte Ende der 1960er Jahre das Beispiel Rhodesiens, um auf den vermeintlichen Status Quebecs als Kolonie des anglophonen Kanadas hinzuweisen. „Nous sommes un satellite économique [...] la situation au Québec est la même qu'en Rhodésie. Une minorité privilégiée gouvernant une majorité arriérée. Si ce n'était la couleur de notre peau, ce serait la même chose que la Rhodésie" (Le Devoir, 22.02.1967). Das RIN beschränkte sich allerdings nicht ausschließlich auf die ökonomische Dimension. Um die Unterdrückung durch die englischsprachige Mehrheit zu beenden setzten sich die sogenannten *Rinistes* bereits früh für eine aktive Sprachpolitik in Quebec ein. Sie forderten

> „l'emploi exclusif du français par les ministères et les services de l'État dans leurs rapports avec les particuliers et les entreprises en territoire québécois; la reconnaissance du français comme langue d'enseignement dans les institutions financées par l'État ; [et] l'obligation légale pour toutes les entreprises établies au Québec d'employer le français dans leur relations avec leurs employés et avec l'État" (d'Allemagne 1966, S. 85).

Als dritte Gruppe formierte sich Ende 1967 das *Mouvement Souveraineté-Association* um René Lévesque. Für ihn, der seine grundsätzliche Argumentation für die Unabhängigkeit in einem Essay mit dem Titel *Option Québec* 1968 festgehalten hatte, war die Entscheidung zur Sezession rationaler Natur. Wenn der Erhalt des spezifischen Charakters Quebecs und die Förderung von Wohlstand im Zentrum des politischen Handelns stünden, dann müsse Quebec unabhängig werden, da beides innerhalb des kanadischen Bundesstaates nicht zu erreichen sei (Lévesque 1977). Das war für ihn zumindest die Lehre aus den Versuchen der liberalen Regierung Lesage, die Modernisierung Quebecs voranzutreiben. Die *nouvelle classe moyenne* hatte trotz der Intervention des Staates weiterhin Probleme im privaten Sektor unterzukommen. Das Scheitern eines noch nationalistischeren Kurses innerhalb der PLQ, verbunden mit der Idee die Souveränität Quebecs zu fordern, war für Lévesque ein zentraler Grund für seinen Austritt gewesen. Der Parteitag, bei dem es zum Bruch gekommen war, hatte zwar in einem Beschluss eine Sonderstellung Quebecs, mehr Kompetenzen für die Provinz und die Neuverhandlung der Verfassung von 1867 angemahnt, doch blieb der konkrete Schritt – die Unabhängigkeit zu fordern – aus, da führende Liberale wie Jean Lesage und der spätere Premier Robert Bourassa vor den nicht absehbaren ökonomischen Folgen für Quebec warnten.

Dabei ist wichtig zu berücksichtigen, dass für René Lévesque und viele andere Souveränisten der ersten Generation wie zum Beispiel dem späteren Minister für intergouvernementale Beziehungen, Claude Morin, die Unabhängigkeit kein Ziel an sich war, sondern ein Mittel zum Zweck, um die Identität und Interessen Quebecs und seiner frankophonen Mehrheit zu verteidigen (Lévesque 1977; Morin 2014, S. 10ff.). Lévesque war hier kein Ideologe, sondern vielmehr Pragmatiker.[41] Seine Idee einer *souveraineté-association* basierte darauf, dass ein unabhängiges Quebec eine Wirtschafts- und Währungsunion mit dem Rest Kanadas eingehen würde. Außerdem setzte er sich beispielsweise auf dem ersten Kongress des MSA am 19. April 1968 vehement dafür ein, dass der anglophonen Minderheit die staatliche Finanzierung der Schulen erhalten bleiben sollte und drohte bei der Annahme eines Änderungsantrages, der die Finanzierung gestrichen hätte, indirekt mit seinem Rücktritt (Lévesque 1986, S. 306).

Insgesamt umfasste das Lager der „Souveränisten“ folglich unterschiedliche Gruppen. So finden sich solche, die die völkerrechtliche Unabhängigkeit ins Zentrum stellten und solche, die sich eine wirtschaftliche Union mit Kanada erhofften. 1968 schlossen sich drei unterschiedlichen Gruppen zu einer neuen Partei zusammen. Zuerst fusionierte das MSA mit dem RN und gründeten den *Parti Québécois*. Später löste sich das RIN auf und ein Großteil der Mitglieder trat dem PQ bei. Dadurch entstand eine sozialdemokratische Partei, die für die Unabhängigkeit der Provinz eintrat. Der RN war dabei für René Lévesque besonders wichtig, da dieser die Basis der Independentisten verbreitern konnte und die Partei perspektivisch über das links-independentistische Milieu Montreals hinaus für Wähler interessant

[41] In den Anfangsjahren seiner politischen Karriere galt auch der spätere Premier Quebecs, Jacques Parizeau, als Pragmatiker. Von ihm gibt es die bekannte Anekdote seiner Fahrt mit dem Zug zu einer Konferenz nach Banff (Alberta), auf der er zum Souveränisten wurde. Dies lag daran, dass er erkannt habe, dass ohne die Unabhängigkeit die wirtschaftliche Lage der Quebecer nicht verbessert werden konnte (Parizeau 1997, S. 16f.).

werden ließ. Dadurch legte der PQ die Grundlage für den Kampf mit der UN um die Wählerschaft in den ländlichen Regionen.

Die Sprachenfrage

Der PQ profitierte aber nicht nur von diesem wahlstrategischen Schritt, sondern auch von den politischen Inhalten, die Ende der 1960er Jahre prominent diskutiert wurden. So nahm die Sprachenfrage politische Brisanz an und rückte die Frage um die Unabhängigkeit erneut ins Zentrum. Dies geschah zu einer Zeit, als Ottawa auf Bundesebene die Zweisprachigkeit offiziell festschrieb. Einer der zentralen Auslöser für die politische Diskussion in Quebec war der Schulstreit von *St. Leonard* in Montreal. In der kanadischen Verfassung von 1867 war in Artikel 93 festgehalten worden, dass das Schulsystem in Quebec nach Konfession getrennt wird. Dies hatte zur Folge, dass die katholischen Schulen zu Beginn überwiegend von frankophonen Quebecern besucht wurden und die protestantischen Schulen fast ausschließlich von anglophonen Quebecern. Einwanderergruppen konnten de facto frei wählen, in welche Schule sie ihre Kinder schicken wollten. Im katholisch geprägten montrealer Stadtteil *St. Leonard* kam es 1968 zum Konflikt. Die lokale Schulkommission beschloss im Schulbezirk nur noch französischsprachigen Unterricht für die Kinder der zumeist italienischstämmigen Einwanderer anzubieten und diesen den Zugang zu englischsprachigen Schulen zu verweigern. Dies erfreute frankophone Nationalisten. Die italienischsprachigen Quebecer protestierten jedoch gegen diesen Schritt. Es kam zu Ausschreitungen und illegalen Streiks in Montreal und die Regierung von Jean-Jacques Bertrands Union nationale musste intervenieren, um das Problem zu lösen. Diese Aufgabe war zutiefst undankbar für Bertrand. Seine Regierung ließ von der Nationalversammlung 1969 das *Loi 63* verabschieden. Es sah vor, dass jedes Kind über ein gewisses Niveau der französischen Sprache verfügen musste, aber dass prinzipiell die Eltern die Sprache wählen konnten, in der die Kinder in der Schule unterrichtet werden sollten. Als Konsequenz daraus schrieb der Großteil der Einwanderer ihre Kinder weiterhin in englischsprachigen Schulen ein. Dies erzürnte das nationalistische Lager und die mächtigen frankophonen Lehrergewerkschaften. Sie sahen das Gesetz als Verrat an der frankophonen Mehrheit.

Der Streit um die Unterrichtssprache Ende 1969 zeigt, wie sehr sich die Inhalte der quebecer Konflikte verschoben hatten. Die Sprachenfrage im Allgemeinen wurde deshalb wichtig, weil ab den 1960er Jahre die Geburtenrate in Quebec – wie in vielen anderen westlichen Industriestaaten – stetig zurückging. In Quebec fiel sie von 3,77 Kindern pro Frau im Jahre 1961 auf 1,98 im Jahre 1971 und 1,62 im Jahre 1981 (Linteau et al. 1989, S. 434). Konnte die Einwanderung nicht-frankophoner Personen nach Quebec bis Anfang der 1960er Jahre noch durch starke Geburtenzahlen frankophoner Quebecerinnen ausgeglichen werden, war dies spätestens ab Anfang der 1970er Jahre nicht mehr der Fall. Somit stand für quebecer Nationalisten neben der Durchsetzung der französischen Sprache als offizielle Arbeitssprache in den Unternehmen der Provinz auch der Schutz des Französischen als dominante Sprache in weiten Teilen des öffentlichen Lebens auf dem Spiel.[42]

Der Sprachenstreit begünstigte den Aufstieg des PQ und den Abstieg der UN. Das Problem der UN bestand primär darin, dass die Partei keine klare Position zwischen Autonomie und Föderalismus einerseits und Souveränität und Unabhängigkeit andererseits bezog. UN-Chef Daniel Johnson Sr. schrieb noch 1965 in seinem Buch *Égalité ou Indépendance* von der Notwendigkeit eines unabhängigen Staates, wenn der Bund und die restlichen Provinzen nicht die Sonderstellung Quebecs anerkennen und eine Gleichberechtigung nicht verfassungsrechtlich festgeschrieben würde (Johnson 1968). In der Realität stellten sich diese Drohungen jedoch als leer heraus. Johnson betrieb als Premier von 1966 bis 1968 pragmatische Politik, ohne jemals den kanadischen Bundesstaat ernsthaft in Frage zu stellen. Mit dem wachsenden Nationalismus in Quebec und der klaren Positionierung der Liberalen als Pro-Föderalismus und des PQ als Pro-Unabhängigkeit, blieb für die UN in der Mitte kein Platz. In der Wahl von 1970 war die UN die Partei, deren Anhänger in der Frage der *souveraineté-association* sehr gespalten waren – 41 Prozent dafür und 50 Prozent dagegen (Lemieux, Gilbert und Blais 1970, S. 88).

Die Regierung Bertrand setzte die Provinzwahlen auf den 29. April 1970 an. Sie fand somit nur kurz nach der Implementierung des *Loi 63* statt. Für den PQ ging es bei dieser Wahl erst darum, den Einzug in die Nationalversammlung zu schaffen und sich als ernsthafter Konkurrent im Parteiensystem zu etablieren. Die Sprachenfrage vermag in Montreal eine höhere Bedeutung gespielt haben als im

42 Es ist somit nicht verwunderlich, dass ab Mitte der 1970er Jahre die liberale Regierung unter Robert Bourassa ein Mitbestimmungsrecht Quebecs bei der Einwanderung in die Provinz anstrebte (Saywell 1978, S. 43, 94).

Rest Quebecs. Zumindest waren die Quebecer als Ganzes in den Umfragen vor der Wahl mit der Wirtschaftspolitik der Bertrand-Regierung weniger zufrieden als mit der Sprachenpolitik, die 11 Prozent für exzellent und 44 Prozent für sehr gut befanden (ebd., S. 86).

Wirtschaftspolitik stellte das zentrale Feld dar, welches Robert Bourassa als der neue Parteichef der Liberalen nach dem Abgang von Jean Lesage ins Zentrum des Wahlkampfes rückte. Nicht umsonst trug das Wahlprogramm den Titel *Quebec Au Travail.* Der erste Punkt beinhaltete das Ziel, innerhalb von zwölf Monaten 100.000 neue Arbeitsplätze zu schaffen (Parti Libéral du Québec 1970), was angesichts der wirtschaftlichen Rahmenbedingungen und der Wirtschaftspolitik der Bundesregierung utopisch war. Bourassas Idee eines *fédéralisme rentable* baute ganz auf dieser wirtschaftspolitischen Fokussierung auf. Dabei ging es nicht darum, die Herzen der Quebecer für Kanada zu erwärmen, sondern ganz rational die ökonomischen Vorteile einer Union festzustellen. Der Föderalismus war in Bourassas Augen immer noch die beste Lösung, um den wirtschaftlichen Fortschritt und die Modernisierung Quebecs voranzutreiben. Die *rattrapage* ist aus dieser Perspektive nur innerhalb Kanadas möglich. Dazu zählte ebenso eine aktive Sprachpolitik. Wie bereits 1966 setzten sich die Liberalen auch 1970 das Ziel, nach einem Wahlerfolg Französisch als offizielle Sprache im Arbeitsalltag der Unternehmen in Quebec festzuschreiben (Parti libéral du Québec 1966, S. 17, 1970, S. 42). Man darf nicht vergessen, dass es trotz des Abgangs des Lévesque-Flügels immer noch starke nationalistische Strömungen innerhalb des PLQ gab. Auch Bourassa war ein Nationalist und er wurde von manchen Liberalen auf der Bundesebene mit Misstrauen beäugt, da er vor dem Austritt Lévesques sehr eng mit ihm zusammengearbeitet hatte und sich an vielen seiner privaten Diskussionsrunden beteiligt hatte. Die resolute Unterstützung des Bundesstaates durch die Liberalen wurde mit der Ankunft Bourassas etwas abgeschwächt, da dieser die Autonomie Quebecs ausbauen wollte. Dennoch war er immer ein Anhänger der Einheit Kanadas gewesen, weil er die feste Überzeugung vertrat, dass Quebec nur innerhalb Kanadas erfolgreich sein konnte (Interview Parisella; Interview Rivest; Lemieux 2008, S. 112).

Der PQ trat 1970 zum ersten Mal zu den Wahlen für die Nationalversammlung an. Sein Programm war in etwa mit dem ersten Parteiprogramm von 1969 identisch (Parti québécois 1969) und sah die Souveränität als die Lösung – der Titel des Programms lautete *La Solution* – für die zentralen Probleme Quebecs an. Im

Programm wurde die Souveränität Quebecs als Ziel und als Mittel angesehen (Lévesque 1970, S. 9f.). Die Souveränität war einerseits das Ziel eines langen Prozesses des Überlebens (*la survivance*). Hier sieht man ganz deutlich den Einfluss des konservativen RN, der den Nationalismus der 1960er Jahre als Fortsetzung eines früheren Kampfes sieht. Anderseits war Souveränität auch ein Mittel. Sie ist der Anfang eines Prozesses, der Quebec alle Möglichkeiten in die Hand gibt, um seine eigene Zukunft zu formen. Die Souveränität ist also im Programm von 1970 das zentrale Element, um das Gelingen der *rattrapage* zu gewährleisten.

Die Souveränität Quebecs konnte jedoch nicht über die Anwendung internationalen Rechts erreicht werden, da dieses eine Sezession nicht zuließ. Deswegen forderte der PQ das Recht auf Selbstbestimmung ein und verlangte Verhandlungen mit dem Rest Kanadas. Sollten diese Verhandlungen scheitern solle Quebec unilateral die Unabhängigkeit verkünden (Lévesque 1970, S. 99f.). Diese Unabhängigkeit wurde vor dem Hintergrund ökonomischer Souveränität gesehen. Nicht umsonst war 1970 der Anfang des Wahlprogramms der Wirtschaftspolitik gewidmet. „La souveraineté comporte, dès le départ, un contenu économique essentiel" (ebd., S. 18). Die Aneignung weiterer Kompetenzen, und hierbei vor allem die alleinige Hoheit über das Steuerrecht, war für den PQ zentral. Gleichzeitig wurde bereits ein Programm für eine zukünftige wirtschaftliche Union mit dem Rest Kanadas aufgezeigt. Die Sprache nahm ebenfalls eine prominente Stellung ein. Französisch sollte in Quebec Amtssprache werden und zwar sowohl im öffentlichen Leben als auch in der Arbeitswelt (Lévesque 1970, S. 81f.; Parti québécois 1969, S. 7f.). Allerdings sollte die staatliche Förderung anglophoner Schulen nicht aufgegeben werden (ebd.).

Das Wahlergebnis vom 29. April 1970 war eindeutig. Die Liberalen gewannen mit 45,4 Prozent der Stimmen 72 der insgesamt 108 Sitze in der Nationalversammlung. Der PQ als zweitstärkste Kraft wurde trotz eines Stimmanteils von etwa 23 Prozent nur viertstärkste und damit kleinste Partei und errang nur sieben Mandate. Das Wahlsystem und die Wahlkreiseinteilung benachteiligten den PQ deutlich im Vergleich zu anderen Parteien (Lemieux, Gilbert und Blais 1970, S. 122ff.). Der PQ war zu diesem Zeitpunkt immer noch eine Partei, dessen Kernanhängerschaft sich in Montreal befand. Auf dem Land konkurrierte er mit der UN und dem konservativen *Ralliement créditiste du Québec*. Sechs der sieben Sitze gewann die Partei letztlich in Montreal. Einzige Ausnahme war der ländlich geprägte Wahlkreis *Saguenay* von Lucien Lessard im Norden der Provinz.

Das Alter war bei der Wahlentscheidung der frankophonen Wähler zentrale Variable. In den Umfragen vor der Wahl zeigte sich, dass bei den Wählern unter 24 Jahren zwischen 39 und 49 Prozent für den PQ stimmen würden, wohingegen dies bei Wählern über 65 Jahren nur bei 10 bis 13 Prozent der Fall gewesen wäre (ebd., S. 61). Mit der Wahl 1970 zeichnete sich langsam eine Neuordnung des quebecer Parteiensystem ab, nach der der PQ den Platz der Union nationale als zweite große Partei beanspruchte (Pelletier 2012, S. 31).

3.5 Von der *élection référendaire* zum Referendum

Mit den Provinzwahlen von 1970 zog somit zum ersten Mal eine Partei in die quebecer Nationalversammlung ein, die in ihrem Programm dezidiert die Unabhängigkeit der Provinz von Kanada forderte und damit aktiv Wahlkampf betrieben hatte. Der Modus operandi zum Erreichen der Unabhängigkeit veränderte sich in den ersten Jahren nach der Gründung des PQ deutlich. Das Konzept der Partei zu dieser Frage unterschied sich signifikant bei den Wahlen im Jahr 1976 von den vorangegangenen Wahlen in den Jahren 1970 und 1973. Wohingegen zu Beginn die Souveränität „apparaît comme un *événement*, elle prendra progressivement l'allure d'un *processus*" (Murray 1976, S. 70; Hervorhebungen im Original).

Der ursprüngliche Plan des MSA sah bei seiner Gründung vor, dass die Provinz mit Kanada über die Souveränität Quebecs verhandeln solle. Im Falle eines Scheiterns der Verhandlungen müsse es aber möglich sein, die Unabhängigkeit unilateral ohne Zustimmung Ottawas und der anderen Provinzen durchzusetzen (Mouvement Souveraineté Association 1968, S. 34). Dieses Prinzip wurde nach der Gründung des PQ in das Programm von 1970 geschrieben (René Lévesque 1970, S. 100). Vor allem die Vertreter des radikalen Flügels, darunter viele ehemalige *Ri-nistes*, setzten sich vehement für diesen Weg ein, der aus deren Sicht nicht verwässert werden durfte. Pierre Bourgeault, der ehemalige Parteichef des RIN, äußerte diese Forderung auf dem Parteitag des PQ 1970 mit klaren Worten. „Hô Chi Minh n'était pas respectable, il l'est devenu. Castro n'était pas respectable, il l'est devenu. Parce qu'ils sont restés fidèles à leurs rêves de jeunesse! Et c'est ce que je voudrais que le Parti québécois fasse, rester fidèle au rêve qu'il a enfanté" (Fraser 1992, S. 122). Die Umsetzung dieses Vorhabens setzte jedoch zuerst einmal voraus, dass die Partei die Wahlen zur Nationalversammlung 1970 gewinnen musste. Dabei gab es primär wahlstrategische Probleme. Der PQ wollte die Wahlen zu einer Abstimmung über die Unabhängigkeit stilisieren. Eine Stimme für den PQ war somit eine Stimme für die Souveränität Quebecs. Dies war die Idee der *élection référendaire*. Sollte der PQ eine Mehrheit der Mandate in der Nationalversammlung erhalten, so hätte die Partei ein Mandat die *souveraineté-association* zu verhandeln und notfalls die Unabhängigkeit zu erklären. Eine parlamentarische Mehrheit war folglich in der Anfangsphase des PQ ausreichend, um das gesteckte Ziel zu erreichen (Parti québécois 1973, S. 12).

Es gab jedoch zu Beginn der 1970er Jahre unterschiedliche Annahmen darüber, wie eine legitime Durchführung dieses Prozesses stattzufinden hatte, sodass die Partei oftmals mit mehreren Stimmen sprach. Die erste Frage lautete, ob für die Legitimität der Entscheidung mit Kanada zu verhandeln und eventuell unilateral die Unabhängigkeit Quebecs zu proklamieren in den Provinzwahlen eine Mehrheit von 50 Prozent der Stimmen nötig sei. Noch im Wahlkampf 1970 wurde die Frage mit ja beantwortet. Für den nächsten Wahlkampf war diese absolute Mehrheit jedoch nicht mehr zwingend erforderlich. René Lévesque argumentierte vielmehr in einem Interview mit dem Journalisten Robert McKenzie vom *Toronto Star* im November 1971, dass wie im angelsächsischen System üblich die Mehrzahl der Sitze ausreichend sei, um die Unabhängigkeit Quebecs durch eine Abstimmung in der *Assemblée nationale* zu erklären (McKenzie 1972, S. 20). Die zweite Frage war, ob nach einer erfolgreichen Wahl sofort die Unabhängigkeit erklärt werden, oder ob dies erst nach einer gewissen Übergangszeit geschehen sollte. Für erstere Position plädierte Jacques-Yvan Morin, der von 1973 bis 1976 als Oppositionsführer für den PQ in der Nationalversammlung fungierte. Die Übertragung der Rechte Quebecs könne zwar etwas Zeit in Anspruch nehmen, man komme allerdings nicht um eine sofortige Unabhängigkeitserklärung herum. Jacques Parizeau nahm letztere Position ein und argumentierte, dass es erst nach einer Verhandlungsphase von 18 bis 24 Monaten zu einer Unabhängigkeitserklärung kommen sollte (ebd., S. 11f.).

Die erste Regierung Bourassa

Der PQ konnte somit in der Opposition weiterhin über die noch ungeklärte strategische Ausrichtung der Partei diskutieren, während Robert Bourassa eine neue liberale Regierung bildete. Trotz der Niederlage des PQ sah sich Bourassa einer starken nationalistischen Bewegung in der Nationalversammlung und in der Gesellschaft gegenüber, deren Forderungen er ernst nehmen musste. Laut dem späteren PQ-Minister für intergouvernementale Beziehungen, Claude Morin, der zuvor bereits für Lesage, Johnson, Bertrand und Bourassa gearbeitet hatte, war Letzterer zwar ein quebecer Nationalist, doch setzte er sich im Verhältnis zu Ottawa elementar von der Politik seiner Vorgänger ab. So standen sich Lesage und seine Nachfolger Johnson und Bertrand in ihren Forderungen gegenüber Ottawa näher, als Lesage und Bourassa (Interview Morin). Bourassa tat weniger dafür, die „traditionellen" Ansprüche Quebecs zu verteidigen, was jedoch nicht heißt, dass er ein uneingeschränkter Anhänger des kanadischen Föderalismus gewesen war. Vielmehr musste Bourassa den Spagat wagen zwischen seinem Wunsch, Quebec innerhalb Kanadas zu halten, aber andererseits auch mehr Kompetenzen für die Provinz zu erlangen, um den frankophonen Charakter der Provinz zu bewahren.

Dies zeigt sich an mehreren Ereignissen, worunter etwa das Scheitern der *Victoria Charter* und die Implementierung des Sprachengesetzes *Loi 22* als Folge des Berichts der *Commission Gendron* fällt. Die Verhandlungen zur *Victoria Charter* hatten noch unter der UN-Regierung begonnen und zogen sich von 1968 bis 1971 hin. Im Vergleich zur Vorgängerregierung ging es Bourassa nicht primär um die Verankerung des bi-nationalen Charakters Kanadas, sondern darum die Kompetenzen Quebecs weiter auszubauen. Deshalb forderte Quebec neben den bereits beschlossenen Punkten zur *Bill of Rights*, der Sprachenrechte und der *amending formula*, welche Quebec ein de-facto Vetorecht zugestanden hätte, noch weitere Kompetenzen im Bereich der Sozialpolitik. Diese Kompetenzen sollten durch eine Änderung des Artikels 94A der Verfassung übertragen werden (Bourassa 1995, S. 135f.). Die Ablehnung des letzten Punktes durch den Bund war dafür verantwortlich, dass die *Victoria Charter* scheiterte (Gagnon und Montcalm 1990, S. 158; Russell 2004, S. 90f.). Die nationalistischen Kräfte innerhalb seiner eigenen Partei waren immer noch stark und die Kritik von Seiten des PQ und aus der Zivilgesellschaft ließ Die Annahme des Deals nicht zu. Damit lehnte er eben jene *amending formula* ab, welche Quebec in späteren Verhandlungen immer wieder einforderte. Da allerdings zu diesem Zeitpunkt vor allem Politikkompetenzen im Zentrum standen, konnte Bourassa sich nicht durchsetzen.

Dies ist eine Folge des Wandels des PLQ. Mit dem Abgang Lévesques und des harten Kerns der nationalistischen Kräfte innerhalb wurde die PLQ wieder föderalistischer. Damit rückte dann die Forderung nach einem *fédéralisme rentable* in den Vordergrund. Aus diesem Grund wurde die Kompetenzerweiterung im Bereich Sozialpolitik von der Regierung Bourassa so vehement eingefordert. Sozialpolitik ist ein Bereich, in dem die Solidarität der Menschen untereinander wichtig ist, um die nötige Legitimation für die Umverteilung zu ermöglichen. Für den PQ etwa war eine spezifisch quebecer Sozialpolitik wichtig, da hierbei die eigene Solidargemeinschaft in Abgrenzung zu Kanada gestärkt werden konnte, was zukünftig ein erster Schritt in Richtung Unabhängigkeit ist (Banting 2005; Béland und Lecours 2008). Für die *Liberal Party of Canada* unter Pierre E. Trudeau war aber selbst ein *fédéralisme rentable* zu viel an Zugeständnis. Trudeau wollte vielmehr die Dezentralisierung Kanadas, welche in den 1960er Jahren weiter voranschritt, aufhalten (Monière 1981, S. 261). Für Bourassa bedeutete das Scheitern der *Victoria Charter* eine herbe Niederlage und er ging über zu einer Politik, die er als *souveraineté culturelle* bezeichnete. Dennoch blieb Bourassa davon überzeugt, dass Quebec nur innerhalb Kanadas wirtschaftlich erfolgreich sein konnte. „Le fédéralisme constitue pour les Québécois le meilleur moyen d'atteindre leurs objectifs économiques, sociaux et culturels" (Assemblée nationale 1971, S. 2738). Von dieser Sichtweise wich Robert Bourassa während seiner gesamten Regierungszeit nie ab. Bereits 1973 konnte Quebec nach längeren Verhandlungen mit Ottawa ein eigenes Kindergeld einführen, mit welchem die Provinz die Zahlungen des Bundes in diesem Bereich aufstocken konnte. Quebec konnte also erfolgreich weitere Kompetenzen dezentralisieren, wenngleich dies eher inkrementell voranschritt und die große Reform ausblieb.

Bourassa war aber dennoch mit dem Versprechen gewählt worden, tausende von neuen Arbeitsplätzen zu schaffen. Die *nouvelle classe moyenne*, die die Liberalen in den 1960er Jahren an die Macht brachte, benötigte weiterhin Jobs. Der Bericht der *Commission Gendron* zur Lage der französischen Sprache in Quebec, welcher 1973 vor den Provinzwahlen veröffentlicht wurde, dokumentierte deutlich die Nachteile für die frankophone Bevölkerung auf dem Arbeitsmarkt und empfahl Französisch als offizielle und einzige Amtssprache Quebecs anzuerkennen. Die Benachteiligungen auf den Arbeitsmarkt betrafen primär den privaten Sektor. Somit wurde diese Frage neben der Unabhängigkeit zum zentralen Thema des Wahlkampfes. Dabei unterschieden sich die Forderungen des PLQ und des PQ nicht elementar voneinander. Französisch sollte die Amtssprache der Provinz und somit aller staatlichen quebecer Institutionen werden. Darüber hinaus sollte im privaten Sektor eine „Französisierung“ stattfinden, um die Nachteile für die frankophonen Beschäftigten abzubauen (Parti libéral du Québec 1973, S. 59f; Parti québécois 1973, S. 104f.).

Für Bourassa war der innerquebecer Konflikt nicht primär ein verfassungspolitisches, sondern ein ökonomisches Problem mit dem Bund. Er wollte die Frage nach der Sezession bis zu dem Punkt aufschieben, an dem seine ökonomischen Reformen Wirkung zeigten. Dadurch sollte die Frage des politischen Status Quebecs nicht von der strukturellen ökonomischen Krise der Provinz verdeckt werden. Dies gelang Bourassa allerdings im Laufe der 1970er Jahre nicht, zumal seine wirtschaftspolitischen Maßnahmen durch diejenigen des Bundes – allen voran durch den Kurs der Inflationsbekämpfung in Ottawa – konterkariert wurden (McWhinney 1972, S. 579f.). In dem Maße wie Bourassa die strukturellen wirtschaftlichen Probleme Quebecs nicht lösen konnte, nahm im Laufe der frühen 1970er Jahre die Zustimmung zur Unabhängigkeit kontinuierlich zu.

Warum der PQ in den Wahlen von 1973 dennoch nur sechs Sitze holte, wovon vier in Montreal lagen, und der PLQ 102 Sitze, lag laut Pinard und Hamilton (1977) sowie Carlos und Latouche (1976, S. 200ff.) vor allem an einem Thema: der Unabhängigkeit. Dieses wurde zum polarisierenden Thema des Wahlkampfes und davon profitierten in erster Linie die Liberalen. Die ökonomischen Fragen, die von anderen Autoren hervorgehoben wurden, wie etwa das „budget de l'an I“[43] (Savard Tremblay 2014, S. 114), spielten dabei nur eine geringere Rolle. Der PQ setzte nach wie vor auf die Strategie der *élection référendaire*, was viele Quebecer abschreckte, für die Partei zu stimmen. Nach seinem Wahlsieg musste Robert Bourassa allerdings sein Wahlversprechen der *souveraineté culturelle* einlösen. Eine der ersten größeren Gesetzesinitiativen war das Sprachengesetz *Loi 22*, welches den Interessen der *nouvelle classe moyenne* dienen sollte. Bourassa musste hierbei allerdings erneut einen schwierigen Spagat wagen. Einerseits bestand ein wichtiger Teil der liberalen Wählerschaft aus allophonen und anglophonen Wählern. Andererseits stellten frankophone Mitglieder der älteren Generation und diejenigen, die in der Privatwirtschaft angestellt waren, eine wichtige Wählergruppe dar (Pinard und Hamilton 1976). Der PQ konnte hingegen auf die nationalistische

---

43 Das „budget de l'an I“ war ein fiktiver Haushaltsentwurf für ein unabhängiges Quebec, welchen Parizeau zum damaligen Zeitpunkt vorstellte und welcher im Wahlkampf vor allem von den Liberalen stark kritisiert wurde. Die ausführliche Ausarbeitung dieses Budgetentwurfs lieferte Bourassa viele Anhaltspunkte für Kritik.

Karte setzen, da seine Wählerschaft vor allem aus jungen, gut ausgebildeten Quebecern bestand, die im Staatsdienst angestellt waren (ebd.). Allen voran die Jahrgänge, die zwischen 1945 und 1955 geboren worden waren, stellten sich als solider Wählerblock für den PQ dar. Von den 18 bis 19-jährigen Erstwählern wählten 1973 69 Prozent den PQ (Blais und Nadeau 1984a, S. 306f.). Dadurch geriet der PLQ unter Druck und musste während des Gesetzgebungsprozesses einige Forderungen in das Gesetz aufnehmen, die ursprünglich vom PQ gestellt worden waren (Le Devoir, 13.07.1974).

Im Ergebnis war das Gesetz für beide Sprachengruppen nicht zufriedenstellend. Es erklärte Französisch zur einzigen Amtssprache Quebecs, wobei in einigen Bereichen – etwa auf kommunaler Ebene – Englisch erlaubt blieb, sofern eine signifikante anglophone Minderheit dort lebte. An Schulen wurden Sprachtests für diejenigen Kinder eingeführt, die an englische Schulen wollten. Außerdem sollte das Wachstum der anglophonen Schulen an das der anglophonen Bevölkerung in Quebec angepasst werden, um somit allophonen Zuwanderern den Zugang zu erschweren.[44] Alle Quebecer erhielten darüber hinaus das Recht in der Arbeitswelt Französisch zu nutzen und der Staat verteilte durch die *Régie de la langue française* Zertifikate, die belegten, dass auf allen Ebenen innerhalb des Unternehmens französischsprachiges Personal eingesetzt wurde. Diese Zertifikate waren unter anderem notwendig, um Staatsaufträge zu erhalten.

Vielen Anglophonen gingen diese Regelungen zu weit. Sie sahen in diesem Gesetz nicht nur einen drastischen Einschnitt in ihre Rechte, sondern ihnen wurde auch bewusst, dass ihre gesellschaftliche und ökonomische Stellung in Quebec endgültig ins Wanken geriet. Auf der anderen Seite griff den frankophonen Nationalisten die Regelung zu kurz, da sie viele Privilegien der anglophonen Minderheit aufrechterhielt. Die als unzureichend angesehenen Regelungen im privaten Sektor hatten mit der beschränkten Handlungsmöglichkeit der Regierung Bourassa gegenüber den internationalen und US-amerikanischen Firmen zu tun, welche ihren Hauptsitz in Montreal hatten. Eine zu starke Regulierung der Sprache innerhalb der Wirtschaft hätte die Wettbewerbsfähigkeit Montreals gegenüber anderen Standorten weiter geschwächt und somit die „Peripheralisierung“ der quebecer Wirtschaft beschleunigt (Gagnon und Montcalm 1990, S. 182).

44 Immerhin entschieden sich im Schuljahr 1972/73 von der allophonen Bevölkerung Montreals 90,3 Prozent dafür, ihre Kinder auf anglophone Schulen zu schicken (Martel und Pâquet 2012, S. 168).

Der étapisme

Die Regierung Bourassa kam allerdings nicht nur durch Akteure aus der Wirtschaft und der Zivilgesellschaft unter Druck, sondern wurde auch immer mehr von politischer Seite attackiert. Der PQ vollzog im November 1974 eine entscheidende strategische Wende mit Hinblick auf die Unabhängigkeitsfrage. Nach der Wahl von 1973 offenbarte sich für den PQ ein Dilemma. Die Partei war nicht in der Lage – trotz eines Stimmenanteils von 30 Prozent – Sitze in der Nationalversammlung zu gewinnen. Zum einem schadete das relative Mehrheitswahlsystem in der Provinz dem PQ, da durch den hohen Stimmenanteil des PLQ von knapp 55 Prozent der Abstand zwischen Erst- und Zweitplatziertem sehr groß war. Zum anderen lehnten viele Quebecer die Unabhängigkeit noch ab. Dadurch war das Wählerpotential des PQ erheblich eingeschränkt. Um die Provinzwahlen zu gewinnen, bedurfte es für den PQ – sofern er sich strategisch nicht neu aufstellte – einer zunehmenden Unterstützung für die Idee der Unabhängigkeit (Latouche 1976). Dies war zum damaligen Zeitpunkt jedoch nicht absehbar. Der PQ benötigte allerdings kurzfristig Erfolge, da Lévesque nach der zweiten Wahlniederlage angeschlagen war und interne Machtkämpfe die Partei lähmten (Saywell 1977, S. 107ff.).

So wurde den zentralen politischen Akteuren innerhalb des PQ nach der verlorenen Wahl bewusst, dass sie mit der bisherigen strategischen Ausrichtung nicht siegreich Wahlen bestreiten konnten. Claude Morin stellte nur wenige Tage nach der Niederlage in einem Interview mit *Le Devoir* die Frage: „Peut-être la population du Québec accepterait-elle mieux l'idée d'une independance *par étapes*?“ (Le Devoir, 17.11.1973; Hervorhebung des Autors). Dies war der Beginn eines Prozesses, der im Laufe des Jahres 1974 einen strategischen Wechsel einläutete und der dazu führte, dass die Strategie der *élection référendaire* zugunsten des sogenannten *étapisme* aufgegeben würde. Die Unabhängigkeit sollte, wie der Begriff deutlich macht, in Etappen erreicht werden. René Lévesque stellte die Idee am 16. September 1974 – zwei Monate vor dem fünften Parteitag des PQ – in der Tageszeitung *Le Devoir* vor. Dabei ist der *étapisme* der Einsicht geschuldet,

> „[q]u'on ne peut pas bousculer les gens dans l'indépendance à la suite d'une élection et que, sans égard pour pourcentage des suffrages et des sièges recueillis […] le Parti québécois […] devrait s'engager très clairement à consulter la population autant de fois qu'il faudra «sur la rupture avec le régime actuel et l'entrée dans un autre régime»“ (Le Devoir, 16.09.1974).

Claude Morin stellte den von ihm entwickelten Vorschlag selbst noch einige Male im Vorfeld des Parteitages ausführlich dar (La Presse, 26.09.1974). Er war überzeugt, dass der PQ niemals in der Lage sein würde, eine Wahl zu gewinnen, wenn nicht das Referendum als zentrales Element im Parteiprogramm verankert wäre (Interview Morin). Das Referendum war als ein Zeichen für die Bevölkerung gedacht, dass der PQ nichts in dieser wichtigen Frage gegen den expliziten Wunsch der Mehrheit der Quebecer entscheiden würde. Dies sollte das Vertrauen der Wähler in eine potentielle PQ-Regierung stärken. Außerdem erhofften sich die Péquisten durch eine Volksabstimmung eine höhere demokratische Legitimation ihrer Forderungen, um dadurch reale Veränderungen im politischen System vorantreiben zu können.

> „On ne peut pas briser ce cercle [fédéraliste, S. G.] grâce aux moyens qui ont déjà servi dans le passé; on ne peut pas, dans le fédéralisme actuel, découvrir des voies qui n'y existent pas [...] Le cercle vicieux du fédéralisme actuel, c'est par *l'opinion publique québécoise* qu'il sera brisé." (Morin, 1973, S. 182; Hervorhebung des Autors)

Die Idee des Referendums war im Prinzip nicht neu. Bereits während des Wahlkampfes 1973 wurde von mehreren Péquisten der Vorschlag geäußert, dass 1975 ein Referendum stattfinden sollte. Es sollte somit 1973 über eine Regierung und dann erst 1975 über die Zukunft Quebecs abgestimmt werden (Murray 1976, S. 185). Diese Strategie war nicht mit dem Parteiprogramm kompatibel. Es gab zwar eine Neuerung im Programm von 1973, welches ein Referendum vorsah, doch sollte dieses über eine Verfassung nach den Verhandlungen mit Ottawa stattfinden. Allerdings hatte die Partei das Referendum im Sinne Morins noch nicht offiziell in das Parteiprogramm aufgenommen.

Auf dem Parteitag vom 15. bis zum 17. November 1974 wurde heftig um diesen Kurswechsel gerungen, den die Parteiführung forderte, den aber viele Mitglieder ablehnten. Allen voran Jacques Parizeau und seine Anhänger stellten sich kategorisch gegen diese Strategie. Hinzu kamen viele ehemalige Mitglieder des RIN, die versuchten, den *étapisme* zu verhindern. Sie sahen durch diesen Strategiewechsel die Chance auf die Unabhängigkeit schwinden und wollten nach einer erfolgreichen Wahl viel eher weiterhin den sofortigen Austritt aus dem kanadischen Bundesstaat. Bei diesem Parteitag wurde die „doppelte Koalition"[45] deutlich, aus

[45] Martine Tremblay stellt die unterschiedlichen Lager innerhalb des PQ in ihrem Buch über René Lévesque ausführlich dar. Für mehr Informationen siehe Tremblay (2006, S. 396f.).

der der PQ bestand. Einerseits war die Partei eine Koalition aus Sozialdemokraten und Linken, welche durch die Unabhängigkeit die ökonomischen Ungerechtigkeiten beseitigen wollten und aus Konservativen andererseits, die in der Tradition von Lionel Groulx sich von der Herrschaft der Briten befreien wollten und deshalb ein unabhängiges Quebec anstrebten. Zur ersten Gruppe zählten etwa Camille Laurin, Robert Burns, und Louise Harel; zu den Konservativen Jean Garon und Marc-André Bédard.[46] Die erste Konfliktlinie war großteils ein Konflikt zwischen Links und Rechts. Die zweite Koalition bestand zwischen den Pragmatikern, die den *étapisme* und eine gemeinsame Union mit Kanada befürworteten und die in der Unabhängigkeit ein Mittel zum Zweck und keinen Selbstzweck erkannten. Dazu zählten etwa René Lévesque, Claude Morin, Jacques-Yvan Morin und der spätere Premier Pierre Marc Johnson. Denen standen andererseits die Vertreter der reinen Lehre (*les purs et durs*) gegenüber, die die Unabhängigkeit um jeden Preis erreichen wollten; und dies schnell und kompromisslos. Ein Vertreter dieser Linie war etwa Jacques Parizeau.

Laut Martine Tremblay, der ehemaligen Kabinettschefin Lévesques, war die Parteiführung des PQ über die Jahrzehnte hinweg im Durchschnitt jedoch eher moderat in ihren Forderungen und stand den Pragmatikern näher. Als einzige Ausnahme gilt dabei Jacques Parizeau, der eher zu den Hardlinern gehörte, wenn es um die Selbstbestimmung Quebecs ging (Interview Tremblay; siehe auch Interview Royer, Interview Bernard). Die eher moderate Ausrichtung der Parteiführung ist nicht gerade verwunderlich, gehen die Ursprünge der Partei doch auf René Lévesques MSA zurück, welches gerade nicht *Mouvement independentist* hieß, sondern als zentralen Begriff die *souveraineté-association* im Namen hatte.

Letztlich nahm der Parteitag die Strategie des *étapisme* mit 630 Ja-Stimmen zu 353 Nein-Stimmen deutlich an. Der Passus aus dem Programm von 1973, wonach die Souveränität im Prinzip von der Nationalversammlung erklärt werden könne (Parti québécois 1973, S. 12), wurde ersetzt durch den folgenden Absatz:

---

46 Camille Laurin führte als zuständiger Minister 1977 die *Charte de la langue française* ein, Robert Burns war Fraktionsvorsitzender des PQ in der Nationalversammlung von 1970 bis 1978, Louise Harel und Jean Garon saßen über 20 beziehungsweise über 30 Jahre in der Nationalversammlung und hatten in späteren PQ-Regierungen mehrere Ministerposten inne und Marc-André Bédard war einer der ersten gewählten PQ-Abgeordneten und Justizminister der Regierung Lévesque.

> „Dans le cas où il lui faudrait procéder unilatéralement, assumer méthodiquement l'exercice de tous les pouvoirs d'un État souverain, *en s'assurant au préalable de l'appui des Québécois par voie de référendum.*" (Parti québécois 1975a, S. 5; Hervorhebung des Autors)

Damit ist diese Formulierung ein Kompromiss zwischen verschiedenen Lagern innerhalb des PQ und sollte den Kritikern die Angst davor nehmen, dass ein verbindliches Referendum die Chancen auf die Unabhängigkeit beendet und die eigenen Wähler demobilisiert hätte (Murray 1976, S. 193). Claude Morin wollte ein verbindliches Referendum festschreiben (*référendum obligatoire*). Die Parteiführung musste allerdings auf die Kritiker zugehen und deshalb hätte ein Referendum nur unter bestimmten Bedingungen stattgefunden (*référendum conditionnel*);[47] das heißt dann, wenn Quebec unilateral hätte vorgehen müssen, weil die Verhandlungen mit Ottawa gescheitert wären. In einer Broschüre des PQ zur Frage der Unabhängigkeit wurde 1975 der Streit um die Referendumsfrage allerdings abweichend davon klar beantwortet: Es gäbe keinen Plan zu einer unilateralen Abspaltung der Provinz durch die Regierung Quebecs. Unter allen Umständen müsse ein Referendum gehalten werden (Parti québécois 1975b). Über die Interpretation, ob ein Referendum notwendig ist oder nicht, gab es in der Folgezeit eine heftige Debatte. Die Gegner des Referendums stellten immer wieder klar, dass der *étapisme* noch nicht endgültig beschlossen sei, da ein Referendum nur bei einem Scheitern der Verhandlungen zwischen Quebec und Ottawa stattfinden werde (Le Devoir, 23.09.1975). René Lévesque hingegen stellte in dieser Debatte immer wieder deutlich klar, dass es keine Unabhängigkeit ohne die explizite Willensbekundung der Quebecer geben werde (Le Devoir, 25.09.1975). Im September 1975 verabschiedete dann die Partei eine Resolution, die klarstellte, dass es ohne die Konsultation der Bevölkerung keine Unabhängigkeit gäbe; das heißt das Referendum wurde explizit festgeschrieben und auf dem nächsten Parteitag im Mai 1977 offiziell in das Parteiprogramm aufgenommen (Parti québécois 1978, S. 7). Zuvor fanden jedoch noch die Wahlen zur Nationalversammlung statt. Deshalb hatte Lévesque im Sommer 1976 noch einmal – für das internationale Publikum – in der

---

47 Claude Morin berichtet in einem seiner Bücher von einem Gespräch mit René Lévesque, in dem dieser ihm mitteilte, dass der Meinungskonflikt zwischen Morin und *les purs et durs* in einer unterschiedlichen Schwerpunktsetzung liege. „Pour vous [Claude Morin, S.G.], le référendum est un instrument de légitimité. Pour eux [les *purs et durs*, S.G.], c'est un risque de dilution. Il est difficile de faire comprendre qu'on ne cherche pas à changer l'objectif, mais à adapter notre démarche à notre population. Quand on touche à la liturgie, certains redoutent l'apostasie" (Morin 1991a, S. 495).

Zeitschrift *Foreign Affairs* klargestellt, dass für eine zukünftige Regierung unter dem PQ nach Scheitern der Verhandlungen mit Ottawa die Bevölkerung in dieser Frage mittels eines Referendums das letzte Wort habe (Lévesque 1976, S. 740).

Der demokratische Gedanke war für Lévesque die Grundlage für die Implementierung eines Referendums. In der Einleitung zum Parteiprogramm von 1974 hatte er dies bereits explizit hervorgehoben.

> „En cours de route, la démarche qui nous y mène peut avoir à s'ajuster plus adéquatement aux exigences de l'opinion publique. Rien là que de normal, puisqu'il s'agit d'un tournant que le Québec ne prendra jamais qu'avec l'assentiment majoritaire et non-équivoque des Québécois eux-mêmes." (Parti québécois 1975a, S. 3)

Der *étapisme* hat an diesem Punkt einen Paradigmenwechsel in der Politik des PQ und der Souveränisten und Independentisten in Quebec hinsichtlich der Durchsetzung der nationalen Selbstbestimmung eingeläutet und ist kein rein taktisches Manöver gewesen (Savard-Tremblay 2014, S. 14). Der *étapisme* hatte weitreichende Konsequenzen für den Erfolg des Unabhängigkeitsprojektes. Durch den Einschub verschiedener Zwischenschritte für das Erreichen der Unabhängigkeit, wurde der Prozess jedoch gleichzeitig komplizierter und mehrere Veto-Spieler traten zusätzlich auf den Plan.

Die weitreichende und entscheidende Frage, ob Quebec dem kanadischen Bundesstaat den Rücken kehren sollte, wurde zugleich einem direktdemokratischen Prozess unterworfen, dem nicht die problematischen Effekte eines Mehrheitswahlsystems anhaften. Somit sind nicht die Abgeordneten der Nationalversammlung für die Entscheidung in letzter Instanz zuständig, sondern das Volk selbst. Jeder Beobachter wusste daher, dass es 50 Prozent plus einer Stimme bedarf, um diese Entscheidung für die Unabhängigkeit Quebecs zu treffen. Dies entspricht dem Prozess, den viele Befürworter eines demokratischen Selbstbestimmungsrechts von Minderheitsnationen in anderen Ländern fordern: dem Recht selbst zu entscheiden (López 2015, 2017). Dadurch mussten die Provinzwahlen nicht länger unter dem Mantel der Unabhängigkeit Quebecs abgehalten werden. Die Wähler wussten nun, dass ein Sieg des PQ nicht zwangsläufig zur Unabhängigkeit der Provinz führte. Somit konnten selbst Quebecer, die sich gegen die Unabhängigkeit Quebecs positionierten, aber ebenso die Politik der Liberalen ablehnten, den PQ wählen. Die Wahl normalisierte sich also bis zu einem gewissen Grad und die Inhalte der verschiedenen Politikbereiche konnten wieder in das Zentrum der Debatte gelangen. Die Unabhängigkeit war dabei nur eines von vielen Themen.

Der *étapisme* als Prozess hatte aber noch eine weitere Konsequenz. Der Beschluss, dass die Wahl zur Nationalversammlung und die Abstimmung über die Unabhängigkeit in Zukunft voneinander getrennt wurden, stellte den PQ vor eine neue Herausforderung. Wenn die Wahl der Partei nicht direkt zu einer Unabhängigkeitserklärung führen würde und davor – beziehungsweise danach – die Verhandlungen über die zukünftigen Beziehungen zwischen Kanada und Quebec aufgenommen würden, dann müsste der PQ regieren – und zwar innerhalb der Strukturen des kanadischen Bundesstaates. Dann müssten die Souveränisten die Bevölkerung davon überzeugen, dass sie in der Lage sind, die Regierungsarbeit zu übernehmen und die Unabhängigkeit die Lebensverhältnisse aller Quebecer verbessern würde. Dies ist der Kern dessen, was später als Strategie des *bon gouvernement* (Interview Tremblay, Interview Bernard) bezeichnet wurde, welche zentral für die Regierung Lévesque und zukünftige PQ-Regierungen werden sollte.

Letztlich war der strategische Wandel ebenfalls der Einsicht geschuldet, dass für den elektoralen Erfolg des PQ ein Umdenken nötig war, da die Bevölkerung den eingeschlagenen Weg nicht mitzugehen gedachte. So stellte Joseph Facal, der spätere Minister für intergouvernementale Beziehungen in der PQ-Regierung Lucien Bouchards, fest, dass

> „[à] partir de 1974 bien que la chose se dessinait depuis déjà un certain temps, il est apparu évident pour certains, qu'avec une telle position [i.e. élection référendaire, S.G.], le Parti Québécois ne prendrait jamais le pouvoir, et que s'il ne prenait pas le pouvoir il ne pourrait pas faire la souveraineté, donc fut introduite la stratégie dite de l'étapisme ou dite du bon gouvernement." (Interview Facal)

Die logische Konsequenz aus dieser Entwicklung war somit, dass die Parteiführung das Unabhängigkeitsprojekt pragmatischer anging und ein wenig von der überlagernden Ideologie befreite. Sie fasste den Beschluss, dass nur der demokratische Wille einer Mehrheit der Bevölkerung diesen Schritt für die Provinz beschließen kann. Durch diesen strategischen Wechsel in der Ausrichtung der Partei wurde der Aufstieg des PQ in der politischen Arena letzten Endes erst ermöglicht.

3.6 Fazit – Institutionen, Interessen und Ideen

Zusammenfassend lässt sich über diese Phase von 1960 bis 1976 folgendes sagen. Die 16 Jahre nach dem Wahlsieg der Liberalen unter Jean Lesage im Jahr 1960 waren von großen politischen und gesellschaftlichen Umwälzungen in Quebec begleitet worden. Diese waren der Ausgangspunkt eines neuen Nationalismus, welcher unabdingbar für den späteren Aufstieg der Unabhängigkeitsbewegung in der *Belle Province* wurde. Nach jahrelanger politischer Stagnation, während der gesellschaftliche Wandel so weit wie möglich von den herrschenden ländlichen und klerikalen Eliten verhindert wurde, brach sich der aufgestaute Veränderungsdruck nach dem Tod von Premier Maurice Duplessis in der *révolution tranquille* seine Bahnen. Dabei bewahrheitete sich das, was Ralf Dahrendorf Mitte der 1960er Jahre im Kontext der Bundesrepublik Deutschland beschrieben hat.

> „Aber die Starre einer Gesellschaft, in der jede Verschiebung parteipolitischer Kräfteverhältnisse und politischer Herrschaft durch die blinde Entscheidung traditionsverhafteter Menschen auf Grund von Zugehörigkeiten, die sich ihrer Kontrolle entziehen, unmöglich gemacht wird, birgt kaum weniger Gefahren. Denn der Wandel ist ein ständiger Gast in menschlichen Gesellschaften. Ja, er ist mehr als ein Gast; er ist der Ureinwohner der menschlichen Gesellschaft selbst. Wird der Wandel aufgehalten, dann schließen sich nicht nur die Tore des Fortschritts […], sondern es werden auch Energien des Wandels aufgestaut, die sich dann später in unkontrollierbaren und explosiven Veränderungen Luft verschaffen. Stabilität ist eine gute Sache; *aber wenn sie zur Starre ausartet, produziert sie ihren inneren Widerspruch, die Revolution.*“ (Dahrendorf 1965, S. 143; Hervorhebung des Autors)

Diese Analyse ist aber in gleicher Weise für den Fall Quebec symptomatisch wie bereits vor der Wahl der ersten PQ-Regierung 1976 von Rainer-Olaf Schultze (1977, S. 386f.) dargelegt worden war.

Fasst man die Ergebnisse dieses Teilkapitels für die Frage nach dem Aufstieg der Unabhängigkeitsbewegung in Quebec im Zeitraum von 1960 und 1976 zusammen, so muss erstens über den sich wandelnden politisch institutionellen Rahmen des kanadischen Bundesstaates gesprochen werden. Um die Forderungen der *nouvelle classe moyenne* umzusetzen, bedurfte es eines aktiven Staates, der die verfassungsrechtlichen Kompetenzen Quebecs wahrnahm und auch ausweitete. Der defensive Föderalismus der Duplessis-Ära war dafür wenig geeignet gewesen, da dessen Ziel nicht darin bestand, Kompetenzen zu nutzen, sondern vielmehr den Bund von der Verabschiedung und Durchsetzung von Gesetzen in den Politikfeldern mit ausschließlicher Gesetzgebungskompetenz der Provinzen abzuhalten. Der quebecer Staat unter der liberalen Lesage-Regierung besetzte diese Felder jedoch aktiv und legte eigene Programme auf – etwa im Bereich der Rentenpolitik und der Bildungspolitik. Um den massiven und fortschreitenden Ausbau des Wohlfahrtsstaates finanzieren zu können, wurde das Steuersystem Quebecs umgebaut. Dabei ist die Expansion des Staates kein genuines Phänomen in Quebec, sondern deckt sich mit den Entwicklungen in anderen westlichen Staaten in diesem Zeitraum. Die expansive Politik Quebecs sah sich jedoch zunehmend einem zentralen Problem ausgesetzt. Aus der Verteidigung der quebecer Autonomie wurde der Versuch des offensiven Ausbaus dieser Autonomie. Dieses Vorhaben, welches die Regierungen Johnson, Bertrand und Bourassa fortsetzten, stand im direkten Gegensatz zu den Interessen der Bundesregierung aber auch der strukturellen Ausgestaltung des föderalen politischen Systems zum damaligen Zeitpunkt. Die starke Zentralisierung des kanadischen Bundesstaates im Zuge der Empfehlungen der *Rowell-Sirois Commission* und des Zweiten Weltkrieges hinderte Quebec in vielen Bereichen daran, eine eigene Politik zu betreiben (Cameron 2012; Simeon 2013, S. 333; Simeon et al. 2014, S. 73ff.). Durch die finanziellen Möglichkeiten des Bundes und die *federal spending power* konnte dieser zudem Programme kofinanzieren und Regeln und Standards vorgeben. Diese Politik stieß in Quebec auf harten Widerstand und führte zu Konflikten über die Verteilung der Kompetenzen, was einer der Gründe für das Scheitern der *Victoria Charter* darstellte. Quebec war auf Grund der verfassungsrechtlichen Verteilung finanzieller Ressourcen und politischer Kompetenzen in seinem Handlungsspielraum massiv eingeschränkt. Die zentralisierenden Eigenschaften des föderalen Systems führten dazu, dass die Souveränisten in der Unabhängigkeit die einzige Möglichkeit sahen, *maîtres chez eux* zu werden (siehe etwa Claude Morin in Le Devoir, 17.11.1973).

Trotz dieser institutionellen Probleme intervenierte der quebecer Staat in vielen Bereichen der Gesellschaft. Der Staatskapitalismus wurde zu einem zentralen Element quebecer Wirtschaftspolitik und davon profitierte vor allem die *nouvelle classe moyenne*. Zwischen 1960 und 1980 wuchsen die Ausgaben des quebecer Staates schneller als in anderen Provinzen Kanadas. 1980 lag der Anteil des Staates am BIP in Quebec bei 48 Prozent. Dies unterschied sich signifikant von anderen Provinzen wie beispielsweise Alberta (26 Prozent) oder Ontario (37 Prozent). Zudem verzehnfachte sich die Anzahl der Staatsbediensteten zwischen 1960 und 1984 auf gut 350.000 Angestellte (Monière 1999, S. 49). Ambroise und Jacques erkennen hier zwei spezifische Perioden, die die Entwicklung der quebecer Bürokratie kennzeichnen. Zum einen eine Periode des Ausbaus, welche sie als Ära der Technokraten bezeichnen (1960 – 1970) und eine Periode der Konsolidierung (1970 – 1976), in welcher der Staat langsam die Grenzen seines Handelns erreichte (Ambroise und Jacques 1980, S. 142f.).

Der soziale Konflikt um die Durchsetzung der unterschiedlichen Interessen innerhalb Quebecs kristallisierte sich Anfang der 1960er zum Konflikt darum, ob Quebec als Provinz innerhalb des kanadischen Bundesstaates souverän handeln könne, oder ob dafür die völkerrechtliche Unabhängigkeit notwendig sei. Dieser Konflikt wurde im Laufe der 1960er Jahren ins politische System getragen und durch die Gründung des PQ institutionalisiert. Daraus entstand ein *Cleavage* zwischen Föderalisten und Independentisten. Durch diesen Wandel verdrängte der PQ die UN erfolgreich aus dem Parteiensystem und ersetzte sie als einer der beiden dominanten politischen Akteure im quebecer Parteiensystem. Dieser Parteiensystemwandel war zentral für die Unabhängigkeitsbewegung in Quebec.

Zweitens spielten aber auch die Interessen der Akteure eine wichtige Rolle. Mit den sozioökonomischen Veränderungen des frühen 20. Jahrhunderts waren in Quebec neue gesellschaftliche Kräfte entstanden, die ihre Interessen im politischen Prozess umzusetzen versuchten. Dazu gehörte die *nouvelle classe moyenne* (Behiels 1984; Renaud 1984), welche eine aus gut ausgebildeten frankophonen Bürgern bestehende Gruppe darstellte, die sich der Tatsache gegenübersah, dass sich soziale Mobilität und wirtschaftlicher Aufstieg innerhalb der bestehenden Strukturen für frankophone Quebecer als fast unmöglich herausstellten. Große Teile dieser *nouvelle classe moyenne* traten im Laufe der 1960er und 1970er Jahre in den öffentlichen Dienst ein, waren frankophone Intellektuelle an Hochschulen, oder arbeiteten als Journalisten. Aber auch die organisierte Arbeiterschaft sowie viele Intellektuelle und Reformer innerhalb wie außerhalb der Kirche wollten das alte System des *Duplessisme* aufbrechen (Boismenu 1981, S. 370ff.). Was diesen Gruppen gemein war, war das Bedürfnis nach einem aktiven Staat, der in die Wirtschaft intervenierte und der politische, soziale und wirtschaftliche Veränderungen innerhalb der Gesellschaft vorantrieb, wenngleich die eigentlichen Ziele, warum es dieser Aktivität des Staates bedurfte, sich unterschieden.

Die *nouvelle classe moyenne* war dabei nicht die größte Gruppe innerhalb der quebecer Gesellschaft. Sie war jedoch politisch sehr aktiv (Gagnon und Montcalm 1990, S. 9) und schaffte es über die Zeit hinweg, die alten, traditionalen und ländlichen Eliten, auf denen das System von Maurice Duplessis fußte, aus ihrer Machtposition zu verdrängen. Sie hatte, ebenso wie die Arbeiterschaft, kein Interesse am schlanken Staat. Wichtige Sektoren beim Ausbau des Staates waren das Bildungssystem und der neu entstehende Wohlfahrtsstaat. Beide Sektoren waren bisher fast ausschließlich von der katholischen Kirche verwaltet worden. Darüber hinaus forderten diese Gruppen die Intervention des Staates in den Markt, um die ökonomische Benachteiligung der *nouvelle classe moyenne* zu beenden. Die *nouvelle classe moyenne* setzte anschließend mit dem Ausbau der staatlichen Strukturen unter der Regierung Lesage zum Marsch durch die Institutionen an (Simard 1979). Die Technokraten in den staatlichen Institutionen oder in den Verbänden und Gewerkschaften entwickelten sich ab Mitte der 1970er Jahre zu loyalen Verbündeten des PQ. Die Unabhängigkeit sollte dabei nur eine wichtige Zwischenetappe darstellen, um ihre Macht noch weiter zu vergrößern, da die quebecer Technokraten innerhalb des kanadischen Bundesstaates immer mit ihren Pendants aus Ottawa in direkter Konkurrenz um Kompetenzen standen. Die Konversion vieler dieser Technokraten zu Independentisten und Anhängern des PQ war somit die Folge einer Frustration dieser Gruppe mit der politischen Rolle, die der Bund innerhalb Quebecs spielte.

Die Interessen der nationalistischen Kräfte in Quebec standen jedoch ebenso im Gegensatz zu den Interessen Ottawas wie auch der anglophonen Minderheit innerhalb der Provinz. Die anglophonen Quebecer wollten ihre dominante Stellung in der Gesellschaft nicht kampflos preisgeben und auch Ottawa sah wenige Vorteile darin, den nationalistischen Gruppen in Quebec nachzugeben, die pankanadischen Programme zurückzufahren und von ihren eigenen politischen Ansprüchen abzuweichen. Wohingegen die Minderheitsregierung von Lester B. Pearson der Regierung Lesage noch entgegengekommen war und auf Akkommodation gesetzt hatte – man denke nur an die Erlaubnis zur Etablierung eines quebecer Rentensystems – versuchte die Regierung Pierre E. Trudeaus die pankanadische Einheit zu stärken und setzte auf eine Zentralisierung und Angleichung an gemeinsame Standards in der Sozial- und Wirtschaftspolitik. Die führte nicht nur zu Konflikten mit Quebec, sondern auch mit Blick auf die Energiepolitik mit der Provinz Alberta. Trudeau entwickelte sich in seiner fast ununterbrochenen Regierungszeit von April 1968 bis Juni 1984 zu einem der größten Gegner der quebecer Nationalisten und diente als ein nach innen einendes Feindbild.

Bei der Analyse des Aufstiegs der Unabhängigkeitsbewegung in Quebec in dieser Periode muss drittens der Einfluss der ideellen Faktoren hervorgehoben werden. Hier fand ebenfalls ein entscheidender Wechsel statt, der mit dem Interessenwandel der neuen dominanten Eliten einherging und sich auf die als unzureichend angesehen institutionellen Strukturen bezog. Das von den alten Eliten im Kontext des institutionellen Systems des frühen 20. Jahrhunderts etablierte Gesellschaftsprojekt der *survivance* stellte die *nouvelle classe moyenne* und deren Verbündete nicht zufrieden. Das reine Überleben der frankophonen, katholischen Quebecer im feindlichen Umfeld Nordamerikas war für sie nicht ausreichend. Diese wollten nicht nur mit ihrem kulturellen Erbe „überleben“, sondern sie ebenso Wohlstand für sich erreichen und ihre Lebensverhältnisse verbessern. Deshalb trieben sie die ökonomische und gesellschaftliche Modernisierung voran und strebten den Abbau im Entwicklungsrückstand zu den anderen Provinzen – und hier vor allem zu Ontario – an. Der Begriff der *rattrapage* wurde zum geflügelten Wort und zu einem Gesellschaftsprojekt aufgebaut, das den Quebecern die Selbstbestimmung als Ziel setzte, sodass diese *maîtres chez eux* werden konnten. Der Begriff der „Souveränität“ war hier wichtig. Nicht nur Unabhängigkeitsbefürworter, sondern auch Anhänger des kanadischen Föderalismus verlangten die Modernisierung Quebecs und gleichzeitig mehr Rechte für Quebec. Die liberalen Regierungen von Jean Lesage und Robert Bourassa nutzten ebenfalls dieses Narrativ.

Der Unterschied lag jedoch darin, dass für das ideologisch sehr breite Spektrum von Souveränisten, die sich später im PQ sammelten, nur mit der Unabhängigkeit eine *rattrapage* möglich werden konnte, da Quebec aus Sicht eben jener Souveränisten innerhalb des kanadischen Bundesstaates niemals die Möglichkeiten haben würde, sein eigenes Gesellschaftsmodell durchzusetzen. Die Unabhängigkeit war, in den Worten René Lévesques, nur ein Mittel zum Erreichen anderer Ziele (Le Devoir, 25.09.1975). Das begründet die feste Überzeugung Lévesques, dass es keine Souveränität ohne eine wirtschaftliche Union mit dem Rest Kanadas geben könne, die für Quebec vorteilhaft wäre (Interview Bernard).

Es fanden sich vor allem in den Anfangsjahren der Unabhängigkeitsbewegung die Hardliner, *les purs et durs*, welche die Unabhängigkeit ohne Wenn und Aber durchsetzen wollten. Diese gerieten jedoch mit der Gründung des PQ innerhalb der Partei bereits sehr früh ins Hintertreffen und es gelang einer pragmatischen Führungselite um Lévesque, diese lange Zeit erfolgreich politisch zu neutralisieren. Der Souveränitätsdiskurs, welcher in den 1960er Jahren zu einer zentralen politischen Debatte in Quebec avancierte und in dem das Narrativ der *rattrapage* eine wichtige Rolle einnahm, hat in den folgenden Dekaden die Politik der Provinz – und Kanadas als Ganzes – bestimmt, wenngleich er sich verändert hat.

Die *rattrapage* stand jedoch im direkten Gegensatz zum Pankanadismus der kanadischen Bundesregierung, den vor allem Premierminister Pierre E. Trudeau forcierte. *Nation-building* ist ein wichtiges Konzept in der kanadischen Politik und soll das Land zusammenhalten. Kanadier sollten von Küste zu Küste das Gefühl erhalten, demselben Staat und derselben Nation anzugehören. So wurde 1965 der *Maple Leaf* zur offiziellen Staatsflagge und 1980 *O Canada* zur offiziellen Nationalhymne erklärt. Aber für Trudeau war diese Politik nicht ausreichend. Als Liberaler wollte er eine Grundrechtecharta verabschieden, die die *Bill of Rights* von 1960 ersetzte und in den Verfassungsrang erhoben würde. Diese Mischung aus kanadischer Nationenbildung und liberalen Individualismus stand allerdings konträr zur Vorstellung quebecer Nationalisten, die den Sonderstatus ihrer Provinz in der Verfassung verankert sehen wollten.

Bei der Frage nach dem erfolgreichen Aufstieg der Unabhängigkeitsbewegung in Quebec während der 1960er und 1970er Jahre zeigt sich somit deutlich, dass die drei Weberschen Kategorien von Interessen, Institutionen und Ideen zusammenhingen und sich mit ihren jeweiligen Auswirkungen gegenseitig verstärkten. Die politische und ökonomischen Umstände der 1960er und 1970er Jahre schafften letztlich zusammen mit dem Ausbau des Staates die institutionelle Grundlage für das Überleben der *nouvelle classe moyenne*, welche auf Basis ihres Gesellschaftsprojektes der *rattrapage* dann die sozialdemokratische Intervention in Wirtschaft und Gesellschaft durchsetzen konnte, was wiederum den Technokraten die Macht und die Legitimation verschaffte, um den Ausbau des Staates noch weiter voranzutreiben.

Was die strategische Ausrichtung der Partei betrifft, gab es bereits früh Diskussionen über die passende Strategie, die lange Zeit von den unterschiedlichen Flügeln der Partei kontrovers diskutiert wurde. Die Hardliner sahen in der strategischen Debatte grundsätzlich vergeudete Zeit. Souveränität war für sie nicht verhandelbar und nur durch die völkerrechtliche Unabhängigkeit Quebecs von Kanada erreichbar. Unabhängigkeit, Souveränität, Separation oder Sezession seien alles die gleichen Begriffe dafür, dass eine Nation die Kontrolle über seine Zukunft und seinen Staat besitzt (Parizeau 1997, S. 24). Schlagwörter wie *fédéralisme rentable*, *fédéralisme renouvelé*, oder *souveraineté culturelle* sah der PQ als leere Worthülsen, die in der Realität keine Bedeutung hatten, aber dazu dienen würden, das eigentliche Problem zu verdecken (Parti québécois 1972a, S. 14f.). Durch den Streit über diese Begriffe wird vergessen, dass die grundlegenden Probleme des kanadischen Bundesstaates in der Beziehung der zwei Gründungsnationen nicht durch kosmetische Verbesserungen an der Oberfläche gelöst werden können. Da allerdings grundlegende Reformen nicht möglich waren, blieb aus deren Sicht nur die Unabhängigkeit Quebecs als Option.

Die moderaten Kräfte in der Partei sahen dies anders. Ein reines Schwarz-Weiß-Denken sei laut Claude Morin nicht angebracht. Wie er in einem Artikel in *Le Devoir* darlegte, sei Souveränität vielmehr als ein langfristiges Projekt zu sehen. Die *souveraineté culturelle* ist somit nicht das Endprodukt, sondern ein erster Schritt, der dann von einer ökonomischen und administrativen Komponente ergänzt werden könnte (Le Devoir, 17.11.1973). Die bedeutete aber in einer zunehmend globalisierten Welt nicht die Abschottung Quebecs.

Bei der dazugehörenden Frage, wie die Souveränität erreicht werden könne, setzten sich ebenfalls die moderaten Elemente der Partei durch. Sie erkannten, dass ohne die Strategie des *étapisme* die Souveränität Quebecs nie erreicht werden könnte. Wahlen, die automatisch im Falle einer Regierungsmehrheit für den PQ zu einer Abstimmung in der Nationalversammlung zu dieser Frage führten, wurden 1974 als Strategie verworfen. Somit fand eine Demokratisierung des Prozesses statt. Das heißt, es sollte ein Referendum zu dieser Frage geben und sie sollte von den Wahlen zur Nationalversammlung getrennt werden. Dadurch sollte die Legitimation für das Projekt erhöht werden und der PQ wollte damit der Bevölkerung vermitteln, dass eine Stimme für den PQ nicht automatisch eine Stimme für die Unabhängigkeit darstellte, sondern die Partei auch andere Inhalte vertritt und ein anderes Gesellschaftsmodell für Quebec forderte. Im Wahlkampf 1976 stand nicht die Frage nach der Unabhängigkeit der Provinz im Vordergrund. Vielmehr ging es um die wirtschaftlichen Probleme und um das der Bourassa-Regierung vorgeworfene Missmanagement. Der PQ wollte mit seinen gewählten Volksvertretern für Quebecer ein *vrai gouvernement* stellen.

Dabei war der Wunsch nach Unabhängigkeit beim PQ seit seiner Gründung immer gekoppelt an eine sozialdemokratische Ausrichtung der Partei und damit zusammenhängend einem stark verwurzelten Glauben an den aktiven Staat. Auf Basis von Wahldaten von 1970 charakterisierten Pinard und Hamilton (1976, S. 10) den PQ als eine „left-liberal or social democratic party that is more attractive to some segments of the privileged than to the deprived." Hinter diesem Staatsverständnis, welches typisch für sozialdemokratische Parteien der 1960er und 1970er Jahre war, steckte jedoch die implizite Annahme, dass der Staat effektiv intervenieren kann und dass er über die Regulierungsfähigkeit verfügt. Diese Vorstellung war unabdingbar, um für die Souveränität beziehungsweise die Unabhängigkeit zu argumentieren. Wenn ein Staat diese Fähigkeiten nämlich nicht besitzt, welche Vorteile bietet dann die Unabhängigkeit der Provinz? Wenn dem Staat aber diese Fähigkeit innewohnt, dann ist verständlich, warum den quebecer Nationalisten die Errichtung eines eigenen Staates als so wichtig erschien. Durch die Zentralisierung von Gesetzgebungskompetenzen beim Bund und dem mangelnden Einfluss auf wohlfahrtsstaatliche Politik wurden aus Sicht der Nationalisten wichtige Entscheidungen in Ottawa getroffen und Quebec hatte nur wenig Spielraum, hier das eigene Gesellschaftsprojekt zu verwirklichen (Parti québécois 1973, S. 42).

Der aktive Staat und die mit diesem zusammenhängende Vorstellung der Nationalisten über die Souveränität Quebecs, das heißt, dass die Provinz die wichtigen Fragen im Bereich der Wirtschafts-, Sozial- und Finanzpolitik, aber auch in der Außenpolitik selbst bestimmen können muss, spiegelte sich in den Parteiprogrammen des PQ in den 1970er Jahren deutlich wider. Der PQ forderte beispielsweise ein Planungsbüro für staatliche Interventionen in Gesellschaft und Wirtschaft (Parti québécois 1970, S. 33f.), den Ausbau des öffentlichen Sektors mit der CDPQ als der „l'appui indispensable" (ebd., S. 31) des Staates, die den Eingriff in die Wirtschaft ermöglichte. Dabei fiel dem Staat insgesamt die „rôle de protagoniste" (ebd., S. 28) bei der wirtschaftlichen Entwicklung Quebecs zu. Ein starker Staat ist die einzige Option, um eine „contrôle efficace" (ebd., S. 20) durch den Wähler zu gewährleisten. Dieser Staatsglaube, der von der Regelungsfähigkeit des Staates ausging und mit dem die Notwendigkeit staatlicher Behörden und Einrichtungen einhergeht, zieht sich durch sämtliche Programme des PQ in den 1970er Jahren (Parti québécois 1970, 1973, 1975, 1978).

4. Der lange Weg zur Souveränität (1976 – 1995)

Mit dieser Strategie des *étapisme* und einem sozialdemokratischen Programm startete der PQ in das Wahljahr 1976. Premier Bourassa und sein PLQ versuchten im Wahlkampf die Frage nach einer verfassungsrechtlichen Reform des kanadischen Bundesstaates herauszustreichen und sich für die Idee eines *fédéralisme rentable* einzusetzen. Dabei gab Bourassa folgende Eckpunkte für eine Reform vor: Erstens sollte Quebec ein Vetorecht bei Verfassungsänderungen erhalten, zweitens an der Auswahl der Richter für den obersten Gerichtshof mitwirken können, drittens Einwanderer nach Quebec selbst auswählen können, viertens ein verfassungsrechtlich festgeschriebenes Recht auf *Opting out* mit finanzieller Entschädigung zugesprochen bekommen und fünftens über die ausschließliche Gesetzgebungskompetenz in kulturellen Angelegenheiten und der Bildungspolitik verfügen. Zudem sollte sechstens die *spending power* des Bundes in exklusiven Kompetenzbereichen der Provinzen eingeschränkt werden (Parti libéral du Québec 1976, S. 5ff.).

Trotz dieser stark autonomistischen Agenda verloren die Liberalen die Provinzwahlen von 1976 gegen René Lévesques PQ deutlich. Der PQ erhielt über 41 Prozent der Stimmen und holte 71 Sitze. Der PLQ unter Bourassa erreichte mit etwas weniger als 34 Prozent 26 Mandate und die Union nationale über 18 Prozent und elf Mandate. Der Sieg des PQ basierte auf drei zentralen Faktoren. Erstens sahen viele Quebecer wegen der Streiks im öffentlichen Dienst und der Privatwirtschaft sowie auf Grund der hohen Arbeitslosigkeit und des Missmanagements der liberalen Regierung im PQ eine echte Alternative für eine neue Wirtschafts- und Sozialpolitik. Der PQ war zweitens in der Lage, seinen Wahlkampf erfolgreich zu dezentralisieren und lokale Probleme in den jeweiligen Wahlkreisen ins Zentrum zu stellen. Der zentrale Grund für den Wahlerfolg des PQ basierte allerdings drittens auf der erfolgreichen Entkoppelung der Frage nach der Unabhängigkeit von der Wahlentscheidung der Bürger. Da die Unzufriedenheit mit der Wirtschaftspolitik Bourassas hoch war, konnten viele frankophone Wähler für den PQ stimmen, ohne gleichzeitig für die Unabhängigkeit Quebecs einzutreten. Dennoch herrschte in Teilen der frankophonen Wählerschaft immer noch Furcht vor einer Abspaltung der Provinz und der Sieg des PQ beruhte auf einem der niedrigsten relativen Stimmanteilen eines Wahlsiegers in Quebec seit Gründung des kanadischen Bundesstaates. Der PQ konnte sich aber auf die Stimmen seiner Stammwählerschaft und einer breiten jungen, städtischen und linken Mittelschicht verlassen (Pinard und

S. Geßler, *Souveränität ohne Unabhängigkeit*, Politikwissenschaftliche Paperbacks, https://doi.org/10.1007/978-3-658-27385-9_4

Hamilton 1978). Vor allem die Wähler zwischen 18 und 29 Jahren wählten den PQ mit knapp 73 Prozent (Blais und Nadeau 1984a, S. 301 f.).

Dieser Wahlsieg läutete eine neue Zeitenwende in Quebec ein, die die Bundespolitik in Ottawa nicht unberührt ließ. Zum zweiten Mal in der Geschichte Kanadas wählten die Bürger einer Provinz eine offen separatistische Partei in die Regierung. Der Wahlsieg verdeutlichte auch, dass sich der PQ endgültig in der politischen Landschaft der Provinz etabliert hatte.[48]

4.1 Das Scheitern des *vrai gouvernement*

Aber selbst vehemente Befürworter der Souveränität Quebecs erkannten an, dass der PQ die Wahl nicht auf Grund seines Einsatzes für die Unabhängigkeit gewonnen hatte. Die Bevölkerung entschied sich vielmehr für eine Partei mit einer anderen Wirtschafts- und Sozialpolitik und wählte die liberale Regierung Bourassa ab. Die Quebecer entschieden sich für Lévesques, damit dieser eine „gute Regierung" (*bon gouvernement*) stellte. Dies war eine Chance für den PQ zu zeigen, dass die Partei eine Politik betreiben konnte, die es Quebec ermöglichen würde, unabhängig zu werden und sein Schicksal in die eigenen Hände zu nehmen. Der Sieg der Péquisten führte trotzdem zu erhablichen Kursstürzen an der Börse in Toronto und auf der Bundesebene fürchteten Politiker bereits eine Sezession der Provinz.

Die neue Regierung spiegelte die Veränderungen in der quebecer Gesellschaft deutlich wider, denn Vertreter der *nouvelle classe moyenne* stellten etwa dreiviertel der Minister und gaben die Richtung für die folgenden Reformen vor. Erstmals war kein anglophoner Quebecer Teil des Kabinetts. Die neue Regierung richtete ihre Politik entlang zwei sich ergänzender Achsen aus. Einerseits stand die Wirtschaftspolitik im Zentrum, andererseits sollten die Vorkehrungen für die Unabhängigkeit und das Abhalten eines Referendums getroffen werden. Dabei muss eine konkrete Reihenfolge in der zeitlichen Abfolge beider Projekte gesehen werden. In der Logik des *étapisme* war es zentral für eine souveränistische Partei,

---

48 In den Jahren davor war die Partei zuvorderst eine außerparlamentarische Opposition, da sie 1970 mit sieben und 1973 nur mit sechs Abgeordneten in die Nationalversammlung Quebecs eingezogen war und politisch dort keine signifikante Rolle spielte. Zudem waren der Parteiführer René Lévesque und viele Köpfe der Partei nicht in der Nationalversammlung vertreten. 1976 änderte sich dies und damit ebenfalls auch die politischen Handlungsmöglichkeiten der Partei.

zuerst unter Beweis zu stellen, dass sie Quebec gut regieren konnte, um den Wählern die Angst vor der Unabhängigkeit zu nehmen.

Der Streit zwischen der liberalen Bundesregierung unter Pierre E. Trudeau und Quebec intensivierte sich bereits nach der Wahl. Trudeau stellte in einem Fernsehinterview mit dem französischsprachigen Sender TVA klar, dass er bereit sei, über eine Reform des föderalen Systems zu verhandeln. Er wolle ein Kanada schaffen, in dem alle Bürger gleich und frei nebeneinander leben könnten. Separatismus sei allerdings zu keiner Zeit eine Option (Saywell 1978, S. 134). Für Lévesque war es jedoch zuallererst wichtig Zeit zu gewinnen, um die Bevölkerung nach dem überraschenden und deutlichen Sieg von seinem Projekt der *souveraineté-association* zu überzeugen. Immerhin hatten nur knapp 41 Prozent der Quebecer für den PQ gestimmt. Im Referendum wären allerdings 50 Prozent plus eine Stimme nötig gewesen. Aus diesem Grund strebte er eine erneute Veränderung des Parteiprogramms an, um den Zeitpunkt des Referendums beziehungsweise der Verhandlungen mit Ottawa weiter in die Zukunft zu verschieben. Dies war nötig, da im Parteiprogramm von 1974 festgeschrieben worden war, dass eine neue Regierung unter Führung des PQ unmittelbar nach der Wahl die Verhandlungen mit Ottawa aufnehmen und im Falle eines Scheiterns ein Referendum ausrufen sollte (Parti québécois 1975a, S. 5). Der Parteitag von 1977 führte somit erneut zu Veränderungen im Programm. Die Regierung konnte das Referendum nun innerhalb der ersten Regierungsperiode dann ausrufen, wenn sie es für opportun hielt. Zudem musste in jedem Fall ein Referendum abgehalten werden und nicht nur dann, wenn Verhandlungen mit Ottawa gescheitert wären. Die quebecer Regierung benötigte somit ein Mandat für Verhandlungen (Parti québécois 1978, S. 7). Damit räumte der Parteitag sämtliche Missverständnisse aus, die durch die unklaren Formulierungen des Programms von 1974 im Raum gestanden waren.

Bon gouvernement

Dadurch hatte die Regierung Lévesque die Möglichkeit, ihre Energie auf das gute Regieren der Provinz zu verwenden. Dabei standen drei Projekte im Zentrum des wirtschaftspolitischen Kurses des PQ. Erstens die Fortsetzung der *révolution tranquille* und die Beibehaltung des Staatsinterventionismus. Dazu gehörten der Ausbau des Staatsapparates und seines Einflusses in der Wirtschaft, deren Modernisierung, Investitionen in die Infrastruktur und die Förderung neuer Wirtschaftszweige. Daraus abgeleitet ergab sich zweitens das Ziel einer *francisation* der Wirtschaft, um die Interessen der frankophonen Mittelschicht zu befrieden. Um diese *francisation* erfolgreich abzuschließen, musste die neue PQ-Regierung drittens die Sprachenpolitik in Quebec reformieren und die Regulierungen des *Loi 22* weiter verschärfen. Wollte der PQ die Partei der *nouvelle classe moyenne* sein, musste er diese Punkte konsequent umsetzen.

Zwar konnten in den vergangenen 15 Jahren erhebliche Fortschritte beim Beschäftigungsgrad frankophoner Quebecer in der Privatwirtschaft erzielt werden, doch konnte Mitte der 1970er Jahre noch nicht von deren Dominanz in der Wirtschaft gesprochen werden. Diese Stellung war zum damaligen Zeitpunkt nur in den Staatsbetrieben und der öffentlichen Verwaltung vorhanden. Wenn man die Eigentümerschaft von quebecer Unternehmen betrachtet, dann lässt sich feststellen, dass der Anteil frankophoner Betriebe zwischen 1961 und 1978 von 47 Prozent auf 55 Prozent anstieg. Gleichzeitig dominierten Anglophone aber noch überproportional viele Unternehmen in der Provinz und deren Anteil ging im gleichen Zeitraum nur von etwa 39 Prozent auf 31 Prozent zurück (Raynauld und Vaillancourt 1984, S. 81).

Zentralen Anteil am Anstieg frankophoner Führungskräfte hatte der Interventionismus des Staates durch die SGF und die CDPQ in Form der Bereitstellung von Subventionen, durch den Aufkauf von Unternehmensanteilen, als Käufer von Dienstleistungen und Gütern, als Arbeitgeber und als Unternehmer. Die CDPQ wurde gegen Ende der 1970er Jahre aktiver in der Wirtschaftspolitik und kaufte sich vermehrt in frankophone Betriebe ein, nachdem sie zuvor zumeist in Staatsanleihen investiert hatte (Linteau et al. 1989, S. 469). Dadurch erhöhte sich der direkte Einfluss der Staatsbetriebe innerhalb der quebecer Wirtschaft und somit in der Firmenpolitik, wenngleich sowohl die SGF als auch die CDPQ als Minderheitseigner kaum nennenswerten Einfluss auf die Unternehmenspolitik ausüben wollten. Der PQ versuchte einen schmalen Grat zwischen staatlichem Interventionismus und der Förderung der Privatwirtschaft zu beschreiten. Deshalb wurden Staatsbetriebe zum Teil weiter ausgebaut, aber gleichzeitig nicht ganze Industriezweige verstaatlicht. So verringerte der Staat mit Hilfe von Investitionen der CDPQ und SGF den Anteil ausländischer Unternehmensanteile und verstaatlichte Teile der Asbest-Industrie. Zudem modernisierte die Regierung das Arbeitsrecht, indem sie etwa das Streikrecht ausweitete und Firmen gesetzlich die Einstellung von Streikbrechern untersagte.

Zusätzlich zu diesen wirtschaftspolitischen und arbeitsrechtlichen Maßnahmen strengte der PQ von Beginn der Regierungsperiode die Reform der Sprachgesetzgebung an. Bereits in der dritten Sitzung der neugewählten Nationalversammlung kündigte Bildungsminister Jacques-Yvan Morin am 16. Dezember 1976 ein neues Gesetz zur Amtssprache an. Dabei sollten auch die Zugangsbedingungen zu den Schulen neu geregelt werden (Le Devoir, 17.12.1976). Bereits einen Tag darauf erklärte Camille Laurin, der Staatsminister für kulturelle Entwicklung, dass eine Reform des *Loi 22* unausweichlich sei, um der französischsprachigen Mehrheit Aufstiegsmöglichkeiten in der Privatwirtschaft zu ermöglichen (Assemblée nationale 1976a, S. 66).[49] Um diese Reform in die Wege zu leiten, erstellte die Regierung ein Weißbuch zur Sprachenfrage, welches sie am 1. April 1977 veröffentlichte und in dessen Folge *Loi 1* in die Nationalversammlung eingebracht wurde. Dieses Gesetz führte zu heftigen Diskussionen über die Ziele der Reform. Letztlich zog die Regierung *Loi 1* zurück und ersetzte es durch das bekannte *Loi 101* (*Charte de la langue française*). In seiner Analyse zur Entwicklung der Sprachengesetzgebung in Quebec stellt Coleman (1981) fest, dass es durchaus signifikante Unterschiede zwischen den Gesetzen *Loi 22*, *Loi 1* und *Loi 101* gab. Einerseits unterschieden sich *Loi 1* und *Loi 101* von *Loi 22* hinsichtlich der Zugangsbedingungen zu Schulen. Andererseits ähnelten sich *Loi 22* und *Loi 101* mit Hinsicht auf die *francisation* der Privatwirtschaft. Das bedeutet, die Reformen der PQ-Regierung schränkten den Zugang zu englischsprachigen Schulen weiter ein. Die geplante Verschärfung der Regeln für die Privatwirtschaft setzte sie aber nicht um.

Anders als noch in *Loi 22* unter Robert Bourassa festgelegt worden war, hing der Zugang zu einer englischsprachigen Schule mit dem *Loi 101* nicht mehr von der Sprachfertigkeit des Kindes ab. Vielmehr legte die Regierung mit der sogenannten *Quebec Clause* fest, dass in Zukunft nur noch diejenigen Kinder englischsprachige Schulen besuchen durften, deren Eltern ebenfalls den größten Teil ihrer Schulbildung innerhalb Quebecs in Englisch vermittelt bekommen hatten, oder deren Geschwister bereits eine anglophone Schule besucht hatten. Damit schloss man den Zugang zu diesen Schulen für neue Einwanderer de facto aus und die

[49] Dabei kritisierte Camille Laurin nicht die Stoßrichtung des *Loi 22*. Er gab vielmehr laut Robert Bourassa offen zu, dass es ohne das *Loi 22* viel schwieriger gewesen wäre, das *Loi 101* in dieser Form einzuführen (Bourassa 1995, S. 124f.).

allophone Bevölkerungsgruppe, die sich in den Jahrzehnten davor großteils in die anglophone Gemeinschaft Montreals integriert hatte, musste in Zukunft französischsprachige Schulen besuchen. *Loi 101* muss somit laut Denise Daoust bis dato als Abschluss einer Reihe von Gesetzen seit dem *Loi 63* gesehen werden, in denen die Provinzregierungen die Stellung des Französischen im öffentlichen Raum nach und nach stärkte und den Zugang zu englischsprachigen Schulen für Einwanderergruppen immer restriktiver gestaltete (Daoust 1982).

Loi 101 stärkte zudem die Rechte des *Office de la langue française*, welches für die Überwachung der *Charte de la langue française* zuständig war und errichtete mit dem *Conseil de la langue française* eine Stelle, die den zuständigen Minister in Sprachenfragen beraten sollte. In Hinblick auf die Privatwirtschaft blieb *Loi 101* jedoch hinter den Erwartungen der *nouvelle classe moyenne* zurück und unterschied sich inhaltlich nicht signifikant von den Restriktionen von *Loi 22*. Ursprünglich waren die Forderungen der neuen PQ-Regierung auf einer Linie mit den Vorstellungen dieser frankophonen Mittelschicht gewesen. So stellte Camille Laurin im Weißbuch zur Sprachenfrage fest, dass

> „[l]e Québec que nous voulons construire sera essentiellement français. Le fait que la majorité de sa population est française y sera enfin nettement visible: dans le travail, dans les communications, dans le paysage. C'est aussi un pays où sera modifié l'équilibre traditionnel des pouvoirs, particulièrement pour ce qui concerne l'économie: l'usage du français ne sera pas simplement généralisé pour masquer la *prédominance de puissances étrangères aux francophones*; cet usage accompagnera, symbolisera, favorisera *une reconquête par la majorité francophone du Québec* de l'emprise qui lui revient sur les leviers de l'économie [...] Il ne sera donc plus question d'un Québec bilingue." (Gouvernement du Québec 1977, S. 34, Hervorhebung durch den Autor)

Es entbrannte somit bereits früh eine Debatte darüber, ob durch die Reform der Sprachengesetzgebung eine *francisation* oder eine *francophonisation* in Quebec stattfinden sollte.[50] Das Weißbuch stellte in längeren Teilen nicht nur Französisch als Sprache in den Mittelpunkt, sondern auch Frankophone als Bevölkerungsgruppe, die es zu unterstützen galt. Mit dem *Loi 1* wollte die Regierung im Vergleich zu *Loi 101* somit nicht nur die *francisation* erreichen, sondern auch die *francophonisation*. Dies gab Camille Laurin im Dezember 1976 indirekt in einem Interview mit Journalisten zu (Le Devoir, 18.12.1976). In der Folge stellte dies einen der zentralen Gründe für die Rücknahme von *Loi 1* und der Vorlage von *Loi*

---

50 Für eine ausführlichere Darstellung dieser Kontroverse zwischen *francisation* und *francophonisation* siehe McRoberts (1988, S. 278ff.).

101 dar. Das lag ebenfalls am massiven Widerstand von Teilen der Bevölkerung und vor allem von den Arbeitgeberverbänden Quebecs. Die Handelskammern erhofften sich nicht nur die Wahloption der Eltern zu erhalten, da sie andernfalls den Wirtschaftsstandort Montreal in Gefahr sahen (Martel und Pâquet 2012, S. 170). Vielmehr wollten sie insgesamt einen zu starken Eingriff in das interne Management der Firmen vermeiden. Letzteres konnten sie in großen Teilen erreichen, wobei sie bestimmte Regelungen, wie etwa die Festlegung von Französisch als die Sprache für die Außenbeschilderung bei Geschäften, nicht verhindern konnten. Auch bei den Fragen zur Schulpolitik blieb die Regierung Lévesque bei ihren ursprünglichen Plänen. Trotz einiger Kritik und der abgeschwächten Version von *Loi 101* zeigte sich das Ziel, die frankophone Mehrheitsgesellschaft zu fördern und doch gleichzeitig die anglophone Minderheit zu schützen.

Die Sprachen-, die Wirtschafts- und die Arbeitsmarktpolitiken des PQ standen zu Beginn der Regierungsperiode im Zeichen einer Fortsetzung der *révolution tranquille* und einer weiteren Festigung der dominanten Rolle der *nouvelle classe moyenne*. Die politische und gesellschaftliche Machtposition dieser Gruppe innerhalb der Gesellschaft Quebecs war zum Ende der 1970er Jahre ungebrochen. Der PQ forcierte im gleichen Zeitraum sein Projekt eines Referendums über die Souveränität Quebecs. Da die Regierung Lévesque allerdings auf Grund ihrer Strategie des *bon gouvernement* das Referendum auf das Ende der Legislaturperiode verschoben hatte, musste sie in den intergouvernementalen Verhandlungen mit dem Rest Kanadas auf Basis der bestehenden bundesstaatlichen Ordnung agieren.

Auf dem ersten intergouvernementalen Treffen zwischen Ottawa und den Provinzen nach der gewonnenen Wahl des PQ gab die Regierung Lévesque am 7./8. Dezember 1976 folgende Zusicherung ab: Claude Morin, der neue Minister für intergouvernementale Beziehungen, führte aus, dass die Provinz, solange sie ein Teil Kanadas sei, alle Verpflichtungen erfüllen und das föderale System nicht blockieren werde. Vielmehr würde man aktiv für mehr Kompetenzen für Quebec werben (Saywell 1978, S. 131). Der derzeitige Status sei der einer Provinz und daran werde man sich halten. Man verlange aber trotzdem eine grundsätzliche Reform des Bundesstaates, welche im Einklang mit der Forderung nach politischer Souveränität für sei (Le Devoir, 07.12.1976).

Dies ist das Dilemma des Föderalismus, in das sich der PQ gebracht hatte und welches der Regierung Lévesque im Vorfeld des Referendums 1980 argumentative Probleme bereiten sollte. Dieses Dilemma wurde bereits von einigen anderen

Autoren diskutiert (siehe unter anderem McRoberts 1988). Die PQ-Regierung stand nun vor der Herausforderung innerhalb eines föderalen Systems agieren zu müssen, welches die Partei ablehnte, mit dem die Regierung aber umgehen musste, wenn sie tatsächlich ein *bon gouvernement* für Quebec sein wollte. Die erfolgreiche Politik innerhalb des kanadischen Bundesstaates – wie etwa das Cullen-Couture Abkommen über Quebecs Beteiligung an der Auswahl von Einwanderern, oder das *Loi 101* und die Arbeitsmarktreformen Ende der 1970er Jahre – widerlegte somit das grundsätzliche Argument des PQ, wonach Quebec innerhalb der bestehenden föderalen Institutionen seine Interessen nicht erfolgsversprechend vertreten konnte.

Zudem zeigten sich bereits früh moderate Erfolge des PQ bei der Dezentralisierung des kanadischen Bundesstaates, wenngleich diese weniger eine Konsequenz quebecer Politik waren, als eine Reaktion Ottawas auf die fiskalpolitischen Ungleichgewichte innerhalb des Bundesstaates. Diese wollte die Regierung Pierre E. Trudeaus beseitigen. Deshalb verabschiedete sie 1977 das Gesetz zum *Established Programs Financing (EPF)*, welches die Finanzierung gemeinsamer Programme von Bund und Provinzen neu regelte und dabei zwei zentrale Punkte verfolgte. Erstens wollte Trudeau verhindern, dass sich eine Art Sonderstellung für Quebec innerhalb des föderalen Systems ergibt, da die Provinz aus den meisten gemeinsam finanzierten Programmen ausgestiegen war. Zweitens musste der Bund seine Ausgaben besser kontrollieren und wollte durch das EPF eine Entkoppelung der eigenen Ausgaben von denen der Provinzen in den gemeinsam finanzierten Programmen erreichen. Letztlich ermöglichte die Regierung Trudeau allerdings die Dezentralisierung des Finanzföderalismus durch den Übergang von *conditional grants* zu einfachem *block funding*. Zwar stand die Regierung Lévesque dem Vorhaben ablehnend gegenüber, da der Bund weiterhin durch seine *spending power* in die Kompetenzbereiche der Provinzen eingreifen konnte und die Provinzen weiterhin von den Zuwendungen Ottawas abhängig waren. Dennoch war das EPF ein erster wichtiger Schritt in der Dezentralisierung des Finanzföderalismus und ermöglichte den Provinzen mehr Autonomie und Handlungsmöglichkeiten (Milne 1986, S. 172f., 177).

Die Referendumsdebatte

Zur selben Zeit war die politische Debatte vom Unabhängigkeitsreferendum und dessen mögliche Auswirkungen auf die Provinz bestimmt. Dabei handelte die Diskussion davon, was mit *souveraineté politique* im Kern gemeint war. Die liberale Opposition in der Nationalversammlung warf der Regierung Lévesque separatistische Bestrebungen vor. Dieser antwortete Ende 1976 in der Nationalversammlung folgendermaßen:

> „D'abord le mot 'séparation' et son corollaire [...] le mot 'séparatisme', n'est pas précisément celui que nous aimons [...] On a toujours rejeté ce vocabulaire [...] C'est évident qu'il y a une part de séparation qui est impliquée au point de vue politique. Quand on parle de souveraineté, cela veut dire forcément que le Québec sera en charge de ses impôts, de ses taxes, de son budget, budget de l'An X, de tous ses pouvoirs [...] tout l'essentiel de la souveraineté politique, l'indépendance si l'on veut." (Assemblée nationale 1976b, S. 162)

Damit befand sich Lévesque auf dem Boden der ursprünglichen Ziele des MSA, welche er 1967 zusammengefasst hatte. Das Ziel des PQ ist die politische Unabhängigkeit Quebecs bei gleichzeitiger ökonomischer Partnerschaft mit dem Rest Kanadas (Lévesque 1977) und damit das, was Michael Keating unter *devolution-max* verstehen würde (Keating 2012b). Es ist hierbei kein Zufall, dass Lévesque immer wieder die Europäische Wirtschaftsgemeinschaft als Vorbild nannte. Das Weißbuch der Regierung zur *souveraineté-association* greift ebenfalls auf dieses, wie auf andere Beispiele, zurück (Gouvernement du Quebec 1979, S. 52f.)

In der darauffolgenden Debatte spezifizierte die Regierung das Konzept der *souveraineté-association* weiter aus. Dies begann mit einer Erklärung Lévesques in der Nationalversammlung im Oktober 1978.

> „Si nous avons choisi, dès le départ, ce nom composé, c'est pour bien marquer le double objectif de notre démarche. Il n'est pas une question dans notre esprit d'obtenir d'abord la souveraineté et de négocier l'association par la suite. Nous ne voulons pas briser, mais bien transformer radicalement notre union avec le reste du Canada afin que dorénavant nos relations se poursuivent sur la base d'une égalité pleine et entière. *La souveraineté et l'association devront donc se réaliser sans rupture et concurremment*, après que les Québécois nous en auront donné le mandat par voie de référendum." (Assemblée nationale 1978, S. 2889; Hervorhebung des Autors)

Hier stellte Lévesque zum ersten Mal öffentlich klar, dass die Frage nach der *souveraineté-association* nicht ein Entweder-oder sei. Es ging nicht darum, entweder die Souveränität Quebecs zu erreichen oder eine bessere wirtschaftliche und politische Union. Gleichzeitig sei das Ziel nicht, zuerst die Souveränität zu erreichen und dann über eine ökonomische Union zu verhandeln. Beide Teile der *souveraineté-association* gehörten unvermeidlich zusammen und müssten deshalb Hand in Hand umgesetzt werden.

Dieses Konzept der Gleichzeitigkeit wurde über das Jahr 1979 hinweg in weiteren Partei- und Regierungsdokumenten dargelegt und verteidigt. Der PQ nutzte es in seinem Policy-Papier zur Souveränität und zu einer zukünftigen Union mit Kanada im Februar 1979 (Parti québécois 1979). Im Juni 1979 änderte der PQ auf seinem Parteitag das Programm dahingehend ab, dass es mit diesen Grundprinzipien der *souveraineté-association* zu vereinbaren war. Zudem schrieb die Partei ein zweites Referendum für den Fall fest, dass sich der Bund oder die anderen Provinzen nach einem erfolgreichen ersten Referendum weigern würden, mit Quebec zu verhandeln. „Dans l'éventualité où, à l'encontre de ses propres intérêts, le Canada anglais refuserait toute forme d'association équitable, le gouvernement du Québec s'engage à revenir consulter les Québécois pour leur demander un autre mandat" (Parti québécois 1980a, S. 5). Somit wurden sämtliche Verweise auf unilaterale Vorgehensweisen aus dem Programm gestrichen und die Referenden mit spezifischen Mandaten versehen.

Anfang November 1979 veröffentlichte die Regierung Quebecs dann das Weißbuch zum geplanten Referendum. Darin wurde Souveränität als „le pouvoir de décider soi-même, sans être soumis, en droit, à aucun pouvoir extérieur ou supérieur" (Gouvernement du Quebec 1979, S. 54) definiert. Somit bedeutet Souveränität das Recht Steuern zu erheben und jegliche Art von Gesetze zu verabschieden. Dennoch könne ein Staat aus freiem Willen Souveränität an eine andere Ebene abtreten (ebd.). Dies beabsichtigte die Regierung Lévesque für den Bereich der Wirtschaftspolitik zu tun. So sollte die *association* mit dem Rest Kanadas auf einer Zoll- und Währungsunion mit einem gemeinsamen Markt beruhen (ebd., S. 56f.). Hier wird wieder deutlich, wie sehr die Europäische Wirtschaftsgemeinschaft als einer der Ideengeber für die quebecer Independentisten diente.

Das Konzept der *souveraineté-association* beruhte jedoch auf dem Paradox, das auch das Weißbuch und sämtliche andere Dokumente nicht lösen konnten. Wie Gilles Bourque treffend formulierte, schließen sich Souveränität und Assoziation gegenseitig aus.

> „How can formal sovereignty and economic association be reconciled, since the latter, in this day of the Keynesian state, demands a centralized management of the numerous

> mechanisms for economic intervention? Without the delegation of power to an authority common to both associate states, there can be no association. But given such delegation, there can be no sovereignty – even formal." (Bourque: 1984, S. 129)

Der PQ beabsichtigte hier einerseits den ökonomischen Realitäten der zunehmenden Globalisierung mit der Idee der *association* Rechnung tragen, aber gleichzeitig auch die Souveränität der Provinz einzufordern. Formale Unabhängigkeit und gemeinsame Institutionen zur wirtschaftlichen Intervention in die Gesellschaft schließen sich aus. *Souveraineté* kann deshalb nur „Handlungsfähigkeit" bedeuten, welche ein quebecer Staat für sich beanspruchen würde.

Die Begründung, warum die Souveränität für Quebec unabdingbar sei, stand vor dem Referendum im Mai 1980 im Zentrum der Debatte. Für den PQ und die Independentisten war die Antwort auf die Frage nach dem „Warum" eindeutig. Der kanadische Bundesstaat war aus ihrer Sicht nicht in der Lage, die Forderungen Quebecs zu erfüllen und deshalb könne die Provinz nicht ihre eigenen Vorstellungen einer quebecer Gesellschaft verwirklichen. (Parti québécois 1979; Gouvernement du Quebec 1979, S. 15ff.). Dies legten zwei Abgeordnete des PQ 1978 in einer ersten ausführlichen Schrift zur Souveränität mit dem Titel *L'Option* dar (Charbonneau und Paquette 1978).

Die liberale Oppositionspartei versuchte unter ihrem neuen Parteiführer, dem früheren Chefredakteur von *Le Devoir* Claude Ryan, im *livre beige* eine eigene Vision für die Zukunft Quebecs innerhalb eines *fédéralisme renouvelé* aufzuzeigen. Diese Art von Föderalismus geißelte die PQ-Regierung im Weißbuch als idealistische Utopie. Deshalb müssten die Quebecer ihr Schicksal in die eigene Hand nehmen (Gouvernement du Quebec 1979, S. 35ff.). Die Liberalen zeichneten jedoch ein positiveres Bild des kanadischen Föderalismus, obschon sie ebenfalls Reformen forderten. Das politische System Kanadas müsse weiter dezentralisiert und der besondere Status Quebecs festgehalten werden (Parti libéral du Québec 1980). Das *livre beige* wurde in weiten Teilen Kanadas skeptisch betrachtet, wenngleich es als Brücke zwischen den Vorstellungen der quebecer Regierung und der Bundesregierung gelten konnte (Bell und Wallace 1982, S. 39).

Die Independentisten spekulierten darauf, dass sich mit der Wahl[51] einer konservativen Bundesregierung unter Joe Clark im Mai 1979 die Politik Ottawas

---

51 Die neue Regierung unter Premierminister Clark errang nur eine relative Mehrheit von 136 der 282 Sitze im Unterhaus und war auf die Unterstützung der *Social Credit Party* angewiesen, die alle ihre Sitze in Quebec mit Unterstützung des PQ gewinnen konnte.

ändern und die quebecer Bevölkerung von Kanada weiter abwenden würde. Zudem war mit Pierre E. Trudeau der größte Widersacher einer Unabhängigkeit abgewählt worden, obwohl die Liberalen in Quebec mit Abstand die meisten Sitze errungen hatten. Allerdings konnte Trudeau nach den vorgezogenen Neuwahlen bereits im Februar 1980 mit einer absoluten Mehrheit an die Spitze der Bundesregierung zurückkehren. Er stützte sich auf ein sehr starkes Ergebnis in Quebec, wo die Liberalen 68,2 Prozent der Stimmen und 74 der 75 Sitze gewannen. Die Referendumskampagne entwickelte sich somit nach außen zu einem Zweikampf zischen Trudeau und Lévesque. Dabei geriet Letzterer zunehmend in die Defensive.

Der PQ hatte bei der Debatte um die *souveraineté-association* einen entscheidenden, strategischen Fehler begangen. Die Partei hatte beide Begriffe untrennbar miteinander verlinkt. Somit konnte es keine Unabhängigkeit ohne eine wirtschaftliche Partnerschaft geben. Da Ottawa allerdings Verhandlungen ausschloss, war das Drohpotential einer unilateralen Abspaltung nicht mehr vorhanden. Die Regierung Lévesque müsste sich vielmehr ein neues Mandat seiner Bürger besorgen. Wie stumpf die Waffen der Unabhängigkeitsbefürworter geworden waren, zeigte sich an der Referendumsfrage, welche Lévesque im Dezember 1979 in der Nationalversammlung vorstellte. Demnach bräuchte es nach den Verhandlungen über eine *association* ein weiteres Referendum über das erzielte Ergebnis (Assemblée nationale 1979, S. 4808), obwohl dieses Referendum vom PQ ursprünglich nur für ein Scheitern der Verhandlungen vorgesehen war. Die Regierung schraubte die Ziele des Referendums somit immer weiter zurück, um nur eine Mehrheit für ein erstes Mandat erringen zu können.

In der politischen Debatte verwiesen die Gegner des Referendums immer wieder auf die Fehleinschätzungen der Regierung Lévesque. Sowohl Claude Ryan (Le Devoir, 14.04.1980) als auch Pierre E. Trudeau (Le Devoir, 16.04.1980) stellten klar, ein Ja-Votum würde zu einer politischen Krise führen, da Ottawa nicht verhandeln würde. In der Nationalversammlung schlug Ryan zudem den gleichen Ton an wie Trudeau. Man müsse *NON* sagen zur Regierung Quebecs und *OUI* zu einem *fédéralisme renouvelé* (Assemblée nationale 1980, S. 5848). Die Unabhängigkeit, welche de facto gar nicht auf dem Stimmzettel stand, wurde als Schreckgespenst dargestellt. Lévesque musste noch am Tag vor dem Referendum klarstellen, dass es bei der Abstimmung nur um ein Mandat für Verhandlungen mit Ottawa und den anderen Provinzen ging und nicht um die Unabhängigkeit Quebecs (Le Devoir, 19.05.1980a). Die Gegner der Unabhängigkeit hatten das

Referendum „gekapert“ und die abschreckenden Zukunftsszenarien in der Debatte erfolgreich platziert. Hier stand die ökonomische Frage im Zentrum.

Bereits nach der Wahl des PQ hatte man darüber diskutiert, ob die Unabhängigkeit wirtschaftlich vorteilhaft für die Provinz sei oder nicht (siehe unter anderem Tellier 1977). Zum damaligen Zeitpunkt war die quebecer Wirtschaft noch stark in den kanadischen Markt integriert gewesen und der Handel verlief vorrangig zwischen Ost und West und nicht in Richtung Süden in die USA. Während des Referendums nutzten die Gegner der Unabhängigkeit ökonomische Argumente, um den Quebecern mögliche Gefahren darzustellen. Der Nutzen und die Kosten der Unabhängigkeit – ein Argument, welches Sorens (2008) sowie Meadwell und Martin (1996) in ihren Arbeiten immer wieder betont haben – wurden ausführlich erörtert. Der Energieminister der liberalen Bundesregierung, Marc Lalonde, argumentierte, dass bei einer Unabhängigkeit die Energiekosten in Quebec stark ansteigen würden, weil die Provinz nicht mehr auf billiges Öl aus Kanada zugreifen könne. Die Steuerlast für eine Durchschnittsfamilie würde zudem um etwa 1250 CAD zunehmen (Le Devoir, 17.04.1980, 23.04.1980). Der ehemalige Premier Jean Lesage setzte ebenfalls bei der Steuerpolitik an. Um das Level an staatlichen Leistungen und die notwendigen Kosten ehemals bundesstaatlicher Kompetenzen wie dem Kindergeld oder der Armee stemmen zu können, müsste die steuerliche Belastung um 20 bis 30 Prozent erhöht werden (Le Devoir, 19.05.1980b). Problematisch war, dass die tiefgreifenden und strukturellen Probleme der „ökonomischen Peripheralisierung“ (Gagnon und Montcalm 1990; Gagnon 1991b, S. 170ff.) Quebecs in der Debatte um das Referendum nicht aufgegriffen wurden, sondern nur eine oberflächliche Diskussion geführt wurde (Bernier 1980). Letzten Endes drehte sich die Referendumskampagne im Frühjahr 1980 primär um zwei zentrale Themen: 1) Die Aussagen Trudeaus, dass es keine Verhandlungen bei einem Ja-Votum geben werde, sondern nur bei einem klaren Nein und 2) die wirtschaftlichen Folgen einer Unabhängigkeit für die Provinz.

Die Unabhängigkeitsgegner konnten sich letztlich mit einem klaren Ergebnis von 59,56 Prozent gegenüber den Befürwortern mit 40,44 Prozent durchsetzen. Dies führte jedoch nicht zur politischen Bedeutungslosigkeit des PQ. Der Wahlsieg der Partei bei den Provinzwahlen im Mai 1981 war ein deutlicher Beleg dafür, dass die Wählerkoalition aus Mitgliedern der *nouvelle classe moyenne* und den jüngeren Quebecern zwischen 18 und 34 Jahren zwar nicht ausreichen mag, um ein Referendum über die Unabhängigkeit zu gewinnen, aber gleichzeitig groß genug war, um die Wahlen zur Nationalversammlung für sich entscheiden zu können. Der PQ war mit dem Versprechen angetreten, in der folgenden Legislaturperiode kein Referendum abzuhalten und sich vielmehr auf die Wirtschaftspolitik und die Verteidigung der quebecer Interessen in den laufenden Verhandlungen mit dem Bund und den anderen Provinzen zu konzentrieren. Der PLQ wurde gleichzeitig als verlängerter Arm Trudeaus charakterisiert. Der Sieg René Lévesques war nicht von vornherein absehbar gewesen, zumal die Liberalen unter Claude Ryan eine Reihe von Nachwahlen gewonnen hatten. Der PQ holte über 49 Prozent der Stimmen und der PLQ etwas mehr als 46 Prozent. In der Wahl von 1981 verloren die letzten kleineren Parteien ihre Sitze in der Nationalversammlung und es etablierte sich zum ersten Mal nach 1970 ein Zweiparteiensystem.

Die Wählerkoalition, die dem PQ zum Sieg verhalf, setzte sich aus frankophonen Wählern zusammen. Je höher der Bildungsgrad, desto eher wählten Frankophone den PQ. Außerdem war die Zustimmung zum PQ bei Angestellten des öffentlichen Dienstes um 10 Prozentpunkte höher als bei Arbeitern in der Privatwirtschaft. Alter war ebenfalls eine wichtige Variable bei der Begründung des Wahlverhaltens. Vor allem die Jahrgänge zwischen 1945 und 1959 der frankophonen Bevölkerungsmehrheit wählten zu über 82 Prozent den PQ (Blais und Nadeau 1984a, S. 287). Dies war die Gruppe an frankophonen Quebecern, die während der *révolution tranquille* der 1960er und 1970er Jahre politisch sozialisiert worden war, eine eigene Generation im Sinne Mannheims geformt hatte und die Basis des PQ als *Parti générationnel* stellte. Diese Gruppe deckte sich in etwa mit dem Lager der Befürworter im Unabhängigkeitsreferendum von 1980 (Blais und Nadeau 1984b, S. 326ff.). Die liberale Partei Quebecs wurde hingegen vornehmlich von älteren Quebecern gewählt und etwa ein Drittel der Wählerschaft bestand 1981 aus anglophonen Quebecern (Bernard und Descôteaux 1981, S. 170).

Somit konnte sich der PQ während seiner beiden Wahlsiege und des Referendums auf die Koalition der *révolution tranquille* verlassen. Die *nouvelle classe moyenne* hatte die Partei als Vertreterin ihrer Interessen ausgemacht, da der PQ die Wirtschaftspolitik der 1960er und frühen 1970er Jahre fortsetzen und den Ausbau des aktiven Staates voranbringen wollte. Dabei trifft zu, was Elias und Tronconi (2011a; 2011b) im Kontext anderer Minderheitsparteien analysierten. Sobald derartige Parteien in Regierungsverantwortung gelangen, sind sie denselben Problemen ausgesetzt wie andere Parteien: Sie müssen ihre Forderungen moderater gestalten, ihre Wiederwahl sicherstellen und innerhalb eines institutionellen Systems agieren, das sie zum Teil oder in Gänze ablehnen. Letzteres stellte die größte Herausforderung für den PQ dar. Die Regierung Lévesque arbeitete als *bon gouvernement* in mehreren Bereichen, wie etwa der Einwanderung, erfolgreich mit dem Bund zusammen, stellte aber bei jeder Gelegenheit klar, dass das föderale politische System die Forderungen Quebecs nicht befriedigen könne.

Die Provinzwahl vom Mai 1981 zeigte somit noch einmal deutlich, wie attraktiv die Politik des PQ und sein Gesellschaftsprojekt für viele frankophone Quebecer gewesen sind. Damit schaffte es die Partei, etwa acht Prozent mehr Zustimmung zu erhalten als das Ja-Lager beim Referendum ein halbes Jahr zuvor. Die Verknüpfung dieser Art von Politik und der Vision einer besseren Gesellschaft mit dem Projekt der Unabhängigkeit war das Ziel Lévesques. Deshalb war die Strategie des *étapisme* und des *bon gouvernement* während der ersten Regierungsperiode von so elementarer Bedeutung gewesen.

4.2 Der Aufstieg der *bourgeoisie d'affaires*

Ein zentraler Faktor für die Niederlage des PQ im Referendum ist im Aufstieg einer Gruppe zu finden, die sich aus Personen der sich etablierenden frankophonen, quebecer Geschäftselite, der *bourgeoisie d'affaires*[52], zusammensetzte. Historisch gesehen hatte es in Kanada vor allem im Bankensektor und bei den Versicherungsunternehmen schon längere Zeit eine franko-kanadische *bourgeoisie d'affaires* gegeben. Diese Institutionen waren jedoch im Vergleich zu den großen anglo-kanadischen Unternehmen in diesen Sektoren eher klein. Innerhalb Quebecs fand sich eine spezifisch quebecer *bourgeoisie*, welche in ihrem Kern jedoch nicht rein frankophon gewesen ist, sondern auch wichtige britische und jüdische Wurzeln hatte. So kontrollierten etwa Anglophone noch Anfang der 1990er Jahre große Teile des quebecer Bankensektors (Forcese 1997, S. 84). Über die Zusammensetzung und Bewertung dieser speziellen quebecer *bourgeoisie* – besonders im Vergleich zu ihrem (franko-)kanadischen Gegenpart und im Verhältnis von Staatskapitalismus und Privatwirtschaft – wurde in den 1970er und 1980er Jahren viel diskutiert (siehe dazu Bourque 1984; Fournier 1978, 1981; Niosi 1980, 1984).

[52] Für diese Gruppe finden sich in der Literatur auch viele andere Bezeichnungen. Balthazar (1994, S. 37) nannte sie zum Beispiel „leaders de l'entreprise privée" und „la classe des nouveaux entrepreneurs québécois."

Wohingegen etwa Pierre Fournier eine spezifisch frankophone quebecer *bourgeoisie* zu erkennen vermochte, sah Jorge Niosi vielmehr eine franko-kanadische *bourgeoisie*, welche gut im Gesamtsystem integriert war und sich nicht auf Quebec beschränken ließ. Unabhängig davon fand sich in Quebec eine frankophone *bourgeoisie d'affaires*, welche ab den späten 1960er Jahren zunehmend an politischen Einfluss gewann (vgl. Tabelle 4.1).

Tabelle 4.1: Auswahl an Akteuren der frankophonen *bourgeoisie d'affaires* in Quebec

Personen/Familien	**Firmen/Industriezweige**
Brillant-Familie	York Lambton Corporation
De Gaspé Beaubien, Phillipe (1968)	Télémédia (Radio/Print)
DeSève, Joseph-Alexandre (1961)	Télé-Métropole (Fernsehsender)
Desmarais, Paul	Power Corporation of Canada
Dutil-Familie (1960)	Canam Group (Stahlproduzent)
Francoeur, Jacques	Unimédia (Medien)
Hamel, Alfred	Québecair (Transportsektor)
Joseph-Armand Bombardier (1941)	Bombardier (Fahrzeughersteller)
Lemaire-Familie (1964)	Cascades (Papierproduzent)
Lévesque, Jean-Louis	Lévesque, Beaubien Inc. (Wertpapierhändler)
Parizeau-Familie	Sodarcan (Versicherung)
Péladeau, Karl (1950)	Quebecor (Medien)
Perron, Henri (1973)	Normick Perron inc. (Holzindustrie)
Pouliot, Jean (1979)	CFCF (Fernsehen)
Tardif-Familie	Groupe Prêt et Revenu (Versicherung)
Turmel, Antoine (1970)	Provigo (Nahrungsmittel)

Quelle: Eigene Darstellung

Die Macht der *bourgeoisie d'affaires* darf allerdings nicht überschätzt werden. Diese Gruppe umfasste eine begrenzte Anzahl von Personen und Unternehmen, deren Macht beschränkt war (Niosi 1984, S. 197). Wie auch bei der *nouvelle classe moyenne* handelte es sich hier nicht um eine Mehrheit der quebecer Bevölkerung, sondern um eine sehr gut organisierte Minderheit. Die *bourgeoisie d'affaires* entschied sich in den 1960er Jahren ihre Organisation zu verbessern und so schlossen sich im Jahr 1969 die meisten großen quebecer Arbeitgeberverbände der verschiedenen Wirtschaftssektoren mit Ausnahme der Handelskammern im *Conseil du patronat du Québec* (CPQ) zusammen. Dadurch entwickelte sich dieses zum gemeinsamen Sprachrohr der meisten Arbeitgeber gegenüber der Politik.

Das CPQ wurde als Interessenvertretung des ausländischen (Monopol-)Kapitals gesehen, da multinationale Firmen einen Großteil der Kosten trugen. Dennoch waren auch frankophone Geschäftsinteressen vertreten und selbst *Hydro Quebec* gehörte in den Anfangsjahren zu den Geldgebern des CPQ. Der Großteil des frankophonen Kapitals befand sich in den *petites et moyennes entreprises* (PME), die sich in den regionalen Handelskammern organisierten (Fournier 1976, S. 59, 64f.). Mit der aufkommenden Freihandelsdebatte und der wirtschaftlichen Globalisierung wurde die politische Diskussion darüber, woher die Finanzierung stammte – ob aus nationalen oder internationalen Quellen – allerdings immer unwichtiger und die alten Fronten verschwanden zusehends (Bélanger 1998, S. 180f.).

Der private Sektor trat in Form des CPQ und der Handelskammern immer häufiger skeptisch gegenüber den Plänen der Technokraten und der staatlichen Bürokratie auf. Grund dafür war die aus Sicht der Wirtschaftsvertreter extensive Umverteilungspolitik des quebecer Staates. Die zunehmende Nationalisierung von Wirtschaftszweigen betrachtete die Privatwirtschaft als negativ für ihre Interessen, da verstaatlichte Firmen zum Teil steuerliche Vorteile genossen. Zudem sympathisierten die Gewerkschaften mit den Technokraten, da Letztere einen wichtigen Teil der Mitglieder stellten und die Gesetzgebung zugunsten der Arbeitnehmer beeinflussten. Laut Peter Graefe (2004) veränderte sich die ideologische Haltung des CPQ in Bezug auf den Staat zu Beginn der 1980er Jahre jedoch grundlegend. Hatte das CPQ in den 1970er Jahren noch ganz spezifisch den Schutz von Privateigentum vor den Eingriffen des Staates und eine geringere Umverteilungslast als Hauptziel, so setzte sich ab den frühen 1980er Jahren eine klar neoliberale Haltung durch, die eine Rolle des Staates in der Wirtschaft insgesamt ablehnte und auf dessen Rückbau ausgelegt war.

Wie aber lässt sich der schnelle Aufstieg der frankophonen *bourgeoisie d'affaires* zu Beginn der 1980er Jahre in Quebec begründen? Das frankophone Kapital profitierte erstens vom generellen Aufschwung der kanadischen Wirtschaft in den unmittelbaren Nachkriegsjahren des Zweiten Weltkriegs sowie zweitens von den Erfolgen der *révolution tranquille*. Hinzu kam drittens die seit Beginn der 1940er Jahre stetige Zunahme der verfügbaren Einkommen innerhalb der Provinz, viertens das Entstehen neuer Wirtschaftssektoren – und hier vor allem im Bereich der Dienstleistungen – und schließlich fünftens der Staatsinterventionismus der 1960er und 1970er Jahre (Niosi 1980, S. 57f.). Die wichtige Rolle des aktiven Staates für die zunehmende Expansion frankophoner Unternehmen und für deren

Wettbewerbsfähigkeit gegenüber den großen anglo-kanadischen und US-amerikanischen Firmen darf nicht unterschätzt werden. Durch die Verstaatlichung von Firmen und durch die Investitionen der CDPQ und der SGF in regionale Unternehmen stärkte der Staat die Eigentümerschaft quebecer Firmen durch frankophone Quebecer. All dies war Teil eines Projektes, welches in der quebecer Gesellschaft *Quebec inc.* genannt wurde. Ziel war es, zur Stärkung des Provinz-Staates einen keynesianischen Wohlfahrtsstaat zu errichten, der dem Leitbild des *entrepreneurial state* entsprach, in seinem Kern liberal-korporatistisch organisiert war und eine aktive und umfassende Wirtschafts- und Sozialpolitik umsetzen sollte. Dafür war die Bündelung öffentlicher und privater wirtschaftlicher Kräfte notwendig (Bélanger 1994, S. 1; Schneider 1994, S. 82, 1997a, S. 177). Dieses Modell ermöglichte die Stärkung des frankophonen Wirtschaftssektors, der allerdings weiterhin auf den Staat angewiesen war.

Die *bourgeoisie d'affaires* hatte somit zu Beginn der *révolution tranquille* – ebenso wie die *nouvelle classe moyenne* – ein starkes Interesse an einer aktiven Wirtschaftspolitik der quebecer Provinzregierungen, da sie von dieser Politik profitierte. Bis Mitte der 1970er Jahre konnte sich dadurch eine starke frankophone Geschäftselite etablieren, die jedoch nicht ausschließlich *québécois* war, sondern zum Teil auch franko-kanadisch. Dazu zählten Paul Desmarais (*Power Corporation of Canada*), im Mediensektor unter anderem Pierre Péladeau (*Quebecor*), im Industriesektor der Maschinenbauer *Bombardier*, die Bauunternehmen *Lavalin* und *SNC* sowie im Lebensmittelsektor seit Beginn der 1970er Jahre *Provigo*. Auch das *mouvement cooperative* erlebte zu dieser Zeit einen Aufschwung. Dazu gehörten etwa im Bankensektor das *Mouvement Desjardins* und das Versicherungsunternehmen *SSQ*.

In dem Maße, wie die Stärke der frankophonen Privatwirtschaft zunahm und die Unternehmen wuchsen, konnte der Sektor unabhängiger agieren, da er nicht mehr auf zusätzliches Kapital des Staates angewiesen war. Mitte der 1970er Jahre hatten frankophone Unternehmen eine Größe erreicht, die es ihnen erlaubte, auf dem gesamtkanadischen und internationalen Markt zu bestehen (Niosi 1983). Diese neuen frankophonen Unternehmen hatten ein großes Interesse daran, in einer globalisierten Welt neue Märkte zu erschließen und sich dem Wettbewerb mit den anglo-kanadischen und internationalen Konkurrenten zu stellen.

Ein weiterer Grund für den Aufstieg dieser großen Unternehmen, aber auch von zahlreichen PME innerhalb Quebecs, lag an den sich ändernden Strukturen der kanadischen und quebecer Wirtschaft. Bereits in den 1950er und 1960er Jahren wanderte das kanadische Großkapital auf Grund der Verschiebung des ökonomischen Zentrums in Richtung Westen nach Toronto ab. Dieser Trend verstärkte sich in den 1970er Jahren und erreichte mit der Regierungsübernahme durch den PQ und den Umzug von *Sun Life Financial* von Montreal nach Toronto im Jahre 1978 einen symbolischen Höhepunkt. Zugleich fand durch die Investitionen des Staates und der frankophonen Unternehmen eine *francophonisation* des verfügbaren Kapitals innerhalb Quebecs statt (Bélanger und Fournier 1987). Die PME profitierten vom Wegzug vieler anglo-kanadischer Firmen aus Quebec – primär aus Montreal – und von dem Leerraum, den diese Unternehmen hinterließen. Die Rückeroberung der quebecer Wirtschaft (*la reconquête économique*) kam daher in den 1980er Jahren erfolgreich voran. Zudem erschlossen frankophone Unternehmen neue Industriezweige wie zum Beispiel die neuen Informationstechnologien und etablierten sich im Dienstleitungssektor.[53]

Durch diese Entwicklung trennten sich die Wege der beiden Gruppen und ab den 1980er Jahren standen sich die *bourgeoisie d'affaires* und die *nouvelle classe moyenne* mit unversöhnlichen Positionen gegenüber. Einerseits forderte Letztere – und hier vor allem die Technokraten des öffentlichen Dienstes und die frankophonen Intellektuellen – die Souveränität beziehungsweise die Unabhängigkeit Quebecs und eine aktive Rolle des Staates, da sie darin die Chance für die Ausweitung ihrer Einflussmöglichkeiten erkannten. Andererseits etablierte sich die *bourgeoisie d'affaires*, die für die Durchsetzung ihrer wirtschaftlichen Interessen kein unabhängiges Quebec benötigte, sondern die Chancen für die Zukunft der Provinz und für die Verbesserung ihrer eigenen Stellung in einer Öffnung der nationalen und kontinentalen Märkte sah. Spätestens zu Beginn der 1980er Jahre schickte sich die *bourgeoisie d'affaires* daher an, die dominante Stellung der *nouvelle classe moyenne* zu unterminieren.

Die Stärkung der *bourgeoisie d'affaires* hatte somit grundlegende Konsequenzen für die Politik Quebecs. So wie in den 1960er und 1970er Jahren die *nouvelle classe moyenne* die Politik Quebecs dominierte, gewann nun laut Dominique Clift

53 Wohingegen zu Beginn der *révolution tranquille* nur etwa 47 Prozent der quebecer Arbeitnehmer für Firmen unter Kontrolle von frankophonem Kapital gearbeitet hatten, stieg diese Zahl bis zum Jahr 1987 auf 60 Prozent der Arbeitnehmer (Fournier 1990, S. 98) und zu Beginn der 1990er Jahre auf etwa 65 Prozent an (Forcese 1997, S. 84). Die Quebecer wurden damit ab den 1980er Jahren im Bereich der Wirtschaft langsam aber beständig zu *maîtres chez eux*.

(1982) die *bourgeoisie d'affaires* ab den 1980er Jahren mehr an politischen und gesellschaftlichen Einfluss. Mit den wirtschaftlichen Problemen der frühen 1980er Jahre wurde „la crise d'une hégémonie" (Le Devoir, 16.12.1982), wie es der liberale Abgeordnete und spätere Minister, Richard D. French, mit Blick auf das Projekt der *nouvelle classe moyenne* bezeichnete, deutlich. Die *bourgeoisie d'affaires* setzte an, ihr eigenes hegemoniales Projekt zu implementieren und einige bedeutende Errungenschaften der *révolution tranquille* zurückzudrehen. Dabei erwartete sie die volle Unterstützung der quebecer Technokraten, der Intellektuellen und der Politiker (Clift 1982, S. 126).

Die zwei zentralen Konfliktlinien, die sich zwischen den beiden Gruppen öffneten, verliefen dabei im Spannungsfeld zwischen Regulierung vs. Deregulierung und Unabhängigkeit vs. wirtschaftlicher Integration.[54] Mit Blick auf die politische Ausrichtung der beiden Gruppen stellen Pinard und Hamilton fest, dass die *nouvelle classe moyenne* bestehend aus einer „opinion-oriented middle class" oder „intelligentsia" den PQ unterstützte, wohingegen die sogenannte „market-oriented middle class" – also die aufsteigende *bourgeoisie d'affaires* – politisch viel eher den Liberalen zugeneigt war (Niosi 1980, S. 75; Pinard und Hamilton 1981, S. 44f., 1982, S. 221f.). Die Vorstellungen der *bourgeoisie d'affaires* stellten somit einen direkten Angriff auf die *nouvelle classe moyenne* und das Unabhängigkeitsprojekt Quebecs dar.

Dies führte gegen Ende der 1970er und in den 1980er Jahren zu einer paradoxen Situation. Je mehr die quebecer Wirtschaft einen frankophonen Charakter annahm und die Ziele der *révolution tranquille* hinsichtlich der wirtschaftlichen Selbstbestimmung erreicht wurde, umso mehr nahm der Widerstand der Wirtschaft gegen die als negativ empfundene Unabhängigkeit zu. Dies liegt daran, dass der größte Teil der frankophonen *bourgeoisie d'affaires* dem Föderalismus gegenüber positiv eingestellt war, somit die Liberalen unterstützte und auf Grund ihrer strategischen Firmenausrichtung – sie investierten ihr Kapital und verkauften ihre Produkte in ganz Kanada – pankanadisch dachte (Gagnon und Montcalm 1990, S. 120ff.; Niosi 1980, S. 75, 85f., 1984, S. 197f.). Sie erkannten die Vorteile, die ein gemeinsamer Markt lieferte und forderten von der politischen Führung der Provinz die wirtschaftliche Integration des kanadischen Marktes voranzutreiben. Diese

---

54 Anders formuliert verlief der Konflikt in Quebec – wie auch in Kanada als Ganzes – zwischen denjenigen, die die Modernisierung durch Nation-building vorantreiben wollten und denjenigen, die diese durch eine neo-liberale Kontinentalintegration erreichen wollten.

Option sollte die aus ihrer Sicht mögliche wirtschaftliche Isolation eines unabhängigen Quebecs verhindern. Diese Isolation würde eintreten, weil auf Grund der Weigerung Ottawas, mit einem unabhängigen Quebec zu verhandeln, die Provinz die wirtschaftlichen Vorteile des Bundesstaates verlieren könnte. Auch hier zeigt sich, dass diese Gruppe die politische Ungewissheit über die Zukunft Quebecs als Gift für den wirtschaftlichen Aufschwung ansah.

Letztlich proklamierte die *bourgeoisie d'affaires* laut Richard D. French (1985, S. 170) die wirtschaftliche Integration und den Freihandel als gegensätzliche Erzählung zum Nationalismus der Souveränisten und Independentisten (siehe Clift 1982, S. 117f.). Wirtschaftliche Integration ist aus ihrer Sicht das Mittel, um die *rattrapage* voranzutreiben und zu erreichen, das heißt die wirtschaftliche und soziale Lage der Quebecer zu verbessern und diese in die Lage zu versetzen, *maîtres chez eux* zu werden. Damit entstand zu dieser Zeit ein einflussreiches Gegenmodell zum Narrativ der *nouvelle classe moyenne*, welches propagierte, dass nur die Unabhängigkeit von Kanada die Selbstbestimmung ermöglichen würde.

Der Rest Kanadas führte in den 1980er Jahren dieselbe Debatte um Freihandel und die wirtschaftliche Entwicklung des Landes. Die von Pierre E. Trudeau 1982 eingesetzte *Commission Macdonald* legte ihren Bericht dessen Nachfolger im Amt, Brian Mulroney, 1984 vor. Darin empfahl die Kommission die Umsetzung neoliberaler Projekte wie etwa einen Ausbau des Freihandels mit den USA und eine Deregulierung der Märkte. Darüber hinaus regte die Kommission eine Reform des Wohlfahrtsstaates an, der effizienter und schlanker gestaltet werden sollte (Government of Canada 1985). Der Siegeszug neoliberaler Ideen fand somit nicht nur in Quebec, sondern auch im Rest Kanadas statt.

Diese ideologischen Kämpfe hatten reale politische Konsequenzen. Vor dem Hintergrund dieser diametral gegensätzlichen Narrative und den damit zusammenhängenden Interessenkonstellationen stand die *bourgeoisie d'affaires* im Jahre 1976 der neuen PQ-Regierung unter Lévesques ablehnend gegenüber. Der PQ verstärkte die Befürchtungen der Unternehmen durch die wirtschafts- und gesellschaftspolitische Richtung der Regierung. Bereits zu Beginn der Legislaturperiode reformierte die Regierung Lévesque die Parteienfinanzierung. So deckelte sie das Spendenlimit pro Person bei jährlich 3000 CAD. Unternehmen und Verbände durften keine Parteispenden mehr tätigen. Dadurch sollte die Macht großer Unternehmen auf die Politik eingeschränkt werden. Die Reform der Sprachengesetzgebung im *Loi 1* stieß auch auf heftigen Widerstand von Unternehmerseite. Selbst frankophone Firmen schlossen sich der Kritik an. Deshalb weichte die Regierung die Vorgaben für Privatunternehmen auf. Dies veranlasste den zuständigen Minister Camille Laurin, die Mitglieder des CPQ als „rois nègres à la solde de leurs patrons anglophones" (Le Devoir, 09.04.1977) zu titulieren. Zu diesen Gesetzesvorlagen kamen wichtige Reformen des Verbraucherschutzes und des Arbeitsrechts wie zum Beispiel das *Loi sur la santé et la sécurité au travail* und das *Loi 45* hinzu. Letzteres reformierte das Streikrecht in Quebec grundlegend. Unternehmen wurde verboten Streikbrecher einzusetzen. Gleichzeitig erhielten Arbeitnehmer das Recht auf die Rückkehr zu ihrem Arbeitsplatz nach dem Streik und durch die Einführung der *Rand Formula* wurden Beiträge zu den Gewerkschaften verpflichtend. Die Regierung verstaatlichte zudem weitere Sektoren wie die Autoversicherung und Teile der Asbestindustrie. Diese Reformen waren zum großen Teil auf die Wählerschaft des PQ zugeschnitten. Die Privatwirtschaft lehnte sie mit wenigen Ausnahmen ab.

Auf der anderen Seite investierte die neue PQ-Regierung hohe Summen in die Förderung von frankophonen PME. So stellte sie neue Regeln für staatliche und halbstaatliche Betriebe auf, wonach diese bevorzugt bei quebecer Firmen einkaufen mussten. Darüber hinaus schuf die Regierung mehrere Fonds, mit denen PME wirtschaftlich gefördert werden sollten (McRoberts 1988, S. 274). Ziel war es, die wirtschaftliche Situation der Bevölkerung zu verbessern und dadurch eben jenes *bon gouvernement* zu sein, welches ausschlaggebend für ein erfolgreiches Referendum sein sollte. Diese Strategie scheiterte daran, dass es dem PQ nicht gelang, seine Wählerkoalition auszubauen und andere Gruppen anzusprechen.

Mit der Provinzwahl von 1981 verschob sich dann die politische Achse innerhalb der Parlamentsfraktion des PQ. Das Wahlergebnis zeigt, dass die Wahlkreise, die der PQ gewann, immer weniger in den linken, urbanen Distrikten Montreals lagen, sondern zunehmend in den konservativen ländlichen Regionen der Provinz. Dadurch zogen mehrere konservative Independentisten in die Nationalversammlung ein. Zum vorläufigen Bruch mit der *nouvelle classe moyenne* kam es jedoch auf Grund der weltweiten Wirtschaftskrise von 1981/82, die auch Quebec erfasste. Bereits in den Jahren zuvor hatte sich das Wirtschaftswachstum merklich abgeschwächt und die Wachstumsraten, wie sie in den beiden Jahrzehnten nach dem Zweiten Weltkrieg erreicht worden waren, gehörten der Vergangenheit an. Die Sockelarbeitslosigkeit stieg kontinuierlich an. Diese Phänomene traten in allen westlichen Industrienationen auf und waren nicht auf Quebec beschränkt. Wie anderswo stellten Politiker und Wirtschaftswissenschaftler in Quebec zu Beginn der 1980er Jahre den Keynesianismus zunehmend in Frage. Hohe Schulden und geringe Einnahmen ließen den Regierungen kaum noch einen Spielraum zu wirtschaftspolitischer Intervention. Dies galt selbst in Zeiten eines ökonomischen Abschwungs mit hoher Arbeitslosigkeit wie etwa in den Jahren 1981/82.

In dem Maße wie der Keynesianismus unter Druck geriet, kam es zum Aufstieg des Neoliberalismus, der den schlanken Staat als Lösung für die fiskalpolitischen Probleme der westlichen Industriestaaten ansah. Mit der Regierungsübernahme durch Margaret Thatcher in Großbritannien (1979) und Ronald Reagan in den USA (1981) setzte sich diese Weltanschauung langsam aber beständig in den großen Volkswirtschaften durch. Auch in Quebec – und das ist viel erstaunlicher für eine sozialdemokratische Partei wie den PQ – ließ sich die zweite Regierung Lévesque von der neuen wirtschafspolitischen Weltanschauung leiten. Allerdings war dieser Wandel eher moderat und es dauerte bis zum Wahlsieg der Liberalen unter Robert Bourassa im Jahre 1985, bevor eine neoliberale Wirtschaftspolitik in der *Belle Province* praktiziert wurde. Auf der Bundesebene läutete der konservative Parteiführer Brian Mulroney nach seinem Wahlsieg 1984 eine neue, neoliberale Wirtschaftspolitik ein.

Die PQ-Regierung nahm also in ihrer zweiten Regierungsperiode einen zunehmend wirtschaftsfreundlichen Kurs ein, was zusammen mit den Problemen, die sich aus der finanziell angespannten Situation des Staates ergaben, ab 1982 zu Interessenkonflikten mit den Gewerkschaften des öffentlichen Dienstes führte (French 1985, S. 165). Der wirtschaftliche Abschwung ließ es nicht weiter zu, dass die Regierung den Ausbau des aktiven Staates fortsetzte. Damit schränkte sie die Macht der *nouvelle classe moyenne* nachhaltig ein und der Einfluss der *bourgeoisie d'affaires*, welche noch vom aktiven Staat lange Zeit profitiert hatte, nahm kontinuierlich zu. Laut Thomas J. Courchene wurde die Regierung nach der Wiederwahl zum „most business-oriented or market-oriented government in Canada" (Courchene 1986, S. 7). Was Courchene hier beschreibt ist der Wandel des quebecer „Staatsnationalismus" in einen „Marktnationalismus".

Dies hatte sich schon am politischen Personal der zweiten Regierung Lévesque abgezeichnet. Führende Figuren des sozialdemokratischen Flügels, wie etwa Robert Burns, Jacques Couture oder Pierre Marois, waren im Laufe der ersten Regierungsperiode von ihren Posten zurückgetreten und schieden aus der Nationalversammlung aus. Andere wie Louis O'Neill, Lise Payette oder Guy Joron hatten sich entschieden, nicht mehr zur Wiederwahl anzutreten. Die Lücke, die diese links-progressiven Akteure hinterließen, schlossen zum großen Teil konservative und wirtschaftsliberale Politiker, wie etwa der ehemaligen UN-Chef Rodrigue Biron als Minister für Industrie- und Handelsfragen oder aber Raynald Fréchette als Finanz- und später Arbeitsminister.

Diese konservativere und wirtschaftsfreundliche Ausrichtung der zweiten Regierung Lévesque schlug sich in der tatsächlichen Politik nieder. Auf Grund der schlechter werdenden finanziellen Lage versuchte die Regierung Kosten zu senken, um die Kreditwürdigkeit Quebecs bei den internationalen Geldgebern nicht zu gefährden. Der einfachste Weg dies zu erreichen war über die Senkung der Personalkosten und den Verkauf von Staatsbetrieben. Die Gewerkschaften des öffentlichen Dienstes stellten sich diesen Projekten vehement entgegen. In der großen Streikwelle von 1982/83 griff die Regierung Lévesque in einem bis dato nicht bekannten Ausmaß gegen die streikenden Staatsbediensteten durch. In mehreren Gesetzesinitiativen wurden deren Gehälter um knapp 20 Prozent gesenkt (*Loi 70*), das Streikrecht ausgesetzt (*Loi 105*) und Strafen für den Fall eines Streiks angedroht (*Loi 111*). Hinzu kam ein Einstellungsstopp beziehungsweise in einigen Fällen eine Begrenzung von Neueinstellungen im öffentlichen Dienst. Dies hatte zur Folge, dass viele Universitätsabsolventen keinen Job beim quebecer Staat finden konnten, da viele Positionen bereits von jungen Menschen besetzt waren, die noch jahrzehntelang diese Stellen innehaben würden. Aus diesem Grund mussten die Absolventen sich um Arbeitsmöglichkeiten in der freien Wirtschaft bemühen. Dies schadete der quebecer Bürokratie und ihrem Drang nach dem Erreichen der Unabhängigkeit (Clift 1982, S. 124).

Darüber hinaus gründete die Regierung Lévesque – mit Ausnahme von Quebecair – in der zweiten Regierungsphase keine weiteren Staatsunternehmen mehr. Der Fokus wurde vielmehr darauf gelegt, bestimmte Staatsunternehmen zum Teil oder in Gänze zu privatisieren oder aber aufzulösen und abzuwickeln. Die dahinterliegende Logik lautete, den quebecer Haushalt finanziell zu entlasten. Deshalb forderte die Politik Seite an Seite mit der Privatwirtschaft, dass staatliche Unternehmen profitabler wirtschaften und wie private Unternehmen Steuern an den Staat abführen sollten. Private Unternehmen hatten ein Interesse an der zunehmenden Bereitschaft der Regierung Privatisierungen durchzuführen, da sie dadurch die gewinnbringenden Teile der Staatsbetriebe aufkaufen konnten. Letztlich kamen laut Richard French (1985, S. 170) der PQ und der private Wirtschaftssektor im

Laufe der frühen 1980er Jahre immer besser miteinander zurecht. Dies lag aber eher daran, dass sich der PQ zunehmend an den Interessen der Privatwirtschaft orientierte und nicht daran, dass der private Sektor die sozialdemokratische oder independentistische Haltung der Unabhängigkeitsbefürworter adaptierte. Die *bourgeoisie d'affaires* setzte sich damit mit ihren wirtschaftlichen und gesellschaftlichen Vorstellungen politisch vorerst durch.

Auch die quebecer Sozialdemokratie und der PQ als Partei blieben von den sich verändernden wirtschaftspolitischen Realitäten und dem Wandel vom Keynesianismus zum neoliberalen Paradigma nicht unberührt. Für den PQ bedeutete dies einen Bruch mit Teilen seiner Wählerschaft und dabei vor allem mit jener im öffentlichen Dienst. Dies führte dazu, dass verschiedene Beobachter hinterfragten, ob der PQ noch eine sozialdemokratische Partei sei. Lévesque selbst zeichnete weiterhin das Bild eines sozialdemokratischen PQ, wobei er hier, wie bei der Frage der Unabhängigkeit, immer sehr vage blieb und sich dadurch anpassungsfähig zeigte. Sozialdemokratische Reformen, so Lévesque, können, wie die Unabhängigkeit, nur in Etappen erzielt werden (Bourque 1984, S. 140f.; Lévesque 1978, S. 187).[55] Die wirtschaftlichen Krisen stellten aber einen weiteren Sachverhalt klar. Der Einfluss der Privatwirtschaft auf den quebecer Staat vergrößerte sich. Dennoch blieb auf Grund der strukturellen ökonomischen Veränderungen innerhalb Kanadas und Quebecs die Wirtschaft der Provinz noch in den 1980er Jahren verwundbar (Gagnon und Montcalm 1990, S. 125). Diese Situation sorgte für eine noch größere Abhängigkeit der Politik – vor allem der Independentisten – von der quebecer Wirtschaft, da diese in einem sich strukturell wandelnden Umfeld großen Anteil am Gelingen der Reformen und am Projekt der Unabhängigkeit hatte.

---

55 Kenneth McRoberts argumentiert deshalb, dass der PQ auf Grund seiner Geschichte trotz seines Programms gar keine sozialdemokratische Partei sei, da er nicht aus der Gewerkschaftsbewegung entstanden sei (McRoberts 1988, S. 379). Darüber hinaus zeige dies die Politik der beiden Regierungen Lévesque, da der aktive Staat nicht in vollem Umfang ausgebaut wurde, das Budget im Vergleich zu anderen sozialdemokratisch regierten Staaten weniger stark anstieg und das Verhältnis mit den Gewerkschaften schwierig gewesen sei (ebd., S. 264ff.). Mit etwas längerem Abstand kommt David McGrane zu einem anderen Schluss. „Social democrats in [Quebec] have never been anti-capitalist and have always been motivated by a desire to bring all segments of society, including the business community, together to co-operate in achieving the gradual and moderate reform of society" (McGrane 2016, S. 5). Wenn man dann auf die Politikinhalte des PQ schaue, dann fanden sich dort eindeutig sozialdemokratische Inhalte wieder (ebd., S. 8). Im Lichte der 1980er Jahre ist es jedoch nachvollziehbar, dass McRoberts zu dem Ergebnis kommt, der PQ sei keine sozialdemokratische Partei mehr.

Aus diesen Ausführungen wird somit deutlich, dass spätestens zu Beginn der 1980er Jahre zwei Gruppen einen Konflikt um die zukünftige Ausrichtung der quebecer Politik und Gesellschaft austrugen. Die Technokraten der *nouvelle classe moyenne* sahen in einem aktiven Staat und der Unabhängigkeit die Möglichkeit, ihre Macht zu stärken. Durch die Unabhängigkeit sah die *bourgeoisie d'affaires* allerdings ihre Interessen gefährdet. Sie forderte die wirtschaftliche Integration Quebecs in den kanadischen und nordamerikanischen Markt. In diesem Kampf schien sich die *bourgeoisie d'affaires* durchzusetzen. Der PQ vertraute auf eine wirtschaftsfreundlichere Politik und setzte Reformen um, die auf einen Rückbau des aktiven Staates abzielten.

4.3 Die Heimholung der Verfassung und die Krise des PQ

Innerhalb der politischen Arena setzten die Akteure währenddessen den Kampf um die verfassungsrechtlichen Kompetenzen Quebecs weiter fort. Nach dem Referendum von 1980 stand die Bundesregierung unter Pierre E. Trudeau unter Zugzwang. Sie musste das vage Versprechen nach einem *fédéralisme renouvelé*, den sie nach einem klaren Sieg des Nein-Lagers versprochen hatte, umsetzen.

Der PQ war nach der Niederlage im Referendum verunsichert und versuchte, eine neue politische Linie für die Verhandlungen mit Ottawa zu finden. Der ehemalige Journalist Graham Fraser formulierte es in seiner Biografie über Lévesque überspitzt so: Die Niederlage im Referendum verwandelte den PQ von einer nationalen Bewegung in eine *provincial party* und René Lévesque in einen ganz gewöhnlichen Premier (Fraser 2001, S. 240). Die Verhandlungsposition Quebecs war geschwächt worden und der PQ sah sich im ersten Moment vermeintlich seiner *raison d'être* beraubt. Es stellte sich für die Partei und die Regierung Lévesque eine entscheidende Frage: Sollte sich die Regierung Verhandlungen verweigern, oder aber das Risiko aufnehmen, für ein mögliches Ergebnis werben zu müssen, welches die Unabhängigkeit Quebecs auf Jahre hinauszögern würde? Der PQ hätte schließlich in der Öffentlichkeit nicht gegen sein eigenes Verhandlungsergebnis opponieren können.

Der Bund sah sich folglich zunächst in einer stärkeren Position. Dies nutzte die Regierung Trudeau, um neue und umstrittene Reformen durchzusetzen, die in allen Teilen Kanadas aus unterschiedlichen Gründen abgelehnt wurden. Im Oktober

1980 etwa verabschiedete Ottawa das *National Energy Program*. Dadurch sollte die Selbstversorgung Kanadas mit Öl und Gas sichergestellt, der Profit aus den natürlichen Rohstoffen besser verteilt und die Preise für die Industrie und Verbraucher gesenkt werden. Vor allem Alberta lehnte das Programm vehement ab und sah es als Eingriff in die Kompetenz der Provinz. Auf Grund der Wirtschaftskrise von 1981/82 endete das Programm in einem Desaster. Ebenso als Folge der Krise kündigte Ottawa ohne Rücksprache mit den Provinzen im Herbst 1981 an, die Transferzahlungen an diese massiv zu kürzen.

Diese Beispiele zeigen stellvertretend, dass es sich bei der Frage nach der Erneuerung des Föderalismus nicht nur um einen Konflikt zwischen Ottawa und Quebec handelte. Auch die Provinzen des kanadischen Westens forderten Zugeständnisse von der Bundesregierung. Hier standen sich zwei Koalitionen gegenüber, wie sie in föderalen Systemen oftmals vorzufinden sind. Auf der einen Seite stand die liberale Bundesregierung unter Pierre E. Trudeau, welche einheitliche Standards und eine Zentralisierung von Kompetenzen forderte, um eine Gleichwertigkeit der Lebensbedingungen im ganzen Land sicherzustellen. Dem gegenüber standen die Premiers der einzelnen Provinzen – und hier vornehmlich Quebecs, Albertas und British Columbias – die eine weitere Dezentralisierung politischer Kompetenzen und die Sicherung ihrer Autonomierechte einforderten.

Der Patriation-Process

Dieser Konflikt zwischen den Ebenen trat bei der ersten Verfassungskonferenz nach dem Referendum in Ottawa im September 1980 offen zu Tage. Deshalb kam es bei den Verhandlungen zu keinen nennenswerten Ergebnissen. Ottawa wollte daraufhin die Initiative behalten und setze das Projekt einer unilateralen *patriation* der Verfassung Anfang Oktober durch eine Resolution des kanadischen Unterhauses weiter fort. Dies führte zu starkem Widerstand der Provinzen, die sich allesamt – mit Ausnahme von New Brunswick und Ontario – gegen die unilateralen Versuche Ottawas stellten. Premier Blakeney aus Saskatchewan und Premier Bennett aus British Columbia nannten die unilaterale Vorgehensweise inakzeptabel, andere Premiers störten sich an ganz spezifischen Details der Vorlage. Lévesque sah durch den Vorschlag Ottawas die Errungenschaften der quebecer Nationalisten im Bereich der Sprachenpolitik gefährdet (Bell und Wallace 1982, S. 76).

Aus diesem Grund zogen acht Provinzen vor Gericht. In Manitoba, Newfoundland and Labrador und Quebec reichten die jeweiligen Provinzregierungen Klage ein, da sie sich dort die besten Chancen auf einen Sieg gegen Ottawa erhofften. In Manitoba entschied das Gericht zu Gunsten Ottawas, in Neufundland zu Gunsten der Provinzen. Letztlich urteilte der *Supreme Court* am 28. September 1981. Die Richter entschieden, dass es im Prinzip *legal* sei, wenn die Bundesregierung ohne die Zustimmung der Provinzen die Verfassung ändern würde. Gleichzeitig betonte das Gericht jedoch, dass dieses Vorgehen gegen eine lange bestehende Konvention stehen würde, wonach ein „substantial degree of provincial consent" bei Verfassungsänderungen notwendig sei. Es sei allerdings nicht Aufgabe der Gerichte, Konventionen durchzusetzen, sondern das Recht und deshalb sei das unilaterale Vorgehen Ottawas legal und möglich (Supreme Court of Canada 1981, S. 759, 880f.). Nebenbei stellte das Gericht in seiner Antwort das Vetorecht Quebecs in Frage. Quebec war von allen Akteuren in den vergangenen Verhandlungsrunden de facto ein Vetorecht in Verfassungsfragen zugestanden worden. Dieses erkannte das Gericht nicht an, da es nicht von Einstimmigkeit (*unanimity*) sprach, sondern nur von der Zustimmung eines substanziellen Anteils der Provinzen (*substantial degree of provincial consent*). Quebec hatte somit durch dieses Urteil sein Vetorecht in Verfassungsfragen – sofern man davon ausgeht, dass ihm dieses per Konvention zugestanden hatte – verloren (Smiley 1983). Dieses Urteil hatte folglich weitreichende Konsequenzen für den Prozess der *patriation*, aber auch für die Frage nach den Grundprinzipien, auf denen der kanadische Bundesstaat beruht.

Der *Supreme Court* schickte die beteiligten Akteure damit zurück an den Verhandlungstisch. Um die unilaterale Verfassungsreform zu verhindern, lud Pierre E. Trudeau die Provinzpremiers zu einer letzten Verhandlungsrunde ein. Diese fand in der Woche des 2. Novembers des Jahres in Ottawa statt. Die ursprünglichen Forderungen Quebecs hatte die Regierung bereits am 21. August in den großen Tageszeitungen der Provinz abdrucken lassen. Diese lauteten: Erstens müsse die Sonderrolle der Provinz innerhalb Kanadas anerkannt werde (*société distincte*[56]); zweitens müsse vor den Verhandlungen über die Formel für Verfassungsänderungen die Frage der Kompetenzverteilung neu geklärt werden; drittens

[56] Der Begriff der *société distincte* hat auch einen kulturellen Einschlag. Dies zeigt, dass der kulturelle Aspekt auch in den 1970er und 1980er Jahren wichtig war. Allerdings war es nicht kulturell im Sinne von Traditionen zu verstehen, sondern immer primär in Bezug auf die Sprache (siehe unter anderem Parti québécois 1972b, S. 8).

lehne Quebec die *Canadian Charter of Rights and Freedoms* als Teil der Verfassung ab, da es Konsequenzen für die Sprachenpolitik fürchtete; viertens müsse es ein Veto-Recht für Quebec geben und fünftens müssten in Zukunft die Hälfte der Verfassungsrichter aus der Provinz stammen (Le Devoir, 21.08.1980). Im April 1981 einigte sich Quebec mit den anderen Provinzen auf eine gemeinsame Front gegen Ottawa. Dabei akzeptierte Lévesque die *Vancouver-Formula*, welche Quebec kein explizites Vetorecht zugestanden hätte. Dies stellte eine Neuerung dar, da das Vetorecht bis dahin zu den Grundfesten des quebecer Forderungskatalogs gehört hatte. Der Kompromiss sah jedoch vor, dass Provinzen aus Verfassungsänderungen, die eine Übertragung von Kompetenzen an den Bund vorsahen, aussteigen konnten (*Opting out*) und dafür finanzielle Kompensationen des Bundes erhalten sollten. Dadurch war Lévesque bereit, erstmals über eine *patriation* zu reden, ohne dass zuvor eine neue, konkrete Kompetenzverteilung beschlossen worden war. Die ablehnende Haltung der Souveränisten gegenüber der *Canadian Charter of Rights and Freedoms* war jedoch weiterhin ungebrochen. René Lévesque und der PQ sahen den Widerstand als zentral und notwendig an, um den besonderen Charakter der frankophonen Provinz zu bewahren und die Erfolge der Sprachenpolitik für Quebec zu sichern. Dabei konnten sie sich auf die Provinzen des kanadischen Westens verlassen, welche die *Charter* ebenso ablehnten.

Während der Verhandlungen fing die gemeinsame Front der Provinzen jedoch zunehmend an, Risse zu zeigen. In der Nacht vom 4. auf den 5. November – in Quebec unter dem Schlagwort der *nuit des longs couteaux* bekannt – erzielte Pierre E. Trudeau mit neun der zehn Provinzpremiers eine Einigung über eine Verfassungsreform. Nur René Lévesque, der symbolträchtig auf der anderen Seite des *Ottawa River* in Gatineau nächtigte, wurde nicht in den Kompromiss eingebunden. Somit geschah das, was quebecer Nationalisten lange Zeit befürchtet hatten. Das anglophone Kanada schloss einen Kompromiss, der die Interessen Quebecs nicht berücksichtigte und die Provinz ausschloss. Da auf Grund des Urteils des *Supreme Court* keine Einstimmigkeit notwendig war, konnten die beteiligten Akteure den Kompromiss ohne Zustimmung Quebecs absegnen und Königin Elisabeth II. unterzeichnete die neue Verfassung am 18. April 1982 in Ottawa in Abwesenheit der quebecer Regierung. Kanada erhielt damit die letzte zentrale Kompetenz – das Recht, die eigene Verfassung selbst zu verändern – aus London übertragen. Der *Constitution Act 1982* regelte folgende zentralen Punkte. Die Verfassung schrieb erstens Französisch und Englisch als gleichwertige Amtssprachen fest, erkannte zweitens die Rechte von Indigenen an und verpflichtete drittens den Bund zu Ausgleichszahlungen an die Provinzen (*equalization payments*). Sie ermöglichte viertens den Provinzen in den Bereichen der Bildungs- und Kulturpolitik das *Opting out* mit Kompensationszahlungen, legte fünftens eine offizielle Formel für Verfassungsänderungen fest, übertrug sechstens den Provinzen die alleinige Kompetenz über die natürlichen Ressourcen innerhalb ihrer Territorien und beinhaltete siebtens eine *Canadian Charter of Rights and Freedoms* zum Schutz der Grundrechte aller Kanadier.

Die *Charter* stellte die zentrale Neuerung innerhalb der Verfassung dar. Mit ihr entstand ein Grundrechtekatalog, die die Macht der Parlamente einschränkte und als Ausgangspunkt für die Durchsetzung gruppenspezifischer Rechte diente. Die Übertragung der Kompetenzen über die natürlichen Ressourcen war notwendig, um die Zustimmung der Premiers des Westens zu erhalten. Außerdem rang der Westen Pierre E. Trudeau mit der Einführung der sogenannten *notwithstanding clause* (Artikel 33) ein wichtiges Zugeständnis ab. Mit diesem Mechanismus können Provinzen bestimmte Gesetze erlassen, selbst wenn diese gegen bestimmte Grundrechte der *Charter* verstoßen. Die beschlossenen Gesetze müssten jedoch nach fünf Jahren erneut von den Provinzparlamenten verabschiedet werden. Diese Möglichkeit des *Opting out* bezieht sich auf Artikel 2 (Religions-, Meinung-, Presse- und Versammlungsfreiheit) sowie auf die Artikel 7 bis 15, welche die Rechte kanadischer Bürger hinsichtlich des Justizsystems regeln. Wichtige Grundrechte, wie etwa die demokratischen Grundrechte, sowie Sprachen- und Mobilitätsrechte – das heißt, dass sich jeder Einwohner Kanadas frei in allen Provinzen bewegen kann – sind von der *notwithstanding clause* ausgenommen.

Die neue Formel für zukünftige Verfassungsänderungen gestand keiner Provinz ein Vetorecht zu. Verfassungsänderungen nach der generellen Formel (7+50) verlangten die Zustimmung beider Häuser des kanadischen Parlaments sowie von sieben der zehn Provinzen, die zusammen mindestens 50 Prozent der Bevölkerung repräsentierten. Für bestimmte Bereiche, welche nur den Bund und eine einzelne Provinz betrafen, mussten nur der Senat und das Unterhaus in Ottawa und das jeweilige Provinzparlament zustimmen. Die Provinzen konnten zudem ihre eigene Provinzverfassung unilateral ändern. Gleiches galt für den Bund in den Bereichen exklusiver Kompetenz. Für bestimmte Verfassungsänderungen galt jedoch das Prinzip der Einstimmigkeit. Dies bezieht sich auf Änderungen hinsichtlich der

Monarchie, der Zusammensetzung des Parlamentes, der Reformen des *Supreme Court*, der Veränderungen der *amending formula* und den Amtssprachen.

Für den PQ und die quebecer Regierung unter Lévesque war dieser Kompromiss eine entscheidende Niederlage, die zu einem Aufschrei in der quebecer Politik führte. Dies galt auch für Teile des PLQ. Die neue Verfassung erfüllte nicht die mit ihr verbunden gewesenen Erwartungen. Viele Herausforderungen, wie etwa die Reform des *Supreme Court* oder des Senats sowie eine weiterreichende Veränderung der Kompetenzverteilung zwischen den Ebenen, konnten die Regierungen in ihren Verhandlungen nicht lösen. Sie verschoben die Probleme deshalb in die Zukunft und das Grundgerüst der Verfassung von 1867 blieb – mit Ausnahme der Einführung der *Canadian Charter of Rights and Freedoms* – weitestgehend erhalten. Der Kompromiss vom November 1981 folgte dem Prinzip: Lieber ein Ergebnis auf Basis des kleinsten gemeinsamen Nenners als gar kein Ergebnis.

Quebec verfehlte somit nicht nur sein Ziel eines Vetos bei Verfassungsänderungen.[57] Es fanden darüber hinaus keine grundsätzlichen Reformen der institutionellen Strukturen statt. Die Möglichkeit des *Opting out* bei gleichzeitigen finanziellen Kompensationszahlungen des Bundes wurde zudem nur für die Bereiche der Bildungs- und Kulturpolitik vorgesehen. Somit konnte Quebec nicht mehr darauf setzen, in der Sozialpolitik eigene Projekte wie das Rentenprogramm durchzusetzen. Eine grundlegende Dezentralisierung des Bundesstaates, die zu einer Lösung des Konflikts zwischen Ottawa und Quebec hätte beitragen können, kam nicht zustande. Vielmehr intensivierte sich der Konflikt.

Die auf lange Sicht hinweg entscheidendste Veränderung für Quebec war die Einführung der *Canadian Charter of Rights and Freedoms*. Viele quebecer Politiker und Intellektuelle sahen die *Charter* als einen Angriff auf die Sonderstellung ihrer Provinz (Gagnon 1993b, S. 104). Mit ihrer Einführung fand eine Stärkung individueller Grundrechte statt. Zudem wurde die kanadische Politik zunehmend verrechtlicht. Laut Seymour Martin Lipset (1990, S. 225f.) hat dies entscheidende Auswirkungen auf die politische Kultur in Kanada, da durch die Sicherung individueller Grundrechte im Verfassungsrang eine Angleichung an die Vereinigten Staaten von Amerika stattfand. Auch Alan C. Cairns prognostizierte zu Beginn der

---

57 In den vorherigen Verhandlungsrunden hatten der Bund und die Provinzen mit der *Victoria Charter* oder der *Fulton-Favreau Formula* Quebec noch explizit ein Vetorecht zugestanden.

1990er Jahre, dass die Implementierung der *Charter* signifikante Auswirkungen auf die kanadische Gesellschaft haben werde:

> „The Charter is not playing around with the externals of our existence. Over time the cumulative results of its application will reach deeply into our innermost being, manipulating our psyche and transforming our self-image. Our children will be very different people because of this charter. The Charter, by underlining our rights as Canadians, strengthens the national community against provincial communities." (Cairns 1991, S. 62)

Die *Charter* habe zwar nicht einen sofort messbaren Einfluss auf die politische Kultur und Politik Kanadas, doch würden dadurch Transformationsprozesse angestoßen, die zu einer Stärkung von individuellen im Gegensatz zu kollektiven Rechten führen könnten (Cairns 1992; Thunert 1992). Damit unterstreicht diese Argumentation – gerade von einem Anglokanadier – die Bedenken, die quebecer Nationalisten beständig äußerten. Diese sahen ihre Politik der *francisation* in Gefahr, sollten die individuellen Grundrechte gestärkt werden und dadurch den anglophonen Quebecern neue Wege ermöglicht werden, um über die Gerichte ihre Sprachenrechte zu erstreiten. Die *Charter* hatte somit noch einen weiteren Effekt, den die westlichen Provinzen fürchteten und deshalb die *notwithstanding clause* forderten: Die *Charter* stärkte die Macht der Gerichte, die nun über diese Fragen der Abwägung von kollektiven und individuellen Rechten entscheiden mussten.

Die Ergebnisse der Verhandlungen führten daher zu einer Schwächung Quebecs innerhalb des Bundesstaates. Lévesque hinterließ seinem Nachfolger ein schwächeres Quebec, als jenes, das er selbst vorgefunden hatte. Aber auch Trudeau musste Zugeständnisse an die Provinzen leisten. Trudeau, der im Laufe seiner Regierungszeit die Machtverlagerung vom Bund an die Provinzen aufhalten wollte, schaffte dies mit seinen zentralisierenden Programmen nur kurzzeitig. In den Verhandlungen zur *patriation* musste er vor allem zur Durchsetzung der *Charter*, die durchaus zentralisierende Tendenzen aufweist, Kompetenzen an die Provinzen abtreten (Schultze 1997a, S. 8f.). Dabei handelte es sich unter anderem um die Übertragung aller Kompetenzen auf dem Feld der Besteuerung und des Abbaus natürlicher Ressourcen oder die Aufnahme der *notwithstanding clause*.

Der Ausschluss Quebecs verstärkte zudem das Narrativ, wonach die Provinz nur eine besetzte Nation innerhalb Kanadas sei und nicht gleichberechtigter Partner der anglophonen Mehrheit. Die fehlende Unterschrift unter die Verfassung und die Nicht-Anerkennung des speziellen Charakters Quebecs (*société distincte*) wurde in den 1980er zum Schlachtruf der quebecer Nationalisten. Kritik kam aus unterschiedlichen Richtungen und beinhaltete zum einen das Ignorieren der legitimen Interessen Quebecs (Laforest 1992, S. 63f.), aber auch die kurze Reichweite des Pakets, der schlecht organisierte Prozess und die Ausklammerung wichtiger Bereiche (McWhinney 1982, S. 115).

Diese Demütigung Quebecs entwickelte sich für unterschiedliche politische Akteure zu einer wertvollen Ressource, die man geschickt in der politischen Debatte verwenden konnte, um die eigenen Ziele zu legitimieren und weitere verfassungsrechtliche Forderungen in der Zukunft zu stellen (Cairns 1991, S. 23). Dabei diente das nationale Trauma Quebecs als Mobilisierungsfaktor für die politischen Parteien sowie für die Unabhängigkeitsbewegung und wurde im Zusammenhang mit anderen historischen Ereignissen gesehen, die den Nationalismus in Quebec befeuerten. „As a turning point in the history of Quebec nationalism, then, the 1982 patriation may be as significant as the Riel execution in 1885, the 1917 Conscription Crisis, or the election of Jean Lesage in 1960" (Gossage und Little 2012, S. 276). Die Verhandlungen über die *patriation* im Jahr 1981 waren ein Ereignis, welches quebecer Nationalisten als Ausgangspunkt für ein neues Narrativ des Demütigung Quebecs nutzten.

Das Renérendum

Die Frage, die sich für die Regierung Lévesque stellte, lautete, wie sie auf die *patriation* reagieren sollte. Für führende Intellektuelle der Nationalisten wie etwa Daniel Latouche gab es nur einen Ausweg. Latouche (1983, S. 114) sah in der *patriation* eine Niederlage für Independentisten und Föderalisten gleichermaßen. Aus seiner Sicht war beiden Gruppen klar, dass es weder einen *fédéralisme renouvelé* noch die Möglichkeit einer *souveraineté-association* geben werde, da sich das anglophone Kanada als Partner bei der Reform beziehungsweise bei den Verhandlungen über einen neuen Status nicht beteiligen würde. Die Konsequenz daraus könne nur vollständige Kooperation – und damit implizit Unterwerfung bedeuten – oder aber die vollständige Unabhängigkeit der Provinz sein.

Auf dem achten Parteitag des PQ Anfang Dezember 1981 stimmten die aufgebrachten Delegierten für die Option der Unabhängigkeit und beschlossen die Rückkehr zum ursprünglichen Modell der frühen 1970er Jahre, wonach die Mehrheit der Sitze in der Nationalversammlung ausreichen würde (*élection référen-*

daire), um die Unabhängigkeit Quebecs einseitig zu erklären. Dabei benötige der PQ nicht mehr die Mehrheit von 50 Prozent plus eine Stimme bei der nächsten Wahl. Außerdem strichen die Delegierten das Prinzip der *association* und sämtliche weitere Verweise, welche auf eine mögliche Partnerschaft mit dem anglophonen Kanada verweisen könnten, komplett aus dem Parteiprogramm (Le Devoir, 07.12.1981a; Le Devoir, 07.12.1981b). Damit läutete die Parteibasis, die Lévesque bis dato immer noch auf Kurs halten konnte, einen Strategiewechsel ein, der von den radikaleren Kräften getragen wurde und der gegen die Parteispitze gerichtet war. Lévesque wollte diese Entscheidung jedoch nicht mittragen und drohte mit seinem Rücktritt. Er wusste, dass eine in seinen Augen dermaßen radikale Entscheidung dem PQ jegliche Chancen auf eine Wiederwahl verbauen würde. Dies hätte dann jedoch zur Folge, dass der PLQ an die Macht käme und mit Ottawa einen Deal aushandeln könnte, der aus Sicht der Péquisten für Quebec nachteilig wäre. Zudem war sich Lévesque laut seinem damaligen Kabinettschef, Louis Bernard, und seinem damaligen Minister für intergouvernementale Beziehungen, Claude Morin, bewusst, dass es keine Souveränität ohne gleichzeitiger *association* gebe, die vorteilhaft für Quebec wäre. Deshalb benötigte Quebec die wirtschaftliche Union mit Kanada, wenn es den wirtschaftlichen und sozialen Standard seiner Bürger halten wollte (Interview Bernard; Interview Morin).

Aus diesem Grund beabsichtigte Lévesque, die Veränderungen des Parteiprogramms rückgängig zu machen. Dazu ließ er ein parteiinternes Referendum abhalten, das sogenannte *Renérendum*, um seinen Kurs von der Basis legitimieren zu lassen. Dabei bestätigten die Mitglieder Lévesques Linie mit über 95 Prozent. Die Parteibasis entschied, dass erstens ein Referendum notwendig sei, um die Unabhängigkeit Quebecs zu erklären und zweitens Souveränität und *association* getrennt voneinander betrachtet werden müssten, was die Erpressbarkeit der Independentisten durch den kanadischen Staat verringerte. Gleichzeitig musste es ein Angebot für eine ökonomische Partnerschaft geben. Der Minderheitenschutz für die anglophonen Quebecer müsse zudem drittens beibehalten werden (Le Devoir, 10.02.1982). Die Punkte wurden in einem aktualisierten Parteiprogramm aufgenommen (Parti québécois 1982). Damit konnte Lévesques seine Position festigen und blieb Parteichef des PQ und Premier Quebecs. Diese Entwicklungen zeigten, wie sehr die Parteiführung versuchte, eine pragmatische Politik durchzusetzen, die das Regieren ermöglichte und die Wiederwahl sicherstellen konnte.

Bei dieser Debatte im Anschluss an die *patriation* wurde deutlich, dass Lévesque und die Parteiführung des PQ nicht aus Ideologen bestanden. Trotz der beklagten politischen Ausgrenzung Quebecs innerhalb des kanadischen Bundesstaates durch Ottawa und die anderen Provinzen wollte sich Lévesque nicht von seinem generellen Kurs abbringen lassen. Ihm ging es um den gesellschaftlichen und wirtschaftlichen Fortschritt in Quebec und um die Möglichkeiten, selbstbestimmt als Nation handeln zu können. Dieses Credo wollte er nicht durch einen radikalen Strategiewechsel, dessen Folgen kaum abzusehen gewesen wären, aufs Spiel setzen; zumal die ursprüngliche Idee von der Bevölkerung in den Provinzwahlen mehrmals abgelehnt worden war und die Niederlage im Referendum über die *souveraineté-association* erst gut eineinhalb Jahre zurücklag.

Der PQ verlegte sich in der Folgezeit, gemäß seinem Versprechen in den Wahlen von 1981 kein weiteres Referendum in der nächsten Legislaturperiode anzustrengen, auf das effektive Regieren Quebecs (*bon gouvernement*). Die Wirtschaftskrise der frühen 1980er Jahre und der Aufstieg der *bourgeoisie d'affaires* behinderte jedoch in weiten Teilen die Durchsetzung des PQ-Programms. Zu dieser Situation kam erschwerend hinzu, dass als Folge der wirtschaftlichen Schwierigkeiten Quebecs die Zustimmung zur Souveränität der Provinz kontinuierlich abnahm (Cloutier et al. 1992, S. 62).

Das beau risque

Im Frühling des Jahres 1984 kündigte sich auf der Bundesebene allerdings eine größere Veränderung in der politischen Landschaft an. Pierre E. Trudeau übergab am 30. Juni die Amtsgeschäfte an seinen Nachfolger John Turner. Dieser rief auf Grund steigender Umfragewerte Neuwahlen aus, welche er jedoch, geplagt von einem Skandal über politische Ernennungen altgedienter Liberaler in den kanadischen Senat, gegen den Parteichef der Konservativen, Brian Mulroney, am 4. September 1984 verlor. Mulroney, ein bilingualer Quebecer aus Baie Comeau hatte die Wahlen zum Parteivorsitz der Konservativen im Juni 1983 gegen den amtierenden Vorsitzenden und ehemaligen Premierminister Joe Clark gewonnen. Die Konservativen trauten Mulroney zu, die zerstrittenen Flügel innerhalb der Partei zu einen und nicht nur Sitze im Westen (*blue tories*), sondern auch im Osten (*red tories*) und unter den quebecer Nationalisten gewinnen zu können. Nach seiner

Wahl wurde Mulroney am 17. September 1984 zum Premierminister der ersten konservativen Mehrheitsregierung seit dem Wahlsieg Diefenbakers 1958 ernannt. Er hatte angekündigt, mit Quebec über die strittigen Punkte in der Verfassungsdebatte zu verhandeln. Dafür war er bereit, Veränderungen des Status quo hinzunehmen und weitergehende Vorschläge, wie etwa die Reform des Senats, zu diskutieren. Wie er während des Wahlkampfes in einer Rede in Sept-Îles in Quebec am 6. August erklärt hatte, war es sein Ziel, Quebec mit „Ehre und Enthusiasmus" in die kanadische Familie zurückzuholen.

Der PQ verfolgte jedoch zu diesem Zeitpunkt eine andere Strategie. Vor dem Hintergrund der schlechten Umfragewerte der Partei beschloss diese auf ihrem neunten Parteitag Anfang Juni 1984, dass die folgenden Wahlen zur Nationalversammlung sich auf die Unabhängigkeit Quebecs beziehen sollten (*élection référendaire*) und dass somit eine Stimme für einen PQ-Kandidaten gleichzeitig als eine Stimme für die Unabhängigkeit Quebecs interpretiert werden sollte. Falls eine Mehrheit der Sitze ohne Mehrheit der Stimmen erreicht worden wäre, dann sollte die quebecer Regierung „poursuive l'émancipation du peuple québécois par tous les moyens démocratiques" (Le Devoir, 11.06.1984). Damit hatten sich die Anhänger eines strikten Unabhängigkeitskurses erneut durchgesetzt. Das Kabinett Lévesques zeigte sich gespalten. Wohingegen Lévesque und sein Nachfolger Pierre-Marc Johnson gegen die Resolution stimmten, unterstützten andere wie Jacques Parizeau, Camille Laurin und Gilbert Paquette diese. Lévesque zeigte sich im Nachgang des Parteitags wenig begeistert über diese Entwicklung, wollte aber vorerst nicht ein zweites Mal intervenieren. Er interpretierte das Ergebnis allerdings um – der Satzteil „par tous les moyens démocratiques" war sehr weit gefasst – und argumentierte, dass es nach einem Wahlsieg dennoch ein Referendum geben werde; dann allerdings über eine neue Verfassung für Quebec.

Die Zurückhaltung Lévesques und des moderaten Flügels des PQ wandelte sich jedoch nach dem Wahlsieg Mulroneys. Der Premier suchte die Offensive und begann gegen Ende September 1984 die Türe für neue Verhandlungen mit Ottawa zu öffnen, obwohl die allgemeine Stimmungslage innerhalb der Partei nicht auf einen Kompromiss ausgelegt war. Damit läutete er den Anfang vom Ende seiner Zeit als Parteivorsitzender und Premier ein. Am 23. September argumentierte Lévesque für Verhandlungen mit Ottawa und berief sich darauf, dass dies ein „beau risque" sei, dass er bereit sei einzugehen.

„Et si la collaboration du gouvernement conservateur devait s'améliorer, cela ne risquerait-il pas d'étouffer notre option fondamentale et de renvoyer la souveraineté aux calendes grecques? De toute évidence, il y a un élément de risque. Mais c'est un beau risque" (Le Devoir, 24.09.1984).

Lévesque war bereit, die Unabhängigkeit der Provinz für eine Ausweitung der Kompetenzen Quebecs innerhalb des kanadischen Bundesstaates zurückzustellen. Er gab dabei die Idee der Unabhängigkeit jedoch nicht gänzlich auf. Er sah sie vielmehr als Druckmittel, um bei den Verhandlungen mit Ottawa Zugeständnisse zu erringen. „M. Lévesque a alors proposé de garder l'indépendance comme une police d'assurance et de tenter d'obtenir plus de pouvoirs et une reconnaissance de la nation québécoise" (Marois 2017, S. 1). Damit setzte er sich von den radikaleren Elementen innerhalb der Partei ab, die eine Akkommodation innerhalb Kanadas für nicht möglich hielten. Die reine Lehre erschien Lévesque an dieser Stelle nicht zielführend. Er wollte auf kurze Sicht Verbesserungen für Quebec erreichen. Wenn dies bedeutete, die Unabhängigkeit aufs Spiel zu setzen, dann war er bereit das Risiko einzugehen. Damit stellte er sich aber gegen den Parteitagsbeschluss vom Juni des Jahres. Das gab er auch unumwunden zu, sah es aber nicht als problematisch an. Lévesque konnte auf eine lange Geschichte der einseitigen Veränderung von Parteitagsbeschlüssen durch seine Person zurückblicken. Deshalb war diese Haltung im Prinzip nicht neu.

„Un congrès, ce n'est pas l'Évangile. D'un congrès à l'autre, des choses changent. Le dernier congrès nous a dit au moins un an et demi d'avance – et c'est beaucoup – comment les choses devraient se présenter à la prochaine élection. C'est rediscutable: seuls les esprits totalitaires peuvent le nier." (ebd.)

Für Lévesque war die größere Gefahr für die Souveränität Quebecs ein Sieg der Liberalen unter Bourassa, der Ryan im Oktober 1983 als Parteichef abgelöst hatte.

Die Diskussion, die Lévesque innerhalb des PQ angestoßen hatte, zog sich bis Mitte November 1984 hin, ohne dass es zu einer größeren öffentlichen Debatte kam. Dann verkündete Lévesque am 19. November im Alleingang, dass das Thema Unabhängigkeit bei den nächsten Provinzwahlen keine Rolle spielen werde. In der Zeitung *Le Devoir* schrieb er in einem Artikel mit dem vielsagenden Titel *Pour que la discussion prenne fin*:

„Par voie de conséquence, il nous faut très sûrement nous résigner [...] au fait que la souveraineté n'a pas à être un enjeu: ni en totalité, ni en parties plus ou moins déguisées, ni directement, ni moins encore par une replongée dans la tentation de vouloir « amorcer » à

> la pièce quelque processus que ce soit, en recommençant à nouveau, dans une semaine ou dans un mois, à évoquer chacun sa ou ses tranches préférées de l'objectif." (Le Devoir, 20.11.1984)

Doch Lévesque beließ es nicht bei dieser Ankündigung. Ein weiterer Absatz aus seinem Artikel sorgte für mehr Konfliktpotential. „Au fur et à mesure que cette évolution se poursuivra, quelle forme sera-t-il appelé à prendre, cet État-nation que nous *croyions* si proche et totalement indispensable tel que nous le dessinons depuis les années 1960? Je ne le sais pas plus que quiconque" (ebd.; Hervorhebung des Autors). Mit diesem Satz schien er in den Augen der *purs et durs* das Projekt der Unabhängigkeit als verloren gegeben zu haben.

Darüber hinaus wollte er im Exekutivkomitee der Partei durchsetzen, dass zentrale Artikel des Parteiprogramms geändert wurden. Zum einen strich die Parteiführung die Absätze, welche die nächsten Provinzwahlen zu einer *élection référendaire* stilisiert hätten. Zum anderen ersetzte sie diese Absätze durch dem Satz: „Le PQ a pour objectif fondamentale de réaliser la souveraineté du Québec." René Lévesque wollte ursprünglich eine schwächere Form und statt *réaliser* das Verb *promouvoir* einfügen. Dies lehnte das Exekutivkomitee allerdings ab (Le Devoir, 21.11.1984; 22.11.1984). Mit diesem Kursschwenk der Parteiführung, welcher den Parteitagsbeschluss vom Juni des Jahres de facto außer Kraft setzte und den PQ auf einen pragmatischeren Kurs zurückführte, riskierte Lévesque den politischen Bruch. Am 22. September traten deshalb mehrere Minister, darunter einflussreiche Persönlichkeiten wie Jacques Parizeau, Camille Laurin, Gilbert Paquette und Denis Lazure, zurück. Daraufhin konnten die moderaten Kräfte um Pierre-Marc Johnson und Pauline Marois ihre Macht konsolidieren. Eine ganze Reihe von Hardlinern trat aus der Partei aus und gründete neue Parteien wie zum Beispiel das *Rassemblement démocratique pour l'indépendance*[58]. Auf einem außerordentlichen Parteitag im Januar 1985 ließ Lévesque seinen Kurs von den Parteitagsdelegierten absegnen (Parti québécois 1985). Da der Großteil der Delegierten dem gemäßigten Flügel der Partei zuzurechnen war, wurden die Änderungen mit großen Mehrheiten beschlossen. Die Partei schien daraufhin geeint, was jedoch in erster Linie daran lag, dass bestimmte Mitglieder die Partei wegen des Kurses der Parteiführung verlassen hatten.

---

58 Diese Neugründungen konnten jedoch keinen nennenswerten Erfolg bei den künftigen Wahlen erzielen.

Damit hatte sich Lévesque mit seiner Vorstellung von der strategischen Ausrichtung des PQ ein weiteres Mal erfolgreich durchgesetzt. Er musste allerdings am 20. Juni 1985 zurücktreten. Die Partei ersetzte ihn durch einen anderen Pragmatiker: den bisherigen Justizminister Pierre-Marc Johnson. Mit dem Wechsel an der Partei- und Regierungsspitze stieg die Zustimmung zur *souveraineté-association* wieder an. In dem Moment, in dem der PQ moderater in Inhalt und Personal zu werden schien, folgte innerhalb der Bevölkerung die Mobilisierung für die Souveränität Quebecs (Cloutier et al. 1992, S. 61). Der PQ legte in den Wahlumfragen deutlich zu, konnte aber den PLQ nicht mehr einholen. Johnson verlor die Wahl im Herbst 1985 gegen wiedererstarkte Liberale unter Robert Bourassa deutlich.

4.4 Das Scheitern des *Meech Lake Accord*

Nach dem deutlichen Wahlsieg Bourassas, der mit seinem PLQ 99 der 122 Sitze in der Nationalversammlung gewann und dessen Sieg dank der anglophonen Minderheit und des starken Abschneidens der Liberalen unter den normalerweise PQ-treuen Angestellten des öffentlichen Dienstes möglich war (Blais und Crête 1986), warteten auf Bourassa zwei Herausforderungen. Einerseits forderten viele Quebecer – allen voran die anglophonen Stammwähler und die *bourgeoisie d'affaires* – eine Normalisierung der Beziehungen zu Ottawa. Dabei ging es auch darum, die negativen Nachwirkungen der Trudeauschen Politik in den Beziehungen zwischen dem Bund und der Provinz einzudämmen. Die Anerkennung der besonderen Stellung Quebecs sollte den Zusammenhalt des Landes stärken (Interview Johnson). Dies bedeutete die Aufnahme von Verhandlungen über die Re-Integration der Provinz in die kanadische Familie. Andererseits erwartete aber vor allem die *bourgeoisie d'affaires* von der neuen Regierung eine wirtschaftspolitische Kehrtwende und damit eine Abkehr vom aktiven Staat der *révolution tranquille*.

Das neoliberale Reformprojekt

Die neue Regierung war bereits nach kurzer Zeit als *l'État Provigo* bekannt, da sich in dieser mit Paul Gobeil (*Loeb/Provigo*), Daniel Johnson Jr. (*Power Corporation*), Pierre Fortier (*Canatom*) und Pierre MacDonald (*Société d'énergie de la*

Baie James) viele ehemalige CEOs großer quebecer Unternehmen wiederfanden. Deren Ziel war es, die Wirtschaftspolitik und die Rolle des Staates wesentlich zu verändern. Die Regierung setzte dabei die Themen Privatisierung und Deregulierung an die Spitze der politischen Agenda (Le Devoir, 13.12.1985). Die Regierungserklärung der Vizepremier, Lise Bacon, verdeutlichte dies. Darin konzentrierte sie sich primär auf die ökonomischen Probleme der Provinz (Assemblée nationale 1985, S. 5ff.). In der Folge setzte die Regierung Bourassa mit Pierre Fortier sogar einen eigenen Minister für die Privatisierung von Staatsbesitz ein. Außerdem rief sie drei Kommissionen ins Leben, die sich mit den Fragen der Deregulierung (*Commission Scowen*), der Privatisierung (*Commission Fortier*) und der effizienten Aufgabengestaltung eines modernen Staates (*Commission Gobeil*) auseinandersetzen sollten. Sämtliche Kommissionen waren fast ausschließlich von Personen aus der Privatwirtschaft besetzt. Die Berichte fielen deshalb erwartungsgemäß aus und argumentierten entlang des neoliberalen Weltbilds des schlanken Staates: Der Staatsinterventionismus müsse gestoppt und Staatsbetriebe privatisiert werden, um die Privatwirtschaft keinem unfairen Wettbewerb auszusetzen und privaten Unternehmen Möglichkeiten zur Expansion zu geben. Zudem müssten innerhalb des Staates unnötige bürokratische Strukturen abgebaut werden (Gouvernement du Quebec 1986a, 1986b, 1986c).

Trotz des sich abzeichnenden neoliberalen Trends war die Regierung Bourassa nicht so schnell in der Umsetzung ihrer Projekte wie geplant. Zwar fuhr sie die Staatsausgaben zurück und senkte die Steuern, doch geschah dies auf einer viel moderateren Basis. Auch die einsetzende Privatisierung von Staatsbetrieben zog sich in die Länge. Diese waren aus Sicht des PLQ ein Phänomen der *révolution tranquille* mit der ursprünglichen Aufgabe, die ökonomische Modernisierung (*le rattrapage*) in Quebec voranzutreiben und der *nouvelle classe moyenne* Karrierechancen zu ermöglichen. Dies war Mitte der 1980er Jahre vor dem Hintergrund sich wandelnder wirtschaftlicher und politischer Kontexte nicht mehr gefragt und somit konnten die Betriebe privatisiert werden. Gleichzeitig aber schafften es viele dieser Betriebe, den Privatisierungsschub der Regierung zu überleben. Der Grund dafür lag laut Luc Bernier (1993, S. 256f.) in der Kommunikationsstrategie der betroffenen Unternehmen, die sich auf die *révolution tranquille* beriefen. Viele Staatsbetriebe sahen sich als Erben der Modernisierung Quebecs. Mit deren Ausverkauf sahen viele Quebecer die Erfolge der *révolution tranquille* in Gefahr.

Der neoliberale Reformeifer der liberalen Partei hielt deshalb nur über die erste Regierungsperiode an. Mit dem Abgang führender Vertreter wie MacDonald, Fortier oder Gobeil, nahm die Bedeutung dieser Reformen in der politischen Arena ab. Es lässt sich in den Worten von Réjean Pelletier (1991, S. 25) trotzdem von einem *État en veilleuse* sprechen, der aus Sicht der *bourgeoisie d'affaires* nach dem Ausbau der 1960er und 1970er Jahre an Einfluss in Wirtschaft und Gesellschaft abnehmen sollte. In der Wirtschaftspolitik ließ sich die Handschrift der *bourgeoisie d'affaires* erkennen, wenngleich diese Gruppe Abstriche vornehmen musste, da sich die Technokraten des Staates erfolgreich zur Wehr setzten.

Aber auch auf dem Gebiet der Verfassungsreform vertrat die *bourgeoisie d'affaires*, in Form des CPQ und der Handelskammern, konträre Forderungen zu denen der *nouvelle classe moyenne*. Die Einheit Kanadas musste für erstere um jeden Preis erhalten bleiben, um die wirtschaftlichen Vorteile eines gemeinsamen Marktes nicht zu verlieren (Le Devoir, 04.06.1987b; Gagnon und Montcalm 1990, S. 120ff.; Niosi 1980, S. 85, 1984, S. 197f.). Die abgelöste PQ-Regierung hatte bereits im Mai 1985 einen Vorschlagskatalog über mögliche Veränderungen der Verfassung vorgelegt (Gouvernement du Quebec 1985). Dem lag primär die Anerkennung Quebecs als Nation zu Grunde. Erst im Anschluss wurden Punkte wie eine neue Formel für Verfassungsänderungen, die Reform des *Supreme Court* oder eine neue Kompetenzverteilung angesprochen. Auffallend bei diesem Dokument ist, dass es im Kern hinter den ursprünglichen „traditionellen" Forderungen des PQ zurückblieb und viel mehr einem *fédéralisme renouvelé* der Ryan-Liberalen ähnelte. Dies ergibt vor dem Hintergrund Sinn, dass sich die verfassungspolitische Lage in Kanada mit dem *Constitution Act 1982* grundlegend verändert hatte und nun für formale Änderungen der Verfassung bestimmte Mehrheiten erreicht werden mussten, die je nach Bereich schwierig zu organisieren waren. Zudem hatte sich der PQ bei seiner Wiederwahl gegen ein zweites Referendum positioniert und damit sein Drohpotential gegenüber Ottawa und den anderen Provinzen verloren.

Die Verhandlung des Meech Lake Accord

Die neue liberale Regierung schloss direkt an den Vorstoß ihrer Vorgängerin an und konnte auf eigene Reformvorschläge zurückgreifen. Der PLQ hatte sich in seiner Zeit in der Opposition ebenfalls grundlegende Gedanken für etwaige Verhandlungen mit dem anglophonen Kanada gemacht und diese in einem Bericht mit dem Titel *Mastering our Future* (Parti libéral du Québec 1985a) im Februar 1985 zusammengefasst. Im Oktober des Jahres hatte der PLQ die Ziele des Berichts in sein Wahlprogramm aufgenommen (Parti libéral du Québec 1985b). Die Forderungen lassen sich auf fünf zentrale Bedingungen reduzieren, die aus Sicht des PLQ notwendig waren, um eine Zustimmung Quebecs zur Verfassung zu ermöglichen. Dabei handelt es sich erstens um die Anerkennung Quebecs als *société distincte*. Zweitens forderte die Provinz mehr Kompetenzen mit Bezug auf die Auswahl und Integration von Einwanderern, drittens ein Mitspracherecht bei der Auswahl der drei quebecer Richter zum *Supreme Court*, viertens eine Einschränkung der *federal spending power* Ottawas und fünftens ein Veto-Recht Quebecs in allen Verfassungsfragen (ebd., S. 13ff.). Ursprünglich Teil dieser Bedingungen war ein sechster Punkt: Garantien zum kulturellen Schutz des frankophonen Quebecs (Le Devoir, 04.03.1985). Dieser Punkt ging im Laufe der Zeit in der sogenannte *distinct society clause* auf. Die Forderungen des PLQ unterschieden sich nicht in ihrer Art und Substanz von denen der Vorgängerregierung, sondern nur in der Reichweite (Gagnon 1990, S. 271).[59]

Die Ausgangslage für den PLQ war zudem positiv. In der Provinz hatte die Partei die Unterstützung einer breiten Bevölkerungsschicht und der *bourgeoisie d'affaires*. Zudem zeigte sich Premierminister Mulroney offen für Verhandlungen. Durch die polarisierende Diskussion über das Freihandelsabkommen mit den USA benötigte er in Ottawa zur Sicherstellung seiner Wiederwahl die Stimmen der quebecer Nationalisten. Zugleich zeigten Umfragen im Verlauf des Jahre 1986, dass die Konservativen in Quebec ihren Status als stärkste Partei eingebüßt hatten. Die meisten anderen Provinzen wollten jedoch nicht noch einmal Pandoras Büchse öffnen und sahen keine Notwendigkeit in neuen Reformen, die nur die Interessen Quebecs befrieden sollten. Andererseits ließ die Ablehnung der westlichen Provinzen laut Simeon (1988b, S. 27) Mitte der 1980er Jahre nach. Durch die fallenden Rohstoffpreise sahen sie ihre *province-building* Projekte in Gefahr und wollten über Reformen der Verfassung ihre Einflussmöglichkeiten in Ottawa stärken.

---

59 Man darf nicht vergessen, dass auch der PLQ spätestens seit Beginn der 1960er Jahre eine nationalistische Partei darstellte, die auch mit dem PQ um nationalistische Wähler konkurrierte. „Jamais le parti [le PLQ, S.G.] ne s'est présenté comme le reflet fidèle des positions du gouvernement fédéral […] Ce parti s'est toujours refusé à laisser au Parti québécois le monopole du nationalisme" (Balthazar 1986, S. 164f.).

Für Quebec drängte zudem die Zeit. Der *Supreme Court* entwickelte sich in den 1980er Jahren zur treibenden Kraft auf der Seite der Verfassungsreformer (Cairns 1991, S. 36) und mit den ersten Entscheidungen auf Basis der *Charter* wurden die Probleme Quebecs deutlich sichtbar.[60] Für Bourassa stellte sich der Kampf um eine Überarbeitung der Verfassung als eine Abwehrschlacht gegen die zentralisierende Wirkung der *Charter* dar. Der *Supreme Court* hatte nach deren Implementierung seine richterliche Zurückhaltung aufgegeben und legte immer mehr einen juristischen Aktivismus zu Tage (Knopff und Morton 1992, S. 19f.). Die fünf Minimalforderungen Quebecs hätten die Kompetenzen der Provinz somit nicht viel weiter ausgebaut (McRoberts 1988, S. 399; 402), sondern eher den Status quo gesichert und damit die Möglichkeit der Provinz, ihre Vorstellungen einer quebecer Gesellschaft umsetzen zu können, ohne Einschränken durch individuelle Schutzrechte fürchten zu müssen.

Am 30. April 1987 trafen sich die zehn Premiers der Provinzen mit Mulroney im Willson House am Meech Lake in den Gatineau Hills. Am Ende der Verhandlungen stand ein Kompromiss, den alle elf Beteiligten mittrugen. Dieser sah, erstens, die Aufnahme der *distinct society clause* in Artikel 2 der Verfassung vor. Dies hätte dazu geführt, dass die Verfassung im Lichte des Artikels hätte interpretiert werden müssen. Zweitens hätten zukünftige Verfassungsänderungen nur einstimmig – nach Artikel 41 – beschlossen werden können. Drittens hätten die Provinzen mehr Rechte hinsichtlich der Einwanderungspolitik erhalten, viertens ein Vorschlagsrecht bei Ernennungen von Richtern des *Supreme Court* und bei Senatoren zum kanadischen Senat erworben und fünftens die Möglichkeit des *Opting out* mit finanzieller Entschädigung für alle zukünftigen Bundesprogramme erhalten, die in die ausschließlichen Kompetenzbereiche der Provinzen gefallen wären (Schultze 1997a, S. 10f.). Der *Meech Lake Accord* kam im Kern somit an die *Victoria Charter* von 1971 heran. Nun musste Bourassa für den Kompromiss kämpfen, den er 15 Jahre zuvor auf Druck der Nationalisten noch abgelehnt hatte. Dass der *Meech Lake Accord* einen Erfolg dargestellt hätte, zeigt, wie stark die Stellung Quebecs innerhalb Kanadas aus Sicht der Nationalisten erodiert war.

Kritik am *Meech Lake Accord* kam innerhalb der Provinz von vielen Seiten. Oppositionsführer Pierre-Marc Johnson nannte das Verhandlungsergebnis zu

---

60 Als zentrales Beispiel hierfür muss das Urteil des Gerichtes im Jahre 1988 gesehen werden, welches zentrale Teile der *Charte de la langue française* vor dem Hintergrund der *Canadian Charter of Rights and Freedoms* für verfassungswidrig erklärte.

Beginn „le monstre du lac Meech“ (Le Devoir, 04.05.1987a). Nach Verabschiedung des überarbeiteten Pakets kritisierte er, dass Quebec durch den Deal keine Rechte erhielte, die die Situation der Provinz innerhalb Kanadas verbessern würde (Le Devoir, 04.06.1987a). In die gleiche Richtung zielte die Kritik des ehemaligen PQ-Bildungsministers Jacques-Yvan Morin (Le Devoir, 20.05.1987). Jacques Parizeau kritisierte, dass die *federal spending power* nicht effektiv eingeschränkt werde, der Kompromiss hinter den traditionellen Forderungen Quebecs zurückbleibe und die *distinct society clause* nur eine leere Hülle darstelle. Deshalb erfülle sie keinerlei Schutzfunktion für die quebecer Gesellschaft (Le Devoir, 15.05.1987). Der Teil des pragmatischen Flügels des PQ, der anders als Johnson nicht länger politisch aktiv war, äußerte sich zurückhaltender. Lévesque ließ verlauten, er fände den Deal „ni très bon, ni catastrophique“ (Le Devoir, 04.05.1987b). Der ehemalige Minister für intergouvernementale Beziehungen, Claude Morin, fand ebenfalls einige Punkte, wie etwa das Veto-Recht Quebecs, die er unterstützen konnte. Andererseits kritisierte auch er die schwammige Formulierung der *federal spending power* (Le Devoir, 16.05.1987). Letztlich lehnte Morin den Kompromiss in einem weiteren Artikel für *Le Devoir* ab, da keine Kompetenzverschiebungen stattfänden und die *distinct society clause* inhaltsleer sei (Le Devoir, 04.06.1987b).

Der Tenor bei dieser Kritik von Seiten des PQ lautete, dass Quebec durch den *Meech Lake Accord* nur symbolisch gewinne, nicht aber substanziell mehr Macht erhalte, um seine Interessen zu wahren. Diese Kritik vertraten im Großen und Ganzen die intellektuellen Eliten Quebecs. So attackierten zwei Verfassungsrechtler der *Université de Montréal*, Andrée Lajoie und Jacques Frémont, die Ausarbeitungen zur *federal spending power*. Die Kompetenzen Ottawas würden durch diesen Kompromiss gestärkt und Quebec würde zum ersten Mal in der Geschichte Kanadas die *federal spending power* akzeptieren und damit das Recht des Bundes, Rahmenbedingungen zu setzen (Le Devoir, 14. Mai 1987a). José Woehrling, ein weiterer bekannter Verfassungsrechtler, kritisierte, dass der *Meech Lake Accord* die Kompetenzen der Gerichte stärken würde und damit die anglophone Minderheit, obwohl diese bereits eine privilegierte Gruppe innerhalb der Provinz darstellte. Die frankophonen Kanadier im Rest des Landes würden hingegen leer ausgehen (Le Devoir, 14. Mai 1987b).

Allein die Wirtschaftsverbände standen dem Ergebnis positiv gegenüber. Die Handelskammer Montreals äußerte sich sehr zufrieden mit dem Ergebnis (Le

Devoir, 04.06.1987b). Dies verwundert nicht, wenn man berücksichtigt, dass die Wirtschaftsverbände und die *bourgeoisie d'affaires* pankanadisch eingestellt waren und das verfassungsrechtliche Problem gelöst sehen wollten.

Aber auch einflussreiche Quebecer auf der Bundesebene meldeten sich zu Wort. Zentral war die Kritik des ehemaligen Premierministers Pierre E. Trudeau. In einem offenen Brief, der in der quebecer Zeitung *La Presse* und im *Toronto Star* veröffentlicht wurde, kritisierte er ausführlich den Ausverkauf der Kompetenzen und somit der Handlungsfähigkeit des Bundes und malte das Gespenst eines möglichen Endes Kanadas an die Wand (La Presse, 27.05.1987). Vor allem die Kritik Trudeaus beeinflusste das Treffen der Premiers mit Mulroney am 2. Juni 1987. Dennoch einigten sich die Verhandlungspartner nach längerer Diskussion auf einen Kompromiss mit kleineren Änderungen des ursprünglichen Abkommens, etwa mit Hinblick auf die Reichweite der *distinct society clause* oder der *federal spending power*. Nach der Einigung ratifizierte Quebec am 23. Juni 1987 als erster Akteur das Verfassungspaket. Damit begann die dreijährige Frist für die Ratifizierung durch alle Provinzen und den Bund.

Laut Ramsay Cook, der sich seit den 1960er Jahren als ein ausgesprochener Gegner einer Sonderstellung Quebecs positioniert hatte, hätte der *Meech Lake Accord* gut zur Strategie des *étapisme* gepasst. (Cook 2006, S. 161). Die Verfassungsreform hätte die Tür für die Unabhängigkeit wieder ein wenig öffnen können. Die *distinct society clause* hätte, wäre sie von den Gerichten im Sinne Quebecs ausgelegt worden, die Grundlage für neue Forderungen an Ottawa, für eine weitere Dezentralisierung Kanadas, oder aber sogar für eine Aushebelung der *Charter* werden können. Wäre die Interpretation anders ausgefallen, hätte man sich darauf berufen können, dass Quebec wieder einmal hintergangen worden war und man hätte für ein neues Referendum mobilisieren können. So könnte man auch die Technokraten als Gewinner des *Meech Lake Accord* sehen. Zum einen sahen diese in der Verwaltung Quebecs die Möglichkeit, ihre Macht weiter auszubauen. Sollten zusätzliche Kompetenzen im Bereich Immigration und Integration an die Provinzen delegiert werden und durch die Möglichkeiten des *Opting out* der Anreiz für die Provinz gesteigert werden, eigene Programme aufzulegen, dann bedeutete dies den Ausbau bürokratischer Strukturen und somit die Neuanstellung von Personal. Gleichzeitig fanden sich aber viele Péquisten, die im *Meech Lake Accord* etwa durch die *federal spending power* einen gefährlichen Angriff auf die

Autonomie Quebecs sahen. Zugleich stehe der Kompromiss für die Akzeptanz der Schmach von 1982 (Bernier 1988, S. 243)

Für Alain-G. Gagnon stellten die Ergebnisse des *Meech Lake Accord* allerdings ebenfalls klar, dass Quebec „could still establish priorities, set conditions, and attain results through negotiations within the existing federal system" (Gagnon 1991a, S. 280). Die Provinz war nicht in dem Maße isoliert, wie es der PQ immer darzustellen versuchte. Die schnelle Einigung verwunderte viele politische Beobachter. Dennoch blieb die grundlegende Schlussfolgerung bestehen, wonach ein Kompromiss mit einem Partner, der eben diesen wollte – und dies betraf sowohl die Provinz- als auch die Bundesebene – möglich war. Dies lief dem Narrativ der Demütigung Quebecs, welches der PQ seit seiner Gründung und verstärkt nach 1981 in der öffentlichen Debatte immer wieder vortrug, entgegen. Solange die Kooperation der Provinzen und des Bundes anhielt und eine Einigung über den *Meech Lake Accord* möglich erschien, hatte dieses Narrativ keine wesentliche politische Bedeutung und konnte vom PQ nicht mobilisierend eingesetzt werden.

Das Scheitern von Meech Lake war jedoch ein Prozess, der einen langen Vorlauf hatte und abzusehen war. Zuerst trat Pierre-Marc Johnson im November 1987 von seinem Amt als Parteivorsitzender des PQ zurück. Johnson setzte sich noch im Sommer erfolgreich für die neue Strategie einer *l'affirmation nationale* ein. Damit wäre die Frage nach der Unabhängigkeit in den folgenden Provinzwahlen erneut kein Thema gewesen und als Ziel hätte gestanden, auf lange Sicht einen graduellen Ausbau der Kompetenzen Quebecs voranzutreiben (Le Devoir, 15.06.1987). Die Souveränität wäre somit ein weitentferntes Endziel gewesen, wenngleich es nicht aufgegeben worden wäre. Im Zusammenhang mit dem plötzlichen Tod Lévesques am 1. November des Jahres setzte der Widerstand gegen den als zu nachgiebig geltenden Johnson erneut ein. Sein Rücktritt Mitte des Monats war eine deutliche Niederlage für den moderaten Flügel der Partei und ermöglichte den radikaleren Kräften den Griff zur Macht. Dies geschah mit dem Aufstieg Jacques Parizeaus an die Parteispitze auf dem Parteitag im März 1988. Parizeau versuchte die Partei auf einen deutlich aggressiveren Kurs hinsichtlich der Frage der Souveränität zu führen. Dennoch stellte sich der PQ zu Beginn nach außen als geeint dar und stand hinter seinem neuen Parteichef. Parizeau war seit Ende der 1960er Jahre ein überzeugter *Indépendantiste*, der zwar den pragmatischen Kurs Lévesques – trotz ständiger Interventionen zu Gunsten des radikaleren

Parteiflügels – loyal mittrug, und erst auf Grund von Lévesques Strategie des *beau risque* zurücktrat (Dion 1995, S. 323f.).

Der *Meech Lake Accord* geriet nach seiner Verabschiedung durch die Premiers und Mulroney von mehreren Seiten unter Druck. Auf der einen Seite gewann Brian Mulroney zwar die Wahl im Spätherbst 1988, wenngleich seine Mehrheit unter anderem wegen des Widerstands gegen das Freihandelsabkommen mit den USA außerhalb Quebecs schrumpfte. Auch Robert Bourassa konnte die Provinzwahlen im Herbst 1989 trotz des aufkommenden Sprachenstreits um das *Loi 178* für sich entscheiden. Der Grund dafür lag am internen Konflikt des PQ um die Frage der Unabhängigkeit, die die Partei noch nicht abschließend klären konnte. In seiner Siegesrede nach der Wahl zum Parteichef hatte Parizeau die Souveränität als oberstes Ziel ausgegeben. Dies war eine Abkehr vom pragmatischen Kurs seines Vorgängers. Es konnte aber nicht geklärt werden, ob er ein Referendum für notwendig hielt. Parizeau redete vielmehr schwammig von demokratischen Mitteln, aber nicht darüber, was das im Kern bedeutete (Le Devoir, 22.03.1988). Auf ihrem Parteitag im November 1988 hatte die Partei dann beschlossen, dass es mehrere Möglichkeiten zum Erreichen der Unabhängigkeit geben könnte, die von bilateralen Verhandlungen mit Ottawa bis hin zu einem einfachen Gesetz oder einem Referendum reichten (Parti québécois 1989, S. 7). Diese undeutliche Aussage ließ viele Interpretationsmöglichkeiten zu und die Wähler entschieden, Bourassa mit seinem Versuch einer Aussöhnung mit dem Rest Kanada erneut zu vertrauen.

In mehreren Provinzwahlen gewannen jedoch die Gegner des *Meech Lake Accord*. Bereits im Oktober 1987 hatte Premier Richard Hatfield die Wahlen in New Brunswick verloren und wurde durch den Liberalen Frank McKenna ersetzt. In Manitoba verlor die NDP unter Howard Pawley die Wahlen im April 1988. Der konservative Gary Filmon wurde neuer Premier. Zuletzt gewannen die Liberalen unter Clyde Wells, Pierre E. Trudeaus ehemaliger Berater für Verfassungsfragen, die Wahlen in Newfoundland and Labrador im April 1989. Damit kam ein ausgesprochener Gegner des *Meech Lake Accord* an die Spitze der Regierung in der Provinz. Somit fanden sich die Akteure der Verfassungsreform in einer Situation wieder, in denen drei unter ihnen den Kompromiss nicht mitverhandelt hatten und zum Teil auf Grund ihres Widerstands gegen eben diese Reform die jeweiligen Wahlen siegreich bestritten hatten. Neben der breiten Ablehnung der Anerkennung Quebecs als *société distincte* spielte, wie Schultze (1991) zeigt, die Haltung der Premiers und Mulroneys hinsichtlich der Verfassungsfrage im Allgemeinen eine wichtige Rolle. Diese war taktischer Natur. Die Premiers nutzten die Verhandlungen, um Zugeständnisse in anderen Bereichen zu erhalten. In dem Maße, wie diese erreicht wurden, nahm die Bereitschaft zum Kompromiss ab. Darüber hinaus schien die Zeit für das alte System der „Hinterzimmerpolitik“ und der *brokarage politics* abgelaufen zu sein und die Forderung nach direktdemokratischen Entscheidungen wurde immer lauter (Schultze 1997a, S. 12; 1997b, S. 425f.). Vor allem die Frauenbewegung, die kanadischen Ureinwohner und die Gruppe der *visible minorities* forderten mehr Mitbestimmungsrechte.

Trotz eines letzten Versuchs der Nachverhandlung Anfang Juni 1990 scheiterte die Verfassungsreform an der Nicht-Ratifizierung in den Parlamenten von Manitoba und Newfoundland and Labrador. Als Grund für das Scheitern wurden viele unterschiedliche Ereignisse angeführt.[61] Von der genannten prinzipiellen Ablehnung eines speziellen Status für Quebec bis hin zur Reaktion der quebecer Regierung auf das Urteil des *Supreme Court* zur *Charte de la langue française*. Auf Basis der *Canadian Charter of Rights and Freedoms* urteilte der *Supreme Court*, dass die Regelung, wonach Werbeschilder in Quebec auf Französisch zu sein hatten, gegen die Grundrechte anglophoner Quebecer verstoße. Bourassa reagierte darauf mit dem *Loi 178*, welches mit Hilfe der *notwithstanding clause* der richterlichen Überprüfung entzogen wurde. Dies führte zu einem Aufschrei innerhalb des anglophonen Kanadas, da Quebec hier aus Sicht seiner Kritiker die Grundrechte der anglophonen Minderheit mit den Füßen trat (Russell 2004, S. 145f.). Manitoba zog aus Protest die Abstimmung über den *Meech Lake Accord* zurück.

Im Kern der Debatte um das Für und Wider des *Meech Lake Accord* lagen unterschiedliche Visionen von Kanada[62], um die bereits während der Verhandlungen von 1982 gerungen worden war. Prinzipiell ging es hierbei um die Frage, ob eine Zentralisierung oder eine Dezentralisierung des föderalen Systems notwendig

---

61 Aus der Sicht von Peter H. Russell konnte der *Meech Lake Accord* nur scheitern. Das lag an einem Problem, das *mega-constitutional politics* zugrunde lag. *Mega-constitutional politics* ist laut Russell (2017, S. 306) „politics of frustration: the very divisions of the political community that fuel constitutional politics of this intensity make consensual resolution just about impossible.”

62 Simeon (1988a) kritisierte die Debatte darum, welche spezifische Vision von Kanada in der Verfassung auftauchen sollte. Seiner Meinung nach sollte die Verfassung das Problem dadurch lösen, dass sie keine Vision festlegt, sondern so offen wie möglich bleibt, sodass sich jede Gruppe dort wiederfinde. Freilich erkannte auch er an, dass es diese unterschiedlichen Gründungsmythen Kanadas, aus denen sich die Visionen ableiteten, durchaus gibt. „There is no single narrative to tell for Canada and Quebec […]. Majorities and minorities often interpret the same set of facts in quite different ways” (Simeon 2013, S. 331).

war und ob Kanada als ein binationales oder ein multikulturelles Land zu sehen sei (Swinton und Rogerson 1988). Zentral war die Regelung der alten Dualität zwischen dem anglophonen und dem frankophonen Kanada. Die Befürchtungen Quebecs, dass seine Kultur, Sprache und Gesellschaftsvorstellung durch die *Charter* unterminiert werden würden, sollte durch die Aufnahme der bereits genannten *distinct society clause* geregelt werden. Damit sollte die Gleichwertigkeit Quebecs als Gründernation gegenüber dem anglophonen Kanada gesichert und gestärkt werden. Dazu gehörte die Dezentralisierung des Bundesstaates, was einige andere Provinzen als Ziel teilten.

Die Kritiker des *Meech Lake Accord* bemängelten die mögliche Sonderstellung Quebecs aus Gründen, die nicht gegen Quebec an sich gerichtet waren. Dazu zählte unter anderem etwa die Kritik Alan C. Cairns (1988), wonach der *Meech Lake Accord* auf einem alten Verständnis von Kanada mit dem Fokus auf der Dualität von Frankophonen und Anglophonen aufbaute, und gleichzeitig von regionalisierten Gemeinschaften innerhalb der Provinzen ausging. Dadurch würden die soziokulturellen Konfliktlinien, welche durch die *Charter* politisiert worden waren und welche pankanadisch waren, ignoriert. Die Kritik Cairns ist nachvollziehbar. Durch die multikulturelle Einwanderungspolitik Kanadas, die Frauenbewegung und die politische Mobilisierung der autochthonen Bevölkerung entstanden komplexere Konfliktmuster innerhalb der Gesellschaft, denen der *Meech Lake Accord* durch die *distnict society clause* nicht gerecht wurde. Cairns (2001, 2002) spricht in diesem Kontext von „Charter Canadians“, Knopff und Morton (1992) vom „Section 15 Club“. Diese Gruppe von Kanadiern hatte sich zu den hartnäckigsten Verteidigern der *Canadian Charter of Rights and Freedoms* entwickelt. Der *Meech Lake Accord* nahm nämlich explizit Stellung zu einer bestimmten Vision von Kanada und zeigte, dass Ottawa die Sichtweise der Provinzen und besonders der quebecer Nationalisten übernommen hatte (Breton 1988a, S. 4f.; Murray 1989). Diese hätte sich von der Vision Pierre E. Trudeaus eines symmetrischen, pankanadischen Bundesstaates, welche dieser mit der *patriation* von 1982 durchsetzen konnte und auf die sich Alan C. Cairns in seiner Kritik bezieht, entfernt. Der *Meech Lake Accord* stellte die Antithese von Trudeaus Projekt dar.[63]

[63] Wie unterschiedlich die Sichtweise auf diesen Sachverhalt gewesen ist und wie unklar die genaue Stoßrichtung von Meech Lake war, zeigen auch die Stellungnahmen unterschiedlicher Experten vor der *Commission Bélanger-Campeau*. So kritisierte etwa der frühere Minister für intergouvernementale Beziehungen der Regierung Lévesque, Claude Morin, dass Meech Lake – ebenso wie bei allen anderen Verhandlungen vorher – für die Provinzen und

Damit bezog sich die Kritik Alan C. Cairns und anderer Beobachter auf das Kernstück des Kompromisses: die *distinct society clause*. Ramsay Cook bemängelte, dass der Verfassungskompromiss an keiner Stelle definiere, was der Begriff bedeute. Durch diese Nicht-Definition wüsste niemand, was die Konsequenzen der Reform für den kanadischen Bundesstaat oder die *Charter*-Rechte bedeuten würde. Die Situation ähnelt der von Alice im Wunderland, in der alles möglich sei und nichts festgelegt ist (Cook 1988). Die Konsequenz dieser fehlenden Festlegung ist jedoch, dass letzten Endes die Gerichte darüber entscheiden, wie die *distinct society clause* auszulegen ist. Die Interpretationsmacht liegt somit in letzter Instanz beim *Supreme Court*. Damit hätten die beteiligten Akteure das politische Problem nicht gelöst, sondern es einerseits auf die Zukunft verschoben und andererseits verrechtlicht. Dass dadurch die Rolle der Gerichte gestärkt worden wäre, treibt die paradoxe Situation auf die Spitze, da laut Breton (1988a, S. 10) im Jahr 1982 das zentrale Argument gegen die *Charter* war, dass dadurch Gerichte gegenüber den Parlamenten an Einfluss gewännen. Hätte der *Supreme Court* dann zu Gunsten Quebecs entschieden, wäre aus der *distinct society clause* eine spezifisch quebecer *notwithstanding clause* geworden (Scott 1988), die jedoch breiter interpretiert werden konnte als diejenige innerhalb der *Charter* selbst. Gerade deshalb äußerten viele anglophone Beobachter diese Bedenken, wenngleich diese auf der Prämisse beruhten, dass dadurch die Gleichheitsrechte der *Charter* untergraben würden und etwa Frauen in Quebec benachteiligt würden (Smith 1988).

Woehrling (1989) argumentiert jedoch aus der Sicht Quebecs, dass die *distinct society clause* und das Prinzip der linguistischen Dualität Kanadas vom *Supreme Court* gleichzeitig hätten berücksichtigt werden müssen. Der *Supreme Court* würde der Dualität Vorrecht vor der Sonderstellung Quebecs geben und damit die anglophone Minderheit in der Provinz schützen. Auf der anderen Seite, und das stellte das Hauptargument der quebecer Nationalisten dar, würde die *distinct society clause* gleichzeitig die frankophone Bevölkerungsmehrheit vor den zentralisierenden Tendenzen der *Charter* schützen und zu deren Regionalisierung führen. Dies passe zum föderalen Erbe Kanadas. Die Argumentation Woehrlings beruht darauf, dass das Vorrecht der *Charter*-Rechte gegenüber der *distinct society clause* ein Resultat eines Amendements im Senat Mitte 1988 darstellte. Diese Änderung, wenngleich von Nationalisten in Quebec stark kritisiert, war die einzige

---

Ottawa immer nur die anglo-kanadische Konzeption Kanadas und des Bundesstaates eine Rolle gespielt habe (Morin 1991b, S. 734).

Möglichkeit, diese Verfassungsreform zu beschließen. Wie sich die Änderungen jeweils in der Realität ausgewirkt hätten, lässt sich nur spekulativ beantworten. Die Reaktionen aus Quebec und die Argumentation Woehrlings zeigen jedoch, dass es tatsächlich ernsthafte Bedenken innerhalb der Provinz gegenüber den zentralisierenden Tendenzen der *Charter* gab.

Gil Rémillard, der zuständige Minister für die intergouvernementalen Beziehungen in der Regierung Bourassa, brachte das Dilemma um die *distinct society clause* folgendermaßen auf den Punkt.[64]

> „C'étaient les cinq conditions pour nous, elles étaient toutes importantes. Par contre certaines étaient plus techniques que d'autres et en particulier le Québec reconnue comme société distincte. Cela a posé beaucoup de problèmes de compréhension, à cause du bilinguisme français-anglais. If an English should say that you are distinct, that could mean that you are superior and that's a major problem if you have to discuss a new part of the constitution, regarding the equality of parties; so, the provinces. Ça a causé évidemment beaucoup de problèmes. Le mot „distinct" – maintenant réalité - a créé de la confusion chez beaucoup des anglophones canadiens. On n'a pas voulu que le Québec soit reconnu distinct, on voulait simplement qu'on reconnaisse les distinctions dans la société québécoise, une nuance que malheureusement a été, ça été mal compris." (Interview Rémillard)

Damit fasst Rémillard treffend das Dilemma um die verfassungspolitischen Realitäten in Kanada zusammen, da die *distinct society clause* aus Sicht des anglophonen Kanadas gegen den Gleichbehandlungsgrundsatz der Provinzen und gegen die *Charter* verstieß (Taylor 1993, S. 83), welche beide im anglophonen Kanada enorm wichtig waren. Das Ausmaß der Kritik aus dem anglophonen Kanada am *Loi 178*, welches die *notwithstanding clause* nutzte, um die Grundrechte der anglophonen Minderheit einzuschränken, zeigt, wie weit die Vorstellungen zwischen Quebec und dem Rest Kanadas auseinander lagen. Das Scheitern von Meech Lake stellte allerdings für alle Akteure offen dar, dass neben den von Charles Taylor beschriebenen sprachbezogenen Einsamkeiten des frankophonen Quebecs und des anglophonen Kanadas zwei „verfassungsrechtliche Einsamkeiten" (Cairns 1991, S. 13) existierten. Durch den Fehlschlag von Meech Lake, so sagte es zumindest

64 Die Anerkennung Quebecs als *société distincte* stellte für Quebec den wichtigsten Punkt dar. Dies erkennt man bei der Aufarbeitung der Verfassungsfrage durch die *Commission Bélanger-Campeau* nach dem Scheitern des *Meech Lake Accord*. So argumentierte Claude Morin, dass für einen *fédéralisme renouvelé* die Anerkennung Quebecs eine essentielle Bedingung darstellt (Morin 1991b, S. 737). Der einflussreiche Politologe León Dion argumentierte ebenfalls, dass unter anderem die *Charter* die spezifischen Charakteristika der quebecer Gesellschaft bedrohte und deshalb die Provinz Veränderungen an der Verfassung bräuchte, um sich zu schützen (Dion 1991, S. 271ff.).

Charles Taylor vor der später ins Leben gerufenen *Commission Bélanger-Campeau* aus, sei die Verfassung von 1867 für Quebec moralisch tot gewesen. (Taylor 1991, S. 967). Die ursprüngliche Verfassung sei entkernt und der kanadische Bundesstaat umgedeutet worden. Der Gründungsmythos vom Pakt zweier Nationen wiche immer mehr – zumindest in der tatsächlichen Politik zwischen Ottawa und den Provinzen – dem Grundsatz der zehn gleichberechtigten Provinzen.

Meech Lake war also sowohl für die Befürworter als auch für die Gegner des Kompromisses symbolisch sehr wichtig gewesen und das Versagen aller Akteure, einen gemeinsamen Kompromiss zu implementieren, nutzten letztlich die quebecer Unabhängigkeitsbefürworter, um das Narrativ Quebecs als eroberte Nation zu stärken (Nemni 1991; Bernier 1988, S. 243). Mit dem Scheitern des *Meech Lake Accord* kam das Narrativ der Demütigung Quebecs wieder prominent in der politischen Arena zum Vorschein und wurde zu einem wirkmächtigen Instrument für einen PQ unter Parizeau.[65] Dass dieses Narrativ die Realität viel zu vereinfachend darstellte, zeigte Daniel Latouche in Bezug auf die sogenannten „legitimen und traditionellen Forderungen" Quebecs. Die Forderungen der Regierung Bourassa waren unterschiedlich von denen der Regierung Lesage in den 1960er Jahren (Latouche 1986, S. 21). Selbst offizielle Dokumente der quebecer Regierung zeigen diese Diskrepanz deutlich auf (Secrétariat aux Affaires intergouvernementales canadiennes 1991). Dieser Argumentationslogik lässt sich folgen, da sowohl die beständigen (De-)Zentralisierungsversuche als auch die Verfassungsreform von 1982 den institutionellen Kontext in Kanada entscheidend verändert hatten. Die sogenannten „traditionellen Forderungen" waren immer sehr aktuell in den jeweiligen institutionellen Kontext eingebettet und weder historisch noch traditionell.

Aber auch auf der Ebene der Akteure wirkte sich das Scheitern von Meech Lake aus. Dieses stellte eine Niederlage für die *bourgeoisie d'affaires* dar. Sie konnte ihre zentrale Forderung, Quebec dauerhaft innerhalb des Bundesstaates zu halten, nicht erfolgreich umsetzen und sah sich einer unsicheren Zukunft gegenüber. Dies erinnert an das Scheitern der *nouvelle classe moyenne* im Referendum von 1980. Russell (2004, S. 158f.) etwa sieht als Folge von Meech Lake ein neues Verhalten der *bourgeoisie d'affaires* aufkommen. Diese würde sich zunehmend pro-Unabhängigkeit äußern. Dieses Verhalten, falls überhaupt zutreffend, ist dann

[65] Auch der spätere Premier Quebecs, Lucien Bouchard, stilisierte die Demütigung Quebecs in den Jahren 1982 und 1990 zu einem zentralen Argument für die Unabhängigkeit der Provinz beim Referendum im Jahre 1995.

jedoch eher als eine Folge des Freihandelsabkommen zu sehen. In die gleiche Richtung argumentiert Fortin (1991). Durch den Freihandel mit den USA und den GATT-Runden sind Zölle für die Exporte quebecer Unternehmen weggefallen oder gesenkt worden. Deswegen sei Quebec nicht mehr im selben Maße auf den kanadischen Markt angewiesen. Diese Argumentation scheint weit hergeholt und deckt sich nur bedingt mit den empirischen Fakten. Es gab bereits zuvor Teile der *bourgeoisie d'affaires*, die die Unabhängigkeitsagenda des PQ unterstützen, aber der größte Teil tat dies nicht (Gagnon und Montcalm 1990, S. 122). Das bessere Verhältnis, welches sich in den 1980er Jahren zwischen der *bourgeoisie d'affaires* und den quebecer Nationalisten angebahnt hatte und welches bereits im vorhergehenden Kapitel dargelegt wurde, kam dadurch zustande, dass sich der PQ an den Interessen der neuen dominanten Gruppe ausrichtete. Führende Souveränisten wie etwa Jacques Parizeau unterstützten das Freihandelsabkommen aber auch gerade deshalb, weil es eine *association* mit Kanada nicht mehr nötig machen werde (Interview Royer), da Quebec wirtschaftlich unabhängiger würde.

Führende Vertreter der Arbeitgeberverbände und Handelskammern Quebecs stellten sich außerdem bereits vor dem Ende des *Meech Lake Accord* gegen weitere Diskussionen über die Unabhängigkeit und für eine Umsetzung des Deals. Ghislain Dufour, der Präsident des CPQ sagte *La Presse*: „S'il persiste avec la souveraineté, le PLQ s'expose à perdre l'appui traditionnel des milieux d'affaires [...] Il nous faut un parti carrément fédéraliste [...] L'échec du lac Meech ne signifierait pas le rejet du Québec par le Canada" (La Presse, 07.03.1990). Der Präsident der quebecer Handelskammer, Louis Arsenault, legte sich während des Ratifizierungszeitraums ebenfalls fest und verteidigte die Integrität des kanadischen Bundesstaates: „Certes, le Québec aurait pu survivre seul et plusieurs éléments sont venus le montrer durant le débat. Mais nous (les Québécois) avons tout à gagner en restant dans la confédération canadienne." (La Presse, 12.06.1990)

Die *bourgeoisie d'affaires* interessierte sich also für politische Stabilität sowie einen einheitlichen Markt und hatte in den 1980er und 1990er Jahren den politischen Einfluss, das Auseinanderbrechen Kanadas zu verhindern. Mit der zunehmenden wirtschaftlichen Verflechtung sind ökonomische Trans- und Interaktionen nur noch eingeschränkt an politische Grenzen gebunden. In Zeiten von Globalisierung erringen wirtschaftliche Eliten sogar noch mehr Vetomacht, da die wirtschaftliche Internationalisierung weiter vorangeschritten ist als die politische und den wirtschaftlichen Eliten Exit-Optionen offenstehen (Lange-Hoffmann

2003, S. 229). Das Freihandelsabkommen kann sich somit für quebecer Nationalisten als ein klassisches Eigentor erweisen. Die Politik muss nämlich Klarheit über die politische Zukunft schaffen. Anderenfalls könnten internationale Firmen, die innerhalb Quebecs zwar mittlerweile eine geringere Rolle spielten als noch zu Beginn der 1960er Jahre, und auch frankophone Unternehmen abwandern und dadurch die wirtschaftliche Peripheralisierung Quebecs verstärken.

4.5 Der Weg zum zweiten Referendum

Aus dem Scheitern des *Meech Lake Accord* ergaben sich zunächst zwei unmittelbare Konsequenzen. Der Streit zwischen Ottawa und Quebec entwickelte sich erstens endgültig zu einer Debatte über die Zukunft Kanadas. Der PLQ und die Regierung Bourassa standen vor einem politischen Scherbenhaufen, da die Partei keinen Plan B für einen solchen Fall entwickelt hatte. Viele Anhänger des PLQ stimmten nun einer Souveränität Quebecs zu und forderten die Regierung auf, Konsequenzen zu ziehen. Robert Bourassa versuchte diesen Ärger zu kanalisieren, indem er am 22. Juni 1990 in der Nationalversammlung verkündete:

> „Donc, depuis 1985, la question est: What does Canada want? Et on attend encore la réponse du Canada à cet égard [...] le Canada anglais doit comprendre d'une façon très claire que, quoi qu'on dise et quoi qu'on fasse, le Québec est, aujourd'hui et pour toujours, une société distincte, libre et capable d'assumer son destin et son développement." (Assemblée nationale 1990, S. 4134)

Als zweite Konsequenz setzte Bourassa zwei Kommissionen ein. Als Parteichef berief er eine parteiinterne Kommission, die die zukünftige Ausrichtung des PLQ in verfassungsrechtlichen Fragen bestimmen sollte (*Commission Allaire*). Gleichzeitig bestimmte die liberale Regierung eine Kommission, die sich mit der Frage über die verfassungspolitische Zukunft Quebecs auseinandersetzen sollte (*Commission Bélanger-Campeau*[66]). In den Worten Bourassas müsse Quebec nunmehr zuerst intern über seine Zukunft mit Kanada beraten. Mit der Bundesregierung

---

66 Die Zusammensetzung der Kommission zeigt den großen Einfluss der Wirtschaft auf die Politik Quebecs. Beide Ko-Vorsitzenden waren erfolgreiche Geschäftsmänner. Jean Campeau war in den 1980er Jahren für zehn Jahre Präsident des CDPQ. Michel Bélanger fungierte als Präsident der Banque nationale du Canada von 1979 bis 1990. Darüber hinaus hatte mit Ghislain Dufour auch der Präsident des CPQ einen Platz in der Kommission.

würde die Provinz nur noch bilaterale Verhandlungen führen. Das „Elfer-Format" aller Premiers und des kanadischen Premierministers lehnte Bourassa für die Zukunft ab (Le Devoir, 26.06.1990a). Damit wich er von seiner früheren Linie ab. Seine neue Linie trug die große Mehrheit der quebecer Bevölkerung mit.

Für den PQ unter der Führung Parizeaus war eine ökonomische Allianz mit Kanada im Falle einer Unabhängigkeit zu diesem Zeitpunkt nicht mehr länger eine *conditio sine qua non*. Zugleich stieg die Zustimmung zur Souveränität Quebecs weiter an. Viele Quebecer, die 1980 noch gegen die *soveraineté-association* gestimmt hatten, hatten mittlerweile das Gefühl gewonnen, dass Kanada nun seinerseits „Nein" zu ihnen gesagt hatte (Lemieux 1997, S. 17). Deshalb fühlte sich ein großer Teil der Bevölkerung vom anglophonen Kanada ausgegrenzt und missverstanden – wie schon 1982. Dieses Narrativ war die treibende Kraft für den neu steigenden Nationalismus in Quebec. Bereits seit 1988 lässt sich im Kontext der politischen Diskussion über die Mindestbedingungen Quebecs ein Anstieg der Zustimmung zur Unabhängigkeit erkennen, welche mit der Ablehnung der Verfassungsreform 1990 seinen vorläufigen Höhepunkt fand. Wie Tabelle 4.2 darstellt, war die Zustimmung zur Unabhängigkeit – auch unter Anhängern des PLQ – noch nie derart hoch gewesen (Cloutier 1991; Pinard 1997a, S. 78).

Tabelle 4.2. Zustimmung zu den verschiedenen verfassungspolitischen Optionen zwischen Februar 1990 und April 1991 in Quebec

Option	1990				1991		
	Februar	März	April	Juni	Februar	März	April
Unabhängigkeit	24	31	31	36	33	27	28
Souveraineté-association	34	38	43	47	45	51	51
Föderalismus	41	29	25	18	23	23	21
Souveraineté-association	1990				1991		
	Februar	März	April	Juni	Februar	März	April
Ja	67	75	75	82	76	81	80
Nein	33	25	25	18	24	19	20

Quelle: Veränderte Darstellung der Tabellen aus Cloutier et al. (1992: 83, 86).

Zwei Entwicklungen waren in diesem Zusammenhang bedeutsam, um das Narrativ der Ausgrenzung und Demütigung zu verstärken: Erstens die Entscheidung einiger Gemeinden in Ontario an der Grenze zu Quebec, eine einsprachige englische Verwaltung zu betreiben. Die zweite Entwicklung stellte die ablehnende Haltung der Bevölkerung im restlichen Kanada gegenüber Meech Lake in den Umfragen dar. Bereits nach der *patriation* von 1982 und dann nach dem Scheitern des *Meech Lake Accord* findet man in der politischen Debatte in Quebec eine „language of the emotions, in which betrayal, treachery, dishonour, deception, distrust, and bad faith are liberally sprinkled through the accusing language of the losers" (Cairns 1992, S. 101). Allerdings drückte sich die Zustimmung für eine „radikale" Lösung Mitte 1990 nicht in gleichzeitiger Zustimmung für den PQ aus, da viele Wähler Vertrauen in Bourassa hatten, dass er das Problem bewältigen könnte. Dies änderte sich erst im Sommer 1991 (Lemieux 1991, S. 271).

Auf der bundesstaatlichen Ebene stellte das Scheitern des *Meech Lake Accord* eine schwere Niederlage für Mulroney dar, welche auch parteipolitische Konsequenzen mit sich brachte. Lucien Bouchard, der starke Mann Mulroneys in Quebec und spätere Premier der Provinz, trat aus der Partei aus und gründete mit anderen quebecer Nationalisten den *Bloc Québécois*.[67] In einem Leitartikel für die Tageszeitung *Le Devoir* erklärte Bouchard kurz nach dem Fehlschlag von Meech Lake die Zeit der nationalen Versöhnung für beendet und das *beau risque* Lévesques für gescheitert. „En reléguant aux oubliettes la politique de « réconciliation nationale », la mort brutale de Meech nous enferme tous dans la nécessité de choisir [...] Meech n'est pas mort seul. Il emporte, mêlées aux siennes, les cendres du beau risque" (Le Devoir, 26.06.1990b). Lucien Bouchard zog, wie schon Robert Bourassa, die Konsequenz, dass Quebec über seine Zukunft neu entscheiden müsse. Die Antwort auf diese Frage fiel jedoch im Verlauf der folgenden zwei Jahre innerhalb der beiden Lager in Quebec unterschiedlich aus. In Ottawa formierte sich somit zu Beginn der 1990er Jahre zum ersten Mal eine starke politische Kraft, die sich offensiv für die Unabhängigkeit Quebecs einsetzte.

Die Strategie des PLQ bestand in der Folge darin, auf die volle Dezentralisierung Kanadas zu setzen. Dabei spielte die Partei offen mit der Idee der Souveränität im Sinne von Unabhängigkeit, wobei dies laut Nemni (1995) eher strategischer Natur war. Die *Commission Allaire* wählte für ihren Bericht, den sie Ende Januar 1991 veröffentlichte, den Titel: *Un Québec libre de ses choix*. Dieser spiegelte die Sympathie der Nationalisten innerhalb des PLQ mit einer radikalen Lösung wider. In dem Bericht forderte die Kommission unter anderem eine fast vollständige politische Dezentralisierung des kanadischen Bundesstaates mit der

[67] Für eine detaillierte Darstellung des Entfremdungsprozesses zwischen Bouchard und Mulroney sowie der Entstehung des *Bloc*s, siehe Tremblay (2015).

ausschließlichen Gesetzgebungskompetenz der Provinzen in 22 Politikfeldern. Allein die Verteidigungs-, die Außenhandels- und die Währungspolitik sowie die Implementierung eines Finanzausgleichs sollten bei Ottawa verbleiben. Dies hätte einer losen Konföderation entsprochen, die auf einer dualistischen Struktur aufgebaut gewesen wäre. Es hätte allerdings auch die Möglichkeit gegeben, dass Provinzen Kompetenzen an Ottawa rückübertrugen. Dadurch wären Strukturen eines asymmetrischen Föderalismus möglich gewesen. Quebec sollte zudem ein Veto-Recht bei Verfassungsänderungen erhalten und eine quebecer Version der *Charter* verabschieden, die innerhalb der Provinz der kanadischen *Charter* vorstünde (Parti libéral du Québec 1991). Der Bericht ging jedoch nicht soweit die Unabhängigkeit zu fordern, sondern gab sich mit der weitgehenden Dezentralisierung der Kompetenzen des Bundes zufrieden. Der Parteitag der Liberalen nahm den *Allaire Report* mit kleineren Änderungen und mit großer Mehrheit an. Die Forderungen in diesem Bericht waren radikaler als alles, was der PLQ in den Jahrzehnten davor gefordert hatte und ist ein weiteres Beispiel dafür, dass der Begriff der „traditionellen Rechte" Quebecs sehr dehnbar ist. Zudem zeigte sich, wie sehr die politische Diskussion sich in die Richtung der Unabhängigkeitsbefürworter verschoben hatte.

Im November 1990 hatte die Regierung Bourassa gemeinsam mit dem oppositionellen PQ eine parlamentarische Kommission einberufen, die sich mit der Frage des zukünftigen politischen und verfassungsrechtlichen Status Quebecs auseinandersetzen und Handlungsempfehlungen abgeben sollte. In den öffentlichen Expertenanhörungen lag der breite Tenor auf der Notwendigkeit einer radikalen Veränderung des Bundesstaates beziehungsweise auf der Unabhängigkeit Quebecs (Gagnon und Latouche 1991). Der Bericht der *Commission Bélanger-Campeau*, aus dem März 1991 fasste diesen Veränderungsdruck noch einmal zusammen: 1982 hatte das anglophone Kanada die politische und verfassungsrechtliche Grundlage ohne Zustimmung Quebecs verändert, obwohl elementare Interessen und Kompetenzen der Provinz betroffen gewesen waren. Die Verfassungsänderung spiegelte somit primär die Interessen des Bundes und der anderen Provinzen wider. Damit habe die Verfassungsänderung den Geist des Kompromisses von 1867 verändert. Rein juristisch sei das Gesetz von 1982 auf Quebec anwendbar, aber es fehle ihm jegliche politische Legitimation (Commission sur l'avenir politique et constitutionnel du Québec 1991, S. 34f.). Darüber hinaus habe Meech Lake gezeigt, dass es tief verwurzelte Unstimmigkeiten darüber gäbe, was die gemeinsame politische Vision für Kanada sei und wie mit der Identität Quebecs umgegangen wird. Man habe sich in eine politische Sackgasse manövriert (ebd., S. 43f.).[68] Andererseits versuchte die *bourgeoisie d'affaires* die Vorteile Kanadas für die quebecer Wirtschaft hervorzuheben. Der CPQ veröffentlichte 1990 eine Stellungnahme, in der er die Vorteile des Bundesstaates hervorhob und die Souveränität als selbstmörderisch bezeichnete (Conseil du Patronat du Québec 1990).

Letztlich empfahl die Kommission die Einleitung eines Prozesses, der spätestens im Oktober 1992 ein Referendum über die Souveränität Quebecs vorsah. Dafür sollten zwei weitere Kommissionen gegründet werden. Eine davon sollte sich mit der Frage des Erreichens der Souveränität nach einem Ja-Votum beschäftigen. Die andere Kommission sollte sich mit Angeboten einer neuen Partnerschaft durch das anglophone Kanada auseinandersetzen. Das *Loi 150* der liberalen Provinzregierung setze die Vorschläge der *Commission Bélanger-Campeau* um. Die Ergebnisse der Kommission kamen der Regierung allerdings entgegen, weil sie einen Spielraum eröffneten. Da die Empfehlungen aus Sicht der Regierung nicht hierarchisiert waren, hatte das Referendum keine Priorität vor einem möglichen Deal mit Ottawa. Die liberale Regierung Bourassa interpretierte das Ergebnis folglich so, dass es ein Referendum über die Souveränität Quebecs im Jahre 1992 geben werde, falls der Bund bis dahin keine annehmbaren Vorschläge unterbreiten würde. Jegliches Angebot würde von der zuständigen, auf Anraten der *Commission Bélanger-Campeau* gegründeten Kommission geprüft werden (Bonin 1991, S. 38f.). Die Péquisten unter den Mitgliedern der *Commission Bélanger-Campeau* schlossen sich den Empfehlungen nicht vollumfänglich an. Aus deren Sicht konnte kein Angebot Ottawas gut genug sein, um das geplante Referendum zu stoppen.

Aber auch die Regierung Mulroney versuchte, das Scheitern von Meech Lake aufzuarbeiten und neue Vorschläge zu eruieren. Dabei setzte sie mit der *Beaudoin-Dobbie Commission* (*Unity Commission*) eine eigene Kommission ein, die sich mit der Frage der zukünftigen Ausgestaltung der Verfassung auseinandersetzte und öffentliche Anhörungen in allen Teilen des Landes durchführte. Die Provinzen lehnten die Ergebnisse der Kommission jedoch ab. Deshalb traf sich Mulroney 1991 mit den Premiers aller Provinzen mit Ausnahme Quebecs sowie den Anführern der größten indigenen Gruppen und erarbeitete gemeinsam mit ihnen einen

---

68 Dies hat unter anderem Daniel Latouche dargelegt. Der Status quo des kanadischen Föderalismus sei so tief im anglophonen Kanada verwurzelt, dass eine Veränderung im Sinne Quebecs für den Rest des Landes nicht tragbar sei (Latouche 1991, S. 600f.). Deswegen können Quebec nur unabhängig werden, um seine eigenen Ziele erreichen zu können.

neuen Vorschlag für einen Verfassungskompromiss, den sie Quebec vorlegen wollten. Dies geschah zum Erstaunen vieler politischer Beobachter tatsächlich im Juli 1992. Innerhalb Quebecs stießen die neuen Vorschläge von Seiten der Unabhängigkeitsbefürworter auf Kritik, doch Premier Robert Bourassa willigte schnell ein. Damit vollzog der Premier eine Kehrtwende und verbannte sowohl die Parteiprogrammsänderung durch den Bericht Allaires als auch das *Loi 150* und den Bericht der *Commission Bélanger-Campeau* aus der politischen Diskussion. Das Handeln Bourassas zeigt laut Nemni (1995), dass die von ihm aufgebaute Drohkulisse eines Referendums über die Unabhängigkeit rein strategischer Natur gewesen war. Bourassa wollte bei der Einsetzung der Kommission vor allem Zeit gewinnen. Für ihn war nach wie vor klar, dass Quebec nur innerhalb Kanadas erfolgreich sein konnte (siehe auch Interview Rivest).

Letztlich akzeptierte Bourassa mit dem *Charlottetown Accord* einen Kompromiss, der das Gegenteil dessen umgesetzt hätte, was von Jean Allaire und der *Commission Bélanger-Campeau* gefordert worden war. Die Kompetenzverteilung zwischen Bund und Provinzen wurde nur marginal verändert, Elemente eines asymmetrischen Föderalismus minimal gehalten und die *spending power* des Bundes nicht effektiv begrenzt. Durch die Reform des Senats hätten alle Provinzen sechs Senatoren erhalten, was den Einfluss Quebecs geschwächt hätte,[69] und die *distinct society clause* wäre durch eine *Canada clause* verwässert worden (Schultze 1997a, S. 16ff.). Ohne eine Stärkung der politischen Kompetenzen Quebecs in bestimmten Politikfeldern und der verfassungsrechtlichen Sicherung des besonderen Charakters der frankophonen quebecer Gesellschaft konnte der kanadische Bundesstaat aus Sicht der meisten quebecer Nationalisten allerdings nicht funktionieren. Kenneth McRoberts bringt die Kritik der Nationalisten auf den Punkt, wenn er argumentiert, dass der *Charlottetown Accord* die Probleme Quebecs nicht effektiv gelöst hätte und auf einer anglo-kanadischen Vision Kanadas beruhte. Damit fiel der Kompromiss hinter den *Meech Lake Accord* zurück (McRoberts 1993; Gagnon und Rocher 1992; Morin und Woehrling 1994, S. 93). Der Kompromiss von 1992 stellte die Interessen der indigenen Bevölkerung und der multikulturellen Einwanderergruppen ins Zentrum der Debatte und hätte dadurch den Handlungsspielraum Quebecs weiter eingeschränkt. Für die Regierung Bourassa stellte er jedoch einen

---

69 Durch eine veränderte Zusammensetzung des Unterhauses hätten Ontario und Quebec jedoch zusätzliche Abgeordnete erhalten, um das Senatsprinzip im kanadischen Senat für die beiden größten Provinzen akzeptabel zu gestalten.

guten Kompromiss dar. „En ce qui regarde Charlottetown nous, le Parti libéral et le gouvernement, on est arrivé à la conclusion que c'était très positif, et pour moi c'était encore meilleure que Meech." (Interview Rémillard)

Die Debatte um die Zukunft Kanadas im *Charlottetown Accord* zeigte, wie sich das Gesicht des Landes durch die multikulturelle Einwanderungspolitik der vergangenen zwei Jahrzehnte verändert hatte. Gleichzeitig politisierten die indigenen Ureinwohner ihr Verhältnis mit der Mehrheitsgesellschaft. Das binationale und bikulturelle Kanada ging endgültig über in ein multinationales und multikulturelles Kanada. Das wird in den großen urbanen Zentren deutlich, in denen immer mehr Einwanderer aus nicht-traditionellen Herkunftsländern ankamen und die sich nicht als Gastarbeiter sahen, sondern in Kanada blieben und dadurch ihre Spuren hinterließen (Cairns 1992, S. 124). Dem rein deskriptiven Beschreiben einer multikulturellen Gesellschaft folgte somit die politische Anerkennung. In Vancouver und Toronto ist es vornehmlich Einwanderung aus Süd- und Ostasien, wohingegen sich in Montreal primär Einwanderer aus den vormaligen französischen Kolonien wie etwa Westafrika oder der Karibik niederließen. Auch die indigene Bevölkerung verlangte nach Jahrzehnten der Assimilierungsversuche eine Wiedergutmachung historischen Unrechts und eine verfassungsrechtliche Anerkennung ihrer Gesellschaft(en). Diese Anerkennung und die Sicherung der Rechte, sowohl von indigenen Kanadiern als auch von den neu eingetroffenen Einwanderern, können nicht auf Basis des kanadischen Föderalismus und der territorialen Autonomie sichergestellt werden. Diese Mechanismen erwiesen sich als nicht wirksam.

Die Lösung für dieses Problems liegt in den Augen von Alan C. Cairns im sogenannten „Charter-Föderalismus" (Cairns 1995). Einwanderer und Indigene haben keine territoriale Vertretung. Der Föderalismus schützt sie folglich nicht. Sie brauchen deshalb den Schutz durch die *Charter*. Das wiederum steht im Gegensatz zu den Interessen Quebecs, welches dadurch seine Rechte eingeschränkt sieht. Gleichzeitig wurde die (urbane) Bevölkerung Quebecs multikultureller. Quebec benötigt seit der *révolution tranquille* Einwanderung, um seinen relativen Bevölkerungsanteil im Vergleich zu anderen Provinzen zu halten. Das Schreckgespenst einer Marginalisierung innerhalb des Bundesstaates auf Grund schlechter werdender demographischer Umstände sahen viele Nationalisten als reale Gefahr an (Mathews 1984). Durch die aktive Sprachenpolitik der quebecer Regierung wurde über die Zeit hinweg ein immer größerer Anteil der Einwanderer in französischsprachige Schulen geschickt. Wohingegen im Schuljahr 1969/70 noch etwa

80 Prozent der Kinder von Einwanderern auf englischsprachige Schulen gingen, fiel dieser Anteil auf etwa 70 Prozent im Schuljahr 1977/78 und – nach Einführung des *Loi 101* – auf 36 Prozent im Schuljahr 1986/87 (Behiels 1991, S. 22f.). Gleichzeitig veränderte sich die Gruppe der Einwanderer. Die multikulturelle Vielfalt, die sich in den Klassenzimmern Montreals zu etablieren begann, führte bei manchen Nationalisten zur Sorge darüber, wie es mit der Kultur, der Identität und den Unabhängigkeitsstrebungen Quebecs in der Zukunft bestellt sein würde. Der Historiker und damalige Herausgeber von *Le Devoir*, Jean-Louis Roy, hatte bereits im Juni 1985 in einem Beitrag für die Zeitung diese Frage mit der Zukunft des quebecer Nationalismus verknüpft (Le Devoir, 1. Juni 1985)?

Der *Charlottetown Accord* nahm diese gesellschaftlichen Entwicklungen in Kanada auf und versuchte die sich entfaltenden Problemstellungen verfassungsrechtlich zu lösen. Im *Charlottetown Accord* wurde der wachsende Einfluss der *Charter Canadians* in der politischen Diskussion deutlich, wenngleich viele ihrer Forderungen nicht aufgegriffen wurden. Daraus entstanden die unvereinbaren Positionen zwischen Ottawa, den anglophonen Provinzen und Quebec und ein Großteil der quebecer Nationalisten lehnte den Kompromiss ab.

Dennoch segnete ein Sonderparteitag des PLQ den Richtungswechsel der Parteiführung ab, was zum Austritt des nationalistischen Flügels um Jean Allaire und dem Chef der liberalen Jugendorganisation, Mario Dumont, führte. Beide verließen die Partei und gründeten 1994 mit dem *Action démocratique du Québec* (ADQ) eine konservativ-neoliberale Partei, die für eine Dezentralisierung politischer Kompetenzen eintrat und die Europäische Union als Vorbild für einen neuen kanadischen Bundesstaat hielt, ohne dabei gleichzeitig die Unabhängigkeit Quebecs zu fordern (ADQ 1994, S. 1ff.).

Da das *Loi 150* ein Referendum über die Souveränität der Provinz für spätestens Oktober 1992 vorsah, änderte die Regierung Bourassa den Inhalt des Referendums und stellte den *Charlottetown Accord* zur Wahl. Auch die anderen Provinzen und die Bundesregierung in Ottawa entschlossen sich dazu, jeweils ein Referendum abzuhalten und dadurch die Legitimität der Verfassungsreform im Fall seiner Annahme zu stärken. In Quebec startete die Kampagne aus Sicht des PLQ vielversprechend. Im Laufe des Oktobers nahm die Zustimmung zum Kompromiss in den Umfragen jedoch kontinuierlich ab. Das lag unter anderem daran, dass die politischen Parteien die Abstimmung nicht als ein Votum für oder gegen die Souveränität Quebecs stilisierten, sondern als eine Wahl über die Verfassung

Kanadas. Dies vereinfachte es für Anhänger des kanadischen Bundesstaates mit *Nein* zu stimmen, zumal sich auch überzeugte Föderalisten wie Jean Allaire dem Nein-Lager anschlossen. Am 26. Oktober 1992 lehnten etwa 55 Prozent der kanadischen Bevölkerung den *Charlottetown Accord* ab. Neben Quebec stimmten alle Provinzen des Westens und Nova Scotia gegen die Reform. In Ontario siegte das Ja-Lager nur mit 50,1 Prozent. Damit war der letzte Versuch einer verfassungsrechtlichen Einigung zwischen Ottawa und den Provinzen, aber auch zwischen Quebec und dem Rest Kanadas gescheitert. Quebec hatte mit über 82 Prozent die höchste Wahlbeteiligung aller Provinzen. 56,7 Prozent der Quebecer stimmten dabei mit *Nein*. Nicht-Frankophone Quebecer wählten dabei großteils *Ja*, während frankophone Unabhängigkeitsbefürworter fast geschlossen mit *Nein* stimmten. Da frankophone Quebecer, die keine Anhänger der Unabhängigkeitsbewegung waren, jeweils zur Hälfte mit *Ja* beziehungsweise *Nein* stimmten, konnten die Gegner des Kompromisses den Sieg davontragen (Johnston et al. 1996, S. 202, 217).

Das Scheitern des *Charlottetown Accord* führte jedoch – anders als beim *Meech Lake Accord* – zu keinem Aufschrei in Quebec, da die Quebecer den Kompromissvorschlag selbst abgelehnt hatten. Wie Rainer-Olaf Schultze (1997a, S. 19ff.) analysierte, beruhte die Ablehnung auf drei zentralen Gründen. Dazu zählten erstens die inhaltliche Ablehnung verschiedenster Elemente von der *distincte society clause/Canada clause* bis hin zu den institutionellen Reformen des Parlamentes, wobei in unterschiedlichen Landesteilen andere Kritikpunkte im Vordergrund standen. Zweitens zeigte die Ablehnung auch die politische Macht der *charter minorities*, die erfolgreich gegen den Kompromiss agitierten, da sie entweder ihre Kollektivrechte gefährdet oder aber nicht ausreichend gestärkt sahen. Drittens spiegelte das Votum den Frust über den Exekutivföderalismus wider und war das Ergebnis einer Parteienverdrossenheit, die sich vor allem auf die Regierung Mulroney bezog. Anders als beim *Meech Lake Accord* stand nicht die Einigung mit Quebec im Zentrum der Verhandlungen. Vielmehr handelte es sich um eine grundlegende Reform des kanadischen Bundesstaates.

Der Kampf um Quebec beginnt

Spätestens nach dem endgültigen Scheitern der Verfassungsreformen von Meech Lake und Charlottetown ging der PQ wieder dazu über, aktiv die Unabhängigkeit

Quebecs zu fordern. Der PQ verfolgte dabei einen dreistufigen Plan zum Erringen der Unabhängigkeit. Zuerst sollte der *Bloc* in den Wahlen zum Unterhaus in Ottawa 1993 einen großen Teil der quebecer Sitze erringen. Anschließend sollte der PQ die Wahlen in Quebec gewinnen und dann spätestens ein Jahr später ein erfolgreiches Referendum über die Unabhängigkeit durchführen. Der „Kampf um Quebec" (Monière und Guay 1994, 1995, 1996) war somit eröffnet.

Am 25. Oktober 1993 und damit fast auf den Tag genau ein Jahr nach Charlottetown rief die konservative Bundesregierung die Bevölkerung an die Wahlurnen. Der unbeliebte Premierminister Mulroney war bereits Ende Juni des Jahres zurückgetreten und die konservative Partei hatte ihn durch Kim Campbell ersetzt. Doch die neue Regierungschefin konnte der abnehmenden Zustimmung für die Konservativen nichts entgegensetzen. Die Wahl endete in einem Desaster die Partei. Trotz etwa 16 Prozent der Stimmen konnte die Partei nur zwei Sitze erringen. Die Liberalen unter Jean Chrétien gewannen 177 Sitze. Im Westen setzte sich die neugegründete konservativ-neoliberale *Reform Party* von Preston Manning durch und gewann den größten Anteil ihrer Sitze in British-Columbia und Alberta. In Quebec gewann Lucien Bouchards *Bloc* dank des Wahlsystems mit 49,3 Prozent 54 der 75 Wahlkreise. Die Liberalen gewannen vor allem die Wahlkreise mit einer hohen anglophonen und allophonen Bevölkerungsdichte. Wie schon bei den Wahlergebnissen des PQ auf Provinzebene zeigte sich beim *Bloc*, dass die zentralen Erklärungsvariablen für deren Wahlsieg die Sprache und das Alter darstellten. Frankophone Wähler entschieden sich wesentlich häufiger für den *Bloc*. Zudem wählten jüngere Frankophone den *Bloc* und ältere Frankophone die Liberalen (Guay 1994, S. 152, 163). Als Konsequenz aus dieser Wahl forcierten die quebecer Nationalisten den ideologischen Kampf um die Identität Kanadas, welcher bisher primär in der intergouvernementalen Arena zwischen Ottawa und Quebec ausgetragen wurde, auch innerhalb des Unterhauses in Ottawa. Mit Jean Chretien wurde ein enger Vertrauter Pierre E. Trudeaus, dessen Vision für Kanada Chretien teilte, Premierminister. Die Opposition bestand mit dem *Bloc* und der Reform-Party aus zwei Akteuren, die dieser Vision ablehnend gegenüberstanden (McRoberts 1997, S. 220). Damit war der erste Schritt aus Sicht der Independentisten vollzogen und knapp die Hälfte der Quebecer hatte für den *Bloc* gestimmt.

Im Januar 1994 trat dann Robert Bourassa auf Grund einer Krebserkrankung als Premier zurück und die Partei ersetzte ihn durch Daniel Johnson Jr., der die Zeit bis zu den Neuwahlen noch etwas hinauszögern wollte und diese für den

September des Jahres ausrief. Die Aussichten der Liberalen auf einen Wahlsieg waren nicht gut. Zum einen war die Partei bei der versprochenen Reform der Verfassung zweimal gescheitert und zum anderen war seit 1956 keine Partei mehr als einmal in Folge wiedergewählt worden. Hinzu kam die wirtschaftliche Rezession, in der sich Quebec seit Anfang der 1990er Jahre befand und die der Glaubwürdigkeit des PLQ in seiner Kernkompetenz der Wirtschaftspolitik schadete.

Die Regierung Bourassa war bereits nach den Provinzwahlen von 1989 von ihrem neoliberalen Wirtschaftskurs abgewichen. Sie stellte die Privatisierungen ein, da sie diese für nicht zielführend hielt und dadurch nur kurzfristige Einnahmen generiert wurden, die allerdings durch dann zu verteilende Subventionen an die privatisierten Firmen wieder ausgegeben wurden. Gleichzeitig kamen immer mehr Firmen in wirtschaftliche Schwierigkeiten und mussten durch Staatsgelder gestützt werden. So leitete die Regierung Bourassa etwa die Fusion von *Lavalin* mit dem Konkurrenten *SNC* ein. Ab 1991 ging die Strategie zurück zum Modell des *Québec Inc.*, wobei dieses aber an den neuen wirtschaftlichen und politischen Kontext angepasst werden sollte. So sollte der Provinzstaat „entlastet werden, ohne die Grundlagen und regional- wie sozialpolitischen Ziele des korporatistischen Entwicklungsmodells in Frage zu stellen" (Schneider 1997a, S. 190). Deshalb sollten zwar Instrumente der *révolution tranquille* im Sinne von Wirtschaftsinterventionismus vorangetrieben werden, gleichzeitig betrieb die Regierung aber auch mit spezialisierten Programmen ganz gezielt Investitions- und Exportförderung bei PME, ohne das sogenannte Gießkannenprinzip zu nutzen (ebd.). Speziell geförderte Bereiche stellten unter anderem die Luft- und Raumfahrt sowie die Informationstechnologien dar. Gleichzeitig setzte die Regierung allerdings aus Kostengründen – der Bundesstaat hatte unter Mulroney begonnen seine Transferzahlungen an die Provinzen zu kürzen – auf eine Austeritätspolitik im Bereich der Sozial- und Gesundheitspolitik und machte sich daran, diese Sicherungssysteme umzubauen. Damit verbunden war unter anderem der Abbau von Stellen in der öffentlichen Verwaltung.

Die *bourgeoisie d'affaires* stellte sich nicht gegen die Abkehr vom neoliberalen Wirtschaftsmodell. Sie profitierte vielmehr davon, da sie trotz der langen Phase wirtschaftspolitischer Unterstützung weiterhin auf staatliche Gelder angewiesen schien und sich im Wettbewerb mit nationalen und internationalen Konzernen immer noch in einer prekären Lage befand (Schneider 1994, S. 148). Viele Unternehmen gingen auch in den 1980er Jahren Pleite oder mussten durch Staatsgelder gerettet werden. Der Staat war somit immer noch an vielen Unternehmen beteiligt (Bélanger und Fournier 1987, S. 153). Darüber hinaus führte die Regierung Bourassa keine Rückkehr zum aktiven Staat der 1960er Jahre durch. Sie nahm die wirtschaftliche Deregulierung des vergangenen Jahrzehnts nicht zurück. Das Modell des *Quebec Inc.* hatte die Grundzüge des „alten" Modells erhalten, passte sich aber den neuen Gegebenheiten an. Zudem war der Weg, den der PQ einschlagen wollte, für die *bourgeoisie d'affaires* weniger attraktiv.

Jacques Parizeau hatte bei seiner Wahl zum Parteichef 1988 klargestellt, dass er das sozialdemokratische Profil des PQ wieder stärken wollte. „Le PQ doit retrouver le chemin d'un dialogue véritable, articulé, avec les syndicats, pour retrouver avec eux le sens et le goût profonds de ces changements sociaux" (Le Devoir, 21.03.1988). Parizeau hielt die Fähigkeit Quebecs die Kontrolle über seine Wirtschaft selbst auszuüben stets für wichtiger als die kulturellen Elemente der Identität oder die französische Sprache. Er selbst sei Souveränist geworden, weil er die Notwendigkeit Quebecs gesehen habe, seine eigene Wirtschaft zu kontrollieren (Parizeau 1997, S. 17). Sprache und Kultur waren für Parizeau ein Nebenkriegsschauplatz für den eigentlichen Konflikt, der in der ökonomischen Arena stattfand. Sozialdemokratische Projekte waren jedoch nicht vorhanden. Im Wahlprogramm von 1994 und während des Wahlkampfes selbst wurde vielmehr schwammig von Staatsinterventionismus gesprochen und die Regulierungsfähigkeit des Marktes in Frage gestellt (Parti québécois 1994, S. 53; Monière 1995b, S. 81). Dies war radikaler als das Angebot des PLQ und trotzdem weit entfernt von der Politik der 1970er Jahre. Durch den Transfer von Kompetenzen des Bundes an Quebec und durch den schrittweisen Übergang zur Unabhängigkeit wären dann in der Zukunft mehr Aufgaben für den quebecer Staat vorhanden gewesen. Den dafür nötigen Ausbau der Verwaltung befürworteten die Technokraten der *nouvelle classe moyenne*. Bereits bei seiner ersten Rede als Premier wich Parizeau jedoch vom staatsinterventionistischen Kurs ab. Es brauche eine kulturelle Revolution und einen effektiveren Staat, da dieser zum damaligen Zeitpunkt eher inneffizient handeln würde (Assemblée nationale 1994, S. 7).

Die Frage der Unabhängigkeit war zudem wieder eines der zentralen Themen im Wahlkampf, obwohl die Bürger viel größeres Interesse an den wirtschaftlichen und sozialen Herausforderungen Quebecs zeigten. Als wichtigste Bereiche gaben sie die Themen Arbeitsplätze (92,8 Prozent), Berufsausbildung (81,7 Prozent), die Gesundheitspolitik (80,3 Prozent), die quebecer Staatsschulden (78,8 Prozent), die

Beziehungen zwischen Quebec und den anderen Provinzen (76,3 Prozent) und die Erziehungs- und Bildungspolitik (72,9 Prozent) an (Monière 1995a, S. 40). Dennoch versuchte Johnson das Thema Unabhängigkeit dem PQ anzuhängen und die Wahl als *élection référendaire* zu stilisieren, da der PQ zwar Verhandlungen mit Ottawa aufnehmen wollte doch gleichzeitig vollendete Tatsachen schaffen werde. Das Referendum wäre deshalb nur noch eine Farce. Parizeau hatte sich jedoch seit dem Parteitag im August 1993 auf ein Referendum festgelegt. Wie Joseph Facal, der spätere Minister für intergouvernementale Beziehungen in der Regierung Bouchard, im Interview klarstellte, wusste Parizeau um die Notwendigkeit einer demokratischen Legitimierung durch ein Referendum.

> „Ça veut dire que même M. Parizeau, perçu comme plus radical que M. Lévesque, reconnaissait qu'il fallait prendre le pouvoir, qu'il fallait tenir un référendum […] il fallait évidemment des garanties de légitimité et de transparence démocratique que seul un référendum pouvait donner." (Interview Facal; siehe auch Interview Royer)

Dennoch wog die Unsicherheit über die Konsequenzen aus der Provinzwahl schwer. Einerseits hatte der PQ angekündigt, die Unabhängigkeit Quebecs einzuleiten und somit handelte die Wahl von 1994 auch von der Frage der Souveränität. Andererseits erhofften sich viele Wähler einen Wechsel in der Wirtschafts- und Sozialpolitik und dies war nur mit dem PQ möglich. Der quebecer Wähler befand sich somit in einem Dilemma, das nur schwer aufzulösen war. Die Zustimmung zur Unabhängigkeit hatte zudem seit ihrer Hochphase Ende 1990 kontinuierlich abgenommen. Die Option einer politischen Souveränität mit gleichzeitiger ökonomischer Partnerschaft erhielt seit dem Ende des *Charlottetown Accord* als einzige Option hohe und stabile Zustimmungswerte (Yale und Durand 2011, S. 252).

Das Wahlergebnis spiegelte diesen Sachverhalt wider. Bei einer höheren Wahlbeteiligung (etwa 81,5 Prozent) als in den letzten beiden Provinzwahlen von 1985 und 1989 gewann der PQ mit nur einer knappen relativen Stimmenmehrheit, obwohl die Partei während des Wahlkampfes in den Umfragen deutlich vor dem PLQ gelegen hatte. Der PQ erhielt 44,7 Prozent der Stimmen gegenüber dem PLQ mit 44,4 Prozent und dem ADQ mit etwa 6,5 Prozent. Dies war das erste Mal in der neueren Geschichte Quebecs, dass der Abstand der relativen Stimmanteile der beiden großen Parteien kleiner als ein Prozent war. Betrachtet man hingegen die Anzahl der errungenen Sitze in der Nationalversammlung, so konnte der PQ auf Grund des Wahlsystems eine komfortable Mehrheit von 77 Sitzen gegenüber dem PLQ mit 47 Sitzen und dem ADQ mit einem Sitz gewinnen. Damit stellte der PLQ unter Johnson die größte Oppositionspartei in der Nationalversammlung seit 1966, wenn man die errungenen Sitze prozentual zu den Sitzen in der Nationalversammlung setzt. So wurden die Liberalen in der öffentlichen Debatte als die moralischen Sieger stilisiert, die ein eindrucksvolles Ergebnis erzielt hatten, und der neue Oppositionsführer Daniel Johnson Jr. war mit diesem unerwartet guten Resultat zufrieden (Le Devoir, 14.09.1994a). Als Erklärungsmuster für das Wahlergebnis kam unter anderem, wie bei vergangenen Wahlen, neben der Sprache die politische Affinität zur Unabhängigkeit und das Alter zu tragen.

Bis zu diesen Wahlen war prinzipiell angenommen worden, dass der PQ bei jungen Menschen als eine attraktive politische Option galt. Diese These des Lebenszyklus konnte in der Wahl jedoch widerlegt werden. Vielmehr zeigt sich laut Guy Lachapelle in der Wahl des PQ ein Kohorteneffekt. Dies spricht für Lemieuxs These von der *parti générationnel*. Vor allem Quebecer mittleren Alters (zwischen 35 und 44 Jahren) wählten überproportional den PQ, wohingegen ältere Quebecer über 65 Jahren dem PLQ zugeneigt waren. Diese 35 bis 44-jährigen Wähler waren die Kohorte, die im Zeitraum zwischen Ende der 1940er Jahre und 1960 geboren worden waren (Le Devoir, 14.09.1994b), die in den 1960er und 1970er Jahren politisch sozialisiert worden waren und die in den 1970er und 1980er Jahren bereits den PQ gewählt hatten. Zu einem ähnlichen Ergebnis kommen auch Fisher und Vengroff (1994), die argumentieren, dass auf Grund dieses Kohorteneffekts dem PQ die Zeit davonlaufe. Wenn der PQ die Souveränität Quebecs in einem Referendum durchsetzen wolle, dann müsste er noch in den 1990er Jahren handeln, da anderenfalls diese Kohorte langsam altern würde. Diese Ergebnisse passen zu der These der politischen Generation von Mannheim, welche sich innerhalb eines bestimmten, für diese Generation einmaligen Kontext, sozialisiert. Da sich der gesellschaftliche Kontext jedoch beständig wandelt, findet keine dauerhafte Sozialisierung aller nachfolgenden Alterskohorten unter denselben Umständen statt. Die Befürchtungen, die Fisher und Vengroff somit äußern, konnten als ein reales Problem für den PQ gesehen werden.

Die Regierung Parizeau und das Referendum

Der neue Premier Jacques Parizeau wollte das Unabhängigkeitsreferendum deshalb schnell mit einer klaren Frage ansetzen. Er war nicht der Meinung, dass die

Regierung zuerst die Strategie des *bon gouvernement* verfolgen sollte. Vielmehr nehme bei dieser Vorgehensweise die Anzahl der Unzufriedenen immer mehr zu, je länger man in der Regierung sitze und damit werde das Projekt der Unabhängigkeit immer unwahrscheinlicher (Interview Royer). Deswegen hielt Parizeau ein Referendum zum frühestmöglichen Zeitpunkt und über die Unabhängigkeit ohne politische oder ökonomische Union mit Kanada für wichtig. Die Strategie des *bon gouvernement* war allerdings ursprünglich ein zentraler Teil der Strategie des *étapisme*. Durch seinen Plan geriet Parizeau deshalb in einen Konflikt mit dem Chef des *Bloc*, Lucien Bouchard, sowie innerhalb der eigenen Partei mit seinem Vizepremier Bernard Landry und anderen Ministern der PQ-Regierung. Landry wollte sich ebenso wenig wie Bouchard auf einen bestimmten Zeitpunkt festlegen und zog dabei den bekannten Vergleich mit dem Angriff der leichten Brigaden im Krimkrieg. „Je ne veux pas être le commandant en second de la brigade légère qui fut exterminée en Crimée en vingt minutes à cause de l'irresponsabilité de ses commandants" (Le Devoir, 28.03.1995). Vor allem die Kritik Landrys schädigte Parizeaus Ansehen nach innen. Seine Kritiker argumentierten, es komme nicht darauf an, wann das Referendum stattfände, sondern dass es gewonnen werde (Le Devoir, 07.04.1995). Anfang April kündigte die Regierung dann ein Referendum für den Herbst an und somit über ein Jahr nach dem Regierungsantritt. Zeitgleich veröffentlichten die von der Regierung nach dem Wahlsieg eingesetzten regionalen „Zukunftskommissionen" (*Commissions régionales sur l'avenir du Québec*) ihre Berichte. Mehrere dieser Kommissionen regten an, das Referendum mit einem neuen Gesellschaftsprojekt zu verbinden, um die Menschen für etwas zu begeistern und ihnen die Angst zu nehmen. In den Worten des Präsidenten der Montrealer Kommission, Marcel Masse, dürfe der Staat nicht länger als Ziel an sich gesehen werden, sondern nur als erster Schritt beziehungsweise als Instrument zur Errichtung eines eigenen Gesellschaftsmodells (Le Devoir, 04.03.1995).

Das erinnert an die Argumentation der ersten Generation der Unabhängigkeitsbefürworter unter Lévesque, die im quebecer Staat einen Akteur zur Durchsetzung eines eigenen Gesellschaftsmodells sahen. Ende September legte der PQ den Versuch einer Vision für ein unabhängiges Quebec vor. Die Unabhängigkeit würde darin eine zweite *révolution tranquille* auslösen. Diese sollte geprägt sein von einer „d'inspiration social-démocrate, promet une stratégie du plein emploi, une réforme de l'éducation, la sécurité linguistique et l'intégration des immigrants à la majorité francophone" (Le Devoir, 22.09.1995). Dabei spielten bestimmte Werte und die Vision einer „besseren Gesellschaft“ insgesamt in der Diskussion um die Unabhängigkeit eine viel geringere Rolle als noch beim Referendum von 1980.

Die Gegner des Referendums setzten, wie bei der ersten Volksabstimmung 1980, auf die ökonomischen Ängste der Bevölkerung, um für die Einheit Kanadas zu werben. Diese Strategie wurde in den Wochen vor dem Referendum am 30. Oktober 1995 sehr deutlich. So erklärte Premierminister Chrétien, dass Kanada über keine politische oder ökonomische Partnerschaft verhandeln werde (Le Devoir, 19.10.1995). Ziel war es, den Quebecern vor Augen zu führen, dass mit dem Referendum nur die Unabhängigkeit sicher sei, aber keine weitere Partnerschaft und deshalb die Kosten für Quebec hoch sein werden. Der liberale Oppositionsführer in der Nationalversammlung, Daniel Johnson, argumentierte, dass in einem unabhängigen Quebec die Kaufkraft um 10 Prozent einbrechen werde (Le Devoir, 20.10.1995) und etwa 92.000 Arbeitsplätze in Gefahr seien (Le Devoir, 11.10.1995). Der kanadische Finanzminister ließ sich sogar zu der Aussage hinreißen, bis zu 1.000.000 Stellen in Quebec seien in Gefahr (Le Devoir, 18.10.1995). Zudem stellten sich mehrere quebecer Unternehmen gegen das Unabhängigkeitsprojekt (Le Devoir, 04.10.1995) und die *bourgeoisie d'affaires* warb durch das CPQ aktiv für einen Verbleib im kanadischen Bundesstaat (Conseil du Patronat du Québec 1995). Dies geschah laut einigen Beobachtern nicht aus ökonomischer Notwendigkeit, sondern aus ideologischer Überzeugung. Bereits 1990 hatten einige Banken und Finanzinstitute im Falle der Unabhängigkeit der Provinz keine Nachteile für Quebec mehr feststellen können (Fournier 1990, S. 107f.). Den Grund dafür sahen viele Anhänger der Unabhängigkeit vor allem im Freihandelsabkommen mit den USA und später im NAFTA-Abkommen. So argumentierte der politische Berater Parizeaus und spätere Parteivorsitzende des PQ, Jean-François Lisée, dass das Freihandelsabkommen den Nord-Süd Handel beleben werde und damit die von Lévesque immer erhoffte „Dekanadianisierung“ der quebecer Wirtschaft langsam voranschreiten werde (siehe auch Holland 1995; Martin 1995). Da die USA kein Interesse an einer Fragmentierung des nordamerikanischen Handels habe, werde Quebec nicht aus NAFTA austreten müssen und die ökonomischen Probleme Quebecs seien dadurch nicht vorhanden (Lisée 1990, S. 447). Ob diese Kalkulation aufgegangen wäre, bleibt reine Spekulation.

Aber auch das Lager der Unabhängigkeitsbefürworter spielte mit den Ängsten der Bevölkerung. Dies zeigt, wie wichtig die ökonomischen Zukunftsaussichten waren. So kritisierte Parizeau den kanadischen Premierminister scharf für seine

Austeritätspolitik. Kanada würde die Rentensysteme schwächen, die Arbeitslosenhilfe einschränken und die Zuschüsse an die Provinzen massiv streichen (Le Devoir, 21.09.1995, 02.10.1995). Deshalb könne aus Sicht der Unabhängigkeitsbefürworter Quebec innerhalb des kanadischen Bundesstaates nur verlieren. Diese Argumentation des Ja-Lagers zeigt in allen seinen Facetten – von der Angst innerhalb Kanadas politisch schwach zu sein bis hin zur Fähigkeit seine Gesellschaft in einem unabhängigen Staat frei entwickeln zu können – wie wichtig hier wieder die Frage der Kompetenzverteilung war. Auf Grund dessen, dass Quebec in einem aus seiner Sicht hochgradig zentralisierten föderalen System nicht über die Kompetenzen in wichtigen Politikfeldern verfüge, könne es seine Gesellschaft nicht selbst voranbringen. Deshalb hülfe hier nur die Unabhängigkeit. Mehrere Autoren wie etwa Blais et al. (1995) und Martin (1994) haben gezeigt, dass dieses Spannungsverhältnis zwischen der kollektiven Identität einerseits und den ökonomischen Folgen einer Unabhängigkeit andererseits eine große Rolle bei der Entscheidung in der Frage der Souveränität Quebecs gespielt hat. Letztlich stärkte dieses Spannungsverhältnis jedoch das Nein-Lager.

Der Plan der PQ-Spitze vor den Provinzwahlen 1994 unterschied sich fundamental von der Vorgehensweise von 1980. Anders als beim ersten Referendum, sollte die Unabhängigkeit Quebecs nicht mehr von einer möglichen wirtschaftlichen Union mit dem Rest Kanadas abhängig sein. Die Union stand vielmehr überhaupt nicht mehr zur Debatte. In der Referendumsfrage vom 30. Oktober 1995 war die Union jedoch wieder ein Thema. Dies lag daran, dass Parizeau gezwungen worden war, seine Strategie komplett zu ändern und eine *association* aufzunehmen (Rocher 1995, S. 39f.). Der Grund dafür war vor allem die Haltung des *Bloc*-Chefs Lucien Bouchard. Dieser setzte sich ab Februar 1995 für eine Union mit Kanada ein und nahm dafür beim Parteitag des *Bloc* im April des Jahres in seiner Rede an mehreren Stellen Bezug auf den Vorbildcharakter der Europäische Union. Zudem stellte er sich in die historische Tradition der Unabhängigkeitsbefürworter, die immer eine ökonomische Union als notwendig erachtet hatten (La Presse, 11.04.1995). Diese Haltung hatte sowohl ideologische als auch strategische Gründe. Aus der genannten Debatte um die ökonomischen Kosten einer Unabhängigkeit war für Bouchard klar, dass nur eine wie auch immer geartete Union eine Mehrheit von 50 Prozent plus einer Stimme sichern könnte. Zudem war der innerkanadische Handel mit den anderen Provinzen insgesamt betrachtet für Quebec vorteilhaft (Pelletier 1997, S. 5f.). Unterstützung erhielt Bouchard durch den neuen Chef und Parlamentsabgeordneten des ADQ, Mario Dumont. Beide wollten durch eine „sanfte Souveränität“ die 10 bis 20 Prozent der Bevölkerung überzeugen, die vor einem totalen Bruch zurückschreckten und deshalb mit Nein stimmen würden (Schneider 1997b, S. 373). In einem Interview im Jahr 2014 erklärte Bouchard rückblickend: „Je n'ai jamais pensé qu'on pouvait arriver à la souveraineté pure et dure“ (Tremblay 2015, S. 261). Bouchard und Dumont zwangen zusammen mit dem pragmatischen Flügel des PQ Parizeau dazu, seine Meinung zu ändern. Dieser zeigte sich in der Folge offen dafür, über die Frage einer politischen und ökonomischen Union zu diskutieren und diese dann in die gemeinsame Referendumsstrategie aufzunehmen (Le Devoir, 20.04.1995, 25.04.1995).

Letztlich einigten sich die drei Parteiführer im Juni 1995 auf ein gemeinsames Vorgehen. In einer Übereinkunft schrieben sie die zentralen Punkte einer späteren Partnerschaft mit Kanada fest. Dazu gehörten unter anderem eine Zoll- und Währungsunion sowie gemeinsame politische Institutionen (Le Devoir, 10.06.1995). Damit schlossen die Befürworter eines Referendums ihre Reihen und einigten sich auf eine Zukunftsvision, welche eher den Vorstellungen Bouchards und Dumonts ähnelte als denen Parizeaus. Dieses *partenariat* zwischen einem unabhängigen Quebec und Kanada, dessen zentrale Elemente vor dem Referendum dargelegt worden waren, war neben der Ernennung Bouchards zum Chefunterhändler für die Verhandlungen nach einem erfolgreichen Referendum laut Lachapelle (1997) der zentrale Grund dafür, dass das Ja-Lager in den Umfragen stark aufholte.

Trotz dieser Aufholjagd scheiterten die Befürworter im zweiten Referendum erneut, wenngleich wesentlich knapper wie vermutet worden war. Das Lager der Unabhängigkeitsgegner siegte mit einem sehr knappen Vorsprung von etwas mehr als 54.000 Stimmen bei über fünf Millionen abgegebenen Stimmen. Vor allem in Montreal und hier bei den anglophonen und allophonen Quebecern war die Ablehnung der Unabhängigkeit besonders hoch. Anders als noch 1980 hatte eine Mehrheit der frankophonen Quebecer jedoch für die Unabhängigkeit gestimmt. Durch das nahezu homogene Abstimmungsverhalten der anderen Bevölkerungsgruppen gegen die Unabhängigkeit, kam es allerdings zu einem knappen Sieg der Gegner. Wie schon bei den Wahlen zur Nationalversammlung zeigte sich zudem die Bedeutung des Alters beim Abstimmungsverhalten. Wie schon 1994 war es die Generation der 35 bis 54-jährigen, bei denen die höchste Zustimmung zur Unabhängigkeit gemessen wurde. Es handelte sich also erneut um diejenigen, die während der 1960er und 1970er Jahre politisch sozialisiert worden waren. Andere

Alterskohorten zeigten eine höhere Ablehnungsrate. Ausnahme war die jüngste Gruppe der 18 bis 24-jährigen; also diejenigen, die Anfang der 1990er Jahre sozialisiert wurden. Auch sie zeigten einen leicht erhöhten Zustimmungswert zur Unabhängigkeit (Crête 1995; Pinard 1997b, S. 303). Diese Periode endete also mit einer Niederlage für die Unabhängigkeitsbefürworter. Sie unterlagen zwar nur knapp, doch als Ergebnis stand trotzdem die Beibehaltung des Status quo.

4.6 Fazit – Institutionen, Interessen und Ideen

Damit endete diese zweite Phase zwischen 1976 und 1995 für die Independentisten mit einer schweren Niederlage. Mit der Übernahme der Regierungsverantwortung im Jahre 1976 hatte sich der PQ endgültig im parlamentarischen System Quebecs etabliert. Er musste sich nunmehr einerseits in gesellschaftlichen und sozialen Themen klar positionieren und regieren, konnte aber andererseits endlich seine politischen Ziele umsetzen. Ökonomisch betrachtet startete die erste Regierungsperiode des PQ unter schwierigen Bedingungen. Ab den späten 1970er Jahren durchlief Quebec mehrere Phasen ökonomischer Unsicherheit. Wirtschaftliche Probleme, wie sie durch die Ölpreiskrisen von 1973 und 1979/80 verursacht worden waren, führten zu einer hohen Arbeitslosigkeit. In den Jahren 1982/83 belief sich diese auf knapp 14 Prozent. Die gleichzeitig stattfindende Stagflation führte Mitte der 1980er Jahren zu einer Krise der öffentlichen Finanzen. Die öffentlichen Haushalte waren durch die staatlichen Interventionen in Wirtschaft und Gesellschaft zunehmend verschuldet. Hinzu kamen die steigenden Kosten durch die hohen Gehälter im öffentlichen Dienst. Deshalb wurde der aktive Staat der *révolution tranquille* von vielen Seiten in Frage gestellt. Der Rückbau des Staates begann dann 1985 mit der Machtübernahme der Liberalen unter der zweiten Regierung Bourassa und deren Umsetzung einer neoliberalen Wirtschaftspolitik, die das Konzept des schlanken Staates in den Mittelpunkt stellte.

Politisch stand Quebec nach dem klaren Scheitern im Unabhängigkeitsreferendum von 1980 und der verfassungspolitischen Niederlage im November 1981 zudem politisch schwächer da, als zum Amtsantritt der Regierung Lévesque. „La conséquence [de la nouvelle constitution de 1982, S.G.], c'est que la nature du Canada était changée sans le consentement d'un de peuple fondateur" (Interview Morin). Die Entwicklungen der 1980er Jahre transformierten die nationalistische

Bewegung in Quebec und auch den PQ. Das Referendum war verloren worden, die wirtschaftliche Krise schränkte den Spielraum für den staatsinterventionistischen Kurs ein, die politische Linke und die Gewerkschaften waren geschwächt, eine neue *bourgeoisie d'affaires* schaffte den Aufstieg und das sozialdemokratischen Projekt der *rattrapage* betrachteten viele Akteure zunehmend kritisch. Darüber hinaus breitete sich – wie in anderen westlichen Industrieländern – eine neoliberale und individualistische Wirtschafts- und Gesellschaftspolitik aus.

Einige Gruppen stellten somit die Grundprinzipien der *révolution tranquille*, welche zugleich die des PQ waren – Staatsinterventionismus, Sozialdemokratie und Nationalismus – in Frage. Die Partei biederte sich der neuen *bourgeoisie d'affaires* an und startete mit der Strategie des *beau risque* einen Versuch, der den PQ beinahe gespalten hätte. Nach der Wahl der Liberalen unter Robert Bourassa versuchte dieser, den Konflikt um die Verfassung von 1982 zu lösen, doch sowohl der *Meech Lake Accord* als auch der *Charlottetown Accord* scheiterten. Dieses Scheitern hatte ein Wiederaufleben der Unabhängigkeitsbestrebungen zur Folge, welches Jacques Parizeau dazu nutzte, den PQ trotz eines enttäuschenden Ergebnisses bei den Provinzwahlen von 1994 zurück in die Regierung zu führen. Diese Ereignisse straften alle Unkenrufe vom Ende des quebecer Nationalismus, wie sie zu Beginn der 1980er Jahre geäußert worden waren (Clift 1982), Lügen.

Zusammenfassend lässt sich über die Gründe für den Aufstieg und Niedergang der Unabhängigkeitsbewegung in Quebec innerhalb dieses Zeitraumes Folgendes sagen. An erster Stelle muss dabei auf die institutionellen Veränderungen eingegangen werden. Die Politik der quebecer Regierungen können als Fortsetzung der vergangenen Phase gesehen werden. Lévesque versuchte, wie zuvor Bourassa, die Kompetenzen Quebecs zu stärken. Der Verfassungskompromiss vom November 1981, der ohne die Zustimmung Quebecs erzielt worden war, ließ die Provinz jedoch ohne wesentliche Zugewinne in der Handlungsfähigkeit zurück. Zwar erhielten alle Provinzen einige Rechte, wie etwa die Kontrolle über die natürlichen Ressourcen innerhalb ihres Territoriums, doch schaffte es Quebec nicht, eine grundlegende Neuverhandlung der Kompetenzen zwischen den Provinzen und Ottawa zu erreichen. Darüber hinaus verlor Quebec sein Veto-Recht in Verfassungsfragen und die neu beschlossene *Canadian Charter of Rights and Freedoms* stärkte die individuellen Rechte aller Kanadier und erschwerte damit die Möglichkeiten Quebecs, regulative Politik, wie etwa in der Sprachenpolitik, zu betreiben. Die

Charter schwächte nicht nur den Exekutivföderalismus in Kanada als Ganzes, sondern schränkte auch die Parlamente in ihrer Handlungsfähigkeit ein.

Quebec versuchte im Anschluss in den beiden großen und gescheiterten Verfassungsreformen von Meech Lake und Charlottetown eine weitere Dezentralisierung voranzutreiben. Das verfassungspolitische Problem des kanadischen Bundesstaates lässt sich laut Simeon (1990, S. 17f.) darauf zurückführen, dass die anglophonen Provinzen und Ottawa die quebecer Agenda nicht verstanden hatten, bei der es primär um die Dezentralisierung des Bundesstaates und den Ausbau der Handlungsfähigkeit Quebecs ging. Der föderale Charakter des Landes, welcher die politische Handlungsfreiheit der quebecer Regierung einschränkte, ist der Grund, weswegen sich die Provinz nicht mehr Rechte erstreiten konnte (Cairns 1994). Um innerhalb des Bundesstaates seine Ziele erreichen zu können, bedurfte es asymmetrischer föderaler Strukturen wie etwa in der Rentenpolitik. Diese Asymmetrie wollten Ottawa und einige anderen Provinzen aber nicht akzeptieren.

Aus diesem Grund schien Quebec zur Mitte der 1990er Jahre in einer schwächeren Position zu sein, als dies vor der *patriation* der Verfassung der Fall gewesen war. Diese Schlussfolgerung greift allerdings nicht weit genug. Wie Kenneth McRoberts zeigt, war Quebec in bestimmten Bereichen ziemlich erfolgreich darin, seine Politik umzusetzen. Die 1977 verabschiedete *Charte de la langue française* ist ein Beispiel, wie nachhaltiger Wandel innerhalb des kanadischen Bundesstaates funktionieren konnte, ohne dass die Unabhängigkeit der Provinz notwendig gewesen wäre. Dies war das Dilemma des PQ. Die Partei musste innerhalb eines Systems handeln, welches man verändern wollte. Durch jeden Erfolg lieferte man allerdings Argumente für die Gegner der Unabhängigkeit, da positiver Wandel möglich erschien (McRoberts 1988, S. 293).

Die Regierung Lévesque schaffte zudem erfolgreiche Schritte hin zu einer weiteren Dezentralisierung. Das Cullen-Couture Abkommen im Jahr 1978 ist ein Beispiel für gelungene bilaterale Dezentralisierungsversuche. Durch das Abkommen übertrug Ottawa weitere Kompetenzen im Bereich der Auswahl der Einwanderer und deren Integration an Quebec. Vor allem aber die dezentralisierende Politik der Regierung Mulroney ab 1984, die von einer neoliberalen Weltanschauung angetrieben wurde, stärkte in ihrer Konsequenz die Provinzen, da sich der Bund von der früheren interventionistischen Politik in vielen Bereichen verabschiedete. Das Cullen-Couture Abkommen wurde etwa 1991 mit dem *Canada–Québec Accord relating to Immigration and Temporary Admission of Aliens*, welches zentrale

Punkte des zuvor gescheiterten *Meech Lake Accord* zum Thema Einwanderung aufgriff, ausgebaut. Dadurch zog sich der Bund in Quebec fast vollständig aus der Einwanderungs- und Integrationspolitik zurück und Quebec wurde in diesem Bereich souverän (Paquet 2016, S. 57ff.) – wenngleich dies nicht auf verfassungsrechtlicher Basis, sondern nur durch administrative Dezentralisierung geschah.

Eine politische Dezentralisierung war somit möglich, was auch daran lag, dass andere Provinzen – vornehmlich diejenigen des kanadischen Westens – die Regierung in Ottawa skeptisch betrachteten und ihre Macht ausbauen wollten. Quebec fand somit strategische Partner bei seinem Streben nach einer Reform des Bundesstaates. 1981 waren es noch die Provinzen des Westens und beim *Meech Lake Accord* Ontario mit seinem Premier David Peterson, die Quebec unterstützten. Es lag aber auch an den strategischen Fehleinschätzungen der Regierung Lévesque beziehungsweise Bourassa, die zum Scheitern von 1981 und 1990 beitrugen.

Es finden sich bei dieser Debatte allerdings ebenfalls Autoren, die bestreiten, dass im kanadischen Bundesstaat während der 1980er und 1990er Jahre eine politische Dezentralisierung stattfand. Rocher und Rouillard (1996) etwa argumentieren, dass es keine Prozesse der Dezentralisierung gab, da der Bund keine Kompetenzen an die Provinzen abgab. Vielmehr zog sich der Bund aus Politikfeldern zurück, in die er gar nicht hätte intervenieren sollen. Folglich fand hier eher eine effektivere Nutzung der bereits verfassungsrechtlich zugestandenen Autonomie statt. Diese Argumentation ist eher ideologischer Natur. Selbst wenn die Provinzen vom Rückzug des Bundes aus ihren Kompetenzbereichen profitierten, fand dennoch de facto eine reale Kompetenzverschiebung zu Gunsten der Provinzen statt, und somit eine Dezentralisierung des politischen Systems. Ottawa handelte darüber hinaus mit Quebec bilaterale Abkommen aus, die Kompetenzen in ganz spezifischen Bereichen an die Provinz übertrugen.

Hierbei handelte es sich nicht um die verfassungsrechtliche Verlagerung von politischen Kompetenzen an die Provinzebene, wie Gagnon kritisch anmerkt (Gagnon 1993b, S. 99), sondern um durch einfache Gesetzgebung und administrative Übereinkommen erzielte Kompromisse. Anders als die verfassungsrechtlich verankerte Dezentralisierung kann eine Dezentralisierung durch administrative Abkommen jederzeit wieder rückgängig gemacht werden. Was Gagnon und andere Kritiker in dieser Argumentation übersehen, ist das, was der Staatsrechtler Georg Jellinek als die *normative Kraft des Faktischen* bezeichnet hat. Jeder zukünftigen kanadischen Bundesregierung wird es schwerfallen, bilateral getroffene

Dezentralisierungsabkommen mit Quebec einseitig zurückzunehmen, da solche Handlungen die nationalistische Mobilisierung innerhalb der Provinz antreiben könnten.[70] Was von dieser Phase somit bleibt ist im Vordergrund das Scheitern der großen Verfassungsreformen, aber auch die erfolgreiche Dezentralisierung unterhalb der Verfassungsebene in bestimmten Politikbereichen.

In einem zweiten Schritt gilt es die Veränderungen der Interessenstruktur innerhalb der quebecer Gesellschaft näher zu betrachten. Bis zur Mitte der 1970er Jahre war der Ausbau des Staates und seiner Verwaltung weit vorangekommen. Die *nouvelle classe moyenne* hatte ihre dominante Position innerhalb der Gesellschaft und des Staates gefestigt und machte sich durch die Sprachenpolitik der neuen PQ-Regierung daran, den privaten Sektor für ihre Mitglieder zu öffnen. Das Referendum von 1980 stellte hierbei den logischen Endschritt einer Entwicklung dar, die zur Unabhängigkeit Quebecs hätte führen sollen, denn diese hätte die Macht der Technokraten weiter gestärkt und zur Erweiterung der staatlichen Kompetenzen in anderen Politikfeldern geführt. Der Plan der *nouvelle classe moyenne* scheiterte jedoch am Widerstand einer neuen Gruppe, die vom Staatsinterventionismus der *révolution tranquille* profitiert hatte und sich nun anstellte, den aktiven Staat zurückzudrängen und die eigene Dominanz herzustellen. Wie der Historiker und ehemalige liberale Abgeordnete in der Nationalversammlung Richard French Anfang der 1980er Jahre in einer Kolumne für *Le Devoir* schrieb, hat diese Gruppe ab den 1970er Jahren die Technokraten der *nouvelle classe moyenne* in ihrer hegemonialen Stellung herausgefordert und zunehmend unter Druck gesetzt (Le Devoir, 16.12.1982). Dieser Prozess hatte elementare Auswirkungen auf die Unabhängigkeitsbestrebungen. Die *bourgeoisie d'affaires* hatte kein Interesse an einer Unabhängigkeit der Provinz. Sie war pankanadisch und kontinental eingestellt und wollte die Vorteile eines gemeinsamen Marktes für sich nutzen, um ihre wirtschaftlichen Interessen in Quebec und Kanada weiter auszubauen und zu festigen. Die Unabhängigkeit war aus Sicht dieser Gruppe nur der Ausgangspunkt für eine Phase politischer und ökonomischer Instabilität und somit Gift für unternehmerische Planung. Die *bourgeoisie d'affaires* und die *nouvelle classe moyenne* standen sich folglich mit konträren Interessen gegenüber.

---

[70] Eine ähnliche Argumentation findet sich auch im Falle Schottlands. Hier wird kritisiert, dass die schottische Autonomie jederzeit durch ein einfaches Gesetz im britischen Parlament abgeschafft werden könnte. Dies ist jedoch eine formalistische Argumentationsweise. Dass derartige Entscheidungen politische und gesellschaftliche Folgen haben würde, welche Regierungen berücksichtigen müssen, darf nicht vergessen werden.

Hier ist wichtig zu berücksichtigen, dass sowohl die Forderung der *nouvelle classe moyenne* nach Unabhängigkeit als auch der Kampf der *bourgeoisie d'affaires* für einen Verbleib im kanadischen Bundesstaat nicht die eigentlichen Ziele ihres Handelns waren. Die *nouvelle classe moyenne* verlangte die Unabhängigkeit, um den Ausbau des Staates voranzutreiben und die sozialen Ungerechtigkeiten innerhalb Quebecs zu bekämpfen. Dafür war die Forderung nach Unabhängigkeit das entscheidende Mittel. Für die *bourgeoisie d'affaires* gilt Ähnliches. Die Einheit Kanadas war kein Selbstzweck, sondern eine Notwendigkeit, um die ökonomische Stellung quebecer Firmen im kontinentalen und internationalen Handel auszubauen und von größeren Märkten zu profitieren. Die *bourgeoisie d'affaires* erreichte mit dem Handelsabkommen, das Kanada 1988 mit den USA schloss und welches mit der Unterzeichnung von NAFTA im Dezember 1992 um Mexiko erweitert wurde, die Errichtung eine kontinentale Freihandelszone. Durch die GATT-Runden der 1980er Jahre, die in der Gründung der WTO im Januar 1995 mündeten, entstanden für Quebec günstige Handelsregelungen, die die Kosten einer Unabhängigkeit senken würden. Deshalb muss die Freihandelspolitik im Kontext von Meech Lake gesehen werden (Breton und Jenson 1991). So spekulierte Richard Simeon (1988a, S. 306) bereits während der Ratifizierungsphase des *Meech Lake Accord*, dass die Verabschiedung des Freihandelsabkommen mit den USA für die Zukunft Kanadas entscheidender sein könnte, als ein Erfolg oder Misserfolg in den Verhandlungen über eine Verfassungsreform.

Durch die wirtschaftlichen und finanziellen Krisen des Staates in den frühen 1980er Jahren kam es zudem während der zweiten Regierungsphase des PQ zu einem Umsteuern in der Politik. Der Staat konnte auf Grund der steigenden Schuldenlast nicht mehr in dem Maße in der Wirtschaft intervenieren, wie dies noch in den 1960er Jahren möglich gewesen war. Die Macht der *nouvelle classe moyenne* nahm damit ab. Gleichzeitig wuchs als Konsequenz aus der wirtschaftlichen Restrukturierung die Macht der frankophonen Geschäftselite, von deren Erfolg der Wohlstand der Provinz immer mehr abzuhängen schien. Die PQ-Regierung war deshalb gezwungen, dem Markt eine größere Rolle einzuräumen. Damit ging sie allerdings auf Konfrontationskurs mit ihrer Kernanhängerschaft und setzte mit ihrer Sparpolitik die Beziehungen zu den Gewerkschaften aufs Spiel.

Durch den Aufstieg dieser *bourgeoisie d'affaires* in den 1970er und 1980er Jahren und die einsetzende erfolgreiche *francisation* – und in Teilen *francophonisation* – der Privatwirtschaft, kam die Provinz allerdings ihrem Ziel *maîtres chez eux* in der Wirtschaft zu werden immer näher. Gegen Ende der 1980er Jahre waren deutliche Fortschritte innerhalb der Provinz bemerkbar. Quebec hatte wirtschaftlich ebenfalls im Vergleich zu anderen Provinzen wie etwa Ontario aufgeholt (Fortin 1991, S. 37). Politisch vermochte dies anders sein und die im historischen Verlauf des kanadischen Bundesstaates immer noch relativ starke Zentralisierung den Handlungsspielraum Quebecs einschränken.[71] Im alltäglichen Leben der Quebecer machten sich die Veränderungen jedoch bemerkbar. In dem Maße, wie die frankophone Mittelschicht wuchs und die frankophonen Quebecer zu *maîtres chez eux* wurden, umso geringer schien die Chance auf Unabhängigkeit zu werden.

Mit der erneuten Regierungsübernahme durch Bourassa 1985 setzte dann der Versuch einer politischen Aussöhnung mit dem Kanada ein, den Lévesque bereits anzustoßen begonnen hatte, und der die durch die *patriation* verursachten tiefen Gräben überwinden sollte. Damit beschritt die liberale Provinzregierung den Weg der verfassungspolitischen Re-Integration Quebecs, welchen sich die *bourgeoisie d'affaires* erhofft hatte. Nach dem Scheitern spürten die Unabhängigkeitsbefürworter wieder Aufwind. Die Rückkehr des PQ an die Macht unter Parizeau und der knappe Sieg des Nein-Lagers beim Referendum vom Oktober 1995 zeigten, dass die Vormachtstellung der *bourgeoisie d'affaires* eher auf tönernen Füßen stand und das nationalistische Lager frankophone Quebecer zu mobilisieren vermochte. Zur Mitte der 1990er Jahre lässt sich deshalb keine einzelne Gruppe mehr feststellen, die das politische Geschehen in Quebec maßgeblich dominierte. Dies liegt unter anderem daran, dass die *bourgeoisie d'affaires* während der wirtschaftlichen Krisen der 1980er und der frühen 1990er Jahre feststellen musste, dass sie immer noch auf den Staat und somit auf die Technokraten angewiesen war, um in einer zunehmend globalisierten Weltwirtschaft zu überleben. Die Abhängigkeit der beiden Gruppen beruhte allerdings auf Gegenseitigkeit. Auch die Technokraten benötigten eine starke Geschäftselite, um im Falle einer Unabhängigkeit in der mittlerweile kontinentalen Freihandelszone Nordamerikas bestehen zu können.

Neben dem Wandel der Interessenstruktur und der Akteurskonstellation traten drittens Veränderungen auf der ideationalen Ebene auf. Das Gesellschaftsprojekt der *rattrapage* kam in dieser Phase zunehmend unter Druck. Dies lag weniger am

---

71 Hier ist es noch einmal wichtig zu bedenken, dass Kanada zu den am stärksten dezentralisierten föderal organisierten politischen Systemen weltweit gehört. Innerhalb des kanadischen Bundesstaates lassen sich jedoch im historischen Verlauf ebenfalls Phasen der Zentralisierung und Dezentralisierung ausfindig machen.

eigentlichen Ziel als vielmehr an der Frage, wie dieses Ziel weiterhin erreicht werden könnte. Der Staatsinterventionismus der 1960er und 1970er Jahre geriet in die Kritik und Anfang der 1980er Jahre setzte sich der Neoliberalismus in der Wirtschaftspolitik durch. Hier spielt einerseits der sich ausbreitende Individualismus eine zentrale Rolle und dies sowohl in der politisch-rechtlichen als auch der ökonomischen Sphäre. Hier muss man nicht so weit gehen wie Clift (1992) und argumentieren, dass aus damaliger Sicht das baldige Ende des Nationalismus und der Unabhängigkeitsbewegung eintreten werde, weil durch die Modernisierung der Gesellschaft bestimmte Werte wie Gruppensolidarität und Egalitarismus abnehmen und in den gesellschaftlichen Debatten an Bedeutung verlieren.[72] Diese Argumentation greift allerdings zu kurz und verdeckt den Blick auf das Wesentliche.

Richtig ist jedoch, dass der neoliberale Individualismus in der wirtschaftlichen Arena innerhalb der Provinz Fuß fassen konnte. Der Staat sollte sich aus der ökonomischen Sphäre zurückziehen und dem Markt die Kontrollfunktion überlassen. Nur eine weitere wirtschaftliche Integration Quebecs in den kanadischen und nordamerikanischen Markt konnte aus Sicht der *bourgeoisie d'affaires* die Ziele der *révolution tranquille* erreichen und die *rattrapage* voranbringen. Die *bourgeoisie d'affaires* etablierte hier erfolgreich ein neues Leitbild und schuf eine Alternative für die Verteidiger des Bundesstaates in Quebec. Der Erfolg dieser neuen Gruppe wurde dadurch deutlich, dass sich der Tenor der sozialen und politischen Debatten in Quebec bis Ende der 1980er Jahre komplett verändert hatte (Gagnon und Montcalm 1990, S. 122). Dieses „Gegenprojekt" setzte der Dominanz der sozialdemokratischen Vision eines progressiven Quebecs ein Ende. Das Gesellschaftsprojekt der *rattrapage* sollte somit umgedeutet werden. Das Ziel blieb dasselbe. Die Mittel zu seinem Erreichen war allerdings der freie Markt.

Auch in der politischen Arena hat die Implementierung der Trudeauschen *Canadian Charter of Rights and Freedoms* mit der Verfassungsreform von 1982 die individuellen Rechte der Kanadier substanziell gestärkt. Die *Charter* förderte im Laufe der Jahre die Kollektivrechte benachteiligter Gruppen, wie etwa der homosexuellen Kanadier oder verschiedener religiöser Minderheiten, doch spiegelte sie im Kern den liberalen Individualismus Pierre E. Trudeaus wider. Der Streit um die *Charter* symbolisierte den Konflikt zwischen Ottawa und Quebec. Die quebecer Nationalisten sahen ihre politischen Möglichkeiten und ihre Vision einer

72 Manch einer hoffte gar auf ein „Ende der Ideologien", wie es Daniel Bell (1960) in einem anderen Kontext beschrieben hatte.

Gesellschaft durch die *Charter* geschwächt, da sie es ihnen zum Beispiel erschwerte, durch die Sprachgesetzgebung Französisch als dominante Sprache Quebecs durchzusetzen. Mehrere Gerichtsurteile zum Sprachengesetz *Loi 101* gaben den Bedenken dieser Gruppe Recht.

Dies bedeutete allerdings nicht das Ende des quebecer Nationalismus und der Unabhängigkeitsbestrebungen. Das Referendum von 1995 zeigte dies ganz deutlich. Dies hing damit zusammen, dass die meisten Nationalisten ihre Provinz und die quebecer Nation nach den Ereignissen um die Verhandlungen zur *patriation* gedemütigt sahen. Daraus entwickelte sich eine Erzählung, die sich auf diejenige der *conquête* von 1763 bezog. Quebec sei seit langem eine eroberte Nation, die innerhalb des kanadischen Bundesstaates politisch gesehen nur als das fünfte Rad am Wagen fungiere. Bereits vor der *patriation* hatte Gérard Bergeron festgestellt, dass es ein deutliches Identifikationsproblem der Quebecer mit Kanada gäbe, welches das Potential hätte, den Bundesstaat zu sprengen (Bergeron 1980). Mit der *patriation* war zu diesem Narrativ der *conquête* eben noch das Element der Demütigung dazugekommen. Dieses wurde laut Guy Laforest durch den *l'esprit de 1982* – der einsetzenden Erkenntnis nach der Heimholung der Verfassung, dass die Quebecer innerhalb Kanadas nicht *maîtres chez eux* sein können – genährt. Der *l'esprit de 1982* sei ein Angriff auf die Identität Quebecs und auf die Vorstellung, dass Quebecer eine eigene Nation bilden. Der Zentralstaat wollte seine Vorstellungen, Institutionen und Werte der Provinz Quebec überstülpen. (Laforest 1991). Das Scheitern von Meech Lake war folglich das Symptom einer Entwicklung, welche die Erwartungen Quebecs und Kanadas an den Bundesstaat immer weiter auseinandergetrieben hatte. Die Demütigung der „stolzen" quebecer Nation entwickelte sich in der Folge zu einer starken Erzählung, welche die Befürworter einer Unabhängigkeitsbewegung und die zentralen politischen Akteure innerhalb des PQ und des *Bloc* in ihren Äußerungen nutzten und welches dadurch die nationalistischen Gefühle vieler Quebecer weckte. Dadurch erstarkte die Unabhängigkeitsbewegung wieder von neuem und der PQ fand unter seinem neuen Parteiführer Jacques Parizeau ab 1988 zurück zu seinen independentistischen Wurzeln.

Die Begründung für die Unabhängigkeit veränderte sich somit ebenfalls. Die sozialdemokratische Vision einer gerechteren Gesellschaft trat dabei immer mehr in den Hintergrund der Debatte. Im Wahlkampf von 1994 ging es vielmehr darum, die kulturellen und gesellschaftlichen Unterschiede zum Rest Kanadas hervorzuheben. Dabei konnten diese „kulturelle" Andersartigkeit von der Bevölkerung ganz unterschiedlich interpretiert werden. Zum einen konnte diese Verschiedenheit sprachlicher Natur sein, oder aber auch als Ablehnung des multikulturellen Kanadas gedeutet werden. Darüber hinaus war das genannte Narrativ der Demütigung stark. Der PQ stellte Kanada als unfähig oder unwillig dar, den besonderen Charakter Quebecs verfassungsrechtlich zu akzeptieren.

Die erfolgreiche Mobilisierung gelang auf Grund der Unabhängigkeitsgeneration, die den PQ weiterhin unterstützte. Deren Mitglieder entwickelten sich zu den treuesten Anhängern der Partei und bilden dabei eine Generation im Sinne Mannheims. Der PQ muss somit auf Basis der Wahlergebnisse durchaus als *Parti générationnel* (Lemieux 2011) charakterisiert werden. Dadurch konnte sich der PQ in dieser Phase starken Zuspruch aus der Bevölkerung sichern. Gleichzeitig war sein Einfluss aber begrenzt, da die jüngeren Alterskohorten ab den 1980er Jahren politisch in einem völlig anderen Kontext sozialisiert wurden.

Der PQ kämpfte aber auch mit einem weiteren Problem. Im selben Zeitraum veränderte sich die Vorstellung über den Staat und über das, was Souveränität im Kern bedeutet. Mit dem Ende der Vorherrschaft des keynesianischen Paradigmas und dem Aufstieg einer neoliberalen und monetaristischen Wirtschaftspolitik hing ebenso die Frage nach der Steuerungsfähigkeit des Staates zusammen. Neben der Debatte, ob der Staat überhaupt in die Wirtschaft und die Gesellschaft intervenieren sollte, diskutierte man, ob der Staat dies überhaupt noch bewerkstelligen *könne*. Die Debatte darüber entzündete sich in Quebec zu Beginn der 1980er Jahre mit den Wirtschafts- und Ölkrisen und den steigenden Schulden der öffentlichen Haushalte. Gleichzeitig trugen Prozesse der Globalisierung und Transnationalisierung zur Veränderung und Destabilisierung institutioneller Strukturen bei. In dem Maß, wie die Steuerungsfähigkeit des Staates jedoch nachließ kam die Frage auf, was Souveränität in diesem Kontext überhaupt noch bedeutet.

> „The growth of the global economy in conjunction with the new telecommunications and computer networks that span the world has profoundly reconfigured institutions fundamental to processes of governance and accountability in the modern state. State sovereignty, nation-based citizenship, the institutional apparatus in charge of regulating the economy, such as central banks and monetary policies – all of these institutions are being destabilized and even transformed as a result of globalization and new technologies.“ (Sassen 1996, S. xi f.)

Saskia Sassen fasst hier das Dilemma, in dem sich die Befürworter einer Unabhängigkeit Quebecs befanden, anschaulich zusammen. Was bringt es den quebecer Nationalisten *maîtres chez eux* zu sein, wenn der Herr nicht über die Möglichkeit verfügt, über sein eigenes Haus zu richten. Auch Monière, selbst ein Anhänger der Unabhängigkeit, sieht dieses Problem als elementar an.

> „Die Unabhängigkeit wurde [in den 1960er Jahren, S.G.] als funktionelle Lösung in einer modernen Gesellschaft angesehen, in der der Staat als wirtschaftliche und soziale Regulationskraft dient. Das Unabhängigkeitsprojekt entsprach der technokratischen Rationalität und wurde auch den Gleichberechtigungsansprüchen der französischsprachigen Bevölkerung gerecht." (Monière 1999, S. 50)

Der pragmatische Flügel innerhalb des PQ erkannte jedoch, dass in einer modernen Welt keine absolute Souveränität existiert. Aus diesem Grund plädierte dieser Parteiflügel immer für eine Partnerschaft zwischen einem unabhängigen Quebec und dem Rest Kanadas. Dies startete bereits mit Lévesques Vision in seinem Buch *Option Québec* und zog sich hin bis zu Lucien Bouchard, der immer wieder die Europäische Union als Vorbild für eine zukünftige Union aus Kanada und Quebec sah (La Presse, 11.04.1995). Mit dieser Richtung fand Bouchard im Vorfeld des Referendums Unterstützung bei Bernard Landry und Mario Dumont, die Jacques Parizeau dazu zwangen, die Möglichkeit einer wirtschaftlichen und politischen Union in die Referendumsfrage mit aufzunehmen. Wie Landry Jahre später in einem Interview darlegte, war für ihn das *partenariat* die moderne Form der Unabhängigkeit. Dies habe Parizeau jedoch nie verstanden (Tremblay 2015, S. 263). Das Modell des *partenariat* hatte deshalb über das Referendum hinaus Bedeutung innerhalb des PQ (Parti québécois 1997, 2001).

Bei der Frage nach der strategischen Orientierung des PQ fanden sich innerhalb dieser Phase geringe Abweichungen von der ursprünglichen Ausrichtung, welche die Partei in der ersten Phase eingeschlagen hatte. Der PQ festigte in dieser zweiten Phase von 1976 bis 1995 seine strategische Ausrichtung zur Frage der Unabhängigkeit und wie diese erreicht werden sollte und behielt diese Strategie trotz mehrerer Rückschläge im Kern bei. Die zentralen Unterschiede beruhten nicht darauf, wie die Unabhängigkeit erreicht, sondern vielmehr darin, wie aggressiv diese angestrebt werden sollte. Dabei kollidierten die autonomistische Vision der *affirmation nationale* von Pierre-Marc Johnson einerseits mit dem Ansatz der *independance* Parizeaus auf der anderen Seite. Dabei war Parizeau klar, dass eine wirtschaftliche Union mit Kanada durchaus wünschenswert war. Er war aber im Gegensatz zu Lévesque und Bouchard viel mehr Independentist als Anhänger einer wie auch immer gearteten *association* (Interview Bernard). Mit dem Abgang Johnsons und der Wahl Parizeaus kam es in den Worten des bekannten quebecer

Journalisten Pierre O'Neill von der Tageszeitung *Le Devoir* zu einer „retour à l'orthodoxie" (Le Devoir, 30.10.1995). Parizeau scheiterte damit allerdings, weil er auf seine Bündnispartner Lucien Bouchard und Mario Dumont angewiesen war, die die radikalere Vision Parizeaus einzuhegen wussten.

Es zeigt sich darüber hinaus, dass die grundlegenden Elemente des *étapisme* trotz der unterschiedlichen Herangehensweise der Parteiführer innerhalb dieser Phase erhalten blieben. René Lévesque setzte das Referendum um, akzeptierte die Niederlage und setzte mit dem *Renérendum* seine politische Karriere dafür ein, dass sich der PQ nach der Referendumsniederlage und nach der *patriation* in der Unabhängigkeitsfrage nicht radikalisierte. Das Referendum blieb trotz einiger Rückschläge in dieser Phase immer als zentrales Element erhalten. Selbst Parizeau konnte davon nicht abweichen (Interview Royer) und stimmte letztlich einem Referendum nach einem Wahlsieg zu. Notwendig war somit zur Mitte der 1990er Jahre für das legitime Erreichen der Unabhängigkeit Quebecs immer noch ein Referendum. Die alten Ideen aus der Gründungszeit des PQ, wie die *élection référendaire*, waren innerhalb der Partei nicht mehrheitsfähig. Die pfadabhängige Entwicklung des Unabhängigkeitsstrategie Lévesques konnte keine politische Krise wie die *patriation* oder der *Meech Lake Accord* signifikant beeinflussen und kein anderer Parteiführer verändern.

5. Die Unabhängigkeitsdebatte frisst ihre Kinder (1995 – 2014)

Die Niederlage im Referendum von 1995 war bitter für die Anhänger der Unabhängigkeit, welche in den letzten Wochen vor der Abstimmung mit einem knappen Sieg gerechnet hatten. Ein derart enges Ergebnis konnte jedoch keine der beiden Seiten zufriedenstellen. Das Referendum zeigte auf, wie sehr sich die politische und gesellschaftliche Landschaft innerhalb Quebecs verändert hatte. Wenngleich das Nein-Lager das Referendum gewonnen hatte, waren die Befürworter der Unabhängigkeit die moralischen Sieger der Abstimmung gewesen. Letztlich hatten knapp 2,5 Millionen Quebecer für die Unabhängigkeit gestimmt, das heißt knapp die Hälfte der Bevölkerung hatte sich aus dem politischen System Kanadas verabschiedet. Dies war eine signifikante Anzahl an Bürgern und die Bundesregierung musste darauf reagieren. Anders als noch 1980 konnten die anderen Provinzen und Ottawa die Forderungen der quebecer Nationalisten nicht weiter ignorieren.

Die liberale Bundesregierung Chrétien versuchte im unmittelbaren Nachgang das Problem mit einer Mischung aus Zuckerbrot und Peitsche einzudämmen. Auf der einen Seite begann sie, eine zaghafte Dezentralisierung einzuleiten und einige Forderungen Quebecs auf der symbolischen Ebene zu erfüllen (Plan A). Andererseits schuf sie zum Beispiel mit dem *Clarity Act* gesetzliche Hürden für die Unabhängigkeitsbewegung (Plan B). Der PQ unternahm nach der Referendumsniederlage ebenfalls den Versuch, politisch Kapital daraus zu schlagen und strebte eine neue Abstimmung an. Allerdings traten auch innerhalb der Provinz Spannungen zu Tage, da die politische Linke die soziale Frage neu aufwarf und die politische Rechte eine Identitätsdebatte lostrat.

5.1 Der PQ in der Defensive

In seiner Rede am Abend der Referendumsniederlage kündigte Jacques Parizeau seinen Rücktritt an und übergab seine Ämter als Parteivorsitzender des PQ und Premier im Januar 1996 an Lucien Bouchard. Diese Entscheidung traf viele Péquisten völlig überraschend und war, wie Pauline Marois 21 Jahre später ausführte, nicht notwendig und sogar schädlich für die Stellung der Provinzregierung im Verhältnis zu Ottawa gewesen. „Je crois que c'était une erreur et qu'il [M. Parizeau, S.G.] aurait dû rester à la barre. Avec 49,4 % d'appuis à la souveraineté, le Québec

S. Geßler, *Souveränität ohne Unabhängigkeit*, Politikwissenschaftliche Paperbacks, https://doi.org/10.1007/978-3-658-27385-9_5

disposait d'un véritable rapport de force pour négocier un nouveau partage des pouvoirs avec Ottawa" (Marois 2017, S. 3). Der neue Premier übernahm eine verunsicherte Partei, die darüber diskutierte, ob nicht ein erneutes Referendum angesetzt werden könnte. Dies war jedoch gesetzlich nicht zulässig, da nach geltender Rechtslage nur einmal pro Legislaturperiode über dasselbe Thema abgestimmt werden durfte (Schneider 1997b, S. 384). Bouchard wollte seinen Fokus deshalb primär auf die Wirtschafts- und Finanzpolitik Quebecs richten.

Abbildung 5.1: Die Veränderung der Transferprogramme des Bundes an die Provinzen (Bereich Gesundheits- und Sozialpolitik)

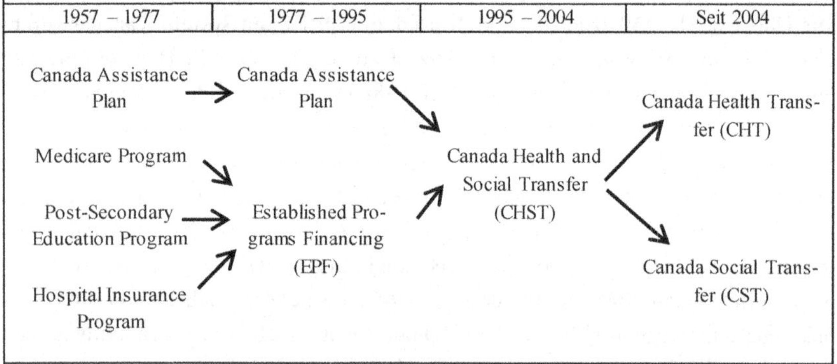

Quelle: Eigene Darstellung angelehnt an eine Grafik des kanadischen Finanzministeriums. Online verfügbar unter https://www.fin.gc.ca/fedprov/his-eng.asp (Stand 09.06.2018).

Diese Re-Fokussierung war politisch notwendig. Der Bund hatte bereits mit dem Budget von 1995/96 geplant, die Transferzahlungen an die Provinzen neu zu strukturieren und massiv einzuschränken, um das eigene Haushaltsdefizit und den Schuldenstand einzudämmen. Damit folgte Ottawa dem Vorbild den Provinzen Alberta und Ontario. Erstere setzte in der *Klein-Revolution* unter Premier Ralph Klein ab 1993 eine Austeritätspolitik um, die innerhalb kürzester Zeit zu Haushaltsüberschüssen führte (Smith 2001). Letztere vollzog unter Premier Mike Harris ab 1995 mit der *Common Sense Revolution* eine ähnliche Politik (Cameron und White 2000).

Um ebenfalls einen ausgeglichenen Haushalt zu erreichen, strukturierte Ottawa die Transferzahlungen im sozial- und gesundheitspolitischen Bereich neu Dabei fasste der Bund den *Canada Assistance Plan* und das EPF zu einer gemeinsamen Transferzahlung zusammen (siehe Abbildung 5.1) und kürzte das Volumen der direkten Transferzahlungen an die Provinzen um mehr als 20 Prozent (siehe Abbildung 5.2).

Abbildung 5.2: Die Entwicklung der Transferzahlungen des Bundes im Gesundheits- und Sozialbereich

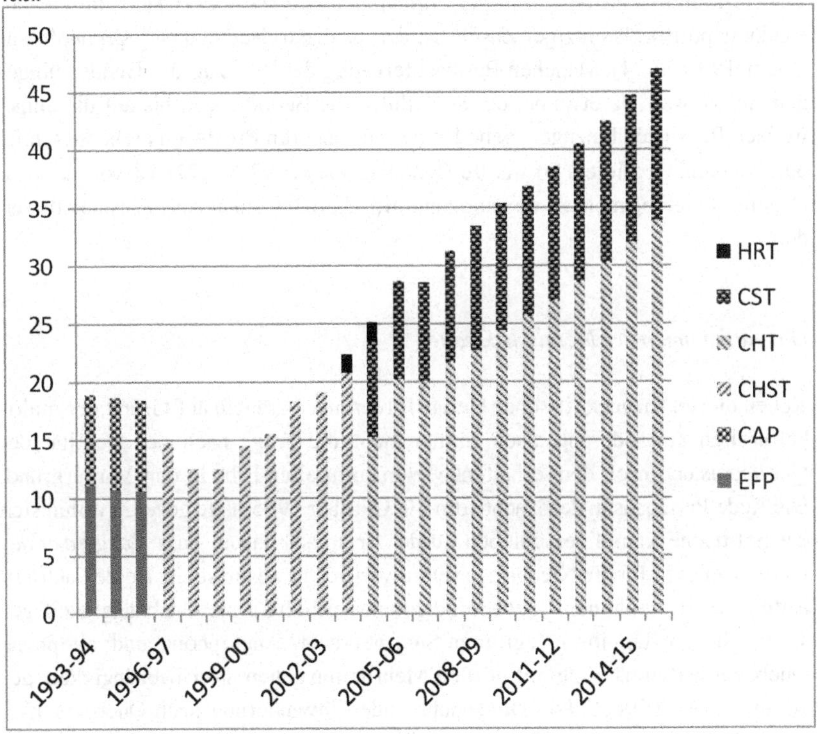

Quelle: Abgewandelte Darstellung nach den Daten des kanadischen Finanzministeriums. Online verfügbar unter: https://www.fin.gc.ca/fedprov/his-eng.asp (09.06.2018).

Der Bund versuchte sein Defizitproblem also dadurch zu lösen, dass er es an die Provinzen weitergab. Die finanziellen Kürzungen verband die Regierung Chrétien mit administrativer Deregulierung und einer Lockerung der nationalen Standards im Sozialbereich, um den Provinzen das Ergebnis attraktiver zu gestalten (Béland und Lecours 2008, S. 75f.). Mit dieser Reform zog sich der Bund weiter aus dem Kompetenzbereich der Provinzen zurück und somit fand eine gewisse politische Dezentralisierung der Entscheidungsmacht statt. Die damalige Kritik von quebecer Seite, wonach nationale Standards weiterhin vorhanden blieben und sich Ottawa deshalb in Zukunft weiterhin in die Angelegenheiten der Provinzen einmischen könnte (Rocher und Rouillard 1996, S. 122ff.), verkannte das Ausmaß der Lockerung von Standards und Regulierungen. Ende der 1990er Jahre verblieb die Transferkomponente des *Canada Health and Social Transfer* (CHST) für die Gesundheitspolitik als einziger Zuschuss, der an strikte Bedingungen geknüpft war (Lazar 1998, S. 24). Manchen Beobachtern ging der Rückzug des Bundes hingegen viel zu weit, da etwa bei der Sozialhilfe alle Bedingungen bis auf diejenige, wonach Provinzen hinzugezogene Bürger aus anderen Provinzen nicht ausschließen könnten, wegfielen. So warnte Dennis Guest (1997, S. 277f.) davor, dass die Dezentralisierung nicht zu einer sozialpolitischen Balkanisierung Kanadas führen dürfe.

Das Aufkommen der Identitätsdebatte

Neben diesen finanzpolitischen Herausforderungen drängte auf Grund der multikulturellen Zuwanderung auch immer mehr die Frage nach der Identität der *Québécois* und nach dem erhaltenswerten kulturellen Erbe in den Vordergrund. Die Rede Parizeaus in der Nacht vom 30. Oktober 1995 hatte gezeigt, wohin sich der politische Kampf verschieben würde. Er sprach davon, dass *l'argent et des votes ethniques* für die Niederlage verantwortlich gewesen seien. Beide Faktoren hätten die frankophonen Quebecer, die mehrheitlich für die Unabhängigkeit gestimmt hatten, um ihren legitimen Sieg gebracht. Anglophone und allophone Quebecer hatten nämlich mit großen Mehrheiten gegen die Unabhängigkeit gestimmt (Crête 1996, S. 86). Die zunehmende Einwanderung nach Quebec schien somit den Gegnern in die Hände zu spielen. Denn trotz der Abwanderung von Teilen der anglophonen Minderheit blieb der relative Anteil der frankophonen Quebecer an der Gesamtbevölkerung der Provinz zwischen 1951 (82,5 Prozent) und 1996 (82,2 Prozent) stabil. Der Anteil der anglophonen Quebecer sank zwar von 13,8 Prozent auf 8,5 Prozent, aber gleichzeitig nahm der Anteil allophoner Quebecer von 3,7 Prozent auf 9,3 Prozent der Gesamtbevölkerung zu (Langlois 2000, S. 43). Unabhängig davon, dass auch etwa 40 Prozent der frankophonen Quebecer mit Nein gestimmt hatten, grenzte Parizeau hier allophone und anglophone Quebecer aus der quebecer Nation aus. Der wahre Quebecer ist dabei der

Québécois de souche, der Franko-Quebecer, der seine Identität im Kampf gegen die anglophone Dominanz und die allophone Einwanderung behaupten musste.

Diese Debatte hat jedoch eine längere Vorgeschichte und die Identitätsdebatte der 2000er Jahre lässt sich nicht mit derjenigen in den 1960er oder 1980er Jahren vergleichen. Bis Anfang der 1980er Jahre war der quebecer Nationalismus in weiten Teilen ein frankophoner ethnischer Nationalismus (Breton 1988b; Salée 2002, S. 166). Dabei diente „der anglophone Quebecer" als Feindbild, da er den frankophonen Quebecer ausbeutete. Die eigene, frankophone Identität definierte sich vor allem durch diese Abgrenzung. Primär identitätsstiftend war dabei die Sprache und, vor den 1960er Jahren, die Religion. Das Überleben der franko-quebecer Identität (*la survivance*) stand dabei im Zentrum.

In dem Maße, wie die *nouvelle classe moyenne* die wirtschaftliche Dominanz und Macht der quebecer Anglophonen im Zuge der *rattrapage* brach und die englische Sprache aus dem öffentlichen Leben verdrängt wurde – das heißt die frankophonen Quebecer zu *maîtres chez eux* wurden – kam es allerdings zu einer Entspannung der Beziehungen zwischen frankophonen und anglophonen Quebecern und einer anderen Identitätskonstruktion. In den 1980er und 1990er Jahren sahen viele Autoren Ottawa als Feindbild und nicht mehr die anglophone Minderheit (Salée 2002, S. 167f.). Das lag auch an der Globalisierung, wegen der sich die Bezugspunkte der quebecer Identität verschoben. Durch neue Kommunikationsmöglichkeiten und zunehmenden internationalen Handel entstanden neue Herausforderungen und Chancen für Quebec, da sich der signifikante Andere verändert hatte (Latouche 1995). Damit geht die Erklärung von Daniel Latouche in dieselbe Richtung wie diejenige von Daniel Salée. Allerdings wird ein zentraler Unterschied deutlich. Salée spricht davon, dass durch die Verdrängung des anglophonen Quebecers aus den Machtpositionen die Möglichkeit bestand, eine inklusive Identität zu schaffen, die anglophone und allophone Bürger einschloss und dabei auf die Territorialität zurückgriff. Vertreter dieser Linie waren unter anderem Lucien Bouchard und Bernard Landry (Robitaille 2000). Latouche hingegen legte den Fokus auf ein Problem, welches sich durch die Globalisierung für Quebec ergab: die multikulturelle Einwanderung in die Provinz.

In Quebec fand somit spätestens ab Mitte der 1990er Jahre eine Debatte statt, wie sie auch in anderen westlichen Demokratien vorzufinden war: Wird die eigene Identität auf Basis liberaler und pluralistischer, oder romantisch-konservativer Elemente definiert (Maclure und Boucher 2016) und ist die Nation liberaler oder ethnischer Natur (Langlois 2010; Venne 2000)? Die Bedeutung, welche das Territorialprinzip in der Identitätskonstruktion des *Québécois* einnahm, war dabei von allen Seiten anerkannt. Aber der Bezug auf das Territorium reichte für sich genommen nicht aus, da Nationen komplexere Phänomene darstellen (Gagnon und Iacovino 2007). Also stellte sich die Frage, was neben dem Territorium die Nation definiert: War dies die Sprache, die Kultur oder gar die Herkunft der Mitglieder?

Für die erfolgreiche Integration von Einwanderern in die quebecer Gesellschaft bedurfte es einer inklusiven Definition der Nation. Das Territorium und politische Normen standen dabei zusammen mit der französischen Sprache im Zentrum (Balthazar 2013: 287). Die Integration einer großen Anzahl von Einwanderern stellte laut Nelson Wiseman allerdings ein Problem dar, da nicht davon ausgegangen werden konnte, dass Neuankömmlinge dieselbe Haltung zu Quebec verinnerlichen würden, wie „alteingesessene" Quebecer. „[I]f civic nationalism is indeed a feature of Quebec's modern political culture, [...] the paradoxical upshot may be to weaken Quebec's claim to distinctiveness and the pursuit of separation" (Wiseman 2007, S. 164; siehe auch Salée 2002). Einwanderer in Quebec verspürten nicht dieselbe Beziehung zu Quebecs Geschichte und seinen Institutionen, sondern seien vielmehr auf die Zukunft der Provinz fixiert. Außerdem haben junge allophone Quebecer (*la génération 101*) zwar ein Interesse an der Verteidigung der französischen Sprache, allerdings identifizierten sie sich ebenso mit Kanada (Bélanger und Perrella 2008).[73] Wenn folglich allophone Einwanderer dem Projekt der nationalen Selbstbestimmung eher ablehnend gegenüberstehen, dann wird die Unabhängigkeit der Provinz in Zukunft in dieser Logik immer unwahrscheinlicher werden. Somit ist die Frustration der *pur et durs* durchaus nachvollziehbar. Dies ist allerdings kein spezifisches Problem Quebecs. Garth Stevenson (2009a: 284) argumentiert, dass Einwanderer im Allgemeinen nicht mehr dieselbe Verbundenheit zu den Provinzen aufweisen und bei politischen und gesellschaftlichen Herausforderungen vielmehr nach Ottawa blicken. Für Immigranten war die starre Trennung zwischen den Aufgaben des Bundes und der Provinzen eher von untergeordneter Bedeutung.

Die politische Elite der Provinz sah allerdings keine Alternative zur Einwanderung. Quebec stand, wie viele andere westliche Gesellschaften, ab etwa den

---

[73] Mendelsohn (2002) zeigt, dass „Canadian" und „Quebecers" keine sich gegenseitig ausschließenden Kategorien sind. Sie stellen viel eher *nested identities* dar, was seiner Meinung nach die Mobilisierung gegen Kanada und für die Unabhängigkeit erschwert.

1980er Jahren der Herausforderung der zunehmenden Alterung und Schrumpfung der Bevölkerung gegenüber. Deshalb benötigte die Provinz Einwanderer, um das Bevölkerungsniveau zu halten und einer Überalterung entgegenzuwirken. Diese Einwanderung wollte die quebecer Regierung weitestgehend steuern, weshalb dieses Politikfeld in den Verhandlungen um eine Reform der Verfassung einen wichtigen Stellenwert einnahm (Bonin 1990). Dabei legte Quebec bei der Auswahl der Einwanderer einen großen Wert auf die sprachlichen Kenntnisse. Frankophone Einwanderer hatten folglich einen großen Vorteil. Die ethnische Herkunft der Bewerber spielte hingegen wie auch im kanadischen Einwanderungssystem insgesamt keine Rolle. Laut Blad und Couton (2009) ist dies der wesentliche Grund für den Erfolg der quebecer Einwanderungspolitik, da durch die Auswahl frankophoner Zuwanderer die sprachliche Integration in die Gesellschaft und den Arbeitsmarkt sehr gut gelingen konnte. Die Fokussierung auf die sprachlichen Fähigkeiten und die Rückstellung kultureller und ethnischer Faktoren führte jedoch dazu, dass immer mehr Einwanderer aus Ländern der Frankophonie nach Quebec einwanderten, die unterschiedliche kulturelle und religiöse Hintergründe aufwiesen. Ab dem neuen Jahrtausend standen mit Marokko und Algerien zwei muslimische Staaten an der Spitze der Herkunftsländer (siehe Tabelle 5.1).

Tabelle 5.1: Einwanderer nach Quebec zwischen 2001 und 2010 und Anteil derer, die 2012 noch in Quebec ansässig waren, nach Herkunftsland (mindestens 10.000 Einwanderer)

Rang	Land	Gesamtzahl		
		Immigriert	2012 noch im Land	Prozentsatz
1	Marokko	37.184	30.362	81,7
2	Algerien	36.948	32.216	87,2
3	Frankreich	34.499	25.677	74,4
4	China	32.310	18.885	58,4
5	Kolumbien	20.013	16.565	82,8
6	Rumänien	19.283	14.965	77,6
7	Haiti	18.230	16.750	91,9
8	Libanon	15.870	11.345	71,5
9	Indien	10.329	5.223	50,6

Quelle: Eigene Darstellung nach Gouvernement du Quebec (2013: 26).

Zur Angst, dass die Einwanderung die Unabhängigkeit zur Utopie verkommen lassen würde, kam somit noch ein weiterer Punkt hinzu. Konservative quebecer

Nationalisten[74] sorgten sich zu diesem Zeitpunkt vermehrt um die Identität und Kultur Quebecs, welche sie durch die multikulturelle Einwanderung in Gefahr sahen (Behiels 1991, S. 17). 1996 waren bereits 6,2 Prozent der quebecer Bevölkerung Angehörige von *visible minorities*. Diese lebten vornehmlich in Montreal, wo sie etwa 12 Prozent der Bevölkerung stellten (Langlois 2000, S. 50)[75] und wo sich Ende der 1980er Jahre um die 90 Prozent der neu Eingewanderten niederließen (Caldwell 1990, S. 583; Bonin 1990, S. 165). Die Diversität beschränkte sich damit nicht länger auf die Sprachenfrage, sondern wurde um kulturelle und religiöse Aspekte erweitert, die nun im Alltag immer sichtbarer wurden.

Um die Integration dieser vielfältigen Einwanderergruppen in Quebec zu meistern, begann Anfang der 1990er Jahre eine Debatte über die Implementierung einer *culture publique commune*. Deren Kern sollte die französische Sprache darstellen ergänzt um gemeinsame Werte wie Demokratie, Freiheitsrechte und Geschlechtergerechtigkeit. Die Partizipation der Bürger in der Gesellschaft und deren Einsatz für den sozialen Zusammenhalt und die Solidarität sollten gestärkt werden (Gervais et al. 2008). Diese Debatte fand Einzug in die Parteiprogramme des PQ in den Jahren 1993 und 1996, wenngleich die Bedeutung der Geschichte und der Kultur Quebecs für die Integration stärker herausgehoben wurde (Parti québécois 1994, S. 160ff.; 1997, S. 26ff.). Stand das Thema Einwanderung und Integration 1993 noch fast am Schluss des Programms der Péquisten, war es 1996 auf den zweiten Platz nach dem Kapitel über die Souveränität vorgerückt.

Damit machte die quebecer Politik den Versuch, einen liberalen Nationalismus zu fördern und dadurch die Integration von Einwanderern zu ermöglichen. Wenngleich das bereits genannte Prinzip der Territorialität im Zentrum stand, weist Daniel Salée aber dennoch darauf hin, dass die quebecer Nation trotzdem von einer spezifischen frankophonen Geschichte geprägt sei (Salée 1997, S. 8). Identitäten sind historisch gewachsene Konstruktionen und verändern sich nicht innerhalb kürzester Zeit. Geschichte, Traditionen und Kultur scheinen dabei im quebecer Fall weiterhin eine wichtige Rolle zu spielen.

Somit war der Konflikt in dieser Frage offensichtlich. Die politische Bedeutung dieser Debatte trat mit dem erneuten Aufkommen der Sprachenfrage auf

---

[74] Für eine Übersicht über die verschiedenen konservativen Strömungen innerhalb Quebecs siehe unter anderem Gélinas (2009).

[75] Bis zum Zensus im Jahr 2016 stieg der Anteil der *visible minorities* in Quebec auf ca. 13 Prozent und auf ca. 33 Prozent in Montreal. Diese relative Zunahme im Verhältnis zur Gesamtbevölkerung ist eine logische Folge aus der Einwanderungspolitik der Provinz.

Grund der weiteren Immigration in den Vordergrund. Sie fand auch innerhalb des PQ und entzündete sich an der vermeintlichen Gefahr einer Bilingualisierung Montreals. Im März 1996 hatte eine Kommission, die sich mit der gesellschaftlichen Akzeptanz der französischen Sprache in Quebec auseinandersetzen sollte, in ihrem Bericht dargelegt, dass vor allem in Montreal eine größere Förderung des Französischen nötig gewesen sei (Le Devoir, 23.03.1996). Im Großraum Montreal benutzten zur damaligen Zeit etwa 78 Prozent der Bevölkerung in der Öffentlichkeit als erste Sprache Französisch. Auf der *Île de Montréal* waren es nur 71 Prozent. Im Vergleich dazu nutzten Quebecer in der Provinz als Ganzes in 87 Prozent der Fälle Französisch als Sprache in der Öffentlichkeit. Dieser Zustand lag primär an den Allophonen, die auch zu Hause oftmals mehr Englisch benutzten (23 Prozent) als Französisch (13 Prozent) (Gervais 2001, S. 109f.). Der Grund für diese unterschiedlichen Zahlen lag jedoch nicht an der Assimilierung frankophoner Quebecer in die anglophone Minderheit. Vielmehr zogen immer mehr Frankophone in die Vororte, weswegen der Anteil der Allophonen auf der *Île de Montréal* beständig zunahm. Zudem stellt die Sprache, die man zu Hause spricht, keinen Indikator dafür dar, wie gut Menschen in die Gesellschaft beziehungsweise in das öffentliche Leben integriert sind, sondern eher für Assimilation. Dabei nutzten wesentlich mehr Menschen – auch Allophone – Französisch als Sprache in der Öffentlichkeit als zu Hause. Dies galt selbst in Montreal (Piché 2001, S. 45, 47). Deshalb war der Alarmismus der Nationalisten übertrieben. Viele Faktoren sprachen laut dem *Conseil supérieure de la langue française* sogar eher für eine immer stärkere Verbreitung des Französischen als Erstsprache innerhalb der Provinz. In Quebec – und in Montreal im Besonderen – ist seit der Implementation der *Charte de la langue française* die französische Sprache immer dominanter geworden (Carpentier und Girard-Lamoureux 2004, S. 213).

Dennoch forderten Teile des PQ die Verschärfung der Sprachgesetzgebung. Das *Loi 86*, welches noch unter der Regierung Bourassa verabschiedet worden war, hatte die Rechte der anglophonen Minderheit gestärkt aber gleichzeitig frankophone Quebecer besänftigt (MacMillan 1996) und für die meisten Beobachter gestaltete es sich als ein eleganter Mittelweg zwischen den beiden Lagern. Selbst die Regierung Parizeau hatte keinen Veränderungsbedarf erkannt und Bouchard wollte den alten Konflikt zwischen den Sprachgruppen nicht erneut anfachen.

Die quebecer Austeritätspolitik

Die Sprachenfrage stellte allerdings nicht den einzigen Konfliktpunkt dar. Im Streit um die Rolle des Staates in der Wirtschaft beschritt Bouchard ebenfalls eigene Wege. Er berief für März und Oktober 1996 zwei sozioökonomische Gipfeltreffen ein, bei denen er versuchte, die unterschiedlichen Akteure aus Politik, Wirtschaft und Zivilgesellschaft zusammenzubringen. Mit einer konzertierten Aktion wollte er die negativen Auswirkungen der Entscheidungen Ottawas auf Quebec so gering wie möglich halten. Quebec war zur damaligen Zeit eine der Provinzen mit der höchsten Pro-Kopf-Verschuldung, der höchsten Besteuerung und einer hohen Regulierung in Kanada. Im März verständigten sich die Teilnehmer auf das Erreichen eines ausgeglichenen Haushalts bis zum Jahr 2000 (Le Devoir, 21.03.1996).

Die sozialdemokratischen Kräfte innerhalb des PQ fürchteten deshalb eine Abkehr vom Staatsinterventionismus und der Durchsetzung einer neoliberalen Politik wie in anderen Provinzen. Die Regierung widersprach dieser Darstellung vehement und versicherte, dass der PQ weiterhin seinem sozialdemokratischen Ideal verpflichtet sei. Dennoch könne man die finanzpolitischen Probleme nicht ignorieren (La Presse, 26.02.1996). Im Oktober einigten sich die Akteure deshalb auf einen Sozialpakt. So sollte der Staat mehr in der Familien- und der Sozialpolitik intervenieren und dafür mehr Geld zur Verfügung stellen (Noël 2013a, S. 264). Die Gewerkschaften unterstützten die Maßnahmen der Regierung bis zu dem Punkt, an dem 30.000 Stellen im öffentlichen Dienst abgebaut werden sollten und die Regierung härtere Einschnitte in der Bildungs- und Gesundheitspolitik vornahm. Die Gewerkschaften kündigten in Folge ihre Unterstützung auf, hatten ihre Glaubwürdigkeit allerdings auf Grund der vormaligen Unterstützung verloren. Deshalb folgten auch keine großangelegten Streiks in der Provinz (Coulon 2003, S. 132; Graefe 2007, S. 163f.).

Die Regierung Bouchard implementierte als Teil ihrer Politik eine Reform des Wohlfahrtsstaates, der von Kritikern in die Nähe dessen gerückt wurde, was Paul Pierson (1994) in seinem Buch *Dismantling the Welfare State?* Anfang der 1990er Jahre ausgeführt hatte. Dabei stand die Familienpolitik, die Arbeitsmarktpolitik und die Bekämpfung von Armut im Zentrum. Mit den Reformen zogen Elemente aus den Wohlfahrtstaatsreformen der anglokanadischen Provinzen und des Bundes in Quebec ein. Die Bedeutung des Einkommenssteuersystems für den Wohlfahrtsstaat wurde in Kanada immer wichtiger, da sich die staatliche Unterstützung von universellen Sozialtransfers, die an der Bedürftigkeit der Bezieher ausgerichtet war, zu einkommensabhängigen Leistungen entwickelte (Lammert 2006, S. 18). Auch Quebec übernahm teilweise diese Logik, auch wenn die Provinz noch einige universelle Programme einführte.

Die Politik der konzertierten Aktion unter Bouchard hatte zwar letztlich zu einer gütlichen Einigung der verschiedenen Akteure geführt, für eine finanzielle Stabilisierung im Haushalt gesorgt und die Arbeitslosigkeit gesenkt. Die Politik war für viele Linke dennoch im Kern neoliberal (Salée 2003). Dies stellte das zentrale Problem für die PQ-Regierungen nach dem Referendum von 1995 dar. Die damals in Quebec entstehenden sozialen Bewegungen, wie etwa das *Rassemblement pour l'alternative progressiste* (RAP), welches eine Abkehr vom wirtschafts- und sozialpolitischen Kurs der Regierung forderte und in dem sich die progressiven Teile der quebecer Gesellschaft sammelten, mobilisierten gegen den kontinentalen Markt und bekämpften den Freihandel. Aus diesem Grund hatte die Linke allerdings ein Problem. Durch diese Vorgehensweise geriet die Souveränität Quebecs in Gefahr, denn die Zukunft der Provinz war auch abhängig von den USA und dem Handel mit dem südlichen Nachbarn (Graefe 2007, S. 168).

Dennoch mobilisierten die progressiven Kräfte in der Zivilgesellschaft weiter. Dies geschah insbesondere, weil sie sich nicht vertreten fühlten. In zunehmendem Maße distanzierten sie sich vom nationalen Projekt des PQ, weil dieser seine ideologischen Schlachten mit Ottawa schlug und in ihren Augen eine zunehmend unternehmerfreundliche Politik betrieb, anstatt ein linkes Gesellschaftsprojekt in der Provinz voranzutreiben. Hier gilt es aber noch einmal zu betonen: Diese quebecer Linken waren und sind nicht gegen die Souveränität oder die Unabhängigkeit der Provinz und für den Erhalt des kanadischen Bundesstaates. Sie wollten vielmehr ein anderes Gesellschaftsprojekt (Salée 2003, S. 41f.). Der quebecer Linken ging es immer primär um den Wandel hin zu einer inklusiveren und gerechteren Gesellschaft. Die Souveränität Quebecs war dabei nur das Mittel zum Zweck (Interview Renaud). Das war auch der Grund, warum die Gewerkschaften die Pläne des PQ zur Erlangung der Souveränität der Provinz lange Zeit aktiv unterstützten. Sie sahen das anglophone Kanada als individualistisch und neoliberal an. Aber auch den Gewerkschaften ging es zuallererst um ein Gesellschaftsprojekt, das sie eben in einem unabhängigen Quebec für besser durchsetzbar hielten (Güntzel 2000, S. 394; Le Devoir, 27.05.2000). In welchem Rahmen dieses Projekt verwirklicht werden konnte, war eine andere Frage. „But as the Parti Québécois no longer appears as a plausible vehicle of social change to increasing segments of the Quebec left, sovereigntists are losing natural allies" (Salée 2002, S. 186).

Dabei implementierte der PQ allerdings in manchen Bereichen weiterhin sozialdemokratische Politik. So schuf Quebec Ende der 1990er Jahre einerseits ein einkommensabhängiges Kindergeld und andererseits eine staatlich subventionierte universelle Kinderbetreuung für 5 CAD pro Tag. Darüber hinaus verabschiedete die Nationalversammlung Gesetze zur Entgeltgleichheit bei Mann und Frau und schuf eine öffentliche Versicherung, um die Medikamentenpreise für bestimmte soziale Gruppen zu senken. Durch diese und andere Reformen wich das quebecer System immer weiter vom kanadischen Wohlfahrtsstaat ab (Noël 2013a, S. 262). Dies nährte im Laufe der Zeit die Argumentation der Souveränisten, dass Quebec eine andere Gesellschafts- und Sozialpolitik vertrete als der Rest Kanadas. Nur die Souveränität Quebecs könne deshalb der Provinz die Möglichkeit geben, seine Vision einer Gesellschaft zu verwirklichen (Parti québécois 2001, S. 160). Für manche Linke hörte sich dies jedoch wie Hohn an.

Auf dem Parteitag im November 1996 standen letztlich drei große Themenbereiche auf der Agenda des PQ. Zum einen sollte das *partenariat* offiziell als Teil eines zukünftigen Referendums in das Parteiprogramm aufgenommen werden, der Status quo in der Sprachenfrage erhalten bleiben und die Austeritätspolitik abgesegnet werden. In allen drei Punkten setzte sich Bouchard durch (Parti québécois 1997). Das *partenariat* wurde gegen den Widerstand der *purs et durs* aufgenommen. Die Abschaffung des Sprachengesetzes *Loi 86*, welches zweisprachige Schilder erlaubte, lehnte der Parteitag ab und ignorierte damit die Forderung der Hardliner. Dies lag auch an der Angst Bouchards, dass eine Verschärfung der Sprachgesetze den Wirtschaftsstandort Montreal schwächen würde. Die Austeritätspolitik setzte Bouchard gegen den Widerstand der Linken und der Gewerkschaftler durch (Le Devoir, 25.11.1996). Das Thema Unabhängigkeit diskutierte die Partei nur peripher. Wie zerstritten der PQ war zeigte das Ergebnis bei der Wiederwahl Bouchards zum Parteivorsitzenden. Dort erhielt der Premier nur knapp 76 Prozent der Stimmen. Bouchard konnte sich dennoch in allen Fragen durchsetzen.

Die Konflikte zwischen Quebec und Ottawa verstärkten sich jedoch erneut Ende der 1990er Jahre, als der Bund damit begann, erste Haushaltsüberschüsse zu erzielen. Deshalb ergab sich ein neuer finanzieller Spielraum in der Sozialpolitik, den die Regierung in Ottawa nicht für gemeinsam finanzierte Programme nutzte, sondern durch Steuererleichterungen und direkte Transferzahlungen an die Bürger weitergab. Zu diesen Initiativen des Bundes zählten die Einführung eines *Canada Child Tax Benefit* im Jahre 1998 sowie die Einrichtung von *Canada Research Chairs*, der *Canada Millenium Scholarships*, der *Canada Foundation for Innovation* und dem *Canadian Institute for Health Research* (Broschek 2005, S. 254f.; Broschek und Schultze 2004, S. 27; Broschek 2004, S. 436f.). Viele dieser Programme waren so konstruiert, dass sie vom Bund direkt an die Bürger gerichtet waren und nicht den Umweg über gemeinsame Programme mit den Provinzen gingen. Dadurch intervenierte Ottawa mit seiner *spending power* erneut in Bereichen, die der ausschließlichen Gesetzgebungskompetenz der Provinzen unterstanden. Diese Strategie der direkten, finanziellen Unterstützung der kanadischen Bürger unter Umgehung der Provinzen bezeichnete Thomas Courchene als *hourglass federalism* (Courchene 2004). Der Bund lies durch die Einschränkung der Transferzahlungen die Provinzen finanziell ausbluten und zwang sie, ihr Geld in die Gesundheitspolitik zu stecken. Somit konnte der Bund durch seine *spending power* in andere Bereiche investieren, in denen Geld fehlte.

Die Provinzen kritisierten diesen Zustand und verlangten vom Bund eine Erhöhung der Transferzahlungen. Ottawa wollte allerdings nicht ohne vorher festgelegte Bedingungen Geld an die Provinzen überweisen und Jean Chrétien forderte, dass zusätzliche Mittel des Bundes an deren Verwendung im Gesundheitssektor gebunden sein müssten. Die Provinzen verhandelten mit Ottawa über eine Regelung und einigten sich – mit Ausnahme Quebecs – im Februar 1999 auf das *Social Union Framework Agreement* (SUFA). Dieses stellte eine Rahmenvereinbarung für die gemeinsame Vorgehensweise von Bund, Provinzen und Territorien in der Sozialpolitik dar. Der Zugang zu adäquaten Leistungen sollte für alle Kanadier sichergestellt werden und die Ebenen wollten ihre Zusammenarbeit besser koordinieren. Der Bund setzte sich hierbei mit seiner Linie weitestgehend durch. Dies war der zentrale Grund dafür, dass Bouchard den Kompromiss ablehnte. So erhielten die Provinzen keine Möglichkeit des generellen *Opting out* mit gleichzeitiger finanzieller Kompensation durch den Bund. Gleichzeitig schränkte die Vereinbarung die *federal spending power* aus Sicht Quebecs nicht weit genug ein. Vielmehr hätte Quebec mit der Unterstützung des SUFA zum ersten Mal die *federal spending power*, welche aus Sicht vieler quebecer Kritiker verfassungsrechtlich nicht existiere (Noël 2012), offiziell anerkannt.

In der Fiskalpolitik entbrannte um die Frage der gerechten Verteilung von finanziellen Ressourcen zwischen den Ebenen der nächste Streit. Im Frühjahr 1999 stellte der quebecer Finanzminister Bernard Landry im Kontext der SUFA-Verhandlungen fest: „Les besoins sont au Québec, l'argent est à Ottawa" (Le Devoir, 25.02.1999). Immerhin bestand zu Beginn der 2000er Jahren der Haushalt der Provinzen zu etwa 40 Prozent aus Mitteln für die Gesundheitspolitik (Maslove 2005, S. 26, 28). Zu dieser Zeit nahm der Protest der Provinzen, wonach es ein Missverhältnis zwischen dem Einnahmenzuwachs des Bundes und seiner Aufgabenkompetenzen gab, weiter zu (Lazar et al. 2004). Der Bund hatte in ihren Augen Kontrolle über zu viele Geldquellen, welche er nicht benötigte, welche aber gleichzeitig den Provinzen fehlten. Daraus entstand die Debatte um das sogenannte *vertical fiscal imbalance*. Der Begriff entwickelte sich im Laufe der Zeit zu einem politischen Kampfbegriff, auch weil der Bund abstritt, dass es überhaupt existierte (Dion 2005). Da Provinzen wie Quebec unter der Regierung Bouchard eine Austeritätspolitik betrieben und ihre Sozialprogramme abbauen oder umstrukturieren mussten, forderten sie vom Bund einen größeren Anteil am Steueraufkommen, um ihre verfassungsmäßig zugeschriebenen Aufgaben erfüllen zu können.

Die quebecer Regierung berief zu diesem Thema im Frühjahr 2001 eine Kommission ein (*Commission Séguin*). Laut der Kommission ist ein „fiskalisches Gleichgewicht" dann vorhanden, wenn erstens die eigenen Ressourcen der Ebenen groß genug sind, um die Aufgaben zu erledigen, zweitens diese Ressourcen der jeweiligen Ebene und die dazugehörenden Transferzahlungen ausreichend sind, um die Aufgaben der jeweiligen Ebenen zu bestreiten und drittens die Transferzahlungen nicht an Bedingungen geknüpft sind. (Gouvernement du Québec 2002, S. 15). Den letzten Punkt hob vor allem die Regierung Quebecs hervor. Als Lösung für das Problem schlug die *Commission Séguin* eine Veränderung der Steueraufteilung vor. So sollten entweder mehr Mittel aus der Einkommensteuer des Bundes auf die Einkommenssteuer der Provinzen umgeschichtet werden, oder aber der CHST abgeschafft werden und dafür die Mehrwertsteuer des Bundes (GST) an die Provinzen transferiert werden (ebd., S. 154). Eine Kommission des Bundes zur Reform des Gesundheitswesens (*Commission Romanov*) kam zu einer anderen Schlussfolgerung. Sie empfahl dem Bund, die Transferzahlungen an die Provinzen im Gesundheitsbereich auszuweiten und jährlich automatisch um einen bestimmten Prozentsatz zu erhöhen (Government of Canada 2002, S. 248).

Kritiker an den Provinzen argumentierten, dass diese jederzeit ihre eigenen Steuern hätten erhöhen können, wenn ihnen kein Geld zur Verfügung stünde. Durch die Verfassung steht den Provinzen diese Möglichkeit offen (Dion 2005).

Dies ist jedoch nicht ohne weitere Koordination durchsetzbar. Die Provinzen konnten nicht einfach die Steuern erhöhen, da die Steuerlast – zumal in Quebec – bereits hoch war. Um die Bürger nicht weiter zu belasten, hätte man sie an anderer Stelle entlasten müssen. Dies ginge am besten, wenn der Bund seine Steuern senken würde (Noël 2005, S. 133f.). Eine Harmonisierung von Steuern wäre somit ein Schritt, dieses Problem anzugehen (Brown 2012)[76]. Was Kritiker an der Politik des Bund hingegen häufig übersehen, ist, dass der Bund auf die Kostensteigerungen der Provinzen durch deren sozialpolitischen Aufgaben in der zweiten Hälfte des 20. Jahrhunderts durchaus reagiert hatte. Der Bund erhielt noch 1950 etwa 65 Prozent der Steuereinnahmen. Bis zum Jahr 2010 verringerte sich der Anteil auf nur noch etwa 40 Prozent (ebd., S. 119ff.). Seit Mitte der 1970er Jahre lag der Anteil der Provinzen an den Ausgaben und Einnahmen beständig über dem des Bundes (Lazar 2000, S. 11f.).

Zuckerbrot und Peitsche aus Ottawa

Der Streit um die Transferzahlungen des Bundes und über die Einmischung Ottawas in die internen Angelegenheiten Quebecs und der anderen Provinzen war zu dieser Zeit von zentraler Bedeutung für das Verhältnis zwischen den beiden Ebenen. Neben diesem Themenbereich versuchte die Regierung Chrétien jedoch zusätzlich, die quebecer Bevölkerung vom kanadischen Bundesstaat zu überzeugen, um ein drittes Referendum zu verhindern. Im Sinne der nationalen Einheit hatte Jean Chrétien laut Joseph Facal bereits kurz nach dem Referendum von 1995 damit begonnen, das Heft des Handelns an sich zu ziehen.

> Par ailleurs, il faut se rappeler que le gouvernement fédéral n'est pas resté inactif et c'est tout de suite empressé d'essayer de faire en sorte que ceci ne puisse plus se reproduire, d'où évidemment la loi sur la clarté, le plan B etc. Donc, d'une certaine façon, nous avons été mis plus sur la défensive par la contre-offensive fédérale, et par la démobilisation de nos propres troupes (Interview Facal).

76 Zugleich legt Brown dar, dass die fiskalische Lücke zwischen Bund und Provinzen was Einnahmen und Ausgaben angeht viel geringer ist als in vielen anderen Bundesstaaten, da die Provinzen über einen größeren verfassungsrechtlichen Spielraum bei der eigenen Erhebung von Steuern verfügen als andere substaatliche Einheiten.

So legte Chrétien den Fokus einerseits auf die Wirtschaftspolitik andererseits aber auf die Dezentralisierung des politischen Systems und die symbolische Anerkennung Quebecs. Durch die Implementierung spezifischer Reformen und die Verabschiedung von Resolutionen wollte er den quebecer Nationalisten entgegenkommen. Dieser Prozess, der als „Plan A“ bekannt wurde, bestand aus drei Schritten. So hatte der kanadische Premierminister bereits vor dem Referendum angekündigt, Quebec als *société distincte* vom kanadischen Unterhaus anerkennen zu lassen (Le Devoir, 19.10.1995).[77] Diese Resolution, welche symbolischer Art war und keinerlei rechtliche Folgen für den Status Quebecs innerhalb des Bundesstaates hatte, verabschiedete das Unterhaus im Dezember 1995.

In einem zweiten Schritt brachte die liberale Bundesregierung mit dem *Loi C 110* im November des Jahres ein Gesetz in das Unterhaus ein, welches die Zustimmung des Bundes bei Verfassungsänderungen von der Zustimmung von fünf Regionen abhängig machte. Dazu zählten Ontario, Quebec, British Columbia[78], mindestens zwei der Atlantikprovinzen mit mindestens 50 Prozent der Bevölkerung und mindestens zwei der Prärieprovinzen mit ebenfalls einem Minimum von 50 Prozent der Bevölkerung. Das Gesetz wurde am 2. Februar 1996 verabschiedet. Damit erhielt Quebec de facto ein Vetorecht bei sämtlichen Verfassungsänderungen, was der Forderung der Provinz seit den 1960er Jahren entspricht. Auch hier fand Verfassungspolitik unterhalb der Verfassungsebene statt und das Vetorecht Quebecs besteht auf Grundlage einer einfachen Gesetzgebung. Somit könnte, so die Kritiker, zwar das Vetorecht Quebecs jederzeit von Ottawa zurückgenommen werden, „but the political risk of removing any region’s veto is so great that the new Chrétien rules for the constitutional game will be difficult if not impossible to change“ (Russell 2004, S. 239; siehe auch Russell 2017, S. 425).

In einem letzten Schritt begann Chrétien mit der Dezentralisierung von arbeitsmarktpolitischen Instrumenten. Ottawa hatte im Zuge seiner Sparpolitik sogar ein großes Interesse daran, dieses Feld den Provinzen zu übergeben. Quebec forderte dies bereits seit den 1960er Jahren und letztlich einigten sich Ottawa und Quebec in der *Canada – Québec Labour Market Development Agreement in Principle* im

---

77 Die Provinzen schlossen sich der symbolischen Anerkennung Quebecs an. Im September 1997 erkannten diese in der *Calgary Declaration* die Sonderstellung Quebecs an, verwiesen aber darauf, dass dies keine rechtliche Sonderstellung impliziere und alle Provinzen des Bundesstaates vor diesem Gesichtspunkt gleich seien.

78 Die Provinz British Columbia hätte ursprünglich zu den westlichen Provinzen gezählt, wurde dann allerdings als eigene „Region“ anerkannt.

April 1997 auf eine Übertragung an die Provinz. In Zukunft führte Quebec die Programme selbst aus. Dies geschah unter der Bedingung, dass die Zuschüsse des Bundes nur für Personen gelten durften, die sich für die Arbeitslosenunterstützung des Bundes (EI) qualifiziert hatten. Das Programm hatte für die ersten fünf Jahre ein Volumen von 2,7 Mrd. CAD. Die beschlossene Reform der Arbeitslosenversicherung dezentralisierte somit die aktive Arbeitsmarktpolitik weitestgehend. Da gleichzeitig andere Zugangsregelungen für die EI festgelegt wurden, fielen viele Betroffene in die Sozialhilfe ab. Quebec erweiterte daraufhin das Programm mit eigenen Mitteln, um auch Sozialhilfeempfänger weiter zu qualifizieren. Diese Reform zeigt das Dilemma für die Independentisten auf. Der Bund konnte das Argument des PQ und des *Bloc* aushebeln, dass keine Dezentralisierung innerhalb des Kanadas möglich war. Zur selben Zeit behielt Ottawa jedoch die Oberhand in der Festlegung des Rahmens, innerhalb dessen die Provinzen die Programme umsetzen konnten und evaluierte diese kontinuierlich. Die Transferzahlungen und die Dezentralisierung waren an Bedingungen geknüpft. Die gesamtstaatlichen Ziele blieben in diesem Bereich weitestgehend erhalten wohingegen es den Provinzen freigestellt war, wie sie diese erreichten. Das Hauptinteresse des Bundes bestand darin, keine Asymmetrien im föderalen System zuzulassen (Lazar 1998, S. 7ff.) und dadurch einheitliche nationale Standards sicherzustellen.

Mit diesem Plan A wollte Chrétien Kanada für die Quebecer attraktiver gestalten. Seine Regierung verfolgte allerdings parallel einen Plan B, der darauf ausgelegt war, über den rechtlichen beziehungsweise verfassungspolitischen Weg die Unabhängigkeit Quebecs zu verhindern. Während Plan A somit weitestgehend keine Nachteile – aus Sicht der Souveränisten aber auch keine Vorteile – für Quebec mit sich brachte, aber im Prinzip die Handlungsmöglichkeiten der Provinzregierung erweiterte, konnte Plan B als ein direkter Angriff auf das demokratische Selbstbestimmungsrecht Quebecs gesehen werden. Bouchard stellte sich aber erneut gegen die Durchführung eines Referendums und machte deutlich, dass es dieses erst nach den nächsten Provinzwahlen geben könnte. Der Fokus der Regierung sei es, in der laufenden Legislaturperiode ein *bon gouvernement* für alle Quebecer zu sein (Le Devoir, 09.09.1996).

Ottawa wollte die Frage nach der rechtlichen Gültigkeit einer Unabhängigkeit jedoch vom *Supreme Court* überprüfen lassen und bat das Gericht um eine Stellungnahme über die Verfassungsmäßigkeit einer Abspaltung. Die Antwort des Gerichtes folgte im August 1998 in der *Reference re Secession of Quebec*. Die

Antwort lautete zusammengefasst wie folgt. Die kanadische Verfassung beruhe auf vier gleichwertigen Prinzipien: Demokratie, Föderalismus, Minderheitenschutz, sowie Konstitutionalismus und Rechtsstaatlichkeit. Den Quebecern stehe auf dieser Basis kein Recht auf eine unilaterale Unabhängigkeitserklärung offen. Da sie auch nicht als Kolonie zähle, die vom kanadischen Bundesstaat rechtswidrig unterdrückt und ausgebeutet würde, habe die Provinz keinen Anspruch auf das Prinzip des Selbstbestimmungsrechts der Völker. Andererseits habe Quebec den Anspruch darauf, dass nach einem Referendum mit einer klaren Frage und nach Zustimmung einer klaren Mehrheit der Quebecer der kanadische Bundesstaat in Form der Bundesregierung und der anderen Provinzen mit Quebec über den zukünftigen Status der Provinz verhandeln müsse (Supreme Court of Canada 1998). Damit hatte das Verfassungsgericht eine salomonische Entscheidung getroffen, mit der sich beide Konfliktparteien zufriedengeben konnten. Chrétien sah sich in seiner Einschätzung bestätigt, dass es keine unilaterale Unabhängigkeitserklärung von Seiten Quebecs geben könnte. Bouchard zeigte sich ebenfalls zufrieden. Der *Supreme Court* habe bestätigt, dass der Bund und die anderen Provinzen nach einem Referendum verpflichtet seien, mit Quebec zu verhandeln. Dadurch sei das souveränistische Projekt weiter gestärkt worden (Le Devoir, 22.08.1998).

Die zweite Regierung Bouchard – Ein zahnloser Tiger

Kurze Zeit darauf – im Oktober 1998 – rief Bouchard Neuwahlen aus. Für den Fall eines Sieges kündigte er weitere Diskussionen über die Zukunft Quebecs an. Davor ginge es aber zuerst darum, eine Regierung zu wählen (Le Devoir, 29.10.1998). Der quebecer Oppositionsführer Jean Charest, der wie Bouchard vor seinem Wechsel in die Provinzpolitik der *Progressive Conservative Party of Canada* und dem Kabinett Mulroneys angehört hatte, stellte zu Beginn andere Themen, wie etwa die Gesundheitspolitik, die Rolle des Staates in der Wirtschaft und die regionale Entwicklung ins Zentrum seiner Kampagne. Die Zeichen standen jedoch gut für eine Wiederwahl des PQ.

Wie aus Tabelle 5.2 sichtbar wird, hielt eine relative Mehrheit der Quebecer Bouchard für den besseren Premier, der die Interessen Quebecs effektiver verteidigen könne. Auch der PQ als Partei lag deutlich vor dem PLQ. Am Wahlabend gewann der PQ zwar erneut die Wahlen und die absolute Mehrheit der Sitze (76

Sitze) gegenüber dem PLQ (48 Sitze) und dem ADQ (1 Sitz), doch errang der PLQ überraschend die relative Mehrheit der Stimmen (43,5 Prozent) gegenüber dem PQ (42,9 Prozent). Der Grund dafür lag laut dem ehemaligen Berater Parizeaus und Bouchards, Jean Royer, letztlich in der mangelnden Zustimmung für die Unabhängigkeit (Interview Royer). Trotz der guten Umfragewerte für den PQ hätten zum damaligen Zeitpunkt nur knapp 40 Prozent der Wähler in einem weiteren Referendum mit Ja gestimmt. Gleichzeitig wünschten sich gerade einmal 25 Prozent der Wähler ein Referendum in der ersten vollen Wahlperiode Bouchards (66 Prozent dagegen). Dennoch glaubten gleichzeitig etwa 60 Prozent der Wähler, dass Bouchard ein Referendum anstreben würde. Auch das war ein Grund, weshalb Charest gegen Ende der Kampagne nur noch die Referendumsfrage ins Zentrum des Wahlkampfes stellte (Interview Charest).

Tabelle 5.2: Umfrageergebnis des PQ zur Wahl 1998 im Zeitraum vom 23. – 27.11.1998.

Wer ist der bessere Premier?	46 Prozent Bouchard	28 Prozent Charest	
Wer verteidigt die Interessen Quebecs besser?	50 Prozent Bouchard	29 Prozent Charest	
Wahlabsicht Parteien	47,7 Prozent PQ	38,6 Prozent PLQ	13 Prozent ADQ
Wahlabsicht Referendum	39,7 Prozent Ja	52 Prozent Nein	
Sollte Bouchard während erstem Mandat ein Referendum halten?	25 Prozent Ja	66 Prozent Nein	
Wird er ein Referendum abhalten?	60 Prozent Ja	22 Prozent Nein	

Quelle: Interview Royer.

Der Sieg des PQ lag letztlich am Wahlsystem der Provinz. Die Partei gewann jedoch nicht die Legitimation für ein weiteres Referendum. „Simply put, the PQ was re-elected to govern, but not to hold a third referendum“ (Bernier 2001, S. 152). Diese Interpretation erkannte Bouchard an. Auf die Frage, ob sich damit das Referendum auf unbestimmte Zeit verschieben werde, antwortete er kurz nach der Wahl folgendermaßen:

> „Mise en veilleuse? Oui, je crois que les Québécois nous ont dit que le temps n'est pas propice à la tenue d'un référendum dans l'immédiat [...] Ils ne veulent pas de référendum actuellement. C'est clair. Les Québécois veulent que l'on finisse le travail que nous avons

> commencé. Ils veulent qu'on fasse progresser le Québec, qu'on finisse les réformes que l'on a commencées." (Le Devoir, 02.12.1998)

Es ging also darum, die *conditions gagnantes*, wie sie Bouchard genannt hatte, zu erreichen. Das sind jene Bedingungen, die es den Quebecern erlauben würden, in einem neuen Referendum für die Unabhängigkeit der Provinz zu stimmen. Dafür musste der PQ aber zunächst regieren und über die Notwendigkeit der Unabhängigkeit diskutieren. Zu diesen *conditions gagnantes* zählten primär „des finances publiques saines pour atténuer l'insécurité économique et accroître la confiance sur notre capacité de bien gérer l'État" (Marois 2017, S. 4). Darüber hinaus gehörte dazu aber auch die Debatte über das *partenariat* und die Zentralisierungsversuche des Bundes sowie über die Globalisierung und die kontinentale Integration Quebecs in Nordamerika. Hinzu sollten weitere Diskussionen über gesellschaftliche Veränderungen in Quebec als Folge der Einwanderung und der Diversität angesprochen werden (Le Devoir, 01.02.1999). Dies war der Weg, den Bouchard sah, um dann in der zweiten Regierungshälfte ab 2001 ein Referendum abhalten zu können. Einige Beobachter wie der Politikwissenschaftler Guy Laforest sahen allerdings in der Wahl von 1998 ein deutliches Zeichen dafür, dass der Weg hin zur Unabhängigkeit Quebecs immer schwieriger wurde. „Trente ans après la fondation du PQ, les conditions gagnantes commençaient à paraître inaccessibles" (Laforest 2004, S. 312). Aber auch führende Péquisten sehen rückblickend in dieser Strategie ein Problem, das Parizeau bereits seit den 1980er Jahren kontinuierlich beklagte und deshalb immer für das Abhalten eines Referendums zum frühestmöglichen Zeitpunkt plädierte. „Durant que le gouvernement du Parti Québécois travaille à créer des conditions gagnantes, on ne peut le nier, une certaine apathie vis-à-vis l'indépendance s'installe dans la population" (Marois 2017, S. 4). Dies zeigt das Dilemma des PQ klar auf. Ein frühes Referendum könnte in einen ungünstigen Zeitpunkt fallen, wohingegen bei einem späteren Termin die Mobilisierung für das Projekt nicht ausreichend möglich sein könnte.

Das Lager der Souveränisten kam in der Folge nicht zur Ruhe und es folgte Kritik an der Vorgehensweise des Premiers. So forderten die beiden Politikwissenschaftler Denis Monière und Guy Bouthillier – letzterer war zur damaligen Zeit Präsident der einflussreichen nationalistischen *Société Saint-Jean-Baptiste* – eine andere Strategie. Die Strategie der *conditions gagnantes* sei nicht zielführend, da sie die Entscheidung nur immer weiter in die Zukunft verschieben würde. Man müsse vielmehr sofort handeln, eine gewählte Versammlung einberufen, die sich über den zukünftigen Status mit Kanada beraten sollte, und dann letztlich ein Referendum abhalten (Le Devoir, 22.04.1999). Diese Vorgehensweise wurde von vielen anderen Souveränisten zurückgewiesen (Le Devoir, 27.04.1999). Damit war die Diskussion jedoch nicht beendet. Im Jahr 2000 veröffentlichte der ehemalige Berater Parizeaus, Jean-François Lisée (2000), ein Buch, in dem er die Referendumsstrategie für gescheitert erklärte und forderte, dass man innerhalb Kanadas neue Wege eines Ausgleichs finden müsse. Christian Dufour (2000) argumentierte ebenfalls, dass das Projekt der Unabhängigkeit tot sei und man sich auf das Vorantreiben eines asymmetrischen Föderalismus verlagern sollte.

Bouchard sah sich neben dem Konflikt innerhalb Quebecs souveränistischen Lager einer politischen Offensive Ottawas gegenüber. Der Bund wollte auf Basis des Urteils des *Supreme Court* das Prozedere der Unabhängigkeitsfrage schlussendlich regeln. Diese Initiative der Regierung Chrétien ging auf den Plan B zurück. Im Dezember 1999 hatte die Bundesregierung den *Clarity Act* in das Unterhaus eingebracht. Das Gesetz beförderte Ottawa in die rechtliche Position, noch größeren Einfluss auf ein zukünftiges Referendum zu nehmen. Laut Gesetzentwurf hätte das kanadische Unterhaus das Recht zu entscheiden, ob eine Referendumsfrage „klar" verständlich für die Öffentlichkeit sei. Alle Fragen, die nicht explizit die Sezession Quebecs beinhalten würden oder Fragen, welche nur vage von anderen politischen Arrangements wie etwa einer *association* oder eines *partenariat* sprächen, würden als unklar abgelehnt. Das Unterhaus hätte durch das Gesetz zudem die Pflicht festzustellen, ob nach einem Referendum eine „klare Mehrheit" der Quebecer für die Unabhängigkeit gestimmt hatte. Darüber hinaus legte das Gesetz fest, dass alle Provinzen und die *First Nations* Teil der Verhandlungen sein müssten und dass diese Sezession nur als Teil einer Verfassungsänderung geschehen könnte (Government of Canada 2000). Die quebecer Nationalisten um den PQ und dem *Bloc* kritisierten das Gesetz heftig und sprachen dem Bund das Recht ab, ein solches Gesetz überhaupt verabschieden zu können. Dabei bewegte sich Ottawa innerhalb des Rahmens, welchen der *Supreme Court* in seiner Entscheidung zu Unabhängigkeitsreferendum festgelegt hatte. Die Frage nach einer klaren Mehrheit und einer klaren Frage ist im Urteil des Gerichtes keine rechtliche, sondern eine politische (Russell 2004, S. 245). Dennoch kritisierten Beobachter, dass sich der Bund in die demokratischen Prozesse der Provinz einmischen würde. Für Rocher und Varrelli (2003) ist das Gesetz nur ein Vorwand, um Gründe zu finden, nicht verhandeln zu müssen. Dies liege daran, dass beispielsweise die Kriterien für die Mehrheit nach dem Referendum beliebig festgesetzt werden könnten.

Als Antwort auf das Einbringen des *Clarity Act* verabschiedete Quebec im Dezember des Jahres das *Loi 99* (*Loi sur l'exercice des droits fondamentaux et des prérogatives du peuple québécois et de l'État du Québec*). Darin reklamierte die Provinz das Recht auf Selbstbestimmung für sich und verbat sich jegliche Einmischung des Bundes. Letztlich gewänne diejenige Referendumsoption, die bei der Abstimmung 50 Prozent plus eine Stimme auf sich vereinige (Assemblée nationale 2000). Die Verabschiedung des Gesetzes hing einer Logik an, die jede PQ-Regierung seit der ersten Regierungsbildung 1976 verfolgte. Auf Offensiven des Bundes in Bereichen, die Quebec für sich reklamierte, folgte eine scharfe überparteiliche Gegenreaktion. Dieses Mal jedoch wich die Antwort Quebecs in zweierlei Weise von vorherigen Reaktionen ab. Zum einen stimmten der PLQ gegen das Gesetz. Dies zeigte, wie sehr sich die Partei seit dem Ende der Regierung Bourassa von ihren nationalistischen Wurzeln entfernt hatte. Charests Rede bei der Einbringung des *Loi 99* verdeutlichte dies noch einmal besonders (Le Devoir, 16.12.1999). Zum anderen verursachte die Verabschiedung des *Clarity Act* keinen spürbaren Widerstand innerhalb der quebecer Bevölkerung. Auch die Diskussion des Gesetzes der Regierung Bouchard führte im Laufe des Jahres 2000 zu keiner Mobilisierung innerhalb der Provinz. Die Zustimmung zur Souveränität Quebecs nahm anders als noch etwa nach dem Scheitern des *Meech Lake Accord* nicht zu. Obwohl das kanadische Parlament den *Clarity Act* Ende Juni 2000 verabschiedete, wirkte sich dies nicht negativ auf ihre Beliebtheit in Quebec aus. Vielmehr gewann Chrétiens Partei bei den Unterhauswahlen im November 2000 in Quebec deutlich hinzu, wohingegen der *Bloc* verlor. Zwar verteidigte der *Bloc* seine Mehrheit der Sitze gegenüber den Liberalen (38 zu 36 Sitze), allerdings gewannen letztere die relative Mehrheit der Stimmen mit knapp über 44 Prozent gegenüber dem *Bloc* mit etwas weniger als 40 Prozent (Massicotte 2003, S. 99).

Das Dilemma des PQ verdeutlichte sich im Januar 2001, als Lucien Bouchard überraschend seinen Rückzug aus der Politik ankündigte. Diese Entscheidung überraschte viele Beobachter. Es finden sich in der Literatur zwei zentrale Gründe für den Rücktritt des beliebten Premiers. Zum einen frustrierte ihn, dass die Verabschiedung des *Clarity Act* zu keinem Aufschrei in der Bevölkerung geführt hatte und die Zustimmung zur Souveränität nicht signifikant zunahm (Courchene 2007,

S. 211). Aber auch die *Affaire Michaud*[79] und die damit verbundene Debatte über die Identität der *Québécois* und der Loyalitäten von Einwanderern und Minderheiten stieß beim Premier auf Unverständnis, wenngleich er bei seiner Rücktrittserklärung abstritt, dass diese Debatte Einfluss auf seine Entscheidung hatte.

> „On me permettra d'ajouter, sans qu'il s'agisse d'une cause de mon départ, que je n'ai pas le goût de poursuivre quelque discussion que ce soit sur l'Holocauste et sur le vote des communautés ethniques et culturelles. Je ne parviens toujours pas à comprendre comment le débat linguistique en est venu à dévier vers la quantification comparée des souffrances du peuple juif et l'intolérance que manifesteraient des citoyens québécois en ne votant pas pour la souveraineté du Québec." (Le Devoir, 12.01.2001)

Dennoch erkennt man die Bedeutung, die diese Debatte in der politischen Arena zum neuen Jahrtausend einnahm. Der zentrale Punkt für Bouchards Rücktritt lag nach eigener Aussage in der Tatsache begründet, dass er die Souveränität Quebecs nicht nachhaltig vorantreiben konnte.

> „Ce répit [les vacances de Noël, S.G.] m'a surtout permis de faire le point sur l'efficacité de mon apport à la promotion de la souveraineté [...] À cet égard, il me faut bien constater que les fruits de mon action sont moins probants, les temps forts ayant alterné avec les revers." (ebd.)

Bouchard sah sich gescheitert und wollte seinen Platz frei machen für eine Person, die mit neuem Elan die Unabhängigkeit vorantreiben konnte. Die Wahl fiel innerhalb der Partei auf den damaligen Finanzminister und Vizepremier Bernard Landry. Landry wurde von vielen Beobachtern in der Frage der Souveränität als radikaler gesehen als Bouchard. Letzterer galt eher als Anhänger der Ideen Lévesques. Aber auch Landry musste sich der damals gegenwärtigen politischen Kon-

---

79 Die Regierung Bouchard berief im Juni 2000 eine Kommission (*États généraux sur la situation et l'avenir de la langue française au Québec*) ein, die sich mit der Rolle und der Lage der französischen Sprache in Quebec auseinandersetzen sollte. Im Kontext dieser Kommission spielte die Affäre um den früheren PQ-Abgeordneten Yves Michaud eine wichtige Rolle. Dieser plante, für den PQ in der Nachwahl im Wahlkreis Mercier, einer Hochburg der Péquisten, anzutreten. Michaud äußerte sich in einem Radiointerview und vor der Kommission im Dezember 2000 abfällig gegenüber jüdischen Quebecern und kam zu dem Schluss, dass es eine generelle Ablehnung von Allophonen, Anglophonen und Einwanderern im Allgemeinen gegenüber der Souveränität Quebecs gäbe. Die jüdische Gemeinde in Quebec ist in ihrer Mehrheit anglophon. Daraus entwickelte sich eine Kontroverse zwischen denen, die Michaud Antisemitismus vorwarfen und jenen, die eine Gefahr für die legitimen Forderungen der frankophonen Quebecer nach der Unabhängigkeit ihrer Provinz feststellten. Lucien Bouchard verurteilte die Aussagen Michauds und auch die Assemblée nationale verabschiedete eine Resolution, die Michaud scharf kritisierte.

junktur anpassen und in dieser Frage pragmatisch agieren (Russell 2004, S. 247). Er wusste allerdings, dass er das Thema nicht komplett in den Hintergrund stellen konnte. Anderenfalls hätte er die Einheit seiner Partei gefährdet.

Die Regierung Landry

Der neue Premier, welcher Anfang März das Amt übernahm, sah sich noch weiteren Herausforderungen gegenüber, die über die Frage der Souveränität Quebecs hinausgingen. „Language radicals [were] not pleased with the reluctance of the party to fan the flames of language angst, and the Left realize[d] that they have supported in the past what they now perceive[d] as a neoconservative government" (Massicotte 2003, S. 108). Sowohl die Sprachenfrage – wie am Beispiel der *Affaire Michaud* deutlich wurde – als auch die soziale Frage traten wieder zunehmend in den Vordergrund der politischen Debatte.

Dies fiel in eine Zeit der Neuausrichtung der quebecer Linken, welche vor allem bei der jüngeren Generation Anklang fand. Die quebecer Linke war gespalten zwischen den älteren Kohorten, die immer noch die nationale Frage hervorhoben und ins Zentrum stellten und der jüngeren Generation. Letzterer ging es neben den ökonomischen Fragen um postmaterielle Werte und Ideen wie Umweltbewusstsein und kulturelle Vielfalt (Parenteau 2004, S. 438). Auch der Sprecher der *Union des forces progressistes* (UFP), welche sich im Juni 2002 als linke Alternative zum PQ aus dem RAP, dem quebecer Ableger der NDP und den Kommunisten gebildet hatte, hob diese Veränderungen in einem Beitrag in für die Tageszeitung *Le Devoir* hervor.

> „Les jeunes aussi – et ils sont majoritaires – qui n'ont pas été contaminés ou traumatisés *par des expériences regrettables du passé*, mais qui cherchent un espace alternatif, un véhicule politique pour canaliser leur juste révolte" (Le Devoir, 25.11.2003; Hervorhebung des Autors).

Der Unmut der politischen Linke übertrug sich nach dem Rücktritt Bouchards von der öffentlichen Debatte in die politische Arena. Ohne den beliebten Premier sah der PQ in einigen Nachwahlen der Jahre 2001 und 2002 seine Wählerbasis erodieren. So gewann der PLQ im April 2001 eine Nachwahl im Wahlkreis *Mercier* und damit in einer der Hochburgen des PQ in Montreal, da ein Kandidat der Linken und Mitbegründer des RAP, Paul Cliche, etwa ein Viertel der Stimmen erzielen konnte. Bernard Landry sah sich gezwungen zu reagieren und beschwor die Einheit der politischen Linken, die ihre Heimat aus seiner Sicht nur innerhalb des PQ haben könne (Le Devoir, 29.05.2001). Die Probleme für die Partei kamen jedoch nicht nur von Seiten der politischen Linken, sondern auch zunehmend von der politischen Rechten und dem ADQ Mario Dumonts. Von fünf Wahlkreisen, die Landrys Partei noch 1998 gewinnen konnte, verlor sie vier in den Nachwahlen im April und Juni des Jahres 2002 an den ADQ. Darunter befand sich mit dem Wahlkreis *Joliette* nördlich von Montreal eine weitere Hochburg des PQ. Dumonts Partei legte im Jahr 2002 in den Wahlumfragen einen rasanten Aufstieg hin. Der Soziologe Pierre Drouilly hatte anhand einer Analyse der Umfragen Mitte Juni des Jahres berechnet, dass der PQ mit diesen Zahlen bei den nächsten Provinzwahlen keinen einzigen Sitz in der *Assemblèe nationale* erringen und der ADQ die Regierung stellen würde (La Presse, 28.06.2002). Der Kern der Unterstützer Dumonts waren jüngere Frankophone aus der Mittelschicht und hierbei vor allem „soft nationalists“, die sich in ihren beruflichen Karrieremöglichkeiten durch die vorhergehende Generation der Baby-Boomer eingeschränkt fühlten und den sozialdemokratischen Staat als Hindernis für ihren eigenen wirtschaftlichen Erfolg ansahen (Salée 2008, S. 198f.). Für diese Gruppe stellte die wirtschaftsliberale Ausrichtung des ADQ und seine autonomistische Position in der Frage um den Status Quebecs eine attraktive Alternative zu den Liberalen und den PQ dar.

Der Aufstieg des ADQ während des Jahres 2002 führte dazu, dass einige konservative Minister der Regierung Landry damit zu liebäugeln begannen, die Abkehr vom sozialdemokratischen Staat voranzutreiben. Darunter befanden sich unter anderem der spätere Parteichef André Boisclair und Joseph Facal. Letzterer publizierte im Herbst 2002 seine neoliberalen Positionen in einem Essay für die Tageszeitung *La Presse* (La Presse, 06.09.2002). Diese immer deutlicher werdende interne Spaltung des PQ in der Frage der wirtschafts- und sozialpolitischen Ausrichtung spiegelte das ganze Dilemma der Landry-Regierung und des PQ wider. Je mehr die Frage nach der Souveränität in den Hintergrund zu treten schien und je mehr die Konfliktlinie zwischen Rechts und Links wieder an politischer Bedeutung gewann, umso mehr kämpfte der PQ um den internen Zusammenhalt seiner Koalition aus konservativen und sozialdemokratischen Independentisten. Landry versuchte in der Folge das sozialdemokratische Profil der Partei zu schärfen und linke Kritiker zu besänftigen. So brachte er etwa im Juni des Jahres mit dem *Loi 112* (*Loi visant à lutter contre la pauvreté et l'exclusion sociale*) einen Gesetzentwurf in die Nationalversammlung ein, mit dem die Armutsbekämpfung in Quebec vorangetrieben werden sollte.

Der Premier versuchte aber dennoch, den Fokus weiter auf der Frage der Souveränität Quebecs zu richten. Einen Tag nach der Veröffentlichung des Essays von Facal und nach der Sitzung der Parteispitze in Gatineau kündigte der Premier an, dass er innerhalb von etwa drei Jahren (1000 Tage) nach der nächsten Provinzwahl ein neues Referendum abhalten wolle. Allerdings werde er kein Referendum erzwingen. „J'ai dit que c'est le peuple qui établit le calendrier démocratique au Québec" (Le Devoir, 09.09.2002). Bouchards *conditions gagnantes*, welche durch ein *bon gouvernement* (Lévesque) erreicht werden sollten, waren immer noch Teil des politischen Spiels um die Souveränität, wenngleich sich der Begriff nicht wiederfand. Der Grund für diese taktischen Positionierungen war der Rückgang in der Unterstützung sowohl für den PQ als auch für ein weiteres Referendum. Das Referendum sollte dabei weiterhin eine Partnerschaft mit Kanada beinhalten. Als Vorbild diente die EU. Damit unterschied sich die Position von Landry viel mehr von derjenigen Parizeaus und näherte sich immer mehr der pragmatischen Haltung Lévesques und Bouchards an.

Je näher das Ende der Legislaturperiode rückte, umso heftiger stritten auch die Parteien um die Themen Unabhängigkeit und Soziales. Auch die Zivilgesellschaft mobilisierte weiter, um einem möglichen Rechtsruck in der Politik entgegenzuwirken. Dieser wurde durch den Zuwachs des ADQ befürchtet, welcher in der sozialen Frage eine rechte Agenda verfolgte (Piotte 2003). Françoise David, die spätere Mitbegründerin von *Option citoyenne* und *Québec solidaire* (QS), setzte mit ihrem Bündnis *D'abord solidaires* einen Aufruf in die Tageszeitung *Le Devoir*. In diesem Aufruf nach mehr sozialer Gerechtigkeit und der zukünftigen Rolle des Staates (Le Devoir, 28.01.2003) stellte sie im Januar 2003 klar, dass der PQ nicht länger als der linke Gegenpol zum ADQ und den Liberalen galt.

Die Politik des PQ und die öffentliche Mobilisierung zeigten Wirkung bei den Wählern. Der ADQ, welcher in den Umfragen lange Zeit an der Spitze stand und dort Werte um die 40 Prozent erhielt, wurde zunehmend für sein wirtschaftsliberales Programm kritisiert (Pelletier 2005, S. 42ff.). Der PQ hatte zu Beginn des Jahres wieder hinzugewonnen und Landry rief die Quebecer für Ende März an die Wahlurnen. Der Wahlkampf verlief jedoch eher erfolglos für seine Partei. Letztlich gewann der PLQ mit etwa 46 Prozent der Stimmen und 76 Sitzen vor dem PQ mit circa 33 Prozent (45 Sitze) und dem ADQ mit etwa 18 Prozent (vier Sitze). Die Wahlbeteiligung sank deutlich auf etwas über 70 Prozent und war damit so niedrig wie bis dato noch nie in der modernen Geschichte Quebecs. Der PQ verlor aus drei Gründen: Erstens blieb ein großer Teil seiner Wählerschaft zu Hause. Zweitens verlor er viele Wähler an den ADQ. Dies geschah vornehmlich in der Region, die Drouilly als *Québec tranquille*[80] bezeichnete, sowie in der Hauptstadtregion. Drittens führte die von der PQ-Regierung umgesetzte Fusion von kleineren Gemeinden vor allem im Großraum um die Metropolen zu heftigen Gegenreaktionen von Seiten der Bevölkerung (Drouilly 2003). Jean Charest hatte für den Fall eines Wahlsieges Referenden in denjenigen Gemeinden angekündigt, die eine Umkehrung ihrer Fusionierung erreichen wollten. Der PLQ konnte aber selbst nur beim relativen Stimmanteil zulegen. Er verlor ebenfalls Wählerstimmen (etwa 16.000 Stimmen), wenngleich in viel geringerem Ausmaß als der PQ. Die Mehrheit der Wähler stimmte letztlich für einen Politikwechsel. Dennoch darf die Wahl von 2003 nicht als eine Wahl gegen die Unabhängigkeit gedeutet werden. Trotzdem zeigt sie, dass der PQ viele Souveränisten oder auch Wähler in den ländlichen Gebieten nicht mehr erfolgreich binden konnte (Pelletier 2005, S. 49).

5.2 Der PLQ und die neue Politik des Ausgleichs

Der Wahlsieg des PLQ führte zu einer Neuausrichtung der Politik. Dies geschah einerseits in den Beziehungen zu Ottawa sowie andererseits in der Frage nach der Rolle des Staates in Wirtschaft und Gesellschaft. Mit der neuen Regierung begann eine Zeit, welche aus Sicht der Arbeitgeber und deren Interessenvertreter zum ersten Mal in knapp 40 Jahren zu einer stabilen politischen Lage in der Provinz führte und somit die Planungssicherheit für die quebecer Unternehmen erhöhte. Die Arbeitgeberverbände fanden eine liberale Provinzregierung vor, welche in ihrer Grundausrichtung „pro-Business" orientiert war und die die Debatte über die

80 Als *Québec tranquille* werden die Regionen Chaudière-Appalaches, Estrie und Centre-du-Québec bezeichnet. Dies sei eine „région rurale, vieillissante, faiblement scolarisée, composée massivement de cols bleus [...] peu qualifiés et ayant des revenus faibles dans un contexte de chômage peu élevé" (Drouilly 2003, S. 613). In dieser Region liegt auch die Zustimmung zum Projekt der Souveränität im Durchschnitt niedriger. In den 1970er Jahren lagen hier die Hochburgen des *Ralliement créditiste* und der sogenannten „vote bleu", weil die Gegend eher ländlich und konservativ geprägt war (ebd., S. 617).

Unabhängigkeit Quebecs auf unabsehbare Zeit vertagte (Crête 2003, S. 591). Gilles Taillon, der Präsident des CPQ und Louise Marchand, die Pressesprecherin der Handelskammer Quebecs, verkündeten die Unterstützung ihrer Interessenverbände für die neue Regierung beim Umbau des Staates und seiner Verwaltung sowie bei der Verständigung mit Ottawa (Le Devoir, 05.06.2003).

Im Zusammenspiel mit Ottawa und den anderen Provinzen trat Quebec so konziliant und kooperativ auf wie seit den Tagen der Regierung Jean Lesages nicht mehr. Jean Charests Ziel war es,

> „[to] move from a vision that was a relationship that was between Quebec and Ottawa to a relationship that was between Quebec and the rest of the country; avoid a binary system where it was either Quebec or Ottawa and recognize [that] there was a vested interest in us having a more intense, a more developed relationship with Ontario for example" (Interview Charest).

Dies stellte eine Abkehr von der Politik dar, wie sie noch Bourassa nach dem Scheitern des *Meech Lake Accord* angekündigt und praktiziert hatte und wie sie von Bouchard und Landry fortgeführt worden war. Dabei handelte es sich allerdings um einen Drahtseilakt. Die Regierung Charest musste zeigen, dass sie gewillt war zu kooperieren, aber gleichzeitig einen Ausverkauf quebecer Interessen nicht zulassen würde. Somit war die liberale Regierung aktiver in der Neugestaltung der Beziehungen zwischen den Ebenen beteiligt und verlagerte sich nicht nur auf das *Opting out* oder den Boykott von Entscheidungen. Um diesen Versuch einer Revitalisierung des Bundesstaates voranzutreiben, schlug Quebec die Schaffung des *Council of the Federation* vor, in dem sich die Premiers der zehn Provinzen und der drei Territorien regelmäßig treffen sollten. Der *Council of the Federation* sollte den Austausch zwischen den Provinzen und Territorien fest institutionalisieren. Das Prinzip des Teilens und Herrschens sollte Ottawa damit in der Zukunft erschwert werden. Dadurch könnten die Premiers den Druck auf den Bund erhöhen und mit Hilfe des dazugehörigen Sekretariats ihre Forderungen besser koordinieren. Der *Council of the Federation* wurde im Dezember 2003 bei einem Treffen der Premiers in Charlottetown offiziell ins Leben gerufen.

Was den Umbau des Staates anbelangte nahmen die Liberalen die Modernisierung und Verschlankung der Verwaltung in Angriff. Zu den Reformen, welche Charest bei der Eröffnung der Sitzungsperiode der Nationalversammlung im Juni 2003 ankündigte, zählten eine Kürzung des Haushalts, die Privatisierung und Auslagerung von staatlichen Aufgaben, die Re-Fokussierung staatlicher Behörden auf effizientes Verwalten und die Einschränkung der Zugangsvoraussetzungen zu bestimmten staatlichen Leistungen wie Sozialhilfe oder Stipendien. Mit diesem Reformprogramm brachte die neue Regierung die Gewerkschaften und die politische Linke früh gegen sich auf. Die Gründe für die Reformen legte Charest ausführlich in einem Beitrag in der Zeitung *Le Devoir* dar. Der Staat müsse modernisiert werden, weil sein Ausbau vor der Globalisierung, vor der demographischen Herausforderung und vor der Digitalisierung stattgefunden hatte. Das Modell des aktiven Staates stellte Charest als ein Auslaufmodell dar, welches es durch zu reformieren galt. Dabei sollte nicht auf die Befindlichkeiten einiger spezifischer Interessengruppen, die vom Status quo zum Nachteil der Allgemeinheit profitieren würden, Rücksicht genommen werden (Le Devoir, 14.10.2003).

Die gesellschaftlichen und intellektuellen Eliten Quebecs kritisierte diese Agenda heftig (Rouillard et al. 2004). Charest verabschiedete sich jedoch wie schon Bourassa bei der Regierungsübernahme 1985 relativ schnell von seinem Programm. Trotz der Ankündigung von mehr Marktmechanismen und neoliberalen Reformen konnte er sich nicht durchsetzen. Kleinere Veränderungen und Anpassungen waren die Ausnahme. So schränkte die Regierung etwa den Zugang zu Stipendien ein und erhöhte die Eigenbeteiligung bei der Kinderbetreuung von 5 CAD auf 7 CAD. Auf der anderen Seite investierte die Regierung mit der Implementierung des *Plan d'action gouvernemental en matière de lutte contre la pauvreté et l'exclusion sociale 2004-2010* ab dem Jahr 2004 mehr Geld in Familien aus den unteren Einkommensschichten und implementierte nach Absprache mit Ottawa im Januar 2006 das *Régime québécois d'assurance parentale*, welches Eltern in Quebec die Möglichkeit staatlich finanzierter Elternzeit einräumte. Charest wurde schnell bewusst, dass er die sozialen Partner in der Gesellschaft für den Erfolg seiner Regierung brauchte und passte seine Politik dementsprechend an.

Der Aufstieg einer neuen Linken

Der PQ versuchte sich in dieser Zeit wieder politisch aufzurichten. Für die Partei unter der Führung von Bernard Landry hatte die Niederlage in den Provinzwahlen eine herbe Enttäuschung dargestellt. Es folgten Diskussionen zwischen den unterschiedlichen Lagern innerhalb der Partei, wie die zukünftige politische Ausrichtung gestaltet werden und wie sich die Partei mit Hinblick auf die Strategie des *bon gouvernement* und der *conditions gagnantes* verhalten sollte, nachdem der PQ offensichtlich mit beiden die Wahlen verloren hatte[81]. Im Herbst 2003 rief Landry eine „saison des idées" aus. Ein neues Programm sollte den PQ attraktiver machen und bei der Erneuerung der Partei helfen. Dabei wurde ein gewisser Pragmatismus in der Haltung des PQ-Chefs deutlich, der versuchen musste, die Partei gegen Angriffe von rechts und links zu wappnen. Landry wollte jedoch seinen prinzipiellen Plan beibehalten, so bald wie möglich nach Regierungsübernahme ein Referendum abzuhalten. „La souveraineté doit être au cœur de la prochaine élection et son avènement doit survenir le plus rapidement possible après notre prochaine victoire électorale" (Le Devoir, 18.10.2003). Laut Jean Charest hatte der PQ nichts aus den Wahlen gelernt und versuchte, die gescheiterte Strategie fortzusetzen.

> „The Parti Québécois went into denial after 2003. There was no real effort to renew the thinking of the party. They, and the leader of the party and that time, Mr. Landry, if I were to sum up what I interpret as his thinking, was that in 2003 Quebecers had made a mistake by not voting for him and that in the next election campaign they would correct that mistake and reelect him." (Interview Charest)

Landry musste sich zudem Angriffen auf seine Führungsposition und die Positionierung in der Frage der Souveränität entgegensetzen. So startete Jacques Parizeau im Sommer 2004 einen Anlauf, den *étapisme* nach gut 30 Jahren aus dem Programm des PQ zu verbannen. Damit wurde der *étapisme* zum zweiten Mal nach dem Parteikongress von 1981 ernsthaft herausgefordert. Parizeau verlangte in einem Beitrag für die Zeitung *La Presse* mehr oder minder die Rückkehr zum Modell der *élection référendaire* aus den frühen 1970er Jahren, da er ein drittes Referendum nicht für erfolgversprechend hielt (La Presse, 16.08.2004). Landry und der *Bloc* wiesen die Forderungen entschieden zurück. Landry stellte klar, dass das Referendum nicht verhandelbar sei (Le Devoir, 17.08.2004). Obwohl einige Abgeordnete in der *Assemblée nationale* den Vorschlag aufgriffen und die Öffentlichkeit diesen weiter diskutierte, verlief er letzten Endes im Sande. Spätestens auf dem Parteitag im Juni 2005 legte die Partei den Vorschlag beiseite und forderte stattdessen, dass ein Referendum „le plus tôt possible à l'intérieur du mandat" (Le Devoir, 06.06.2005) stattzufinden habe. Der Zusatz, dass dies innerhalb der ersten Legislaturperiode geschehen sollte war eine klare Abkehr von Bouchards

---

81 Diese Diskussion war an sich nicht neu. Bereits nach der Abwahl des PQ in den Wahlen von 1985 forderte der radikale Flügel der Partei eine Abkehr von der pragmatischen Strategie des *étapisme* (Pelletier 2004: 32).

conditions gagnantes und eine Kompromisslösung zwischen den radikalen und pragmatischen Kräften. Damit kehrte die Partei zu der Taktik Parizeaus zurück (Marois 2017, S. 4), der ein schnelles Referendum gefordert hatte, um die Initiative nicht zu verlieren. Das Referendum als Kernelement der Strategie blieb jedoch erhalten.

Die nach der verlorenen Wahl erneut aufkommende Debatte um die Unabhängigkeit war jedoch genau das Problem, welches die politische Linke in den vergangenen Jahren mit der Politik des PQ verbunden hatte. Im Mai 2004 gründeten Kritiker dieser Politik die soziale Bewegung *Option citoyenne*. In einem Artikel für *Le Devoir* legten die Sprecher der Bewegung, Alexa Conradi, Françoise David und François Saillant, ihre Ansichten dar. Sie forderten eine Abkehr vom Dogmatismus der Unabhängigkeit. Sie stellten die Frage, was der Begriff Unabhängigkeit im Jahr 2004 eigentlich noch bedeute, da sich die Gesellschaft in den vergangenen Dekaden immer mehr verändert hatte. Man müsse aus Sicht der Bewegung vielmehr über andere wichtige Fragen wie etwa Armut, Feminismus und Ökologie diskutieren (Le Devoir, 24.07.2004; ausführlicher in David 2004). Damit standen die Vertreter dieser Linie im Kern in der Tradition der ersten Generation der Souveränisten, wenngleich die spezifischen Themengebiete andere waren. Lag der Fokus in den 1960er Jahren noch auf sozialer Ungleichheit und geringer sozialer Mobilität frankophoner Quebecer, standen nun auch postmaterielle Werte wie der Einsatz für Frauenrechte und Umweltschutz im Zentrum. Was allerdings beide Generationen verband war das Wissen, dass die Unabhängigkeit nur ein Mittel ist, um ein eigenes Gesellschaftsprojekt zu verwirklichen. Die Souveränität Quebecs erhielt nicht um ihrer selbst wegen Bedeutung. Die Vertreter dieser Linie legten ihre Argumentationslogik im Oktober 2005 noch einmal explizit dar.

> „[S]ans être une garantie, la souveraineté représente l'un des moyens de fournir au Québec les outils nécessaires à la réalisation d'un projet politique et social progressiste, ainsi qu'à son épanouissement comme nation partageant une langue commune et une culture propre. Cette souveraineté devra être inclusive et réalisée en partage avec les peuples autochtones." (Le Devoir, 24.10.2005)

Gleichzeitig fügte Françoise David jedoch hinzu, dass „[o]n est d'abord et avant tout dans le camp de la justice sociale et du bien commun et, ça, on ne le répétera jamais assez" (ebd.). Das Gesellschaftsprojekt stand für die späteren Gründer des QS immer im Zentrum des politischen Handelns. Die Souveränität folgte erst an zweiter Stelle.

Deshalb konnte *Option citoyenne* die ständige Debatte um die Unabhängigkeit kritisieren, da diese den Blick auf das Wesentliche verdeckte. In diesem Dilemma zwischen Unabhängigkeitsbestrebungen und linker Politik etablierte sich auf Seiten der politischen Linken zu Beginn des neuen Jahrtausends allerdings eine neue Perspektive. Wenn ein sozialdemokratisches Gesellschaftsprojekt von der Souveränität Quebecs abhängt, die Souveränität jedoch auf absehbare Zeit nicht erreichbar erschien und sowohl der PQ als auch der PLQ als die zwei dominanten Parteien im Parteiensystem zunehmend eine Austeritätspolitik verfolgten, dann musste die politische Linke das Gesellschaftsprojekt in der Gegenwart vorantreiben und durfte nicht auf die Zukunft hoffen.

Im Herbst 2005 veröffentlichten schließlich Conradi, David und Saillant ein Manifest für ein solidarisches Quebec (*Pour un Québec solidaire*) und forderten eine Wende in der Politik der Provinz (Le Devoir, 01.11.2005).[82] Im Februar 2006 fusionierte *Option citoyenne* mit der UFP und formierte sich als linke Partei mit dem Namen *Quebec solidaire*. QS entstand somit aus dem Zusammenschluss einer bereits existierenden Partei mit einer Gruppe von Aktivisten, die bisher Parteipolitik eher skeptisch betrachtet hatten (Dufour 2009, S. 57). Diese Neugründung stellte den PQ vor Probleme. Dies lag nicht so sehr daran, dass er Wählerstimmen direkt verlor, sondern vielmehr daran, dass sich beide Parteien auf der programmatischen und ideologischen Ebene ähnelten. Beide definierten sich als Parteien aus dem linken Spektrum. Zudem verlor der PQ seinen Alleinvertretungsanspruch in der Frage der Unabhängigkeit Quebecs (Dufour 2012, S. 354f.).

Erfolgreiche Politik der Dezentralisierung

Unabhängig von den internen Streitigkeiten des PQ und der Mobilisierung der quebecer Linken versuchte die Regierung Charest mit Hilfe der anderen Provinzregierungen Ottawa zu einer weiteren Erhöhung der Transferzahlungen an die Provinzen zu zwingen. Dadurch hätte er den Péquisten in der Provinz bewiesen, dass

82 Das Manifest war eine Antwort auf das von konservativen Kreisen um Lucien Bouchard und Joseph Facal verfasste Manifest *Pour un Québec lucide*, welches am 19.10.2005 veröffentlicht worden war. Diese Debatte zwischen den „Lucides“ und den „Solidaires“ spiegelte die Spaltung Quebecs entlang des Rechts-Links *Cleavages* wider und zieht sich über die nächste Dekade hin. Noch bei den Wahlen von 2014 war diese Debatte zentral (Maioni 2014, S. 144f.)

Veränderungen durch Verhandlungen innerhalb des Bundesstaates weiterhin möglich waren und gleichzeitig finanzielle Ressourcen erhalten, mit denen er den sozialen Frieden in Quebec aufrechterhalten konnte.

Dass Veränderungen und auch Verbesserungen in der Gesundheitspolitik weiterhin im Bereich des Durchsetzbaren lagen, zeigte sich noch unter der Vorgängerregierung. Im Februar 2003 hatten die Provinzen und Ottawa beschlossen, dass der CHST zum April 2004 in zwei separate Blöcke geteilt werden sollte, um mehr Transparenz zu ermöglichen. Der *Canada Health Transfer* (CHT) und der *Canada Social Transfer* (CST) sollten dieses Ziel ermöglichen. Dabei erhielt der CHT etwa zwei Drittel der Mittel aus dem CHST und der CST ein Drittel. Dennoch drängten die Provinzen und unter ihnen vor allem Quebec auf eine weitere Reform der Transferzahlungen. Die Regierung Charest und die anderen Provinzen sahen außerdem ihre Position durch die politischen Entwicklungen in Ottawa im Laufe des Jahres 2004 zunehmend gestärkt. Im Februar des Jahres enthüllte die Leiterin des kanadischen Rechnungshofes, dass etwa 100 Mio. CAD an Bundesmitteln, welche Ottawa für Werbezwecke für den Bundesstaat in Quebec in den vergangenen Jahren einzusetzen gedachte, veruntreut worden waren (*Sponsorship Scandal*). Mit diesem Geld wurden auch Firmen bedacht, die der *Liberal Party of Canada* nahestanden und die im Gegenzug in einigen Fällen nicht einmal eine Leistung erbracht hatten. Dieser Skandal zwang Premierminister Paul Martin, der Chrétien im Dezember 2003 an der Spitze der Regierung abgelöst hatte, dazu, eine unabhängige Untersuchungskommission (*Gomery Commission*) einzuberufen, die den Skandal aufarbeiten sollte. Der Aufruhr in Quebec war enorm. Der Skandal war einer der zentralen Gründe, die zum Erfolg des *Bloc* bei den Unterhauswahlen im Juni 2004 führten. Der Bloc gewann 15 Sitze von den Liberalen und einen von den Konservativen hinzu und eroberte 54 der 75 Sitze. Die Liberalen verloren auch in anderen Landesteilen Sitze an die neugegründete *Conservative Party of Canada* unter der Führung von Stephen Harper. Diese war im Dezember 2003 als ein Zusammenschluss der *Canadian Alliance* (der ehemaligen *Reform Party*) und der 1992 implodierten *Progressive Conservative Party* entstanden. Die Wahlen führten zu einem Verlust der Mehrheit für die Liberalen und so musste Paul Martin die erste Minderheitsregierung auf Bundesebene seit dem kurzen Regierungsintermezzo von Joe Clark (1979 – 1980) anführen.

Ottawa war somit in seiner Verhandlungsposition gegenüber den Provinzen geschwächt, da die Regierung nun je nach Gesetz auf die Stimmen der Konservativen oder des *Bloc* angewiesen war. Da die Konservativen einer Dezentralisierung des politischen Systems im Prinzip wohlwollend gegenüberstanden und der Bloc darin die einzige Chance sah, die Interessen Quebecs zu vertreten, öffnete sich für die Regierung Charest ein Fenster, um bei der anstehenden Verhandlung über eine Aufstockung der Transferzahlungen Reformen im Gesundheitsbereich durchzusetzen. Charest nutzte dabei das *Council of the Federation*, um eine vereinte Front der Provinzen zu schaffen. Premierminister Martin hatte sich zudem bereits vor dem ersten Treffen mit den Premiers Anfang September offen dafür gezeigt, Ausnahmeregelungen für Quebec zu beschließen (Le Devoir, 09.09.2004).

Der Regierung Charest gelang bei den Verhandlungen ein Coup, den zuvor in dieser Form niemand erwartet hatte. Im Allgemeinen beschlossen die Verhandlungspartner einen 10-Jahresplan, bei dem Ottawa zusätzliche Mittel und jährlich festgelegte Erhöhungen für den CHT zusagte. Zusätzlich integrierten die Partner den *Health Reform Transfer* (HRT) in den CHT. Quebec erhielt allerdings eine Ausnahmeregelung. Die Standards, welche der Bund für alle anderen Provinzen und Territorien formuliert hatte, waren für Quebec nicht bindend. Vielmehr konnte die Provinz eigene Standards festlegen, die jedoch im größten Teil mit denen des Bundes identisch waren. Quebec durfte zudem die Planung, Organisation und Verwaltung der Gesundheitspolitik völlig eigenständig betreiben. Was die Regierung Charest hier erreichte war die Durchsetzung des *Opting out* mit finanzieller Kompensation durch den Bund.[83] Damit erzielte Quebec neue Handlungsmöglichkeiten bei der Implementierung der Gesundheitspolitik, wie sie die Provinz zuletzt bei der Einführung des quebecer Rentensystems unter Lesage in den 1960er Jahren gesehen hatte.

In einem Zusatzabkommen zu der Übereinkunft zwischen Ottawa und den Provinzen, in dem die Partner die Sonderregelungen Quebecs festlegten, nannte Ottawa zum ersten Mal auch das Prinzip des asymmetrischen Föderalismus als Möglichkeit der Interaktion mit den Provinzen (Government of Canada 2004). Das Prinzip wurde mit diesem Abkommen zwar nicht verfassungsrechtlich festgeschrieben und die Gelder des Bundes waren weiterhin zweckgebunden, aber

83 Thomas Courchene (2012, S. 98) führt in diesem Kontext aus, dass es sich im Kern eigentlich nicht um eine Version von *Opting out* handelt, da die Gesundheitspolitik, wie eigentlich auch die Rentenpolitik in den 1960er Jahren, im Kompetenzbereich der Provinzen liegen. Quebec betreibt also kein „Opting-out", wenn es ein Programm betreibt, was innerhalb der verfassungsrechtlichen Kompetenzen der Provinz liegt. Vielmehr würden die anderen Provinzen „Opting-in" in die Programme des Bundes betreiben.

dennoch stellte das Übereinkommen für Quebec einen Sieg in der Auseinandersetzung um die Anerkennung der eigenen Sonderstellung dar. Selbst quebecer Nationalisten zollten Charest für diesen Erfolg Respekt. Es verdeutlichte erneut die Wandlungs- und Anpassungsfähigkeit des kanadischen Föderalismus und grub der Argumentation der Independentisten das Wasser ab.

Dies änderte allerdings nichts an der Tatsache, dass die Befürworter einer Unabhängigkeit Quebecs in den Umfragen weiter aufholten (Gagné und Langlois 2005). Dies lag vor allem an den Nachwehen des *Sponsorship Scandal* und den Untersuchungen der *Gomery Commission* (Yale und Durand 2011). Mitte des Jahres 2005 lagen die Unabhängigkeitsbefürworter in den Umfragen bei über 50 Prozent und der PQ weit vor den Liberalen. Anstatt diese Situation zu nutzen und die unbeliebte Regierung Charest unter Druck zu setzen, demontierten die Péquisten auf ihrem Parteitag im Juni des Jahres ihren Vorsitzenden. Nach einem enttäuschenden Ergebnis bei der Vertrauensabstimmung –Landry erhielt nur knapp 76 Prozent der Stimmen – kündigte der Vorsitzende noch an Ort und Stelle seinen Rücktritt von allen politischen Ämtern an. Damit verwickelte sich der PQ in eine Diskussion um die eigene Zukunft, die überflüssig gewesen wäre. Als der PQ im Spätherbst einen neuen Vorsitzenden wählte, musste sich dieser erst innerhalb der quebecer Politik etablieren und verlor damit wertvolle Zeit. Ab Mitte 2006 nahm die Zustimmung zur Unabhängigkeit in der Bevölkerung bereits wieder ab.

Stephen Harper und der fédéralisme d'ouverture

Dies geschah zur selben Zeit, als in Ottawa zum ersten Mal seit über einem Jahrzehnt eine konservative Partei die Regierungsgeschäfte übernahm. Mit den kanadischen Unterhauswahlen vom Januar 2006 fand ein Einschnitt und eine grundlegende Neujustierung der Beziehungen zwischen Ottawa und den Provinzen im Allgemeinen und mit Quebec im Speziellen statt. Die Oppositionsparteien im Unterhaus hatten zuvor die Minderheitsregierung Paul Martins mit einem Misstrauensvotum gestürzt, nachdem Korruptionsvorwürfe im Zuge der Aufarbeitung des *Sponsorship Scandal* laut geworden waren.

Während des Wahlkampfes umwarb Harper die quebecer Bevölkerung in einer Rede in Quebec City mit dem Versprechen eines neuen Föderalismus, eines *fédéralisme d'ouverture*. Er versprach, die fiskalischen Ungleichgewichte zwischen den Ebenen zu beseitigen (*vertical fiscal imbalance*), die Eingriffe des Bundes in die Kompetenzbereiche der Provinzen durch die *federal spending power* einzuschränken, Quebec eine größere Rolle in den internationalen Beziehungen zuzugestehen (etwa durch eine Vertretung bei der UNESCO) und Asymmetrien im föderalen System zuzulassen (Le Devoir, 20.12.2005). Diese Rede hätte, wie schon viele andere politischen Reden zuvor, eine Fußnote in der kanadischen Geschichte werden können, doch gewannen die Konservativen im Januar 2006 völlig überraschend zehn Sitze in Quebec. Diese Sitze lagen vor allem in Gegenden mit einem sehr hohen Anteil frankophoner Wähler und im ländlichen Raum (Drouilly 2006, S. 366). Vier davon befanden sich um Quebec City herum und vier in der Region Chaudière-Appalaches. Dies sind genau jene Regionen, in denen der ADQ bei den Wahlen auf Provinzebene erfolgreich war. Die Konservativen erhielten etwa 25 Prozent der Stimmen in quebec, nachdem sie zu Beginn des Wahlkampfes noch bei zehn Prozent gelegen hatten. Laut Alain Noël war Harpers Rede gerade deshalb so erfolgreich bei Quebecern, weil sie die beiden wichtigsten Elemente für die quebecer Politik seit Gründung des Bundesstaates vereint hatte: Die Anerkennung des spezifischen Charakters Quebecs und die Sicherstellung der Autonomie der Provinz (Noël 2006, S. 27ff.). Nach den Unterhauswahlen fanden sich die kanadischen Liberalen zum ersten Mal seit 1993 in der Opposition wieder und die konservative Partei übernahm die Regierungsgeschäfte.

Was ein *fédéralisme d'ouverture* für die neue Regierung im Kern bedeutete, legte sie in der Debatte um ihr erstes Budget im Mai 2006 dar. *Fédéralisme d'ouverture* meinte, dass sich der Bund auf seine Kompetenzbereiche konzentrieren und sich somit aus den Bereichen, die der ausschließlichen Kontrolle der Provinzen unterstehen, zurückziehen sollte (Whyte 2012, S. 35ff.). Deshalb sollte die *federal spending power* eingeschränkt werden – was in der Realität jedoch nie geschah. Der Bund hätte zudem ein Interesse daran, dass die Provinzen genügend finanzielle Mittel zur Verfügung hätten, um ihre Aufgaben in der Sozialpolitik zu erledigen. Deshalb wollte Ottawa Steuern senken, den Finanzausgleich neu regeln und die Transferzahlungen reformieren und ausbauen (Noël 2008, S. 26). Dabei handelte es sich nicht nur um eine Strategie, um den Interessen Quebecs nachzukommen. Dies wäre politisch für die konservative Regierung viel zu kurzsichtig gewesen. Andere Provinzen wie Ontario waren wahlstrategisch viel wichtiger. Vielmehr standen die kanadischen Konservativen ideologisch einer politischen Dezentralisierung des Bundesstaates schon immer offen gegenüber und förderten die Vielfalt in der Sozialpolitik in den Provinzen (Graefe und Laforest 2007, S. 52; siehe auch McGrane 2013, S. 115). Dies war das zentrale Argument Charests, der als ehemaliger Parteivorsitzender der kanadischen Konservativen in den 1990er Jahren der Partei von Harper ideologisch näherstand als den Bundesliberalen. Charest wusste, dass es einen wesentlichen Unterschied machte, wer in Ottawa regierte, und dass er mit den Konservativen besser einen gemeinsamen Kompromiss finden konnte als mit den Liberalen (Interview Charest).

Die konservative Regierung in Ottawa machte sich schnell daran, ihre Wahlversprechen in Bezug auf Quebec zu erfüllen. Am 5. Mai 2006 unterzeichneten Ottawa und Quebec ein Abkommen, dass den Quebecern einen Repräsentanten in der offiziellen kanadischen Delegation bei der UNESCO zugestand. Dies war weniger als während des Wahlkampfes versprochen, aber immerhin ein weiterer Schritt hin zur Anerkennung des Sonderstatus Quebecs. Am 27. November des Jahres verabschiedete das Unterhaus auf Betreiben Harpers zudem eine Resolution, welche Quebec als eine Nation innerhalb eines vereinten Kanadas anerkannte. Damit ging die Resolution weiter als von vielen Quebecern gefordert, denn sie erkannte Quebec nicht nur als *société distincte* an, sondern sogar als Nation. Beide Initiativen der Regierung waren symbolischer Natur, denn die Resolution des Unterhauses hatte keine verfassungspolitische Konsequenz. Dennoch war sie ein wichtiges Symbol der Anerkennung.

Aber auch in anderen Politikfeldern setzte die neue Regierung rasch Akzente. Vor allem die Regelung des *vertical fiscal imbalance* stand für Harper wie für Jean Charest und den Premier von Ontario, Dalton McGuinty, an oberster Stelle. Dennoch dauerte es bis zum zweiten Budget Harpers im März 2007, bis dieser eine Lösung für das Problem vorschlug. Eine Woche vor den Provinzwahlen in Quebec erwies sich der Premierminister damit als bester Wahlkämpfer für die Regierung Charest. Man muss hinzufügen, dass Harper ein großes Interesse daran hatte, in Zukunft weiterhin mit einer liberalen Regierung in Quebec zusammenzuarbeiten und nicht mit den Péquisten. Harper kündigte eine grundlegende Veränderung der Berechnungsmethode für den vertikalen Finanzausgleich an. Ein Beratergremium der Regierung hatte angeregt, eine neue Formel für die Verteilung einzuführen, welche alle Provinzen bei der Berechnung einschließt, jedoch nur die Hälfte der nicht erneuerbaren Ressourcen berücksichtigt. Als Ergebnis dieser neuen Formel erhielt Quebec in Zukunft etwa 1,6 Mrd. CAD mehr aus dem Finanzausgleich und zum ersten Mal in der Geschichte mehr als die Hälfte der gesamten Transferzahlungen in diesem Bereich (Stevenson 2009b, S. 47). Diese Entwicklung schadete dem Argument des PQ, wonach Ottawa nicht auf die Forderungen Quebecs eingehen würde. Charest hingegen verhalf es dazu, sich als starker Vertreter der quebecer Interessen darzustellen. Zudem nutzte er die zusätzlichen Ressourcen, um Steuersenkungen zu beschließen. Dies führte auf der anderen Seite zu Verwirrung in Ottawa, da die quebecer Regierungen immer nach mehr Geld verlangt hatten, um die Finanzierung der sozialpolitischen Ausgaben sicherzustellen.

Harper verkündete in seinem Budget für das Haushaltsjahr 2007/08 zudem, dass der Bund in Zukunft keine gemeinsam finanzierten Programme mehr in den Kompetenzbereichen der Provinzen einführen würde, ohne die Zustimmung einer Mehrheit der Provinzen erhalten zu haben. Dieses Versprechen erinnert an das SUFA-Abkommen von 1999 (ebd.). Harper trieb somit die Dezentralisierung im Bereich der Sozialpolitik weiter voran (Harmes 2007). Darüber hinaus wollte die die Regierung mehr asymmetrische Strukturen zulassen und bilaterale Abkommen mit den Provinzen abschließen. Damit sollten diese in die Lage versetzt werden, Politikinnovationen auf der Provinzebene betreiben zu können und Programme zu entwickeln, die regionale Unterschiede besser berücksichtigen könnten. Ein Beispiel hierfür ist die Weiterbildung von Sozialhilfeempfängern in Quebec. Das Programm erwies sich als derart erfolgreich, dass die Harper-Regierung das quebecer Modell in ganz Kanada adaptieren wollte (Noël 2015, S. 133).

Neben den Finanztöpfen für die Gesundheits- und Sozialpolitik, den CHT und den CST, und neben den Transferzahlungen aus dem Finanzausgleich führte die Harper-Regierung die Politik ihrer Vorgängerinnen seit Ende der 1990er Jahre fort und schloss im Laufe ihrer fast zehnjährigen Regierungszeit mehrere bilaterale Abkommen ab oder baute sie aus und verknüpfte diese mit weiteren Transferzahlungen. Damit schuf die konservative Regierung ein Netz aus Transferprogrammen (McGrane 2013). Diese bezogen sich auf völlig unterschiedliche Sektoren wie zum Beispiel die Bereiche bezahlbarer Wohnraum, Immigration und Strukturförderung.

Eine Ausnahme in der Politik Harpers bildete der CST und der CHT, die er relativ unverändert beibehielt. Zudem wollte er den 2013/14 auslaufenden *Health Accord* mit den Provinzen verlängern und somit in diesem Bereich keine bilateralen Abkommen eingehen (ebd., S. 122f.). Dies lag auch daran, dass Harper die Bereiche Gesundheit, Hochschul- und Weiterbildung sowie Infrastruktur grundsätzlich als gemeinsame Verantwortlichkeit der Ebenen anerkannte (Lazar 2012,

S. 125). Allerdings plante die Regierung im Dezember 2011 die Konditionalität der Transferzahlungen in diesen Bereichen nicht mehr durchzusetzen und sich ebenfalls aus dem Co-Management der Programme mit den Provinzen zurückzuziehen (Forest 2014, S. 107). Die ideologische Ausrichtung der konservativen Regierung in Ottawa in Bezug auf den Bundesstaat ließen sich mit den Interessen der quebecer Regierungen gut in Einklang bringen. Insgesamt brachte dies in der zweiten Hälfte der 2000er Jahre eine symbolische Anerkennung Quebecs und eine Stärkung der Handlungsfähigkeit der Provinz.

Die crise d'accommodement raisonnable

Die politische Dezentralisierung ermöglichte Quebec mehr Autonomie und schadete dadurch den Independentisten. Es gelang diesen zugleich nicht, auf der ideellen Ebene ein Gesellschaftsprojekt zu forcieren, das zumindest die frankophonen Quebecer geeint hätte. Zur Mitte der 2000er Jahre spitzte sich vielmehr die Diskussion um die Identitätspolitik in Quebec weiter zu. Die Auseinandersetzung begann mit der sogenannten *crise d'accommodement raisonnable* zwischen 2006 und 2008. Sie mündete in einer Debatte über Laizismus und Säkularismus, welche in der *Charte des valeurs québécoises* ihren vorläufigen Höhepunkt fand.

Das Schlagwort für die Identitätsdebatte lautete *accommodement raisonnable*. *Accommodement* – *accommodation* im Englischen – kann in Anlehnung an die Aushandlungsprozesse, die Gerhard Lehmbruch im Kontext von Konkordanzdemokratien beschrieben hat, als „gütliches Einvernehmen" (Lehmbruch 1995, S. 351)[84] übersetzt werden. Es handelt sich um Prozeduren, mit denen als gerechtfertigt angesehene Bedürfnisse von Gruppen und Individuen – häufig aus religiösen oder kulturellen Gründen heraus – meist über den Rechtsweg angemessen (*reasonable*) befriedet werden.

---

84 Arend Lijphart definiert *accommodement* als „settlement of divisive issues and conflicts where only a minimal consensus exists. Pragmatic solutions are forged for all problems […] A key element of this conception is the lack of a comprehensive political consensus, but not a complete absence of consensus. There must be a *minimum* of agreement on fundamentals" (Lijphart 1968, S. 103; Hervorhebung im Original). Wie auch Lehmbruch verwendet Lijphart diesen Begriff im Kontext von Konkordanz- beziehungsweise Konsensusdemokratien.

> „Dans ce contexte, l'obligation d'accommodement (ou d'adaptation) raisonnable constitue un instrument de maintien des identités particulières et de gestion de la diversité ethnoculturelle. En effet, l'obligation d'accommodement oblige dans certains cas l'État et les personnes ou entreprises privées modifier des normes, des pratiques ou des politiques légitimes et justifiées, qui s'appliquent sans distinction à tous, pour tenir compte des besoins particuliers de certaines minorités, surtout ethniques et religieuses." (Woehrling 1998, S. 328)

Es geht also nicht darum, sämtliche Forderungen vollumfänglich umzusetzen. In Kanada gibt es das Prinzip des *accommodement raisonnable* seit 1985. Allerdings kam dieses ab Mitte der 2000er Jahre in der öffentlichen Debatte in Quebec immer mehr in Verruf.

Einer der Ausgangspunkte war die sogenannte *Affaire Multani*. Im Zentrum stand ein quebecer Schüler aus der Glaubensgemeinschaft der Sikh, der aus religiösen Gründen einen Dolch (*Kirpan*) unter seiner Kleidung trug. Als der Schüler diesen Anfang 2002 aus Versehen im Unterricht fallen ließ, kam es zu einem Rechtsstreit darum, ob er den Dolch als religiöses Symbol bei sich tragen durfte, oder ob es sich hierbei um eine Waffe handelte. Im Jahr 2002 erlaubte ein quebecer Gericht unter Auflagen das Tragen des Kirpans in der Schule. Das Berufungsgericht der Provinz revidierte das Urteil schließlich 2004 und verbot das Tragen des Kirpans. Der Fall landete letztlich vor dem *Supreme Court*, welcher sein Urteil Anfang März 2006 fällte. Das Gericht entschied, dass es dem Schüler auf Grund der Religionsfreiheit, welche in der *Canadian Charter of Rights and Freedoms* garantiert wird, ermöglicht werden müsse, seinen Dolch als religiöses Symbol in der Schule tragen zu können. Die Entscheidung löste eine größere Debatte um das Konzept des *accommodement raisonnable* in Quebec aus. Dabei stand die Frage im Raum, wie weit man die Bedürfnisse von kulturellen Minderheiten akzeptieren müsse. Die Tageszeitung *La Presse* brachte die Bedenken der quebecer Bevölkerung mit der Veröffentlichung einer zweitägigen Themenreihe unter der Überschrift „*Du Kirpan…à la Charia?*" auf den Punkt (La Presse, 13./14.05.2006). Obwohl die gesamte Debatte als ein Kampf zwischen Säkularismus und religiösen Wertvorstellungen im Allgemeinen dargestellt wurde, richtete sich der Fokus vor allem auf Praktiken des Islam und das Kopftuch entwickelte sich zur zentralen Gefahr für die quebecer Identität (Mahrouse 2010, S. 92).[85] So untersagten die

85 Freilich finden sich in der Debatte Fälle, die sich nicht auf den Islam bezogen. So veröffentlichten Zeitungen im November 2006 einen Vorfall aus dem März des Jahres. In einem Hostel in Montreal installierten die Betreiber in einem Fitnessraum Milchglasfenster, da sich orthodoxe Juden von dem Anblick nackter Haut gestört fühlten (Le Devoir, 08.11.2006). Ein anderer Fall handelte von der Gemeinde Hérouxville, welche einen

Veranstalter eines Fußballturniers in Laval im Februar 2007 einem muslimischen Mädchen das Tragen eines Hijabs während des Spiels (Le Devoir, 28.02.2007). Fälle wie diese erhielten immer mehr Aufmerksamkeit in den Medien. Dies lag ab Ende 2006 auch an den nahenden Wahlen für die Nationalversammlung.

So positionierten sich führende Politiker ebenfalls in dieser Debatte. Mario Dumont veröffentlichte Mitte Januar 2007 einen offenen Brief, in dem er davon sprach, dass die frankophonen Quebecer endlich ihren „vieux réflexe de minoritaire“ (Le Devoir, 16.01.2007) ablegen müssten. Dumont gab sich dabei als Verteidiger der Kultur und der Traditionen Quebecs. André Boisclair positionierte sich mit seinem PQ hingegen als die liberale Alternative zum ADQ. So forderte er das Abhängen des Kreuzes in der Nationalversammlung (Le Devoir, 19.01.2007). Gleichzeitig wollte er Frauen das Tragen eines Hijabs bei Fußballturnieren erlauben (Le Devoir, 28.02.2007). Premier Jean Charest lavierte zwischen den Positionen. Einerseits forderte er Toleranz gegenüber Einwanderern, andererseits äußerte er Verständnis für die frankophone Mehrheit in der Provinz. Dadurch wirkte sein Handeln opportunistisch. „[T]he actions of the Premier suggest that public opinion and media scrutiny are more likely to influence a politician's rhetoric than his policies" (Herrera und Lachapelle 2010, S. 103). So ernannte Charest überraschend am 7. Februar 2007 die *Commission de consultation sur les pratiques d'accommodement reliées aux différences culturelles* (*Commission Bouchard-Taylor*), die sich mit der *crise d'accommodement raisonnable* auseinandersetzen sollte.

Der Konflikt blieb jedoch ein Hauptthema im Wahlkampf. Der ADQ wurde bei den Provinzwahlen im März des Jahres zweitstärkste Kraft mit 41 Sitzen und etwa 30,8 Prozent der Stimmen vor dem PQ, welcher nur 36 Sitze und etwa 28,4 Prozent der Stimmen erzielen konnte. Die Wahlen gewannen die Liberalen unter Charest, der allerdings mit 46 Sitzen und etwa 33 Prozent der Stimmen nur eine Minderheitsregierung bilden konnte. Dies stellte die erste gewählte Minderheitsregierung in der Geschichte Quebecs dar. Der PQ war zudem zum ersten Mal seit den Wahlen von 1970 nicht mehr unter den beiden stärksten Parteien. Der ADQ gewann seine Sitze vor allem im Zentrum Quebecs (Chaudière-Appalaches, Mauricie-Bois-Francs, in Québec City und den Vororten, in der Montérégie und Laurentides-Lanaudière) und hier vornehmlich in den dominant frankophonen Wahl-

Verhaltenskodex für zugewanderte Gemeindemitglieder erließ. Darin enthalten waren Verhaltensnormen gegenüber Frauen, Informationen zur Geschlechtergerechtigkeit im Alltag, zum Verhalten bei der Arbeit und weitere Punkte (Municipalité d'Hérouxville 2017).

bezirken. Die Wahlbeteiligung von frankophonen Quebecern lag wesentlich höher als die von anglophonen und allophonen Quebecern (Drouilly 2007, S. 25f.). Zudem stellte diese Wahl die erste Wahl nach 1970 dar, in der der PQ nicht die Mehrheit der frankophonen Wählerschaft hinter sich vereinen konnte (ADQ 37 Prozent, PQ 35 Prozent und PLQ 24 Prozent) (ebd., S. 30). Über die Hälfte der 440.000 Stimmen, die der PLQ verlor, erhielt der ADQ (Drouilly 2010, S. 248). Das Ergebnis kann auf zwei Faktoren zurückgeführt werden. Erstens spielte die Debatte um die *crise d'accommodement raisonnable* eine bedeutende Rolle und Dumonts Haltung führte dazu, dass der ADQ sein bestes Ergebnis seit Bestehen der Partei feiern konnte (Bélanger und Nadeau 2009, S. 82). Zweitens hatte Boisclair angekündigt, das vom PQ auf dem Parteitag geforderte schnellstmögliche Abhalten eines Referendums nach dem Wahlsieg auch umzusetzen. Das Referendumsthema half jedoch nicht dabei, die Wahlchancen des PQ zu erhöhen, da sich ein großer Teil der Bevölkerung weiterhin gegen die Unabhängigkeit positionierte.

Für viele Beobachter – vor allem aus dem Lager der konservativen quebecer Intellektuellen – lag die Niederlage des PQ zuvorderst an der falschen Handhabung der Identitätsdebatte durch Boisclair. Der Historiker Éric Bédard verglich ihn mit dem ehemaligen Premier des UN, Jean-Jacques Bertrand, der die Provinzwahlen 1970 wegen der Sprachenfrage an den Schulen verloren hatte.

> „Obligé de réagir, André Boisclair a eu exactement la même position que Jean-Jacques Bertrand à la fin des années 60. En s'obstinant à faire des accommodements raisonnables un enjeu de droits et libertés, c'est-à-dire une question strictement juridique qui ne regardait que les tribunaux et non un enjeu politique auquel il faudrait bien trouver une solution politique, le chef péquiste s'est déconnecté des « bleus », pour qui la défense de l'identité ne saurait attendre le prochain référendum sur la souveraineté." (Le Devoir, 26.04.2007)

Boisclair definierte die Frage nach den *accommodements raisonnables* als eine rechtliche Frage, dabei handelte es sich laut Bédard um eine politische Frage, die die Regierung lösen müsste und nicht die Gerichte. Boisclair unterstütze hier vielmehr eine „Trudeauisierung" der Politik und des Souveränismus. Das führe dazu, dass die Gesellschaft nicht mehr auf Basis von Gemeinschaften gedacht werde, sondern vom Individuum her (ebd.). Was Bédard vom PQ forderte, war die Adaption der Position der konservativen quebecer Intellektuellen.

Nachdem Boisclair Anfang Mai seinen Verzicht auf den Parteivorsitz erklärt hatte, folgte ihm mit Pauline Marois eine weitere altgediente Péquistin im Amt nach. Bei der Nachwahl im Wahlkreis *Charlevoix* stellte die zukünftige Vorsitzende bei ihrer Nominierungsrede Ende August 2007 deutlich klar, wie sie den PQ zukünftig in der Frage um die quebecer Identität ausrichten wollte.

> „Depuis une dizaine d'années, nous avons été saisis d'une espèce de mauvaise conscience qui nous a empêchés de dire "nous". Comme si le "nous" était un mot tabou. Comme si le prononcer ou poser des gestes pour défendre NOTRE identité était synonyme de racisme et d'intolérance. Comme si le désir d'exister et de vivre dans la langue et la culture qui sont les nôtres était un projet ethnique ou folklorique." (Le Devoir, 24.09.2007)

Nach ihrer Wahl in die Nationalversammlung legte die neue Vorsitzende einen Gesetzesentwurf zur nationalen Identität der Quebecer vor. Das zentrale Element des *Loi 195* (*Loi sur l'identité Québécoise*) war es, die quebecer *Charte des droits et libertés de la personne* zu verändern. Für zukünftige Interpretationen auf Grundlage des Dokuments sollte gelten, dass ein Gesetz

> „doit être tenu compte du patrimoine historique et des valeurs fondamentales de la nation québécoise, notamment de l'importance d'assurer la prédominance de la langue française, de protéger et de promouvoir la culture québécoise, de garantir l'égalité entre les femmes et les hommes et de préserver la laïcité des institutions publiques" (Assemblée nationale 2007, S. 7).

Dieser Gesetzesentwurf war in erster Linie symbolisch zu sehen, da der PQ in seiner damaligen Lage nicht die politischen Möglichkeiten besessen hatte, diesen auch umzusetzen. Dennoch war der Entwurf ein Baustein in dem Versuch einer größeren Neuausrichtung, welche sich immer mehr einem Nationalismus der *Québecois de souche* beziehungsweise der *Québécois pure laine* zuwand (Piotte und Couture 2012, S. 11f.) und die franko-quebecer Identität wieder zum Grundmotor des quebecer Nationalismus erklärte (Bernier Arcand 2015, S. 69). Wenngleich hier nicht von einem ethnischen Nationalismus gesprochen werden sollte, standen Faktoren wie Traditionen, Kultur und die spezifische franko-kanadische Geschichte dennoch heraus.

Als einer der bekanntesten quebecer Soziologen des 20. Jahrhunderts hatte Fernand Dumont die „quebecer" Nation, die nicht frankophonen Ursprungs sei, immer angezweifelt. Für ihn ist eine Nation eine Gemeinschaft von Menschen, die zusammenleben und die die gleiche Geschichte und historisch gewachsene Kultur verbindet. Es gäbe aus seiner Sicht folglich eine frankophone Nation in Nordamerika auf dem Territorium Quebecs und wenn Anglophone, Allophone und Indigene sich dieser nicht zugehörig fühlten, dann könne man sie dazu nicht zwingen (Dumont 1995, S. 66). Dumonts Schüler argumentierten während der Debatte in den 2000er Jahren in dieselbe Richtung. Jacques Beauchemin sieht im Überleben des frankophonen Erbes einen wichtigen Baustein für die quebecer Identität. Dazu gehöre vor allem die Geschichte und dabei auch die sogenannte *grande noirceur*[86], wobei Beauchemin diesen Begriff entschieden ablehnt (Beauchemin 2002). Dies tue er, weil Geschichte und Erinnerung wichtig für die Identität seien. Deshalb bedürfe es einer Neuinterpretation des *grande noirceur*, welche auf Grund der *révolution tranquille* – zu Unrecht – negativ konnotiert sei (Beauchemin 2011,S. 178f.; La Presse, 12.10.2010). Dabei sei es aus der Sicht von Éric Bédard die *révolution tranquille*, welche negative Auswirkungen auf die Kultur der frankophonen Mehrheit in Quebec gehabt habe (Piotte und Couture 2012, S. 65ff.).

Die Ideen der *révolution tranquille*, die mit dem Liberalismus und einer Abkehr vom ethnischen Nationalismus verbunden waren, standen im Zentrum des Berichts, den die *Commission Bouchard-Taylor* im Mai 2008 veröffentlichte. Dabei ging sie auf die zugrunde liegenden Probleme ein, die in der Öffentlichkeit diskutiert worden waren.

> „Ce qui a été interprété comme un rejet et même un mépris de la culture francophone a réveillé la mémoire du Canadien français colonisé, humilié. Les demandes d'ajustement religieux ont fait craindre pour l'héritage le plus précieux de la Révolution tranquille, tout spécialement l'égalité hommes-femmes et la laïcité. Les controverses sur les prières aux réunions des conseils municipaux, le crucifix à l'Assemblée nationale et le rituel de Noël, pourtant largement alimentées par des Québécois d'origine canadienne-française, ont été ressenties comme une mise en péril des traditions nationales." (Gouvernement du Quebec 2008, S. 186)

Die Schlussfolgerung der Kommission hatte allerdings mit dieser Wahrnehmung der Bevölkerung wenig zu tun. Die Kommission stellte insgesamt fest,

> „que les fondements de la vie collective au Québec ne se trouvent pas dans une situation critique. Nos travaux ne nous ont pas permis de constater une hausse importante ou soudaine des ajustements ou des accommodements consentis dans les institutions publiques. Nous n'avons pas constaté non plus que le fonctionnement normal de nos institutions aurait été perturbé par ce type de demandes [...] La « vague » des accommodements a manifestement heurté plusieurs cordes sensibles des Québécois canadiens-français de telle sorte que les demandes d'ajustement religieux ont fait craindre pour l'héritage le plus précieux de la Révolution tranquille (tout spécialement l'égalité hommes-femmes et la laïcité). Il en a résulté un mouvement de braquage identitaire, qui s'est exprimé par un rejet des pratiques d'harmonisation. Chez une partie de la population, cette crispation a pris pour cible l'immigrant qui est devenu en quelque sorte un bouc émissaire" (ebd., S. 18).

---

86 Als *grande noirceur* wird in Quebec die Regierungszeit von Premier Maurice Duplessis (1944 – 1959) bezeichnet.

Die vermeintliche Krise stellte sich aus der Sicht der Kommission als eine künstlich erzeugte Krise dar, die nur auf Grund der erhöhten Berichterstattung der Medien zu der Wahrnehmung führte, dass sich die Anzahl der Vorfälle dramatisch gesteigert hätte. Gérard Bouchard und Charles Taylor plädierten für die Umsetzung eines vom Staat ausgearbeiteten Interkulturalismus und einer *laïcité ouverte* (ebd., S. 269ff.). Der Interkulturalismus kann dabei als ein Mittelweg oder als ein dritter Weg zwischen dem kanadischen Multikulturalismus und den Assimilationsbestrebungen von Teilen der quebecer Konservativen gesehen werden. Bei dieser Politik des Interkulturalismus (Taylor 2012; Bouchard 2012) steht die französische Sprache im Zentrum und dient als Konvergenzpunkt. Das Ziel ist, dass sich Mehrheit und Minderheit aneinander anpassen sollen. Die Sprache der frankophonen Mehrheit dient dabei als Referenzpunkt. Gleichzeitig erfordert die Politik des Interkulturalismus keine Assimilation in die Kultur der Mehrheit.

Die Autoren des Berichts forderten im Kern eine Beibehaltung der liberalen Grundhaltung in der quebecer Integrationspolitik. Iacovino bezeichnete den Bericht der Kommission im Rückblick als letzten Versuch, Quebec auf einem pluralistischen Weg bei der Frage der Integration von Neuankömmlingen zu halten (Iacovino 2015, S. 50). Diese Forderungen führten jedoch zu erheblichem Widerstand. Einerseits kam dieser aus republikanischen Kreisen, die sich gegen die Herausstellung der Unterschiede und für eine *culture commune publique* einsetzten und andererseits von Seiten der Konservativen, die die Einführung eine *culture commune patrimoniale* forderten (Lamy 2016, S. 119). So kritisierte Beauchemin die liberale Stoßrichtung in dem Bericht der Kommission und bezog ihn auf die postmoderne Beliebigkeit, in der Vielfalt über alles gepriesen werde, aber gleichzeitig das „Eigene“ und das „Wir“ in den Hintergrund rücken.

> „Pour le dire autrement, le discours social portant sur les rapports intercommunautaires au Québec est obsédé par l'Autre, la diversité et par un vivre-ensemble fait de reconnaissance mutuelle et d'accommodement de la différence. À l'inverse, il se méfie de l'histoire, de la mémoire, de la culture majoritaire et de l'expression d'un « nous » porteur d'une conscience historique.“ (Le Devoir, 22.01.2010)

Die Vertreter von Minderheitenorganisationen und dabei vornehmlich muslimische Gruppen begrüßten die Schlussfolgerungen des Berichts und die Klarstellung, dass die Medienberichterstattungen übertrieben waren. Auch die begonnene Aufarbeitung von Islamophobie in der Gesellschaft sahen die Gruppen positiv.

Enttäuscht zeigten sie sich jedoch von der Politik, welche die Empfehlungen der Kommission nicht aufgriff (Sharify-Funk 2010, S. 546). Die aufkommende internationale Finanz- und Wirtschaftskrise lenkte den Fokus gegen Ende 2008 nämlich auf die ökonomischen Probleme Quebecs. Damit traten die Fragen der Identität und Kultur vorerst in den Hintergrund, wenngleich beide kaum an Bedeutung verloren.[87] Die konservativen Intellektuellen setzten ihren Kampf um den Erhalt der quebecer Identität fort und die liberalen Kräfte versuchten, eine inklusive Identität gegenüberzustellen. Die Debatte spaltete jedoch zunehmend die frankophone Gemeinschaft Quebecs und die Unabhängigkeitsbefürworter fanden kein Mittel, um die Mobilisierung für ein drittes Referendum durch ein inklusives und positiv konnotiertes Gesellschaftsprojekt zu befeuern.

Pauline Marois und die Neuaufstellung des PQ

Trotz der politischen Unfähigkeit der Independentisten fürchtete Harper das erneute Erstarken des PQ. Die Wahl von Marois zur Parteichefin im Sommer 2007 hätte den Péquisten neues Leben einhauchen sollen. Neben dem neuen Fokus auf die Identitätspolitik hatte sie allerdings auch in anderen Bereichen eine Neupositionierung gefordert. In Bezug auf die Unabhängigkeit und das Referendum setzte sie sich für einen größeren Spielraum ein, als ihr nach dem Parteitagsbeschluss von 2005 zugestanden hätte. Bei ihrer Bewerbungsrede für den Parteivorsitz im Mai 2007 drückte sie sich folgendermaßen aus: „Le PQ doit rompre avec le piège d'échéancier ou d'obligation référendaire." (Le Devoir, 16.01.2008; siehe auch Marois 2017, S. 4) Die Partei erfüllte ihr diesen Wunsch und lockerte das verbindliche Abhalten eines Referendums zum frühestmöglichen Zeitpunkt einer Legislaturperiode. Bei der allgemeinen Frage nach dem Referendum blieb jedoch alles beim Alten. Es gab keine Versuche einer neuen Positionierung durch Mitglieder des radikalen Flügels. Die Referendumsidee war mittlerweile derart gefestigt, dass sie als goldenes Kalb des PQ gelten konnte. Diskutiert wurde innerhalb der Partei

87 Dies zeigte sich erneut in den 2010er Jahren, da sich das strukturelle „Problem" der quebecer Einwanderung nicht veränderte. Wie schon in den 1990er Jahren kamen immer mehr Einwanderer aus nicht-europäischen Ländern. Viele hatten eine andere Religion oder kulturellen Hintergrund.

nur über die Frage, wann und unter welchen Umständen ein Referendum stattfinden könnte, nicht aber, dass es stattfinden würde.

Dies war der damaligen politischen Lage in Quebec und Kanada geschuldet. Die *conditions gagnantes* waren nicht absehbar. Das Problem der Péquisten bestand auch darin, dass deren alten Argumentationsmuster von der Inflexibilität und Arroganz Ottawas nicht mehr trugen.

> „[L]e gouvernement conservateur de Stephen Harper a donné une réponse satisfaisante au problème du déséquilibre fiscal; il a reconnu la nation québécoise, par une motion de la Chambre des communes, et finalement, il a montré un changement d'attitude dans plusieurs dossiers sectoriels." (Guay 2007, S. 64)

Die Referendumsfrage blieb in der politischen Diskussion in Quebec relativ unbedeutend, solange erstens in Ottawa eine Regierung saß, die die Probleme der Provinz anerkannte und ihr mehr Autonomie ermöglichte, und solange zweitens der PQ an politischem Einfluss verlor. Die beiden Minderheitsregierungen in Ottawa und Quebec riefen ihre Bürger jedoch Ende des Jahres 2008 erneut an die Wahlurnen. Stephen Harper bat Generalgouverneurin Michaëlle Jean um die Auflösung des Unterhauses. Sie kam dieser Bitte nach und setzte Wahlen für Mitte Oktober an. Die Konservativen konnten vor allem in Ontario zusätzliche Sitze von den Liberalen gewinnen. Ihnen blieb jedoch der Durchbruch in Quebec verwehrt. Dort erhielt die Regierungspartei etwas weniger als 22 Prozent der Stimmen und schnitt damit schlechter ab als noch bei den Wahlen 2006. Dies geschah, obwohl die Harper-Regierung die meisten ihrer Wahlversprechen an die quebecer Bevölkerung gehalten hatte. Für das Verständnis des Wahlverhaltens der Quebecer ist jedoch ein Faktor wichtig. In Fragen der Anerkennung von Autonomierechten gab es Übereinstimmung zwischen beiden Akteuren. Allerdings beurteilte die quebecer Wählerschaft viele *Policy Issues*, für die der Bund zuständig war, anders als die Harper-Regierung. So unterstützen Quebecer die gleichgeschlechtliche Ehe, mehr Klimaschutz, ein schärferes Waffenrecht und viele andere Initiativen, die die Bundesregierung skeptisch betrachtete (Graefe und Laforest 2007, S. 56).

Somit konnte Harper zwar insgesamt 16 Sitze im Unterhaus hinzugewinnen, doch musste er weiterhin mit einer Minderheitsregierung regieren, da ihm 12 Sitze zur absoluten Mehrheit fehlten. In Quebec hielten die Konservativen weiterhin zehn Unterhaussitze, doch verlor die Provinz zunehmend seine politische Bedeutung für die Konservativen. Damit trat auch die Bekämpfung des *vertical fiscal imbalance* in den Hintergrund (Rioux Ouimet 2014, S. 65). Ontario stellte für die

Konservativen ein attraktiveres Ziel dar, um eine Mehrheit bei den nächsten Unterhauswahlen zu gewinnen. Es bewahrheitete sich folglich eine Vermutung Guy Laforests (2007), der argumentiert hatte, dass die Handlungen Harpers gegenüber Quebec nicht nur gemäß seiner ideologischen Ausrichtung stattfanden, sondern vor allem aus strategischen Gründen. Harper und Charest brauchten sich gegenseitig, um ihre Wahlen zu gewinnen und sie gingen diesen Pakt gerne ein.

In Quebec standen die Provinzwahlen im Dezember 2008 an. Charest rief sie wegen der aufkommenden Finanz- und Wirtschaftskrise aus, weil er hoffte, seine Siegchancen zu erhöhen. Der PLQ hatte sich immer als der beste Verteidiger der Wirtschaft präsentiert. Das Vertrauen der Wähler in die wirtschaftspolitische Kompetenz der Partei war auch einer der wichtigsten Gründe zur Erklärung des Wahlausgangs (Bélanger und Gélineau 2011). Die Wahl brachte einen massiven Einbruch bei der Wahlbeteiligung von zuvor schon vergleichsweise niedrigen 71 Prozent auf etwas mehr als 57 Prozent. Die niedrigere Wahlbeteiligung schadete dem PLQ allerdings kaum. Dies lag in der Tatsache begründet, dass die niedrige Beteiligung vornehmlich anglophone und allophone Wähler in den für sie sicher geltenden Wahlkreisen betraf; das heißt der Westen Montreals (Drouilly 2010, S. 250). Die Liberalen gewannen mit 66 von 125 Sitzen eine Mehrheit in der Nationalversammlung. Der PQ eroberte unter Pauline Marois Führung 51 Sitze und wurde zweitstärkste Partei. Mit Amir Khadir gewann im Wahlkreis *Mercier* im Osten Montreals erstmals QS einen Sitz in der Nationalversammlung. Der klare Wahlverlierer war Mario Dumont mit seinem ADQ. Die Partei verlor über 14 Prozent der Stimmanteile und 34 ihrer zuvor 41 Sitze. Dies lag auch daran, dass sich der Wahlkampf 2008 mit dem Thema Wirtschaft um ein Feld drehte, auf dem sich der ADQ nicht profilieren konnte (Bélanger und Nadeau 2009). Dumont legte nach dem Ergebnis alle politischen Ämter nieder und zog sich in die Privatwirtschaft zurück. Die Dominanz der beiden großen Parteien schien somit auf den ersten Blick wiederhergestellt, wenngleich zu beachten ist, dass der PLQ über die kleinste Regierungsmehrheit seit dem unerwartet knappen Sieg des UN unter Daniel Johnson Sr. bei den Provinzwahlen 1966 verfügte.

Die wiedergewählte Regierung Charest ging zusammen mit dem Bund die Bekämpfung der Wirtschaftskrise an, welche große Löcher in die Haushalte beider Ebenen riss. Im Kampf um die Abmilderung der Folgen der Weltwirtschaftskrise gab es noch einmal einen Anstieg bei der Konditionalität von Transferzahlungen. Dies geschah wegen spezifischen Programmen wie etwa Infrastrukturprojekten

(Snodden und Hobson 2010). Die Krise führte jedoch nicht zu einer stärkeren Zentralisierung von Kompetenzen. Es handelt sich hier folglich um eine andere Dynamik als jene, die während der Krise in den 1930er Jahren aufgetreten war.

Die Regierung Charest konnte sich jedoch nicht nur auf die Wirtschaftspolitik und die Stabilisierung des öffentlichen Haushaltes konzentrieren. Die Identitätsdebatte hatte weiterhin politische Bedeutung und der PLQ war gezwungen, in diesem Bereich Handlungsbereitschaft zu signalisieren. Dies führte zum *Loi 94*, welches die Regierung im März 2010 in die Nationalversammlung einbrachte. Das Gesetz sollte Richtlinien festlegen, unter denen Prozesse des *accommodement raisonnable* innerhalb staatlicher Behörden ablaufen sollten. Wenngleich das Wort „Schleier" kein einziges Mal im Gesetzestext auftauchte (Assemblée nationale 2010), war die Stoßrichtung der Initiative klar. Das Gesetz regelte, dass bei Inanspruchnahme öffentlicher Dienstleistungen zum Zwecke der Identifizierung, der Sicherheit und der Kommunikation das Gesicht sichtbar sein müsse. Damit bezog sich der Entwurf vor allem auf Menschen mit Gesichtsverschleierung und muss deshalb im Kontext der Identitätsdebatte gesehen werden, in der Quebec mit seiner kulturellen Unsicherheit umzugehen versuchte und die Frage beantworten wollte, wer dazugehöre und wer nicht (Sharify-Funk 2011, S. 157). Dieser Sachverhalt wurde bei den Parlamentsanhörungen zum Gesetz deutlich. Drei Schwerpunkte waren in der Argumentation der Experten zu erkennen: 1) Es bedurfte rechtlicher Klarheit, was möglich sei und was nicht. 2) Einige Experten kritisierten, dass das Gesetz die religiösen Freiheiten bestimmter Gruppen und Individuen einschränke und 3) einige Experten sahen das Erbe der *révolution tranquille* in Gefahr und forderten einen generellen Laizismus (Conway 2012).

Der PQ erholte sich in dieser Zeit in den Umfragen. Bereits nach den Provinzwahlen vom Dezember 2008 hatte die Partei von Marois in der Wählergunst in Führung gelegen. Mit dem Abschied von Dumont und der langsamen Implosion des ADQ konnte sich die Parteichefin gegenüber einer immer unbeliebteren Regierung Charest profilieren. Auf dem Parteitag im April 2011 konnte sie dem Parteiprogramm ihren persönlichen Stempel aufdrücken, ohne viel Gegenwehr von den radikaleren Kräften befürchten zu müssen. Gleich zu Beginn wurde im ersten Kapitel – wie es in der Partei Lévesques immer üblich gewesen war – die Souveränität beziehungsweise die Unabhängigkeit Quebecs als Ziel gesetzt. Dieses sollte durch ein Referendum erreicht werden, das die Regierung nun allerdings zu einem ihr aussichtsreichen Zeitpunkt festlegen konnte (Parti québécois 2011, S.

3). Was ebenfalls die Neuausrichtung des PQ unter Marois widerspiegelt, ist die prominente Stellung des Kapitels zur französischen Sprache, zur quebecer Identität und zu Kultur und Erbe, welches relativ weit zu Beginn des Programms auftauchte (ebd., S. 7ff.). Pauline Marois schien für die nächsten Provinzwahlen auf dieses Thema zu setzen.

5.3 Der Niedergang einer Bewegung

Für den PQ und die Unabhängigkeitsbefürworter verdüsterte sich das Bild jedoch im Laufe des Jahres zusehends. Bereits bei den Wahlen zum kanadischen Unterhaus im Mai 2011 erlebte der *Bloc* ein Debakel. In der „orangen Welle" hatten die Bürger Quebecs nur vier Abgeordnete des *Bloc* wiedergewählt aber dafür zum ersten Mal in der Geschichte der Provinz 59 Abgeordnete von Jack Laytons NDP. Für den quebecer Philosophen Michel Seymour lag der Hauptgrund dafür zum einen in der Ankündigung von *Bloc*-Chef Gilles Duceppe, mit einer neu gewählten PQ-Regierung unter Marois ein Referendum abhalten zu wollen (Le Devoir, 04.05.2011). Dies lehnten jedoch viele Quebecer vehement ab. Als zweiten Punkt nannte Seymour NDP-Chef Layton, der den Quebecern einen weiter dezentralisierten Bundesstaat versprach und der damit deren Wünschen nach mehr Anerkennung und Autonomie entgegenkam (ebd.). Diese Wahl ist allerdings noch aus einem weiteren Blickwinkel interessant, denn die kanadischen Wähler wählten eine konservative Mehrheit in das Unterhaus. Dies geschah jedoch ohne große Unterstützung aus Quebec, wo die Konservativen nur fünf Sitze erringen konnten. Das erste Mal seit dem Erfolg der Regierung Borden bei den Wahlen 1917 im Kontext der *Crise de la conscription* gewann eine Partei die Mehrheit der Sitze im Unterhaus ohne eine signifikante Anzahl der Sitze aus Quebec. Harper verlies im Zuge des Wahlsieges schnell den Weg des von ihm propagierten *fédéralisme d'ouverture*. Bereits der erster Haushaltsentwurf der konservativen Mehrheit verdeutlichte dies und auch in den folgenden Jahren waren die Haushalte Ottawas vom Unilateralismus des Bundes geprägt (Rioux Ouimet 2014, S. 65f.). Somit nahm Harper spätestens ab 2011 weniger Rücksicht auf die Belange der Provinzen.[88]

---

[88] Guy Laforest (2013, S. 352) sieht das Ende von Harpers „pro-provinziellen" Kurs bereits ab Ende 2007 und Anfang 2008, wobei diese Periodisierung definitiv zu kurz greift. Zwar mag die Begeisterung bei Stephen Harper hinsichtlich des *fédéralisme d'ouverture*

Auf der anderen Seite bedeutete dies nicht eine Re-Zentralisierung politischer Kompetenzen. Die ideologische Ausrichtung der Regierung hatte sich nicht verändert. Harper war immer noch für eine Dezentralisierung in der Sozialpolitik und eine striktere Trennung der Handlungsfelder beider Ebenen. Aus diesem Grund verfolgte er weiterhin die Harmonisierung des Steuersystems und konnte beispielsweise mit Quebec Ende 2011 die Harmonisierung der Verbrauchssteuern beschließen, die der Provinz zusätzliche 2 Mrd. CAD einbrachte. Dies vermochte zum damaligen Zeitpunkt eine Ausnahme sein (Laforest 2013, S. 353), doch zeigt dieses Beispiel, dass die konservative Regierung ihrer ideologischen Grundhaltung treu blieb.

Der Misserfolg des *Bloc* allein hätte ausgereicht, um den Strategen des PQ Sorgen zu bereiten. Zwar lagen die Péquisten in den Umfragen nach der Unterhauswahl weiterhin in Führung, doch änderte sich dies bereits im Sommer 2011. Interne Querelen und der Austritt mehrerer Abgeordneter auf Grund politischer Differenzen im Juni 2011 schwächten die Partei und den Führungsanspruch von Marois (Le Devoir, 07.06.2011). Während der langsamen Implosion des ADQ erschien zudem eine neue Partei auf der politischen Landkarte, die von einem früheren PQ-Minister geführt wurde. Dieser Formation schlossen sich im Laufe des Sommers einige PQ-Abgeordnete an. Über eine neue Partei unter der Führung von François Legault war in der Öffentlichkeit bereits längere Zeit spekuliert worden und im November des Jahres entschloss er sich schließlich zur Parteigründung und fusionierte kurz darauf mit dem ADQ. Anschließend trat die Partei unter dem Namen *Coalition Avenir Québec* (CAQ) auf. Die ideologischen und programmatischen Schnittmengen mit dem ADQ wurden schnell sichtbar. In manchen Bereichen positionierte sich die Partei zu Beginn jedoch gar nicht. Dies war zum Beispiel bei der nationalen Frage der Fall, die die CAQ nicht beantwortete (Crête 2012, S. 149f.). Die CAQ erzielte darüber hinaus bereits früh hohe Zustimmungswerte in den Umfragen, was vor allem dem PQ zum Nachteil geriet.

Als die Provinzwahlen für den September 2012 ausgerufen wurden, war die Regierung Charest bereits seit neun Jahren im Amt. Sie war unbeliebt und auf Grund der vielen antretenden Parteien gab es 2012 eine Rekordzahl an Kandidaten (Godbout 2013, S. 24). Die Umfragen sagten zudem ein enges Rennen zwischen dem PQ, der CAQ und dem PLQ voraus (Durand 2013, S. 168f.). Die drei Parteien

nachgelassen haben, doch war er weiterhin als Minderheitsregierung genötigt, vor allem die großen Provinzen nicht zu verärgern.

lagen alle in unmittelbarer Schlagdistanz und Charest konnte auf seine Wiederwahl hoffen. Dies galt trotz der tiefen Krise, in der die Regierung auf Grund der Studierendenproteste wegen der Erhöhung der Studiengebühren steckte. Diese Krise war während des Wahlkampfes neben den Themen der Unabhängigkeit, der Wirtschaft und der Korruption das Hauptthema in den frankophonen Zeitungen Quebecs. Die Korruptionsdebatte kam dabei primär zu Beginn des Wahlkampfes vor (Lawlor und Bastien 2013, S. 113ff.). Letztlich gewann der PQ unter Marois die Wahlen. Die Partei errang mit etwas weniger als 32 Prozent der Stimmen allerdings nur 54 Sitze und musste somit eine Minderheitsregierung bilden. Die Liberalen erhielten etwas mehr als 31 Prozent der Stimmen und gewannen 50 Sitze, wenngleich Charest selbst in seinem Wahlkreis verlor. Die CAQ erzielte etwas mehr als 27 Prozent der Stimmen und 19 Sitze. Als kleinste Partei zog QS mit zwei Abgeordneten in die Nationalversammlung ein.

Dass der PQ trotz der günstigen Umstände auf Grund der Unbeliebtheit der amtierenden Regierung keine Mehrheit der Sitze erzielen konnte, war bezeichnend für die Lage der Partei. Die Zeit, in der die nationale Frage soziodemographische Variablen bei der Erklärung der Provinzwahlen in Quebec überdeckt hatte, war endgültig vorbei. Zwar spielte die Unabhängigkeit der Provinz weiterhin eine wichtige Rolle, doch zeigte 2012 die Bedeutung der Variablen Einkommen, Bildung, und Geschlecht deutlich auf (Nadeau und Bélanger 2013, S. 206). Der Rechts-Links *Cleavage* manifestierte sich innerhalb der frankophonen Wählerschaft Quebecs (ebd., S. 199). Dies wurde zunehmend zu einem Problem für den PQ. Wenn er sich nach Links bewegte, verlor er Wähler an den ADQ und später an die CAQ. Wenn er sich allerdings nach rechts ausrichtete, liefen Wähler zu QS über (Interview Renaud).

Für die anglophonen Quebecer und für *minorités visibles* war die Konfliktlinie zwischen Rechts und Links jedoch nicht bedeutsam. Anglophonen Quebecer wählten weiter mit großem Abstand den PLQ. Zudem entschied sich fast die Hälfte der *minorités visibles* für diesen. Als nächste Partei folgte der PQ mit gerade einmal 18 Prozent (Bilodeau 2013, S. 239). Dies lag auch an der Identitätspolitik der Péquisten in den vergangenen Jahren. Die Etablierung der CAQ, beziehungsweise des ADQ zuvor, und von QS führte zu einer Sprengung des klassischen Zweiparteiensystems in der Provinz, welches seit den späten 1970er Jahren aus dem PLQ und dem PQ bestand. Der Rechts-Links *Cleavage* brach wieder hervor. Die Linken waren der Austerität leid und die Rechten sorgten sich um die Identität ihrer Provinz beziehungsweise ihrer Nation.

Für Marois gestaltete sich das Regieren somit nicht einfach. Sie war sich sicher, dass sie in der Interaktion mit Ottawa nur erfolgreich sein konnte, wenn sie eine harte Haltung einnahm und die Beziehungen auf der Basis „d'État à État" (Marois 2017, S. 2) führte.

> „Je propose et fais adopter une stratégie plus agressive vis-à-vis Ottawa. Nous allons créer les conditions gagnantes. Sous l'impulsion d'un jeune député, Alexandre Cloutier, nous proposons d'adopter une stratégie de « gouvernance souverainiste » d'ici à ce que nous puissions proposer l'indépendance et la tenue d'un référendum." (ebd., S. 4)

Marois war der festen Überzeugung, dass sie den Weg für die *conditions gagnantes* bereiten konnte, von deren Basis aus sie ein weiteres Referendum starten würde. Als Minderheitsregierung war dies allerdings nicht möglich. Das Ziel konnte also nur sein, so zu regieren, dass der PQ bei den nächsten Provinzwahlen eine Mehrheit der Sitze erzielen konnte.

Viele Größen der konservativen Intellektuellen Quebecs wie Jacques Beauchemin, Éric Bédard oder Mathieu Bock-Côté berieten den PQ und Marois und waren nach der Wahl an der Umsetzung des Regierungsprogramms beteiligt (Dupuis-Déri und Éthier 2016, S. 14f.). Die Partei bewegte sich in der Folge nach rechts, um der CAQ die Wählerschaft auf dem Land streitig zu machen. Die Frage der Identität und des Schutzes der quebecer Kultur war in der Folge ein zentrales Anliegen der neuen Regierung. Der Kulturkampf entwickelte sich zu einem zentralen Element für die *conditions gagnantes* und somit für ein weiteres Referendum über die Unabhängigkeit der Provinz.

Zum zentralen politischen Symbol dieses Kulturkampfes wurde das *Loi 60*, welches als *Charte des valeurs québécoises* bekannt wurde. Diesen Entwurf brachte die Regierung im Herbst 2013 in die Nationalversammlung ein. Der zuständige Minister Bernard Drainville rechtfertigte die *Charte* folgendermaßen: „Le temps est venu de nous rassembler autour de règles claires et de valeurs communes qui mettront un terme aux tensions et aux malentendus, des règles et des valeurs qui seront source de bonne entente, d'harmonie, de cohésion" (Le Devoir, 11.09.2013). Dabei nahm die Regierung zentrale Elemente des *Loi 195* (*Loi sur l'identité Québécoise*) von 2007 und des liberalen Gesetzesentwurfs von 2010 (*Loi 95*) in die neue *Charte* auf. Der Gesetzentwurf beinhaltete folgende Punkte: Erstens sollte der Laizismus in Quebec verankert werden und alle Staatsangestellte sich religiöser Neutralität verpflichten. Zweitens sollte das „deutlich sichtbare“ („*ostensiblement*“) Tragen religiöser Symbole sollte Staatsangestellten im Dienst verboten werden. Drittens hätte das Gesicht bei Inanspruchnahme oder beim zur Verfügung stellen staatlicher Leistungen sichtbar sein müssen, und viertens die quebecer *Charte des droits et libertés de la personne* angepasst werden sollen (Assemblée nationale 2013). Dieses Gesetz hatte das Potential, die Gesellschaft Quebecs nachhaltig zu verändern. Marois sah in der *Charte* die Möglichkeit, eine moderne Erweiterung der *Charte de la langue française* zu schaffen und damit einen gesellschaftlichen Konsens in der Frage der Identität zu erzielen (Maioni 2014, S. 147). Die *Charte des valeurs québécoises* spaltete allerdings das Lager der Souveränisten und auch den PQ als Partei. Lamy bezeichnete die Stoßrichtung der *Charte* als „Catho-laïcité” (Lamy 2015, S. 48). Der Vorwurf ist durchaus gerechtfertigt, da durch die angestrebte Veränderung der *Charte des droits et libertés de la personne* das katholische Erbe Quebecs von der Regelung hätte ausgenommen werden können. Die Veränderung hätte bewirkt, dass staatliche Neutralität zwar vorgeschrieben worden wäre, allerdings „tout en tenant compte des éléments emblématiques ou toponymiques du patrimoine culturel du Québec qui témoignent de son parcours historique“ (Assemblée nationale 2013, S. 14).

Damit traf die PQ-Regierung den Nerv der frankophonen Bevölkerung. Im Zeitraum der Veröffentlichung des Vorhabens der *Charte des valeurs québécoises* durch die Regierung Marois, unterstützte eine Mehrheit dieser Gruppe die Aussage, dass man das katholische Erbe der Provinz bewahren müsste (Jedwab 2016, S. 133). Viele Souveränisten und PQ-Anhänger sahen das Projekt jedoch auch kritisch. Die beiden früheren Premiers von Quebec – Parizeau und Bouchard – waren beide der Meinung, die *Charte* ginge viel zu weit (Le Devoir, 03.10.2013; Le Devoir, 04.10.2013). Der ehemalige *Bloc*-Abgeordnete und Präsident der nationalistischen *Société Saint-Jean-Baptiste*, Jean Dorion, der sich selbst als Anhänger des PQ bezeichnete, warnte in der Tageszeitung *Le Devoir* ebenfalls vor den Folgen einer solchen Politik und brachte das Dilemma treffend auf den Punkt:

> „Ce projet, s’il se poursuit, divisera une société déjà trop divisée. Il rendra encore plus difficile l’indépendance du Québec, en nous aliénant les secteurs d’opinion libéraux du reste du continent, les seuls susceptibles autrement de respecter notre choix.“ (Le Devoir, 22.09.2012)

Dorion zeigt den doppelten Fallstrick für die Unabhängigkeitsbefürworter auf, der durch das Projekt der *Charte* gelegt würde. Einerseits fiele es einer PQ-Regierung in Zukunft schwerer, ihr Selbstbestimmungsrecht als Minderheit international einzufordern, wenn sie anderen Minderheiten liberale Grundrechte vorenthalte. Das war auch immer das Argument Lévesques in der Sprachenfrage und bei der Finanzierung anglophoner Bildungseinrichtungen gewesen. Andererseits spaltete das Thema die quebecer Öffentlichkeit in einem Maße, dass es kein inklusives Gesellschaftsprojekt für die Mobilisierung für die Unabhängigkeit ermöglichte. Zudem sahen viele Stammwähler des PQ die *Charte* als rückwärtsgewandt an und auf eine Zeit vor der *révolution tranquille* mit den Ideen eines Maurice Duplessis und eines Lionel Groulx fixiert (Boucher 2014, S. 127).

Im Frühjahr 2014 rief die Regierung Marois Neuwahlen in der Hoffnung aus, von den guten Umfrageergebnissen in Folge der *Charte des valeurs québécoises* zu profitieren und eine Mehrheit der Sitze zu erringen. Der Wahlkampf war von zwei zentralen Themen bestimmt: die *Charte* und die Debatte um ein weiteres Referendum. Der PQ erwartete einen klaren Sieg, weil die *Charte* in den ländlichen Regionen überaus beliebt war. Aber die Ablehnung im eigenen Lager traf den PQ im Wahlkampf schwer. Darüber hinaus sorgte ein Starkandidat für Wirbel. Pierre-Karl Péladeau, der CEO des quebecer Medienimperiums *Quebecor*, beunruhigte den linken Flügel des PQ bereits auf Grund seiner sozialen Herkunft. Als Manager seines Unternehmens war er immer wieder als harter Gegner der Gewerkschaften aufgefallen und somit war die Nominierung Péladeaus im Wahlkreis *Saint-Jérôme* aus deren Sicht ein weiterer Beweis für den Drift der Partei nach rechts. Darüber hinaus erklärte Péladeau bei seiner Vorstellung, dass es sein Ziel sei, Quebec zu einem eigenständigen Staat zu machen. Damit zerstörte er die Strategie des PQ, das Referendum aus der Wahl herauszuhalten. Marois versuchte die Debatte zwar noch einzufangen, indem sie sagte, es werde kein Referendum geben, solange die Quebecer nicht bereit seien (Savard-Tremblay 2014, S. 12). Der politische Gegner nutzte das Referendum jedoch, um die eigene Wählerschaft zu mobilisieren. Letztlich erlitt der PQ eine schwere Niederlage. Die Liberalen erhielten über 41 Prozent der Stimmen und errangen 70 Mandate. Der PQ wurde erneut nur zweitstärkste Kraft mit etwas mehr als 25 Prozent und 30 Sitzen. Dies stellte das schwächste Ergebnis seit den Provinzwahlen von 1970 dar. Die CAQ erreichte etwa 23 Prozent der Stimmen und 22 Sitze und QS mit über 7,5 Prozent drei Sitze.

Der PQ war damit an einem vorläufigen Tiefpunkt angelangt. Die Partei verlor auf dem Land und in der Stadt. Diejenigen, die Angst vor muslimischer Einwanderung hatten, hatten noch mehr Furcht vor einem dritten Referendum (Boucher

2014). Marois selbst machte die Debatte um das Referendum für ihre Niederlage verantwortlich, ohne jedoch dabei die *Charte* in Betracht zu ziehen (Marois 2017, S. 5). Der PQ stellte somit die erste Partei seit der letzten Regierung der UN von 1966 dar, die nicht in der Lage war, ein zweites, konsekutives Regierungsmandat zu erringen. Pauline Marois, die ihr eigenes Mandat in ihrem Wahlkreis verlor, trat noch in der Wahlnacht als Parteivorsitzende zurück. Für den PQ wurde in der Wahl von 2014 klar, dass die Hauptgefahr bei zukünftigen Urnengängen nicht so sehr von den Liberalen, sondern von der CAQ und QS ausging, die allesamt um die nationalistische, frankophone Bevölkerungsmehrheit konkurrierten.

5.4 Fazit – Institutionen, Interessen und Ideen

Der Abstieg der Unabhängigkeitsbefürworter wurde in dieser Phase zwischen 1995 und 2014 in der politischen Arena deutlich. Das zweite Referendum hatte in der Provinz eine Zeitenwende in der Debatte um die Souveränität und die Unabhängigkeit eingeläutet. Anders als noch 1980 schoben die Akteure die sozialen und ökonomischen Fragen in den Hintergrund. Ein inklusives Gesellschaftsprojekt war nicht vorhanden. Im Anschluss an die Niederlage folgte für die Unabhängigkeitsbefürworter mit den steigenden Schulden und sinkenden Transferzahlungen des Bundes der Realitätstest. Der Streit um die Austeritätspolitik des PQ mobilisierte ab den späten 1990er Jahren die politische Linke und mit dem Kulturkampf der 2000er Jahre fand dies ebenso bei der politischen Rechten statt. Zwischen diesen Polen bewegte sich der PQ, der zunehmend der Schwierigkeit ausgesetzt war, die frankophone Wählerschaft nicht mehr an sich binden zu können.

Der PQ als politischer Arm der Unabhängigkeitsbewegung seit Ende der 1960er Jahre sah sich dabei auch in den Beziehungen zu Ottawa zunehmend größeren Problemen gegenüber. Vor allem die Annäherung zwischen Quebec und Ottawa in den Regierungszeiten Charests und Harpers lief der Argumentationslinie der Péquisten entgegen, wonach keine Zugeständnisse von Ottawa erwartet werden könnten. Die Dezentralisierung in der zweiten Hälfte der 2000er Jahre strafte diese Argumentation Lügen.

Wenn man die Periode von 1995 bis 2014 betrachtet wird ein Sachverhalt deutlich. Der Misserfolg des PQ in der Unabhängigkeitsfrage leitete letztlich die wahlpolitische Krise der Partei ab Anfang der 2000er Jahre ein, da die breite Koalition der Souveränisten und Unabhängigkeitsbefürworter zunehmend erodierte und mit Blick auf die Provinzwahlen in der ersten Hälfte der 2010er Jahren zusammenbrach.

Fragt man nun resümierend nach den Gründen für den Niedergang der Unabhängigkeitsbewegung in dieser Periode von 1995 bis 2014, so ist zuallererst darauf einzugehen, dass sich der politisch-institutionelle Rahmen seit dem zweiten Referendum signifikant verändert hatte. Die Regierung Chrétien beschloss eine pragmatische Herangehensweise an die Frage der Dezentralisierung. Zum einen wurde der verfassungsrechtliche Prozess zunehmend demokratisiert (Russell 2000, S. 231) und zum anderen fanden Reformen in den meisten Fällen nur noch unterhalb der Verfassungsebene statt. Die Ära der *mega constitutional politics* galt damit als beendet (Benz und Behnke 2009; Lazar 1998; Lazar und McLean 2000; Petersohn und Schultze 2011; Russell 1993, 2010). Der Vorteil lag darin, dass „such a process [i.e. incremental change, S.G.] avoids the all-or-nothing character inherent in seeking a comprehensive resolution and provides the possibility of at least some successes along the way“ (Watts 1999, S. 134).[89]

Dies konnte jedoch nur gelingen, wenn beide Ebenen kooperierten. Der damals dem kanadischen Föderalismus innewohnende Widerspruch bestand laut Jörg Broschek in der Kluft zwischen der Rhetorik der Akteure und deren Handeln.

> „Die Notwendigkeit zu mehr Kooperation durch gleichberechtigte Partner wird zwar allgegenwärtig bekräftigt; das politische Handeln folgt aber in der Regel dem Prinzip des Unilateralismus sowie dem Kalkül, Erfolge für sich zu reklamieren und Misserfolge der anderen Seite anzulasten.“ (Broschek 2004, S. 447)

Dabei handelten sowohl Quebec als auch Ottawa nach diesem Prinzip. Der Bund dezentralisierte zwar einige Politikbereiche, doch durch direkte Transferzahlungen an die Bürger mischte er sich wieder auf anderem Wege in die Angelegenheiten Quebecs ein. Das Verhalten des Bundes kann somit als ambivalent bewertet werden. Es handelte sich jedoch keinesfalls um eine Trendwende, die zu einer stärkeren Zentralisierung geführt hätte. Dieser Prozess hing allerdings von der Fähigkeit der politischen Eliten ab, die Balance zwischen Symmetrie und Asymmetrie zu

---

[89] Dadurch entwickelte sich auch der *Supreme Court* zu einem zentralen Akteur in der kanadischen Verfassungspolitik Das Gericht trug einen größeren Anteil zur Weiterentwicklung der kanadischen Verfassung bei als der durch die Verfassung vorgegebene Weg der Verfassungsänderung (*amending formula*) (Russell 2017, S. 426; zur Rolle des *Supreme Court* nach 1995 siehe auch Brouillet 2017 und Schertzer 2016).

gewährleisten. Diesen Weg behielten die Regierungen Martin und Harper in großen Teilen bei. Kanada entwickelte sich somit weiter zu einem hochgradig dezentralisierten föderalen System mit asymmetrischen Elementen, welche jedoch eher informeller als verfassungsrechtlicher Art sind (Simeon 2009, S. 49f.).

Die Abkommen, welche die Harper-Regierung mit Quebec getroffen hatte, beinhalteten zudem immer einen niedrigeren Level an Konditionalität und weniger Intervention des Bundes in die Kompetenzbereiche der Provinz, als dies bei Abkommen mit den anderen Provinzen der Fall war. Zudem unterschieden sich die Abkommen zwischen Ottawa und Quebec inhaltlich oft in erheblicher Weise von denen zwischen Ottawa und den anglophonen Provinzen (McGrane 2013, S. 119f.). Die Harper-Regierung ließ Asymmetrie in geringen Dosen zu und die Dezentralisierung der föderalen Systems passte zu den neoliberalen Ideen der Konservativen. Deshalb stellen Simeon et al. (2014, S. 83ff.) zu Recht die Frage, ob unter der Regierung Harper eine Rückkehr zum Modell des klassischen Föderalismus gegeben ist. Man findet eine Entflechtung der Ebenen und eine geringere Einmischung des Bundes in die Bereiche der Provinzen. Darüber hinaus war Ottawa zur Dezentralisierung bestimmter Politikfelder bereit und setzte auf eine Einschränkung der *federal spending power*. Gleichzeitig versuchte die Harper das Problem der vertikalen Ungleichgewichte in der finanziellen Ausstattung effektiv zu bekämpfen. Die neoliberale Politik der Konservativen zeigte also Wirkung (Brown 2017, S. 89) und Quebec profitierte besonders von diesen Veränderungen. Dies schwächte die Argumentation der Unabhängigkeitsbefürworter, dass Quebec nur als unabhängiger Staat über sein eigenes Schicksal entscheiden könne.

In dieser Periode fand darüber hinaus eine Verrechtlichung des Prozesses statt, der Quebec die Unabhängigkeit bringen sollte. Mit der Entscheidung des *Supreme Court* 1998 und dem *Clarity Act* ergab sich ein klarer und rechtlich verbindlicher Mechanismus, der die Möglichkeit einer legitimen Sezession eröffnete.

Zweitens hatten sich die Interessenlagen und die Akteurskonstellation seit den 1960er Jahren erheblich verändert. Im Jahr des zweiten Referendums lag der Beginn der *révolution tranquille* genau 35 Jahre zurück. In dieser Zeit hatte sich der quebecer Staat und dessen Gesellschaft grundlegend verändert. Anders als in den 1960er Jahren fand sich jedoch keine dominante gesellschaftliche Gruppe, die das Unabhängigkeitsprojekt hätte vorantreiben können. Die *nouvelle classe moyenne* hatte wie die *bourgeoisie d'affaires* ihre Ziele größtenteils erreicht. Was zu diesem Zeitpunkt also fehlte war eine neue Gruppe, die die Mobilisierung der Gesellschaft hätte in die Wege leiten können. Andere Themen schoben sich ab Ende der 1990er Jahre in den Vordergrund. Die Unabhängigkeitsdebatte hatte seit den 1980er Jahren einen *Crowding-out-Effect* mit Hinblick auf die Diskussionen um die Sozialpolitik und um die wirtschaftliche Zukunft der Provinz; das heißt die politische Debatte war unter PQ-Regierungen vor allem vom Thema der Unabhängigkeit geprägt und ignorierte zunehmend die sozialen Verwerfungen in der Provinz. Im Jahr 1995 hatten sich noch linke und konservative Gruppen unter dem Banner des *Camp de Oui* versammelt, obwohl es von Seiten der Befürworter der Unabhängigkeit keinen anderen Plan für die Zukunft der Provinz gab, außer dass alles beim Alten bleiben sollte. Es gab jedoch kein „projet souverainiste" (Interview Renaud) beziehungsweise kein Gesellschaftsprojekt wie das der *rattrapage*.

Die Kritik der politischen Rechten und Linken war darauf ausgerichtet, dass Veränderungen im Hier und Jetzt stattfinden müssten und nicht auf eine zukünftige Unabhängigkeit gewartet werden konnte. Als sich die soziale Frage nach dem Referendum erneut stellte, verweigerte sich die Linke einer Austeritätspolitik, selbst wenn diese ein erster Schritt für die Unabhängigkeit hätte sein können. Für konservative Politiker stellte sich zudem die Identitätsfrage. Diese musste ebenfalls politisch beantwortet werden, denn auf Grund der multikulturellen Einwanderung musste die Herausforderung besonders in Montreal sofort angegangen werden und konnte nicht in die Zukunft verschoben werden. Deshalb zeigt sich ab den 1990er Jahren die steigende Bedeutung des Rechts-Links *Cleavages* in den sozialen, ökonomischen und kulturellen Fragen der Provinz (Dupuis-Déri und Éthier 2016, S. 16). Der dominante Faktor zur Erklärung des quebecer Parteiensystems ist laut Bélanger und Nadeau (2009) zwar weiterhin die Positionierung in der nationalen Frage, aber diese Konfliktlinie besteht nicht mehr allein, sondern wird durch eine diese schneidende Konfliktlinie (*cross-cutting cleavage*) ergänzt. Da diese beiden Konfliktlinien primär die frankophone Wählerschaft betreffen, beziehen sich die Veränderungen vor allem auf den PQ. Mit dem ADQ entstand 1994 eine wirtschaftsliberale Partei, die sich politisch etablieren konnte und in den Provinzwahlen von 2007 zur offiziellen Opposition in der Nationalversammlung aufstieg. 2011 fusionierte die Partei mit der CAQ, welche sich erfolgreich in der quebecer Parteienlandschaft festsetzte. Ein ähnliches Phänomen findet sich Mitte der 2000er Jahre auf der Seite der politischen Linken. Hier entstand im Februar 2006 die Partei QS, welche vornehmlich in Montreal dem PQ erfolgreich Wählerstimmen streitig machte. Diese Parteigründungen sind das Ergebnis eines klassischen Links-Rechts-*Cleavage*, welcher seit den 1960er Jahren von der Konfliktlinie zwischen Souveränisten und Föderalisten überlagert worden war. Das Aufkommen von QS und der *Option nationale* hatte Konsequenzen für die Péquisten in den Provinzwahlen von 2012 und 2014, da sie mit beiden Parteien um die Wähler im linken Spektrum konkurrierten (Godbout 2013, S. 35). Gleiches gilt im rechten Spektrum für die CAQ. Die Fragmentierung der Basis der Péquisten zeigt diesen Sachverhalt deutlich. Die Unabhängigkeit Quebecs wurde nur noch ein Thema unter vielen anderen.

Drittens ergaben sich auch Veränderungen bei den ideationalen Faktoren, da sich die tragenden Narrative veränderten. Gegen Mitte der 1990er Jahre hatten die Quebecer zunehmend das Gefühl, *maîtres chez eux* zu sein. Die Sprachgesetzgebung der vergangenen beiden Dekaden hatte die französische Sprache gestärkt und den sozioökonomischen Status der frankophonen Quebecer insgesamt verbessert (Lecours 2018, S. 65). Die *rattrapage* war weitestgehend erfolgreich verlaufen und die Frage der Unabhängigkeit trat zunehmend in den Hintergrund.

Mit der Niederlage des PQ im Referendum wurde die Erosion der Koalition der Unabhängigkeitsbefürworter dann deutlicher. Wie beschrieben, begannen die soziale Frage und die Identitätsdebatte an politischer Bedeutung zu gewinnen. Der PQ verlor laut Guy Laforest das Referendum gerade deshalb, weil es eine zu starke Fokussierung auf eine quebecer Identität als einer auf frankophoner Homogenität beruhenden Identität gab. Durch diesen Schutz der speziellen Identität waren die Unabhängigkeitsbefürworter aber nie in der Lage, ihre Basis zu verbreitern (Laforest 2007, S. 66). Die Zeit, in der ein inklusives Gesellschaftsprojekt die frankophone Mehrheitsgesellschaft einigen und mobilisieren konnte, war damit vorläufig vorbei. Die Identitätsfrage ist eine Herausforderung, die in vielen westlichen Industrieländern zu diesem Zeitpunkt auftrat und die im Kontext muslimischer Zuwanderung nach den Ereignissen vom 11. September 2001 zunehmend politische Bedeutung gewann. Die Debatten um die *accommodement raisonnable* sowie um Säkularismus und Laizismus spalteten allerdings die frankophone Gesellschaft Quebecs. In diesen „Kulturkampf" stieg auch der PQ ein.

Zwar konnten sich konservative und progressive Kräfte darauf einigen, dass die Sprache im Zentrum der quebecer Identität stünde (Beauchemin 2006; Bouchard 2012), mehr aber war nicht möglich.

> „Jusqu'aux années 2000, le mouvement nationaliste, pris dans son ensemble, veut faire du Québec une nation pluraliste, un projet de société inspiré de l'Union européenne. À partir

> des années 2000, toutefois, il semble parfois que le mouvement nationaliste ne s'inspire plus tant de ceux qui croient en l'Union européenne que des eurosceptiques qui sont d'ailleurs de plus en plus nombreux en Europe." (Bernier Arcand 2015, S. 49)

In einer multikulturellen Gesellschaft ist die Vorstellung eines kulturell homogenen Volkes jedoch nicht unbedingt vorteilhaft für die Mobilisierung einer Unabhängigkeitsbewegung. Der Kampf fand somit nach innen statt und nicht nach außen. Ottawa war nicht länger der Hauptfeind des quebecer Nationalismus. Vielmehr stellte der Islam und die muslimische Minderheit in Quebec die größte Gefahr für die eigene Identität dar (Bakali 2015). Die dominanten Narrative spalteten die Öffentlichkeit und vor allem die frankophone Mehrheit. Gesetzesentwürfe wie die *Charte des valeurs québécoise* beförderten das Unabhängigkeitsprojekt nicht, sondern schwächten mit dem PQ nur dessen politischen Arm. Der mit dieser Debatte zusammenhängende Konservatismus erscheint zwar nach außen hin modern, schrieb der bekannte quebecer Literaturwissenschaftler Jacques Pelletier bereits 1994, doch biete er als Antwort auf die drängenden Herausforderungen der quebecer Gesellschaft ein rückwärtsgewandtes Modell aus der Zeit vor der *révolution tranquille* (Pelletier 1994, S. 11). Die quebecer Regierung unter Marois versuchte zwar, mit dem *Loi 60* den Bedenken der Bevölkerung Rechnung zu tragen, doch muss berücksichtigt werden, dass die kanadische Grundrechtecharter die Politik der quebecer Regierungen zum Schutz der kulturellen Traditionen erschwerte.

Das Problem der Unabhängigkeitsbefürworter lag aber auch darin, dass die Globalisierung das Erreichen der internen Souveränität, sprich einer größeren Handlungsfähigkeit der Provinzen, ermöglichte, ohne zugleich die externe Souveränität, erlangen zu müssen. Damit trifft immer mehr zu, was Courchene in seiner Stellungnahme vor der *Commission Bélanger-Campeau* ausgeführt hatte. Der Inhalt von Souveränität beginnt sich zu wandeln. Der Bund würde in Zukunft nicht mehr die dominante Kraft sein, die das Leben der Menschen beeinflusse (Courchene 1991, S. 212ff.). Dies bedeutet nicht, dass die Provinzen neue Kompetenzen erhalten haben, sondern vorhandene Kompetenzen gestärkt wurden. Dies zeigt sich auch in der Re-Fokussierung der Politik auf das Erschließen neuer finanzieller Ressourcen und nicht von zusätzlichen Kompetenzbereichen. Gleichzeitig findet eine weitere Internationalisierung der Kompetenzen des Bundes statt (Courchene 2007, S. 214f.). Dazu gehört etwa die Handelspolitik. Der Bund wird damit im kanadischen Kontext keineswegs unbedeutend, er verliert aber Teile seiner Steuerungsfunktion. Die Ausführungen Courchenes zeigen allerdings klar, dass es im

21. Jahrhundert weniger um Unabhängigkeit, als vielmehr um die Handlungsfähigkeit von Akteuren innerhalb der politischen und gesellschaftlichen Arenen geht. Souveränität und Unabhängigkeit können nicht mehr gleichgesetzt werden. Damit steht für die Quebecer die Möglichkeit offen, die Vorteile eines Bundesstaates zu behalten und zugleich ihr eigenes Gesellschaftsmodell zu verwirklichen.

Diese Phase war innerhalb des PQ kaum von Diskussionen über die Strategie zum Erreichen der Unabhängigkeit geprägt. Dies kann an zwei Gründen liegen. Zum einen könnte das Ziel auf kurze Sicht als nicht erreichbar gegolten haben. Deswegen erschien es den Akteuren wenig sinnvoll, über Hypothetisches zu diskutieren. Dies war insofern politisch bedeutsam, da ein weiteres Referendum bei der Bevölkerung unbeliebt war. Zum anderen könnte die ausbleibende Debatte um die strategische Positionierung auch daran gelegen haben, dass das Referendum einen derart hegemonialen Status erreicht hat, dass keine ernstzunehmende Fraktion innerhalb des PQ die demokratische Abstimmung in Frage stellen konnte. Die einzige Ausnahme bildete die kurz aufkommende Debatte, die Parizeau Mitte der 2000er Jahre anzustoßen versucht hatte. Dies geschah allerdings während des *Sponsorship Scandal*, als die Zustimmung zur Unabhängigkeit zu steigen begann. Die erste der aufgeworfenen Thesen erscheint somit plausibler. Die Parteiführung unter Landry konnte sich den Forderungen Parizeaus und seiner Anhänger jedoch erfolgreich entgegenstellen und die Referendumsstrategie blieb bestehen.

Die einzig reale Veränderung innerhalb dieses Zeitrahmens betraf die Frage, wann ein neues Referendum hätte stattfinden müssen. Sollte dies möglichst schnell innerhalb der ersten Legislaturperiode nach Übernahme der Regierungsverantwortung geschehen, wie der Parteitag 2005 festgelegt hatte, oder sollte der Regierung mehr Freiraum eingeräumt werden, wie dies der neuen Parteichefin Pauline Marois 2007 zugestanden wurde? Letzten Endes handelte es sich hierbei jedoch nur um kleinere taktische Überlegungen. Am Referendum selbst führt auch im 21. Jahrhundert weiterhin kein Weg vorbei.

6. Ergebnisse

Die Analyse in dieser Arbeit drehte sich um die Frage, wie der Aufstieg und der Niedergang der Unabhängigkeitsbewegung in Quebec gedeutet werden kann. Dabei steht Quebec als ein Beispiel für den Fall von Minderheitsnationen, die in Westeuropa und Nordamerika seit einigen Jahrzehnten nach Souveränität und Unabhängigkeit streben. Darüber hinaus stellte sich die Frage, wie der PQ als politisches Vehikel dieser Bewegung strategisch auf die Veränderungen in der Zustimmung zur Unabhängigkeit reagierte. Welche Ergebnisse lassen sich nun abschließend aus dem spezifischen Fallbeispiel Quebecs ziehen?

6.1 Die Zukunft Quebecs: Zwischen Handlungsfähigkeit und Unabhängigkeit

Der quebecer Independentismus, der sich ab Ende der 1960er Jahre im PQ kristallisiert hatte, stellte sich als ambivalent heraus, da er zugleich revolutionär wie auch reformistisch war. Er war revolutionär, weil er sowohl mit dem institutionellen System Kanadas brechen als auch das alte franko-kanadische Erbe abschütteln wollte. Er war jedoch ebenfalls reformorientiert, da er diese Prozesse in Etappen (*l'étapisme*) und innerhalb der demokratischen Ordnung erreichen wollte (Chevrier 2012, S. 135). Dieses Projekt war in den 1970er und 1980er Jahren erfolgreich und verhalf den frankophonen Quebecern zu gesellschaftlichem und wirtschaftlichem Aufstieg. Selbst die Liberalen verfolgten innerhalb der Provinz eine nationalistische Politik, was die *Causa Quebec* zu einem der vordringlichsten Angelegenheiten innerhalb des kanadischen Bundesstaates werden ließ.

Die Wahlen zum kanadischen Unterhaus im Mai 2011 und die quebecer Provinzwahlen vom September 2012 spiegelten jedoch eine vorläufige Trendwende wider, die sich in der abnehmenden Zustimmung für die Unabhängigkeit seit Mitte der 2000er Jahre zeigt. Dies steht im Widerspruch zu den Ergebnissen von Richez und Bodet (2012), die in ihrer Längsschnittstudie herausfanden, dass unter konservativen Regierungen auf Bundesebene die Zustimmung zur Unabhängigkeit im Zeitraum zwischen 1976 und 2008 immer zugenommen hatte.[90] Sowohl auf der

90 Die Analyse von Richez und Bodet (2012) greift zu kurz, da die einzige konservative Regierung innerhalb dieses Zeitraums die Regierung Mulroney darstellte, die mit den

S. Geßler, *Souveränität ohne Unabhängigkeit*, Politikwissenschaftliche Paperbacks, https://doi.org/10.1007/978-3-658-27385-9_6

Bundes- als auch auf der Provinzebene traten die strukturellen Probleme der independentistischen Option im neuen Jahrtausend immer deutlicher hervor.

2011 gewann zum ersten Mal seit Anfang der 1990er Jahre eine andere Partei als der *Bloc* die Mehrheit der Stimmen und Mandate in Quebec. Die Niederlage des *Bloc* war dramatisch. Die Partei errang nur noch vier Sitze und etwas mehr als 23 Prozent der Stimmen in der Provinz. Die Unterhauswahlen von 2015 führten dem *Bloc* vor Augen, dass die eigenen Probleme nicht nur oberflächlich vorhanden waren, sondern mit gesellschaftlichen Veränderungen zusammenhingen. Der *Bloc* gewann zwar 10 Sitze, aber nur noch etwas mehr als 19 Prozent der Stimmen. Vielmehr sicherten sich die kanadischen Liberalen unter einem neuen Trudeau, Justin Trudeau, mit 40 Sitzen und etwas mehr als 35 Prozent den Löwenanteil der Unterhausmandate. Das letzte Mal, dass die kanadischen Liberalen ein derartiges Ergebnis in Quebec feiern konnten, war bei den Unterhauswahlen von 1980 unter Pierre E. Trudeau. Eine „Normalisierung" der Politik schien einzusetzen und der *Bloc* schwächt sich seitdem mit internen Grabenkämpfen selbst.[91]

Auf der Provinzebene konnte der PQ 2012 keine absolute Mehrheit der Sitze in der Nationalversammlung erringen, obwohl sich der PLQ auf Grund von zahlreichen Skandalen in einer Krise befand. Nach nicht einmal zwei Jahren wählten die Quebecer die Regierung von Marois zudem wieder ab. Seit Marois Rücktritt versuchten zuerst Pierre-Karl Péladeau und anschließend Jean-François Lisée als Parteichefs den Absturz des PQ zu verhindern. Beide agierten größtenteils erfolglos und die Provinzwahlen vom Oktober 2018 endeten in einem Desaster für den PQ, welcher mit etwas mehr als 17 Prozent und zehn Mandaten sein schlechtestes Ergebnis aller Zeiten einfuhr und somit nur noch die drittgrößte Fraktion in der quebecer Nationalversammlung darstellt.

Viele quebecer Intellektuelle brachten diese Entwicklungen in der Vergangenheit immer mit einer Niederlage für Quebec in Verbindung. So stellte Monière zu

---

Besonderheiten von Meech Lake und Charlottetown zu kämpfen hatte. Die Regierung Harper ist in diesem Beispiel nicht ausreichend berücksichtigt – das Ende des Analysezeitraums stellt das Jahr 2008 dar. Seit 2005 nahm die Zustimmung zur Unabhängigkeit Quebecs jedoch konstant ab und pendelte sich auf einem niedrigen Level ein.

91 Im Februar 2018 traten sieben der zehn *Bloc*-Abgeordneten aus der Fraktion aus, weil sie die Strategie der Parteichefin Martine Ouellet nicht unterstützen konnten (Le Devoir, 27.02.2018). Ein Grund dafür lag in der Haltung von Ouellet beim Thema Unabhängigkeit. Für sie konzentrierte sich die Arbeit des Bloc nur darauf und nicht auf die Frage, wie konkret Verbesserungen für Quebec im Hier und Jetzt erreicht werden könnten. Nach dem Rücktritt Oullets traten diese Abgeordnete dem Bloc wieder bei.

Beginn der 2000er Jahre klar, dass Quebec innerhalb Kanadas stets als Verlierer vom Platz gegangen sei, da die Option der Unabhängigkeit als Drohung nie glaubhaft vermittelt werden konnte. Solange die frankophone Gemeinschaft gespalten sei und nicht nach außen geschlossen auftrete, könne Quebec seine Positionen nicht erfolgreich durchsetzen (Monière 2001: 130 – 132). Unabhängig davon, dass sich in einer demokratischen und pluralistischen Gesellschaft nie ein homogenes Meinungsbild durchsetzen wird, folgt diese Argumentation einer völlig falschen Logik. Gleiches gilt auf andere Weise für die Argumentation von Charles Taylor nach dem Scheitern des *Meech Lake Accord*.

> „Il reste qu'il faut trouver le moyen de convaincre le Canada anglais du sérieux de la question. Il faudrait éviter de s'enliser dans le dédale des procédures d'amendement actuellement en vigueur. L'inconvénient de ces procédures, c'est qu'à défaut d'accord, elles nous laissent dans le statu quo. Elles placent le fardeau de la preuve sur ceux qui veulent le changement. Il faudrait peut-être proposer au Canada anglais quelque chose comme une reprise de la Conférence de Charlottetown de 1864, c'est-à-dire des négociations où l'échec ne nous laisserait plus dans le statu quo, mais signifierait la fin du pays. Il s'agit en effet d'un ultimatum.“ (Taylor 1992b, S. 176)

Freilich konnten beide Autoren die Veränderungen ab den 2000er Jahren nicht vorhersehen, dennoch stellt die fast schon ideologische Fokussierung auf die Unabhängigkeit die eigentliche Problemstellung in den Hintergrund. Die wesentliche Frage lautet nämlich nicht, ob und wie eine Unabhängigkeit normativ gerechtfertigt ist. Wie in der Analyse dargestellt wurde, stellt die Unabhängigkeit weder das Problem noch das Heilmittel auf die grundlegenden Herausforderungen einer Minderheitsnation wie in Quebec dar.

Die Interessen einer neuen frankophonen Mittelschicht nach sozialer Mobilität und wirtschaftlichen Möglichkeiten waren ein erstes Element für die erfolgreiche Mobilisierung der Unabhängigkeitsbewegung. Hinzu kam, zweitens, ein Gesellschaftsprojekt, das für diese Mobilisierung genutzt werden konnten, da es die realen und materiellen Probleme vieler Quebecer widerspiegelte. Drittens spielte der als stark zentralisiert wahrgenommene Bundesstaat eine wichtige Rolle, da Quebec hierdurch nicht die als notwendig angesehenen Reformen durchsetzen konnte. Aus der Melange dieser Faktoren entstanden die Rahmenbedingungen, durch die der PQ und die Unabhängigkeitsbewegung aufsteigen konnten. Der Kontext im Jahr 2014 stellte sich jedoch als ein anderer heraus (vgl. Tabelle 6.1).

Die Interessenstruktur der zentralen Akteure – Webers erste Kategorie – hatte sich im Laufe der Zeit grundlegend verändert. Die durch die *révolution tranquille* angestoßenen Reformprojekte der Regierungen aus den 1960er und 1970er Jahren waren zum größten Teil erfolgreich gewesen. Die ökonomischen Ungleichgewichte zwischen anglophonen und frankophonen Quebecern sind verschwunden und soziale Aufstiegschancen für die frankophone Bevölkerungsgruppe sind heutzutage gewährleistet. Gleichzeitig hat sich der Lebensstandard zwischen Quebec und Ontario angeglichen (Fortin 2011; Kempf 1999; Noël 2017). Der Unterschied zwischen anglophonen und frankophonen Quebecern hat laut Langlois (1990, S. 259) mit Hinblick auf den sozialen Status und das Einkommen zwischen 1960 und 1990 massiv abgenommen und der eigentliche Konflikt findet mittlerweile zwischen Quebecern und Immigranten statt, bei dem letztere benachteiligt sind.

Tabelle 6.1: Zentrale Akteure und Narrative in Quebec

	Bis Ende 1950er Jahre	Bis Anfang 1980er Jahre	Bis Mitte 1990er Jahre	Seit Mitte 1990er Jahre
Dominante gesellschaftliche Akteure	Lokale Honoratioren/ Klerus	*Nouvelle classe moyenne*	*Bourgeoisie d'affaires* / *Nouvelle classe moyenne*	Keine dominante Gruppe
Trägerelement der Identität	Religion	Schule/Sprache	Schule/Sprache	Sprache/ Interkulturalismus
Narrative/ Gesellschaftsprojekt	*La survivance* (traditionell-agrarisch-katholische Lebensweise)	*Le rattrapage* (Souveränität, um Modernisierung voranzutreiben)	*Narrativ der Demütigung Quebecs*	Kein dominantes Narrativ / (kulturelle) Identitätsfragen

Quelle: Eigene Darstellung.

Die *nouvelle classe moyenne* hatte somit ihre Ziele erreicht. Die Unabhängigkeit ist nicht mehr notwendig, um die ökonomische Gleichberechtigung zu sichern. Aber auch die *bourgeoisie d'affaires* erreichte mit den Entwicklungen der letzten Dekaden ihre Ziele. Der Bundesstaat blieb erhalten und der gemeinsame Markt öffnete neue Möglichkeiten für diese Gruppe. Die größte Gefahr geht Ende der 2010er Jahre von der Präsidentschaft Donald Trumps aus, der mit seiner Drohung von der Beendigung von NAFTA – beziehungsweise dem neu ausgehandelten *United States–Mexico–Canada Agreement* – eine schwierigere Herausforderung für Kanada und Quebec darstellt, als quebecer Independentisten. Selbst überzeugte Unabhängigkeitsbefürworter wie der ehemalige PQ-Minister Joseph Facal (2010) räumen ein, dass Quebec sich innerhalb des Bundesstaates erfolgreich modernisieren und zentrale Reformen umsetzen konnte.

Die neuen Alterskohorten wachsen nun in einer Provinz innerhalb eines Bundesstaates auf, in der die Sprache nicht mehr wie in den 1960er Jahren ihren sozialen Status determiniert. Die jungen Quebecer werden in einem anderen gesellschaftlichen und politischen Kontext sozialisiert, der sich signifikant von dem ihrer Eltern und Großeltern unterscheidet. Die Sprachgesetzgebung und die nationalistische Politik des PLQ und des PQ ebneten den Weg dorthin. Es war immer die Generation, die in den 1960er und 1970er Jahren sozialisiert worden war, die am energischsten für die Unabhängigkeit Quebecs agitierte. Die vorhergehenden und nachfolgenden Generationen waren skeptischer mit Blick auf dieses Ziel (Balthazar 1986, S. 191f.). Wenn aber diese Probleme nicht länger existieren, und wenn die *rattrapage* somit nicht mehr notwendig erscheint, dann verliert auch die Argumentation nach Unabhängigkeit ihre Wirkmacht. „Au fur et au mesure que les écarts de revenu se sont réduits, la métaphore répandue du rattrapage socioéconomique a perdu de son sens, pour céder la place à une volonté plus affirmée de consolider et développer un modèle distinct“ (Noël 2017, S. 451).

Aber auch auf der institutionellen Ebene – der zweiten Kategorie Webers – ließen sich Veränderungen feststellen. Der institutionelle Kontext unterscheidet sich Ende der 2010er Jahre signifikant von dem der 1960er Jahren. Sowohl für die *rattrapage* als auch später für das Verteidigen eines spezifischen quebecer Modells benötigte die Provinz Kompetenzen und finanzielle Ressourcen. Dies bestimmte die Konflikte um die Dezentralisierung des politischen Systems seit den 1960er Jahren. Obwohl bestimmte Autoren eine Dezentralisierung Kanadas anzweifeln – so hat Alain Noël (2002, S. 23) den sogenannten *collaborative federalism* zu Ende der 1990er und dem Beginn der 2000er Jahre als Phase einer hochgradigen Zentralisierung des kanadischen Bundesstaates gesehen. Andere Autoren interpretieren diese Phase hingegen anders (Lazar 1998, S. 24). Richard Simeon hat sicherlich Recht, wenn er argumentiert, dass Quebec vom kanadischen Bundesstaat und von der grundlegenden Dezentralisierung des Systems profitiert hat (Simeon 2013, S. 339). Der ehemalige Minister für intergouvernementale Beziehungen in der zweiten Regierung Bourassa, Gil Rémillard, stellte fest, dass „aujourd'hui nous avons un nouveau fédéralisme, [et] des choses que nous demandions dans Meech maintenant existent en pratique à 90 pourcent“ (Interview Rémillard). Viele Bereiche, in denen der Bund früher intervenierte, unterliegen heute der alleinigen Kompetenz der Provinzen. Darüber hinaus schränkte der Bund die Konditionalität von Transferzahlungen weiter ein, oder schaffte die Bedingungen vollständig ab. Die Entwicklungen der vergangenen Jahrzehnte lassen definitiv eine Dezentralisierung des politischen Systems erkennen (vgl. Abbildung 6.1). Die Veränderungen innerhalb des Bundesstaates hatten folglich dazu beigetragen, dass Quebec in vielen Bereichen an Handlungsfähigkeit gewonnen hat und sich die quebecer Bevölkerung mehr denn je als *maîtres chez eux* wahrnimmt.

Dass die Frage nach der Notwendigkeit der Dezentralisierung des politischen Systems für viele Quebecer keine signifikante Rolle mehr spielt, zeigt sich auch in einer Studie des Mowat Center vom Dezember 2017 zur Einstellung von Kanadiern in Quebec und Ontario hinsichtlich des Bundesstaates. Darin stellen die Autoren fest, dass nur 27 Prozent der Quebecer dem Transfer von mehr Kompetenzen an die Provinzen eine hohe Priorität beimessen.

Diese Kategorie liegt somit weit hinter der Forderung nach mehr Geld für Gesundheitspolitik (61 Prozent), dem Kampf für Einkommensgleichheit (57 Prozent) oder mehr Investitionen in Bildung und Fortbildung/Ausbildung (48 Prozent). Selbst Steuersenkungen (48 Prozent) und die Verbesserung der amerikanisch-kanadischen Beziehungen stuften viele Quebecer als wichtiger ein (34 Prozent) (Parkin et al. 2017, S. 5). Sehr viele Quebecer wünschen sich darüber hinaus, dass sowohl der Bund als auch Quebec gemeinsam in vielen Politikfeldern entscheiden und sich besser koordinieren (ebd., S. 14). Dabei nahm die Anzahl derer, die sich einen weiteren Transfer von Kompetenzen von Ottawa nach Quebec wünschten zwischen den Jahren 2003 bis 2017 von 45 Prozent auf 27 Prozent ab (ebd., S. 15). Die quebecer Bevölkerung hat sich in großen Teilen mit dem institutionellen Kontext des kanadischen Bundesstaates arrangiert. Bereits 25 Jahre nach 1982 war die *Canadian Charter of Rights and Freedoms* in Quebec beliebter als im Rest Kanadas und die Quebecer waren viel gewillter, die Kategorien schutzbedürftiger Gruppen zu erweitern und den Gerichten die Kompetenz für Entscheidungen zu übertragen und damit der politischen Debatte zu entziehen (Massicotte 2008, S. 44).

Auch auf der Ebene der letzten Kategorie – der ideellen Faktoren – sieht sich Quebec einer neuen Herausforderung gegenüber. Hatte *le rattrapage* in den 1960er und 1970er Jahren noch als mobilisierendes Gesellschaftsprojekt gewirkt, das auf Basis der ökonomischen Ungleichheit zwischen den Sprachgruppen eine integrierende Wirkung innerhalb der frankophonen Gemeinschaft hatte, so findet sich heute kein Narrativ, auf das die Unabhängigkeitsbewegung aufbauen könnte.

Abbildung 6.1: Entwicklungsdynamiken des kanadischen Bundesstaates seit 1867

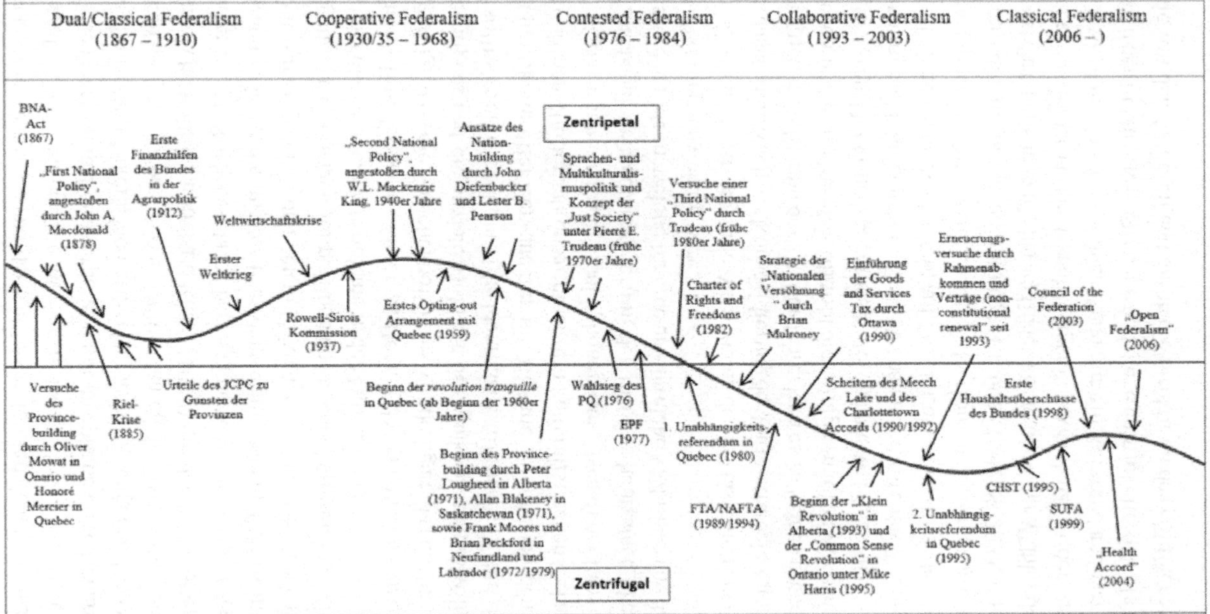

Quelle: Darstellung aus Broschek (2004), erweitert um Simeon et al. (2014) und eigene Erweiterung.

Die Fragen der Einwanderung und der Kultur spielen seit dem Beginn der 1990er Jahre eine größere Rolle als die Bildungspolitik und der Sozialstaat (Durand 1999, S. 183). Diese Debatten spalten allerdings die frankophone Gesellschaft Quebecs. Dies ist ein elementarer Unterschied zu den Herausforderungen in den 1960er Jahren. So traten auch in Quebec ab den 1990er Jahren diejenigen Prozesse ein, die der amerikanische Philosoph Richard Rorty (1998) mit der „kulturellen Linken" in Verbindung bringt. Rorty beschrieb bereits Ende der 1990er Jahre am Beispiel der USA jene Prozesse, die mit der Präsidentschaft Donald Trumps in den USA und mit dem Aufstieg der Populisten in Europa zum Ende der 2010er Jahre die Politik prägen. Dabei drängen im politischen Diskurs kulturelle Identitätsfragen zunehmend die ökonomischen Probleme in den Hintergrund.

Hatte die Politik der Nationalisten zu Beginn der *révolution tranquille* noch der Logik gefolgt, dass die Sprachenpolitik als Vehikel galt, das die ökonomische Gleichberechtigung und die soziale Mobilität der frankophonen Bevölkerung ermöglichen sollte, so entwickelte sich die Identitätspolitik in der Diskussion um die Integration multikultureller Einwanderer im Allgemeinen und um den Islam im Besonderen ab den 2000er Jahren zu einer rein kulturalistischen Debatte. Diese vertiefte die Gräben innerhalb der frankophonen Gesellschaft der Provinz. Somit fehlt den Unabhängigkeitsbefürwortern in der Provinz heutzutage ebenfalls die dritte Kategorie der Ideen, welche für eine erfolgreiche Mobilisierung der frankophonen Bevölkerung notwendig wäre.

Mit Hinblick auf die strategische Ausrichtung des PQ lässt sich ein Phänomen deutlich herausstellen. Nach der Konsolidierung der Parteistrategie zum Erreichen der Unabhängigkeit zu Beginn der 1970er Jahre, kam es zu keinen grundlegenden Veränderungen in diesem Bereich, obwohl dies einige Autoren wie etwa Lecours (2018) suggerieren. Der Grundsatz eines Referendums wurde seitdem in keinem Parteiprogramm mehr aufgegeben. Eine Ausnahme stellte das Programm von 1982 dar, wobei dieses im Nachhinein auf Druck Lévesques verändert wurde, um das Referendum wieder hinzuzufügen. „[L]'élection dite référendaire mène à un cul-de-sac du point de vue démocratique" (Cloutier 1992, S. 223). Wie Cloutier weiterhin ausführt, hätte man nie herausfinden können, ob der Wähler den PQ auf Grund seiner Positionierung zur Unabhängigkeit gewählt hätte oder aus anderen Gründen. Dieses Legitimationsproblem kann nur ein Referendum lösen. Deshalb entschied sich der PQ für diese Strategie und diese entwickelte sich pfadabhängig fort, weil sie von den Akteuren und durch die Strukturen des politischen Systems reproduziert wurde. Aus diesem Grund stellt das Referendum nach wie vor das zentrale Element für das Erzielen der Unabhängigkeit dar. Wie aus Tabelle 6.2 hervorgeht, lässt sich diese Schlussfolgerung durch die Aussagen aller Interviewpartner aus den Reihen des PQ bestätigen.

Tabelle 6.2: Aussagen der Interviewpartner (PQ) zur Veränderung der Parteistrategie.

Louis Bernard	„Dès Lévesque, l'essentiel de la position du Parti Québécois sur la souveraineté sont les accents de Lévesque […] Je crois que ça reste au cœur du Parti Québécois."
Joseph Facal	„Oui, c'est à dire qu'il y a toujours eu dans la stratégie officielle depuis 1974, il y a toujours eu un référendum ça c'est automatique, ça c'est clair, mais la question référendaire elle a été conçue de manières diverses." „Ça veut dire que même M. Parizeau, perçu comme plus radical que M. Lévesque, reconnaissait qu'il fallait prendre le pouvoir, qu'il fallait tenir un référendum […] il fallait évidemment des garanties de légitimité et de transparence démocratique que seul un référendum pouvait donner."
Pauline Marois	„Dans les débats qui ont eu cours tout au long de notre histoire, nous avions prévu qu'à défaut d'entente à la suite d'un référendum, l'Assemblée nationale pourrait décréter unilatéralement la souveraineté. Il faut être clair. Notre parti a toujours été conscient de la nécessité de conserver un lien avec le Reste du Canada." (Marois 2017, S. 1) „Le moyen privilégié pour atteindre notre objectif a toujours été la tenue d'un référendum où les deux options disposent de moyens comparables." (Marois 2017, S. 3) „Au sein du Parti Québécois, il y a toujours eu des débats sur la façon, la stratégie pour atteindre notre objectif. Mais après moult discussions, la conclusion a toujours été que la seule voie respectueuse de la démocratie, la seule qui nous assure une reconnaissance des autres nations, demeurait le référendum." (Marois 2017, S. 5)
Claude Morin	„Lévesque était une personnage extraordinaire, ok? Il n'y avait personne qui critiquait Lévesque. C'est sorte de Mao, si vous vouliez."
François Royer	„C'est clair pour nous ça passe par un référendum."
Martine Tremblay	„C'est clair, qu'il [i.e. Lévesque, S.G.] a donné un carte ou, un lien, qui est extrêmement difficile à changer." „Il est vraiment inscrit dans les gènes de ce parti, l'idée qu'il faut, si on accepte la souveraineté, ça soit le fruit d'un exercice démocratique inattaquable."

Quelle: Eigene Darstellung auf Basis der Interviews.

Dennoch stand der *étapisme*, zu dem das Referendum zählte, immer auch in der Kritik. Die Strategie war nie unumstritten. Sie ließ sich aber auch nie grundlegend verändern. Wenn der *étapisme* eine wahlstrategische Überlegung darstellte oder aber ein nie endender Prozess, dann ist dies ein Grund für den PQ zu argumentieren, dass die frankophonen Quebecer die Partei immer weiter wählen müssten, um das Ziel der Souveränität zu erreichen (McRoberts 1988, S. 338f.). Die wahlstrategische Komponente ging ab den 2000er Jahren allerdings nicht mehr auf. Die Schwäche des PQ und die vermeintliche Unerreichbarkeit der Unabhängigkeit führen Savard-Tremblay zu der Aussage, dass der *étapisme* die Unabhängigkeit zum Ideal verklärt hatte und diese damit aus dem Leben vieler Quebecer als realistische Option verdrängt wurde (Savard-Tremblay 2014, S. 139).

Aber genau hier liegt der eigentliche Fehlschluss. Wenn man die Unabhängigkeit als Ziel der Souveränisten in Quebec interpretiert und den Niedergang des PQ als Niederlage für diese Gruppe deutet, dann hat Savard-Tremblay mit seinen Ausführungen durchaus Recht. Die Argumentation in dieser Arbeit bietet jedoch eine völlig andere Interpretation an. Es ist gerade der Erfolg der Souveränisten seit der *révolution tranquille*, der den Niedergang des PQ einläutete. Der PQ wurde zu einem Opfer seiner eigenen Errungenschaften. Die Unabhängigkeit war nie das eigentliche Ziel der Souveränisten. Vielmehr forderten sie, ihr eigenes Schicksal bestimmen zu können; also *maîtres chez eux* zu werden. Ob dies durch die Unabhängigkeit der Provinz von Kanada geschieht, oder durch eine Neuverhandlung des Grundkonsenses spielte dabei keine entscheidende Rolle. Es ist durchaus richtig, dass sich viele Souveränisten zu Independentisten wandelten, weil sie eine Neuverhandlung innerhalb des Bundesstaates für unmöglich hielten. Das Hauptziel blieb aber dennoch die Zukunft der eigenen Nation bestimmen zu können.

Das Ziel dieser Analyse lag nicht darin, eine normative Aussage darüber zu treffen, ob die Sezession eines Landesteils legitim oder gut ist. Es war zudem nicht die Intention, einen Abgesang auf die Unabhängigkeitsbewegung in Quebec zu verfassen.[92] Es fanden sich in der Geschichte Quebecs seit 1960 immer wieder Zeiten, in denen der Drang nach Unabhängigkeit abnahm – wie etwa während der 1980er Jahre – und der Tod der Bewegung ausgerufen wurde. Der Traum der Independentisten muss aber noch lange nicht zu Ende sein. So wie viele Quebecer die Unabhängigkeit in den 1960er und 1970er Jahren fälschlicherweise als natürlichen Endzustand einer Entwicklung der nationalen Emanzipation ansahen (Balthazar 1986, S. 189), sollten die Anhänger des Bundesstaates nicht der Versuchung unterliegen, im Abstieg des PQ ein Ende der Unabhängigkeitsbestrebungen

92 Falls sich aber eine neue politische Generation im Sinne Mannheims formieren sollte, wird diese dennoch eine andere sein als jene der 1960er und 1970er Jahre.

zu sehen. Allerdings unterscheidet sich der Abschwung in der Zustimmung zur Unabhängigkeit heute klar von den 1980er Jahren, zumal die Phase des Abschwungs bereits fast 20 Jahre andauert. Somit erscheint die heutige Phase eher struktureller als konjunktureller Natur zu sein. Diese Frage kann allerdings erst mit weiterem zeitlichem Abstand beantwortet werden. Sollte sich die These von Lemieux (2011, 2012) bewahrheiten, wonach der PQ eine *Parti générationnel* darstellt, dann mag die Partei ihren Lebenszyklus von 30 bis 40 Jahren bereits überlebt haben und es handelt sich hierbei um einen strukturellen Niedergang.

Die Prozesse der Nationenbildung in Kanada und Quebec werden jedoch nie abgeschlossen sein. Wie diese Entwicklungen in der näheren Zukunft ablaufen werden – ob eine Integration Quebecs innerhalb Kanadas oder eine Festigung der spezifischen quebecer Gemeinschaft – ist nicht absehbar. Klar ist jedoch im derzeitigen Kontext, dass „[t]he province's political and intellectual class is virtually unanimous in accepting the idea that the principle of self-determination gives Quebecers the option to decide to secede from Canada" (Lecours 2013, S. 105).

Der Fokus der Analyse lag darauf, wie der Aufstieg und der Niedergang der quebecer Unabhängigkeitsbewegung gedeutet werden kann und wie der PQ sich strategisch dazu aufstellte. Welche Faktoren führten zum Aufstieg der Bewegung? Welche Faktoren führten zur politischen Demobilisierung? Wie reagierte der PQ darauf und warum? Diese Fragen stellten den Ausgangspunkt dieser Arbeit dar. Die beiden Prozesse der Ausgrenzung und Einhegung Quebecs sind bei der Beantwortung von herausragender Bedeutung (vgl. Abbildung 6.2). Auf Grund des Prozesscharakters dieses Phänomens kann auch jederzeit wieder eine Mobilisierung für die Unabhängigkeit Quebecs und ein Wiederaufstiegs des PQ beziehungsweise der Unabhängigkeitsbewegung erfolgen.

Sollte etwa eine spezifische Gruppe konkrete Forderungen stellen, die im Kontext des institutionellen Systems nicht gelöst werden können, und die gleichzeitig mit einem klaren Narrativ verbunden sind, dann besteht erneut die Möglichkeit, dass sich eine neue Bewegung bilden könnte (*Ausgrenzung* in Abbildung 6.2). Ob dies im Kontext radikaler Forderungen passieren wird, ist durchaus fraglich. Wie Balthazar richtig feststellt, waren es immer die moderaten Nationalisten wie René Lévesque und Lucien Bouchard, die ihrem Ziel am nächsten kamen und einen größeren Teil der Quebecer hinter sich versammeln konnten (Balthazar 2013, S. 300). Dafür bräuchte es jedoch real spürbare Ungleichheiten und eine Bundesregierung, die eine unversöhnliche Haltung gegenüber der Provinz einnimmt. Dies ist jedoch zumindest derzeit nicht absehbar.

Abbildung 6.2: Modell zur Begründung des Aufstiegs und des Niedergangs der Unabhängigkeitsbewegung in Quebec

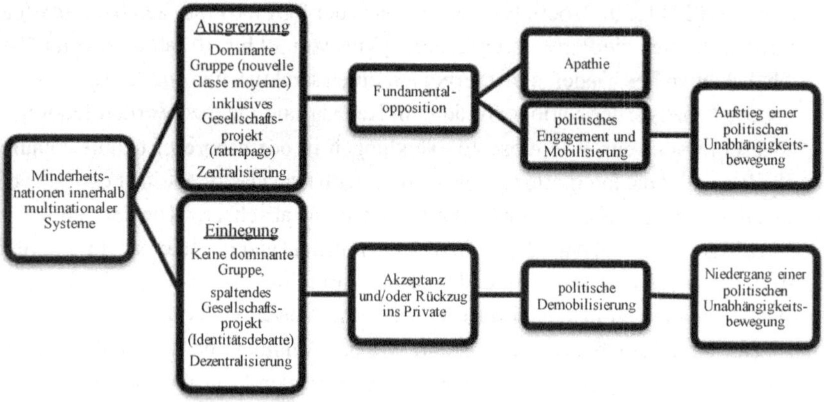

Quelle: Eigene Darstellung

Sollte etwa eine spezifische Gruppe konkrete Forderungen stellen, die im Kontext des institutionellen Systems nicht gelöst werden können, und die gleichzeitig mit einem klaren Narrativ verbunden sind, dann besteht erneut die Möglichkeit, dass sich eine neue Bewegung bilden könnte (*Ausgrenzung* in Abbildung 6.2). Ob dies im Kontext radikaler Forderungen passieren wird, ist durchaus fraglich. Wie Balthazar richtig feststellt, waren es immer die moderaten Nationalisten wie René Lévesque und Lucien Bouchard, die ihrem Ziel am nächsten kamen und einen größeren Teil der Quebecer hinter sich versammeln konnten (Balthazar 2013, S. 300). Dafür bräuchte es jedoch real spürbare Ungleichheiten und eine Bundesregierung, die eine unversöhnliche Haltung gegenüber der Provinz einnimmt. Dies ist jedoch zumindest derzeit nicht absehbar.

Quebec wandelt sich zudem in seiner *Cleavage*-Struktur und die Konfliktlinie zwischen Recht und Links gewinnt wieder an Bedeutung. Auf diese Veränderung konnten die Unabhängigkeitsbewegung und der PQ bisher noch nicht erfolgreich reagieren. Anstatt ein einigendes Gesellschaftsprojekt zu finden, spaltet die auf Kultur ausgerichtete Identitätsdebatte die (frankophone) Gesellschaft der Provinz.

Die Politikwissenschaftlerin Anne Legaré fasste das Dilemma der Independentisten in einem Gastbeitrag für *Le Devoir* im Januar 2018 treffend zusammen.

> „On calculera que plus il y aura de défenseurs de la survivance, de nationalistes conservateurs, plus on aura de chances de gagner l'élection. Ce calcul, en fait, ne promet rien. S'il mise sur les votes d'une couche sociale appréhendée – les Canadiens français de souche, qui incarneraient à eux seuls la destinée de tous les Québécois –, il laisse pour compte la représentation des multiples autres citoyens devant la promesse d'un futur État." (Le Devoir, 17.01.2018)

Wenn soziale Kohäsion und ein Gemeinschaftsgefühl die Grundlage für einen eigenen Staat sind, dann strebt der PQ derzeit in die falsche Richtung. Der Kulturkampf gegen den Islam führt nicht zu einer Stärkung der Mehrheitsgesellschaft, sondern verstärkt die Kluft zwischen Mehrheit und Minderheit (Sharify-Funk und Guzik 2017, S. 210). In der Zukunft wird sich zeigen, wohin der Weg für die Unabhängigkeitsbefürworter geht. Wenn der aktuelle Trend richtungsweisend ist, dann steht den Independentisten eine schwere Zeit bevor. Diese Arbeit hat jedoch mit Blick auf Quebec eines deutlich gezeigt: Die Zukunft ist offen.

6.2 Das Fallbeispiel Quebecs in vergleichender Perspektive

Die Analyse liefert allerdings nicht nur Erkenntnisse für das Fallbeispiel Quebecs und für die Beziehungen zwischen der anglophonen Mehrheit und der frankophonen quebecer Minderheit in Kanada. Die Ergebnisse können auch bei einer Reihe drängender Probleme neue Perspektiven für vergleichbare Fälle eröffnen. Dies betrifft etwa die Frage nach dem sich wandelnden Verhältnis von Souveränität und Unabhängigkeit oder auch die Handlungsfähigkeit von Minderheitsnationen in Mehrebenensystemen. Dabei gilt die bereits diskutierte Einschränkung, dass die hier gewonnenen Erkenntnisse nicht ohne weiteres übertragbar sind. Akteure reagieren anders auf unterschiedliche Gesellschaftsprojekte und Institutionen. Deshalb kann eine andere Minderheitsnation unterschiedlich handeln. Gleichwohl dient Quebec als Fallbeispiel für die tiefere Analyse dieser Zusammenhänge. Es lassen sich durchaus Parallelen finden, wenn man die hier herausgearbeiteten Faktoren und Mechanismen für den Aufstieg der Unabhängigkeitsbewegungen der jeweiligen substaatlichen Einheiten näher betrachtet. Zudem geht die vorliegende

Analyse über eine rein deskriptive und „dünne" Beschreibung hinaus und kann durchaus begrenzte Einsichten und Ansatzpunkte für andere Fallbeispiele bieten.

Aus vergleichender Perspektive ist die Frage nach der Handlungsfähigkeit von Minderheitsparteien und anderen substaatlichen politischen Akteuren innerhalb von Mehrebenensystemen von zentraler Bedeutung für die weitere Beschäftigung. Auch in Katalonien oder Schottland finden sich die hier analysierten Kategorien ansatzweise wieder. In Katalonien etwa handelt es sich um eine ganz spezifische Mittelschicht, die den Protest von Beginn an trug und für politische Veränderungen eintrat. Der Protest basiert auf analogen Narrativen: In Quebec auf dem bis in die Gegenwart tradierten Selbstverständnis des „Je me souviens" einer im Kontext des Siebenjährigen Krieges eroberten Nation; in Katalonien gleichfalls auf dem weit in die Vergangenheit zurückreichenden Narrativ der Unterdrückung der eigenen Nation durch den spanischen Zentralstaat, welches sich im Konflikt um das Autonomiestatut in der zweiten Hälfte der 2000er Jahre und um die ökonomische Umverteilung seit der globalen Finanz- und Wirtschaftskrise verstärkte. Zudem erlaubt das institutionelle System Spaniens den Katalanen nicht, in bestimmten, für die Region wichtigen Bereichen, eigenständig zu handeln.

Wenn Quebec als Vorreiter gelten kann, dann mit Blick auf die Diskussion über eine „Unabhängigkeitsgeneration". Wenngleich dies spekulativ ist, besteht dennoch die Chance, dass der Konflikt in Katalonien zu einer Sozialisierung der jungen Generation führt, die auch noch in den kommenden Jahrzehnten zu politischen Konflikten mit Madrid führen wird. Diese Sozialisierung, und dies zeigt der Fall Quebecs deutlich, basiert nicht auf den Entscheidungen politischer Eliten. Unabhängigkeitsbewegungen entstehen nicht im Reagenzglas, sondern sind das Ergebnis gesellschaftlicher Veränderungen.

Aber auch die Mehrheitsnationen in multinationalen Staaten sollten nach Kanada blicken und aus dem Konflikt zwischen Mehrheits- und Minderheitsnation zu lernen versuchen. Kanada hat gezeigt: Man muss die Forderungen der Minderheitsnationen ernst nehmen, da sich in diesen Konflikten fundamentale Probleme des Zusammenlebens kristallisieren. Kompromissbereitschaft ist der demokratische Weg zu Verhandlungslösungen, die nicht notwendigerweise in einer Veränderung des Grundkonsenses – in Form einer neuen Verfassung – münden müssen, sondern auch unterhalb der Verfassungsebene zu einem Ausgleich der Interessen führen können. Wie bereits zu Beginn der Arbeit mit Rückgriff auf James Tully und Alan C. Cairns dargelegt, haben föderale und multinationale Systeme keinen

„Ruhepol", in welchem sämtliche Konflikte als gelöst gelten. Vielmehr leben diese Systeme und Gesellschaften von diesen Konflikten. Dass direkte Kommunikation zwischen Mehrheit und Minderheit zielführend sein kann, haben die erfolgreichen Verhandlungen zwischen London und Edinburgh um die schottische Devolution erwiesen. Das Schweigen zwischen Madrid und Barcelona war eher der Grund für die Vertiefung des Konfliktes in Spanien.

Den frankophonen Quebecern ist es – wie detailliert nachgewiesen – nicht um das Prinzip der „Unabhängigkeit" an sich gegangen, sondern darum, ihr eigenes Schicksal selbst bestimmen zu können – sprich: Herren im eigenen Haus zu sein (*maîtres chez nous*). In Katalonien lassen sich ähnliche Indizien hierfür finden. So ist ein Drittel der Katalanen für die Unabhängigkeit, weil sie darin politische und wirtschaftliche Verbesserungen sehen (Serrano 2013). Das sind jene „soft nationalists", die durch eine Dezentralisierung des politischen Systems und eine Verbesserung der Handlungsfähigkeit der autonomen Gemeinschaft Kataloniens in den spanischen Staat eingebunden werden könnten.

Dies führt zu der Frage nach der Handlungsfähigkeit von Minderheitsnationen, die auch aus vergleichender Perspektive wichtig ist. Wenn man Souveränität nicht länger mit Unabhängigkeit gleichsetzen kann, sondern mit Handlungsfähigkeit, und wenn man zugleich in Anlehnung an Jacques Derridas (2003, S. 123ff.) Ausführungen zur kommenden Demokratie (*démocratie à venir*) Souveränität nicht als Zustand, sondern als Prozess – sozusagen als *souveraineté à venir*[93] – bestimmt, dann erscheinen die Entwicklungen in Quebec in einem anderen Licht. Durch den politischen Konflikt zwischen Quebec und Ottawa errang die Provinz zunehmend Handlungsfähigkeit in Form von Gesetzgebungskompetenzen – einerseits durch Kompetenzübertragungen durch den Bund und andererseits durch den Rückzug des Bundes aus Politikfeldern der Provinz – und durch finanzielle Ressourcen. Das bedeutet nicht, dass Quebec vollständig souverän ist. Absolute Souveränität ist schlichtweg ein Zustand, der nicht erreichbar ist. Kein Nationalstaat ist in einer globalisierten Welt vollkommen souverän.[94] Der Konflikt nutzte allerdings Quebec, um die eigene Handlungsfähigkeit auszubauen und in diesem Sinne

93 Diese Interpretationsweise steht auch im Einklang mit der Strategie des *étapisme*, welchen der PQ seit den frühen 1970er Jahren propagierte. Souveränität wird dabei als etwas definiert, was sich über mehrere Etappen graduell erreichen lässt, aber nicht durch ein Ereignis definiert ist.

94 Auf die Problematik der Definition von Souveränität war bereits zu Beginn dieser Arbeit hingewiesen worden.

souverän zu werden. In diesem Prozess sind durchaus Rückschritte möglich; allerdings hätte Quebec heute nicht das Ausmaß an Handlungsfähigkeit, wenn es die Unabhängigkeitsbewegung nicht gegeben hätte. Auch für andere Minderheitsnationen kann gelten, dass der Konflikt, wenngleich er auf dem ersten Blick nicht zielführend erscheint, auf lange Sicht dennoch Veränderungen ermöglichen kann. Der schottische Fall belegt, dass über den Verhandlungsweg Veränderungen möglich sind. Katalonien ist eher ein Beispiel dafür, wie ideologische Sturheit auf beiden Seiten in die politische Sackgasse führt.

Wie diese Arbeit aber ebenfalls gezeigt hat, kann die Frage nach dem Verhältnis und dem Wandel der Bedeutung von Souveränität und Unabhängigkeit nicht abschließend beantwortet werden. Eines sollte jedoch deutlich geworden sein. Souveränität kann in einer zunehmend von der Globalisierung geprägten Welt, in der sich die ökonomische von der territorialen Sphäre löst und sich somit in Teilen der politischen Kontrolle entzieht, nur mehr bedeuten, dass es sich hierbei um die politische Handlungsfähigkeit des Staates dreht. Diese Handlungsfähigkeit ist zudem in einem unabhängigen Staat nicht notwendigerweise höher. Es fanden sich viele Hinweise in den Interviews für diesen Wandel im Begriffsverständnis: So verwendeten viele Péquisten die Begriffe in den 1970er Jahren noch synonym. „On peut, dit-il, faire l'indépendance ou la souveraineté, toujours avec le concours démocratique du peuple." Das Projekt des PQ basiere laut Claude Morin auf der „idée d'indépendance ou, plus précisément, de souveraineté" (Le Devoir, 17.11.1973). Ab den 1990er Jahren trat allerdings in der öffentlichen Diskussion in Quebec zunehmend eine Spaltung in der Begriffsbedeutung auf.[95]

Diese Debatte spiegelt sich implizit auch in den Fällen Schottlands und Kataloniens wider. Die schottische Kampagne *Independence in Europe* war von Beginn an mit einer Mitgliedschaft in der Europäischen Union verknüpft. Auch das hätte eine Übertragung von Souveränitätsrechten auf die europäische Ebene nötig gemacht. Nun mag eingewandt werden, dass ein Staat immer noch ein Staat sei und deshalb die Unabhängigkeit vorteilhaft für jede Minderheitsnation sei. Außerdem würden die Mehrheitsgesellschaften ebenfalls die Bedeutung ihrer Eigenstaatlichkeit und den damit zusammenhängenden Rechten geltend machen, wenn Minderheitsnationen Ansprüche stellen. Doch dieses Argument ist spätestens nach

---

95 Exemplarisch hierfür steht unter anderem eine dreiteilige Reihe der quebecer Soziologen Gilles Bourque und Jules Duchastel zum Thema Souveränität (Le Devoir, 26.05.2001; siehe auch Interview Rémillard).

der Analyse des Fallbeispiels Quebec nicht mehr zu halten. Das Grundargument der Unabhängigkeitsbefürworter innerhalb der Minderheitsnationen – zumindest derjenigen die funktionalistisch argumentieren und die Unabhängigkeit nicht als das normativ Gute an sich sehen – ist immer der Kompetenzgewinn und die Möglichkeit, das eigene Schicksal selbst in die Hand nehmen zu können. Wenn aber nun die Unabhängigkeit negative Auswirkungen mit sich bringt, weil sich Marktzugänge verschließen, finanzielle Spielräume verengen und politische Einflussmöglichkeiten etwa im internationalen System verringern, dann hat die Unabhängigkeit ihr Ziel verfehlt. Die Scheidung zwischen Großbritannien und der Europäischen Union ist hierfür sicherlich ein adäquates Vergleichsbeispiel: In der Vorstellung der Brexiteers – so kommt es einem vor – wird Großbritannien vom Knecht der EU(-Kommision) zum König über sein eigenes Schicksal. Dass der König auf dem zweiten Blick nackt ist, scheint dabei nur diejenigen nicht zu stören, die wie im Trance auf die Krone starren, die die Unabhängigkeit des Königs symbolisiert. Handlungsfähigkeit ist damit jedoch nicht zwangsläufig verbunden.

Das Fallbeispiel Quebecs zeigt anderen Minderheitsnationen, dass die Argumentation für die Unabhängigkeit dann erfolgreich sein kann, wenn sie die realen und materiellen Probleme der Bürger anspricht und mit der Unabhängigkeit neue Handlungsmöglichkeiten verknüpft, die eine Lösung der Probleme ermöglichen. Die *rattrapage* steht beispielhaft für ein solches erfolgreiches Gesellschaftsprojekt. Auch in Quebec gab und gibt es allerdings die Befürworter, die aus ideologischen Gründen an der Unabhängigkeit festhalten. Zum Erfolg ist jedoch die Unterstützung jener Gruppen notwendig, die mit der Unabhängigkeit eine Verbesserung ihrer materiellen Lebenslage verbinden. Die Lehre, welche andere Minderheitsnationen vom Beispiel Quebecs ziehen sollten, lautet also: Die Unabhängigkeit einer Minderheitsnation ist ein Mittel zum Zweck und kein Zweck an sich. Sobald sie zum Selbstzweck verkommt, ist sie der Mehrheit der Bürger nicht mehr vermittelbar und – wenn die Gegenwartsgeschichte Quebecs als Vergleichsmaßstab taugen sollte – zum Scheitern verurteilt.

Anhang

Tabelle 8.1: Wahlergebnisse der Provinzwahlen in Quebec seit 1956 (Regierungsparteien fett)										
Datum	**UN**		**PLQ**		**PQ**		**CAQ**/ADQ)		**QS**	
	% Stimmen	Mandate	% Stimmen	Mandate	% Stimmen	Mandate	% Stimmen	Mandate	% Stimmen	Mandate
Jun56	**51.80**	**72**	44.87	20						
Jun60	46.61	43	**51.38**	**51**						
Nov62	42.15	31	**56.40**	**63**						
Jun66	**40.82**	**56**	47.29	50						
Apr70	19.65	12	**45.40**	**72**	23.06	7				
Okt73	4,92	0	**54,65**	**102**	30,22	6				
Nov76	18,20	11	33,78	26	**41,37**	**71**				
Apr81			46,07	42	**49,62**	**80**				
Dez85			**55,99**	**99**	38,69	23				
Sep89			**49,95**	**92**	40,16	29				
Sep94			44,40	47	**44,75**	**77**	6,46%	1		
Nov98			43,55	48	**42,87**	**76**	11,81	1		
Apr03			**45,99**	**76**	33,24	45	18,18	4		
Mrz07			**33,08**	**48**	28,35	36	30,84	41		
Dez08			**42,08**	**66**	35,17	51	16,37	7	3,78	1
Sep12			31,20	50	**31,95**	**54**	27,05	19	6,03	2
Apr14			**41,52**	**70**	25,38	30	23,05	22	7,63	3
Okt18			24,82	31	17,06	10	**37,42**	**74**	16,10	10
Quelle: Eigene Darstellung nach Daten des Directeur général des élections du Québec.										

S. Geßler, *Souveränität ohne Unabhängigkeit*, Politikwissenschaftliche Paperbacks, https://doi.org/10.1007/978-3-658-27385-9

Tabelle 8.2: Wahlen und Regierungsparteien Kanada und Quebec seit 1958

Quebec			**Kanada**		
Wahl	Regierungspartei	Regierungschef	Wahl	Regierungspartei	Regierungschef
1960	PLQ	Jean Lesage (1960 – 1966)	1958	PC	John Diefenbaker (1957 – 1962)
1962	PLQ		1962	PC (Minderheit)	
			1963	Liberale (Minderheit)	Lester B. Pearson (1963 – 1968)
1966	UN	Daniel Johnson Sr. (1966 – 1968) Jean-Jaques Bertrand (1968 – 1970)	1965	Liberale (Minderheit)	
1970	PLQ	Robert Bourassa (1970 – 1976)	1968	Liberale	Pierre E. Trudeau (1968 – 1979)
1973	PLQ		1972	Liberale (Mind.)	
1976	PQ	René Lévesque (1976 – 1985) Pierre-Marc Johnson (1985)	1974	Liberale	
			1979	PC (Mind.)	Joe Clark (1979 – 1980)
1981	PQ		1980	Liberale	Pierre E. Trudeau (1980 – 1984) John Turner (1984)
1985	PLQ	Robert Bourassa (1985 – 1994) Daniel Johnson Jr. (1994)	1984	PC	Brian Mulroney (1984 – 1993) Kim Campbell (1993)
1989	PLQ		1988	PC	
1994	PQ	Jacques Parizeau (1994 – 1996) Lucien Bouchard (1996 – 2001) Bernard Landry (2001 – 2003)	1993	Liberale	Jean Chrétien (1993 – 2003) Paul Martin (2003 – 2006)
1998	PQ		1997	Liberale	
			2000	Liberale	
2003	PLQ	Jean Charest (2003 – 2012)	2004	Liberale (Mind.)	
2007	PLQ (Mind.)		2006	CPC (Mind.)	Stephen Harper (2006 – 2015)
2008	PLQ		2008	CPC (Mind.)	
2012	PQ (Mind.)	Pauline Marois (2012 – 2014)	2011	CPC	
2014	PLQ	Philippe Couillard (2014 – 2018)	2015	Liberale	Justin Trudeau (seit 2015)
2018	CAQ	Francois Legault (seit 2018)			

Quelle: Eigene Darstellung

Tabelle 8.3: Liste der Parteiführer und Provinzpremiere des PQ und des PLQ seit 1958[96] (ohne Interimchefs)

PQ			PLQ		
Parteiführer	Jahre als Parteiführer	Jahre als Premier	Parteiführer	Jahre als Parteiführer	Jahre als Premier
			Jean Lesage	1958 – 1970	1960 – 1966
René Lévesque	1968 – 1985		Robert Bourassa	1970 – 1976	1970 – 1976
		1976 – 1985	Claude Ryan	1978 – 1982	
Pierre-Marc Johnson	1985 – 1987	1985	Robert Bourassa	1983 – 1994	1985 – 1994
Jacques Parizeau	1988 – 1996	1994 – 1996	Daniel Johnson	1994 – 1998	1994
Lucien Bouchard	1996 – 2001	1996 – 2001	Jean Charest	1998 – 2012	
Bernard Landry	2001 – 2005	2001 – 2003			
André Boisclair	2005 – 2007				2003 – 2012
Pauline Marois	2007 – 2014	2012 – 2014			
			Philippe Couillard	2013 – 2018	
Pierre Karl Péladeau	2015 – 2016				2014 – 2018
Jean-François Lisée	2016 – 2018				

Quelle: Eigene Darstellung

96 Zwischen 1966 und 1970 regierte der UN zuerst unter Daniel Johnson Sr. und nach dessen Tod ab 1968 unter Jean-Jacques Bertrand. Seit 2018 regiert der CAQ unter Francois Legault.

Bibliographie

Primärquellen:

ACTION DÉMOCRATIQUE DU QUÉBEC, 1994. *Un Québec responsable*. o.O.

ASSEMBLÉE NATIONALE, 1971. *Journal des débats de l'Assemblée nationale*, 11 (64), Quebec.

———1976a. *Journal des débats de l'Assemblée nationale*, 18 (4), Quebec.

———1976b. *Journal des débats de l'Assemblée nationale*, 18 (6), Quebec.

———1978. *Journal des débats de l'Assemblée nationale*, 20 (60), Quebec.

———1979. *Journal des débats de l'Assemblée nationale*, 21 (85), Quebec.

———1980. *Journal des débats de l'Assemblée nationale*, 21 (105), Quebec.

———1985. *Journal des débats de l'Assemblée nationale*, 29 (1), Quebec.

———1990. *Journal des débats de l'Assemblée nationale*, 31 (62), Quebec.

———1994. *Journal des débats de l'Assemblée nationale*, 34 (1), Quebec.

———2000. *Projet de loi no 99. Loi sur l'exercice des droits fondamentaux et des prérogatives du peuple québécois et de l'État du Québec*. Quebec: Éditeur officiel du Québec.

———2007. *Projet de loi no 195. Loi sur l'identité québécoise*. Quebec: Éditeur officiel du Québec.

———2010. *Projet de loi no 94. Loi établissant les balises encadrant les demandes d'accommodement dans l'Administration gouvernementale et dans certains établissements*. Quebec: Éditeur officiel du Québec.

———2013. *Projet de loi no 60. Charte affirmant les valeurs de laïcité et de neutralité religieuse de l'État ainsi que d'égalité entre les femmes et les hommes et encadrant les demandes d'accommodement*. Quebec: Éditeur officiel du Québec.

BOURASSA, R., 1995. *Gouverner le Québec*. Saint-Laurent: Fides.

COMMISSION ROYALE D'ENQUÊTE SUR LES PROBLÈMES CONSTITUTIONELS, 1956. *Rapport de la Commission royale d'enquête sur les problèmes constitutionnels*. 5 Bände. Quebec: Éditeur Officiel.

COMMISSION SUR L'AVENIR POLITIQUE ET CONSTITUTIONNEL DU QUÉBEC 1991. *L'avenir politique et constitutionnel du Québec. Rapport de la Commission sur l'avenir politique et constitutionnel du Québec*. Quebec: Éditeur officiel.

CONSEIL DU PATRONAT DU QUÉBEC 1990. *Le Canada de demain: Pour une constitution moderne*. Montréal: Conseil du Patronat.

S. Geßler, *Souveränität ohne Unabhängigkeit*, Politikwissenschaftliche Paperbacks, https://doi.org/10.1007/978-3-658-27385-9

———1995. *Déclaration de principe: NON à l'indépendance du Québec*. Montréal: Conseil du Patronat.

DAVID, F., 2004. *Bien commun recherché. Une option citoyenne*. Montréal: Les Éditions Écosociété.

FACAL, J., 2010. *Quelque chose comme un grand peuple*. Montreal: Boréal.

GOUVERNEMENT DU QUEBEC, 1977. *La politique québécoise de la langue française*. Quebec: Éditeur officiel.

———1979. *La nouvelle entente Québec-Canada. Proposition du gouvernement du Québec pour une entente d'égal à égal: la souveraineté-association*. Quebec: Éditeur officiel.

———1985. *Projet d'accord constitutionnel. Propositions du Gouvernement du Québec*. Quebec: Éditeur officiel.

———1986a. *Groupe de travail sur la déréglementation. Réglementer moins et mieux: rapport final*. Québec: Conseil exécutif.

———1986b. *Comité sur la privatisation des sociétés d'État. De la révolution tranquille -- à l'an deux mille*. Quebec: Éditeur officiel.

———1986c. *Groupe de travail sur la révision des fonctions et des organisations gouvernementales. Rapport du groupe de travail sur la révision des fonctions et des organisations gouvernementales*. Quebec: Éditeur officiel.

———2002. *Pour un nouveau partage des moyens financiers au Canada. Report de la Commission sur le déséquilibre fiscal*. Quebec: Éditeur officiel.

———2008. *Fonder l'avenir. Le temps de la conciliation. Rapport de la Commission de consultation sur les pratiques d'accommodement reliées aux différences culturelles*. Quebec: Éditeur officiel.

———2013. *Présence en 2012 des immigrants admis au Québec de 2001 à 2010*. Quebec: Éditeur officiel.

GOVERNMENT OF CANADA, 1961. *Census of Canada 1961*. Ottawa: Dominion Bureau of Statistics.

———1982. *Constitution Acts, 1867 to 1982*. Online verfügbar unter: http://laws-lois.justice.gc.ca/eng/Const/page-4.html#h-18 (Stand: 14.04.2018).

———1985. *Report. Royal Commission on the Economic Union and Development Prospects for Canada*. 3 Bände, Ottawa: Minister of Supply and Services.

———2000. *Clarity Act/Loi de clarification*. Online verfügbar unter: http://laws-lois.justice.gc.ca/PDF/C-31.8.pdf (Stand: 12.02.2019).

———2002. *Building on Values. The Future of Health Care in Canada. Report of the Royal Commission on the Future of Health Care in Canada*. Ottawa.

———2004. *Asymmetrical Federalism that respects Quebec's Jurisdiction*. Online verfügbar unter: https://www.canada.ca/en/health-canada/services/health-care-system/health-care-system-delivery/federal-provincial-territorial-collaboration/first-ministers-meeting-year-plan-2004/asymetrical-federalism-respects-quebec-jurisdiction.html (Stand: 17.01.2019).

JOHNSON, D., 1968. *Égalité ou Indépendance*. Montréal: Editions de l'Homme.

LÉVESQUE, R., 1970. *La Solution. Le programme du Parti Québécois présenté par René Lévesque*. Montréal: Éditions du Jour.

———1976. For an Independent Québec, *Foreign Affairs*, 54, S. 734 – 744.

———1977. *An Option for Québec*. Toronto: McClelland and Stewart.

———1978. *La Passion du Québec. Conversations avec Jean-Robert Leselbaum*. Paris: Stock.

———1986. *Attendez que je me rappelle*. Montréal und Québec: Québec/Amérique.

LISÉE, J.-F., 1990. *Dans l'œil de l'aigle. Washington face au Québec*. Montreal: Boréal.

———2000. *Sortie de secours: Comment échapper au déclin du Québec*. Montreal: Boréal.

MAROIS, P., 2017. *Extrait de l'entrevue Sebastian Gessler – Thèse*. Montreal.

MINISTÈRE DES FINANCES DU QUÉBEC 2016. *BalancedBudget 2016-2017*. http://www.budget.finances.gouv.qc.ca/budget/2016-2017/images/Big_graphENG.gif (Stand: 23.2.2019).

MORIN, C., 1973. *Le Combat québécois*. Montréal: Boréal.

———1991a. *Mes Premiers Ministres. Lesage, Johnson, Bertrand, Bourassa et Lévesque*. Montréal: Boréal.

———1991b. Reflexions sur l'avenir culturel, economique et constitutionel du Quebec et du Canada. In: COMMISSION SUR L'AVENIR POLITIQUE ET CONSTITUTIONNEL DU QUÉBEC (Hg.). *Les avis des spécialistes invités à répondre aux huit questions posées par la commission*. Quebec: Éditeur officiel, S. 721 – 748.

———2014. *Je le dis comme je le pense*. Montréal: Boréal.

MOUVEMENT SOUVERAINETÉ-ASSOCIATION, 1968. *Ce pays qu'on peut bâtir*. Montreal: MSA.

MUNICIPALITÉ D'HÉROUXVILLE, 2017. Municipalité d'Hérouxville - Les normes. In: ANDRÉ DROUIN (Hg.), *Le code de vie d'Hérouxville. 2017: 10e anniversaire*. O.O.: Éditeur François A. Lachapelle, S. 7 – 13.

PARIZEAU, J., 1980. L'intervention de l'État dans l'économie. In: GÉRARD BOISMENU, LAURENT MAILHOT und JACQUES ROUILLARD (Hg.), *Le Québec en textes*, Montreal: Boréal Express, S. 236 – 243.

———1997. *Pour un Québec souverain*. Montréal: VLB éditeur.

PARTI LIBÉRAL DU QUÉBEC, 1960. *1960 Le Programme Politique du Parti Libéral du Québec*. Montreal.

———1966. *Québec en marche. Le programme politique du Parti libéral du Québec*. Montreal.

———1970. *Québec: Au travail. Programme 1970*. Montreal.

———1973. *Un nouveau programme d'action. 1973*. Montreal.

———1976. *Programme 1976*. Montreal.

———1980. *Une nouvelle fédération canadienne*. Montreal.

———1985a. *Mastering our future*. Montreal.

———1985b. *Synthèse du programme libéral 1985*. Montreal.

———1991. *Un Québec libre de ses choix*. Montreal.

PARTI QUÉBÉCOIS, *1969. Programme '69*. Montreal: Les Éditions du Parti Québécois.

———1972a. *Prochaine étape...: quand nous serons vraiment chez nous*. Montreal: Les Éditions du Parti Québécois.

———1972b. *Le militant du Parti québécois*. Montreal: Les Éditions du Parti Québécois.

———1973. *Un gouvernement du Parti Québécois s'engage ...Programme officiel*. Montreal: Les Éditions du Parti Québécois.

———1975a. *Le Programme, L'Action Politique, Les Statuts et Règlements*. Montreal: Les Éditions du Parti Québécois.

———1975b. *2 ou 3 choses à propos de l'indépendance*. Montreal: Les Éditions du Parti Québécois.

———1978. *Official Program of the Parti Québecois*. Montreal: Les Éditions du Parti Québécois.

———1979. *D'égal à égal. Manifeste et propositions concernant la souveraineté-association.* Montreal: Les Éditions du Parti Québécois.

———1980a. *Programme Officiel du Parti Québécois.* Montreal: Les Éditions du Parti Québécois.

———1982. *Programme du Parti Québécois.* Montreal: Les Éditions du Parti Québécois.

———1985. *Programme du Parti Québécois.* Montreal: Les Éditions du Parti Québécois.

———1989. *Programme du Parti Québécois.* Montreal: Les Éditions du Parti Québécois.

———1994. *Des Idées Pour Mon Pays. Programme du Parti Québécois.* Montreal: Les Éditions du Parti Québécois.

———1997. *La Volonté de Réussir. Programme et Statuts du Parti* Québécois. Montreal: Les Éditions du Parti Québécois.

———2001. *Un Pays pour le Monde. Programme du Parti Québécois.* Montreal: Les Éditions du Parti Québécois.

———2011. *Agir en toute liberté. Programme du Parti* Québécois. Montreal: Les Éditions du Parti Québécois.

ROYAL COMMISSION ON BILINGUALISM AND BICULTURALISM, 1969a. *Report of the Royal Commission on Bilingualism and Biculturalism, Band III A, The Work World.* 6 Bände. Ottawa: Queen's Printer for Canada.

———1969b. *Report of the Royal Commission on Bilingualism and Biculturalism, Band III B, The Work World.* 6 Bände. Ottawa: Queen's Printer for Canada.

SECRÉTARIAT AUX AFFAIRES INTERGOUVERNEMENTALES CANADIENNES, 1991. *Les positions traditionnelles du Québec en matière constitutionnelle 1936 – 1990. Document du travail.* Quebec: Ministère du Conseil exécutif.

SUPREME COURT OF CANADA, 1981. *Re: Resolution to amend the Constitution.* Online verfügbar unter: https://scc-csc.lexum.com/scc-csc/scc-csc/en/2519/1/document.do (Stand: 05.03.2019).

———1998. *Reference re Secession of Quebec.* Online verfügbar unter: https://scc-csc.lexum.com/scc-csc/scc-csc/en/item/1643/index.do (Stand: 02.02.2019).

TREMBLAY, M., 2006. *Derrière les portes closes. René Lévesque et l'exercice du pouvoir (1976 – 1985).* Montreal: Québec/Amérique.

———2015. *La rébellion tranquille. Une histoire du Bloc Québécois (1990 – 2011).* Montreal: Québec/Amérique.

Liste der Interviews:

Nr. 1	Louis Bernard	11.02.2016
Nr. 2	Jean Charest	05.04.2016
Nr. 3	Joseph Facal	08.03.2016
Nr. 4	Daniel Johnson	15.04. 2016 (telefonisch)
Nr. 5	Pauline Marois	05.04.2016
Nr. 6	Claude Morin	22.03.2016
Nr. 7	John Parisella	23.02.2016
Nr. 8	Ronald Poupart	04.04.2016
Nr. 9	Gil Remillard	29.03.2016
Nr. 10	Benoit Renaud	26.03.2018
Nr. 11	Jean-Claude Rivest	23.03.2016
Nr. 12	Jean Royer	16.02.2016
Nr. 13	Martine Tremblay	09.02.2016

Zeitungsartikel

Le Devoir, 29.06.1950	o.A. *M. Duplessis chez les agronomes. L'agriculture est la pierre angulaire du progrès, de la stabilité et de la sécurité*, Seite 3.
Le Devoir, 27.01.1955	Pierre Laporte, *La Chambre modifie le préambule de la loi de l'impôt*. Seite 1.
Le Devoir, 04.07.1958	André Laurendeau, *La théorie du roi nègre*, Seite 4.
Le Devoir, 16.11.1962	Gérard Filion, *Editorial. Il n y a pas lieu d'être enivré ni de se sentir déshonoré*, Seite 4.
Le Devoir, 22.02.1967	o.A., *René Lévesque à Vancouver : nous sommes une nation sans honneur ; le Québec, c'est comme la Rhodésie*, Seite 6.

Le Devoir, 17.11.1973 Michel Roy, *Claude Morin se demande si l'indépendance par étapes ne serait pas mieux acceptée*, Seite 1 und 8.

Le Devoir, 13.07.1974 Gérald LeBlanc, *Québec apportera au projet 22 des modifications importantes*, Seite 1 und 6.

Le Devoir, 16.09.1974 Michel Roy, *René Lévesque : le leadership du PQ doit s'exercer à bonne distance du Parlement*, Seite 3.

Le Devoir, 23.09.1975 Pierre O'Neill, *"Battre Bourassa d'abord..." La thèse de l'indépendance reléguée au deuxième rang ?*, Seite 1 und 6.

Le Devoir, 25.09.1975 o.A. *L'indépendance ne se fera que si les gens le veulent (Lévesque)*, Seite 2 und 6.

Le Devoir, 07.12.1976 o.A. *Vivement attendu à Ottawa. Morin explique "ce qu'on est et ce qu'on veut"*, S. 1 und 6.

Le Devoir, 17.12.1976 Edward McWhinney, *Une priorité évidente : la langue d'enseignement. Le nouveau gouvernement du Québec et la question linguistique*, Seite 5.

Le Devoir, 18.12.1976 o.A. *Francisation des entreprises. Québec abroge le règlement*, Seite 1 und 6.

Le Devoir, 09.04.1977 o.A. *Camille Laurin s'en prend aux "rois nègres" du patronat*, Seite 3.

Le Devoir, 14.04.1980 o.A. *Ryan appréhende une « crise majeure »*, Seite 1 und 8.

Le Devoir, 16.04.1980 o.A. *Si le OUI l'emporte. Ottawa refusera de négocier la souveraineté-association*, Seite 1 und 14.

Le Devoir, 17.04.1980 o.A. *Dans un Québec indépendant. Lalonde évalue le déficit énergétique à $6.6 milliards*, Seite 1 und 12.

Le Devoir, 23.04.1980 o.A. *L'autonomie basée sur l'électricité est un mythe, souligne Marc Lalonde*, Seite 8.

Le Devoir, 19.05.1980a	Bernard Descôteaux, *Pour empêcher qu'une minorité contre le besoin de changement. Lévesque fait appel à la solidarité des francophones*, Seite 3.
Le Devoir, 19.05.1980b	o.A. *Lesage : un OUI nous plongerait dans l'abîme*, Seite 8.
Le Devoir, 21.08.1980	Gouvernement du Québec, *Face à la constitution, les fait ça compte.* Seite 8 und 9.
Le Devoir, 07.12.1981a	Michel Roy, *En profond désaccord avec le congrès de son parti Lévesque songe à démissionner : il s'accorde quelques jours de réflexion*, Seite 1 und 8;
Le Devoir, 07.12.1981b	Jean-Claude Picard, *Le PQ doit concentrer ses efforts sur la souveraineté politique du Québec*, Seite 2.
Le Devoir, 10.02.1982	Pierre O'Neill, *Le congrès devra suivre le OUI massif, dit-il. Rassuré, Lévesque reste chef du PQ*, Seite 1 und 14.
Le Devoir, 16.12.1982	Richard D. French, *La crise d'une hégémonie*, Seite 7.
Le Devoir, 11.06.1984	Pierre O'Neill, *Souveraineté: inspirés par Paquette, les radicaux l'emportent sur Lévesque et Morin*, Seite 2.
Le Devoir, 24.09.1984	Marie-Agnès Thellier, *Le conseil national du PQ. La réflexion sur la tenue d'élections «référendaires» pourrait se doubler d'une réflexion sur le leadership*, Seite 3. ; Robert Fefebvre, *«Un congrès ce n'est pas l'évangile» Négocier avec le gouvernement Mulroney constitue «un beau risque»*, dit Lévesque, Seite 1.
Le Devoir, 20.11.1984	René Lévesque, *Pour que la discussion prenne fin*, Seite 5.
Le Devoir, 21.11.1984	Gilles Lesage, *Le groupe des Laurentides se réunit d'urgence. Ouverte ou larvée, la*

dissidence renaît après la déclaration de Lévesque, Seite 1 und 10 ; Jean-Louis Roy, La politique réelle, Seite 8.

Le Devoir, 22.11.1984 — Gilles Lesage, *Lévesque laisse un peu de répit à ses collègues. Les radicaux veulent que la souveraineté-association continue de faire partie du discours politique du PQ*, Seite 1 und 12.

Le Devoir, 04.03.1985 — Pierre O'Neill, *Constitution: le PLQ s'engage envers les minorités culturelles*, Seite 2.

Le Devoir, 01.06.1985 — Jean-Louis Roy, *Le nationalisme québécois dans les années 80. Après l'échec, le défi de la pertinence*, Seite 11.

Le Devoir, 13.12.1985 — Gilles Lesage, *Bourassa promet une transition tranquille à la fonction publique. «Un État plus catalyseur qu'entrepreneur»*, Seite 1 und 10.

Le Devoir, 04.05.1987a — Pierre O'Neill, *Le lac Meach a rallié les péquistes de toutes tendances. Johnson fait l'unanimité*, Seite 1 und 8.

Le Devoir, 04.05.1987b — Robert Lévesque, *Le lac Meach a rallié les péquistes de toutes tendances. Lévesque fait bande à part*, Seite 1 und 8.

Le Devoir, 14.05.1987a — Andrée Lajoie und Jacques Frémont, *Le pouvoir fédéral de dépenser. Des amendements inacceptables*, Seite 11.

Le Devoir, 14.05.1987b — José Woehrling, *Le poids juridique de la spécificité du Québec*, Seite 11.

Le Devoir, 15.05.1987 — Pierre O'Neill, *Parizeau incite Bourassa à ne pas signer l'accord du lac Meech*, Seite 1 und 12.

Le Devoir, 16.05.1987 — Claude Morin, *L'entente du lac Meech : le bon, le relatif et l'inquiétant*, Seite 11.

Le Devoir, 20.05.1987 — Jacques-Yvan Morin, *«Nous sommes devant un nouveau piège»*, Seite 9.

Le Devoir, 04.06.1987a Gilles Lesage, *Bourassa a accepté moins que l'entente du lac Meech. Pour Johnson, le Québec n'a aucun pouvoir, droit ou privilège distinct*, Seite 6.

Le Devoir, 04.06.1987b Michel C. Auger, *Trudeau: l'occasion de tenir un débat sur l'avenir du Canada. Morin: l'article 4 vient stériliser la notion de société distincte*, Seite 6.

Le Devoir, 15.06.1987 Pierre O'Neill, *Les orthodoxes manifestent contre l'affirmation nationale. Jetant du lest, Johnson entraîne l'immense majorité des délégués*, Seite 2.

Le Devoir, 21.03.1988 Pierre O'Neill, *Souveraineté. Parizeau mise sur une crise*, Seite 1 und 8.

Le Devoir, 22.03.1988 Jacques Parizeau, *Le pari du nouveau chef du Parti québécois. Susciter de nouvelles solidarités*, Seite 9.

Le Devoir, 26.06.1990a Bernard Descôteaux, *Bourassa ne veut plus que l'on se fasse du capital politique sur le dos du Québec*, Seite 2.

Le Devoir, 26.06.1990b Lucien Bouchard, *Le vrai Pays*, Seite 13.

Le Devoir, 14.09.1994a Gilles Lesage, *Quelle victoire? Quelle défaite? Match encore nul au début de la troisième période*, Seite A1.

Le Devoir, 14.09.1994b Pierre O'Neill, *Le PQ en voie de devenir le parti d'une autre génération*, Seite A4.

Le Devoir, 04.03.1995 Pierre O'Neill, *«Les Québécois ne sont pas prêts à voter»*, Seite A1 und A10.

Le Devoir, 28.03.1995 Konrad Yakabuski und Jean Dion, *Tenue du référendum. Landry penche pour l'automne*, Seite A1 und A8.

Le Devoir, 07.04.1995 Michel Venne, *Même l'automne n'est pas sûr*, Seite A1 und A10.

Le Devoir, 20.04.1995 Michel Venne, *Jacques Parizeau fait un pas vers l'union politique*, Seite A1 und A10.

Le Devoir, 25.04.1995 Michel Venne, *Le premier ministre formulera des propositions d'union politique*, Seite A1 und A8.

Le Devoir, 10.06.1995 Pierre O'Neill, *Les chefs souverainistes se rallient autour d'un «projet rassembleur»*, Seite A1 und A16.

Le Devoir, 21.09.1995 Michel Venne, *Parizeau contre-attaque*, Seite A1 und A8.

Le Devoir, 22.09.1995 Pierre O'Neill, *Le OUI prône une «seconde révolution tranquille»*, Seite A1 und A12.

Le Devoir, 02.10.1995 Michel Venne, *À chacun ses dangers*, Seite A1 und A10.

Le Devoir, 04.10.1995 Michel Laliberté und Jean Dion, *Les patrons pour le NON ripostent*, Seite A1 und A10.

Le Devoir, 11.10.1995 Kathleen Lévesque, *Daniel Johnson prédit qu'un OUI coûterait 92 300 emplois*, Seite A1 und A8.

Le Devoir, 18.10.1995 Paul Cauchon und Presse canadienne, *1 000 000 d'emplois!*, Seite A1 und A10.

Le Devoir, 19.10.1995 Jean Dion, *Le Québec forme une société distincte, reconnaît Chrétien*, Seite A1 und A10.

Le Devoir, 20.10.1995 Kathleen Lévesque, *Un OUI ferait chuter de 10 % le pouvoir d'achat, dit Johnson*, Seite A1 und A10.

Le Devoir, 30.10.1995 Pierre O'Neill, *La longue marche des souverainistes*, Seite A4.

Le Devoir, 21.03.1996 Michel Venne, *Le sommet: un consensus, beaucoup d'attentes*, Seite A1 und A8.

Le Devoir, 23.03.1996 Pierre O'Neill, *Le français progresse mais n'est pas encore la langue commune des Québécois*, Seite A1 und A12.

Le Devoir, 09.09.1996 Michel Venne, *Bouchard ranime la stratégie du bon gouvernement*, Seite A1 und A8.

Le Devoir, 25.11.1996	Mario Cloutier, *Le PQ doit changer, dit Bouchard*, Seite A1 und A8; Jean Dion, *Pour le statu quo linguistique*, Seite A1 und A8.
Le Devoir, 23.08.1998	Mario Cloutier, *L'avis de la Cour suprême. La souveraineté est renforcée, croit Bouchard*, Seite A5.
Le Devoir, 29.10.1998	Kathleen Lévesque, *Bouchard somme Charest de se mouiller*, Seite A1 und A8.
Le Devoir, 02.12.1998	Kathleen Lévesque, *L'option référendaire en veilleuse*, Seite A1 und A10.
Le Devoir, 01.02.1999	Mario Cloutier, *Retour à la case départ*, Seite A1 und A8.
Le Devoir, 25.02.1999	Bernard Landry, *Les besoins sont au Québec, l'argent est à Ottawa*, Seite A9.
Le Devoir, 22.04.1999	Denis Monière, Guy Bouthillier, Gordon Lefebvre und André Thibault, *Lettre à Lucien Bouchard : passer de la politique à l'histoire*, Seite A6.
Le Devoir, 27.04.1999	Mario Cloutier, *Rassembler en un même corps*, Seite A1.
Le Devoir, 16.12.1999	Jean Charest, *«Le Parti québécois veut fabriquer une crise artificielle»*, Seite A7.
Le Devoir, 27.05.2000	Pierre O'Neill, *Gérald Larose au Devoir. L'heure n'est pas venue pour la gauche*, Seite A1 und A14.
Le Devoir, 12.01.2001	Lucien Bouchard, *«Je regrette seulement de ne pas avoir fait mieux et davantage»*, Seite A9.
Le Devoir, 26.05.2001	Gilles Bourque und Jules Duchastel, *La souveraineté n'est plus le monopole de l'État-nation*, Seite A11.
Le Devoir, 29.05.2001	Kathleen Lévesque und Robert Dutrisac, *La gauche, c'est nous, plaide le premier ministre*, Seite A1 und A8.

Le Devoir, 09.09.2002 Robert Dutrisac, *Landry gagne sans miser*, Seite A1 und A8.

Le Devoir, 28.01.2003 Françoise David, *Appel pour un Quebec solidaire*, Seite A7.

Le Devoir, 05.06.2003 o.A., *Le patronat est aux anges*, Seite A3.

Le Devoir, 14.10.2003 Jean Charest, Lettre ouverte aux Québécois : « Le Québec a fait un pas en avant depuis six mois », Seite A7.

Le Devoir, 18.10.2003 Bernard Landry, *La saison des idées*, Seite B5.

Le Devoir, 25.11.2003 Pierre Dostie, *D'abord solidaires. Un nouveau défi pour l'unité de la gauche québécoise*, Seite A7.

Le Devoir, 24.07.2004 Alexa Conradi, Françoise David und François Saillant, *Le grand tabou de la question nationale*, Seite B5.

Le Devoir, 17.08.2004 Thommy Chouinard, *Landry rejette le plan Parizeau*, Seite A1 und A8.

Le Devoir, 09.09.2004 Manon Cornellier und Robert Dutrisac, *Martin consent à l'exception québécoise*, Seite A1 und A8.

Le Devoir, 06.06.2005 Robert Dutrisac, *Bernard Landry parti, la course à sa succession démarre*, Seite A1 und A8.

Le Devoir, 24.10.2005 Antoine Robitaille, *Un grand bond pour la gauche québécoise*, S. A1 und A8.

Le Devoir, 01.11.2005 o.A.[97], *Pour un Québec solidaire*, Seite A9.

Le Devoir, 20.12.2005 Robert Dutrisac, Harper courtise le Québec, Seite A1 und A8.

Le Devoir, 08.11.2006 o.A., *Cachez ce biceps que je ne saurais voir...*, Seite A5.

Le Devoir, 16.01.2007 Alexandre Shields, *Tempête « identitaire » au Québec*, Seite A1 und A8.

[97] Der Artikel ist ein Auszug aus einem Manifest, welches von zahlreichen Vertretern der Zivilgesellschaft unterschrieben wurde.

Le Devoir, 19.01.2007 Antoine Robitaille, *Boisclair ne veut pas de crucifix à l'Assemblée nationale*, Seite A1 und A10.

Le Devoir, 28.02.2007 Robert Durtisac, *Boisclair prend la défense de la footballeuse au hijab*, Seite A1 und A8.

Le Devoir, 26.04.2007 Éric Bédard, *Le PQ et les accommodements raisonnables. La colère 'bleue' des nationalistes*, Seite A7.

Le Devoir, 24.09.2007 Antoine Robitaille, *Le «nous», c'est lui*, Seite A1 und A8.

Le Devoir, 16.01.2008 Bernard Descôteaux, *Feu le référendisme?*, Seite A6.

Le Devoir, 22.01.2010 Jacques Beauchemin, *Au sujet de l'interculturalisme. Accueillir sans renoncer à soi-même.* Seite A9.

Le Devoir, 04.05.2011 Michel Seymour, *Que s'est-il donc passé?*, Seite A9.

Le Devoir, 07.06.2011 Antoine Robitaille und Marco Bélair-Cirino, *Où s'arrêtera l'hémorragie ?*, Seite A1 und A8.

Le Devoir, 22.09.2012 Jean Dorion, *Charte de la laïcité - Quand un séparatiste se sépare*, Online verfügbar unter : http://www.ledevoir.com/opinion/idees/359768/quand-un-separatiste-se-separe (Stand: 20.03.2018).

Le Devoir, 11.09.2013 Robert Dutrisac, *Signes religieux: la Charte se bute à un écueil*, Online verfügbar unter: http://www.ledevoir.com/politique/quebec/387152/signes-religieux-la-charte-se-bute-a-un-ecueil (Stand: 07.03.2018).

Le Devoir, 03.10.2013 Guillaume Bourgault-Côté, *La charte va trop loin, estime Jacques Parizeau*, Online verfügbar unter: https://www.ledevoir.com/politique/quebec/389047/la-charte-

	va-trop-loin-estime-jacques-parizeau (Stand 27.03.2018).
Le Devoir, 04.10.2013	Guillaume Bourgault-Côté, *Charte: Lucien Bouchard suit Jacques Parizeau*, Online verfügbar unter: https://www.ledevoir.com/politique/quebec/389180/charte-lucien-bouchard-suit-jacques-parizeau (Stand 27.03.2018).
Le Devoir, 17.01.2018	Anne Legaré, *Le PQ doit sortir de l'électoralisme*, Online verfügbar unter: http://www.ledevoir.com/politique/quebec/517716/le-pq-doit-sortir-de-l-electoralisme (Stand: 19.01.2018).
Le Devoir, 27.02.2018	Marie Vastel, *Nouvelle crise au Bloc québécois*, Online verfügbar unter: https://www.ledevoir.com/politique/canada/521305/le-bloc-quebecois-de-nouveau-au-bord-de-l-implosion (Stand, 30.04.2018).
La Presse, 26.09.1974	Claude Morin, *Claude Morin veut inclure la notion de référendum dans le programme du PQ*, Seite A5.
La Presse, 27.05.1987	Pierre E. Trudeau, *Comme gâchis total, il serait difficile d'imaginer mieux*, Seite A7.
La Presse, 07.03.1990	Denis Lessard, *Les gens d'affaires sont «agacés» par le flirt des libéraux avec la souveraineté*, Seite A1 und A2.
La Presse, 12.06.1990	Richard Dupaul, *Comme prévu, les gens d'affaires sont satisfaits*, Seite D1.
La Presse, 11.04.1995	Lucien Bouchard, *L'independance demeure un préalable essentiel à tout nouveau partenariat*, Seite B3.
La Presse, 26.02.1996	Denis Lessard, *L'option sociale-démocrate péquiste mise en veilleuse*, Seite A1 und A2.

La Presse, 28.06.2002. Pierre Drouilly, *Le PQ rayé de la carte?*, Seite A11.

La Presse, 06.09.2002 Joseph Facal, *Le pari de la vérité*, Seite A11.

La Presse, 16.08.2004 Jacques Parizeau, *Un changement de stratégie au PQ?*, Seite A10 und A11.

La Presse, 13./14.05.2006 o.A., *Du Kirpan…à la Charia?*, Seite A27, A28 und A29 (13.05.) und Seite A13 und A14 (14.05.).

La Presse, 12.10.2010 Jacques Beauchemin, *Le divorce d'avec soi*, Seite A24.

Sekundärquellen:

ABELLA, I. M., 1974. Introduction. In: ders. *On Strike. Six Key Labour Struggles in Canada 1919 – 1949*. Toronto: Lorimer, S. xi – xix.

AGRANOFF, R. (Hg.), 1999. *Accommodating Diversity: Asymmetry in Federal States*. Baden-Baden: Nomos.

ALFORD, J. R., FUNK, C. L. und HIBBING, J. R., 2005. Are political orientations genetically transmitted?, *American Political Science Review*, 99 (2), S. 153 – 167.

D'ALLEMAGNE, A., 1966. *Le colonialisme au Québec*. Montréal: Les Éditions R-B.

ALONSO, S., 2012: *Challenging the State: Devolution and the Battle for Partisan Credibility: A Comparison of Belgium, Italy, Spain, and the United Kingdom*. Oxford: Oxford University Press.

AMBROISE, A. und JACQUES, J., 1980. L'appareil administratif. In: GÉRARD BERGERON und RÉJEAN PELLETIER (Hg.), *L'État du Québec en devenir*. Montreal: Boréal Express, S. 109 – 145.

AMORETTI, U., und BERMEO, N., (Hg.) 2004. *Federalism and Territorial Cleavages*. Baltimore: Johns Hopkins University Press.

ANDERSON, B., 1991. *Imagined communities. Reflections on the origin and spread of nationalism*. London: Verso.

ANDERSON, G., 2010. *Fiscal Federalism: A Comparative Introduction*. Don Mills: Oxford University Press.

ANDERSON, L. D. 2013. *Federal Solutions to Ethnic Problems: Accommodating Diversity.* London: Routledge.

ANDERSON, L. M., 2010. Toward a resolution of the paradox of federalism. In: JAN ERK und WILFRIED SWENDEN. (Hg.), *New Directions in Federalism Studies.* London: Routledge, S. 126 – 140.

ARGELAGUET, J. 2006. Esquerra Republicana de Catalunya: the Third Pole within Catalan Politics. In: LIEVEN DE WINTER, MARGERITA GÓMEZ-REINO und PETER LYNCH (Hg.), *Autonomist Parties in Europe: Identity Politics and the Revival of the Territorial Cleavage*, Barcelona: ICPS, S. 143 – 165.

ARMSTRONG, R., 1984. *Structure and Change: An Economic History of Quebec.* Toronto: Gage.

BAKALI, N., 2015. Contextualising the Quebec Charter of Values: how the Muslim 'Other' is conceptualised in Quebec, *Culture and Religion*, 16 (4), S. 412 – 429.

BALTHAZAR, L., 1986. *Bilan du nationalisme au Québec.* Montreal: L'Hexagone.

———1994. Les nombreux visages du nationalisme québécois. In: ALAIN-G. GAGNON (Hg.), *Québec: État et société*, 2. Auflage. Montreal: Québec/Amérique, S. 23 – 40.

———2013. *Nouveau bilan du nationalisme au Québec.* Montreal: VLB éditeur.

BANTING, K. 2005. Canada: Nation-building in a federal welfare state. In: HERBERT OBINGER, STEPHAN LEIBFRIED, und FRANCIS G. CASTLES (Hg.), *Federalism and the Welfare State: New World and European Experiences.* Cambridge: Cambridge University Press, S. 89 – 137.

BARBERÀ, O und BARRIO, A., 2006. Convergència I Unió: from Stability to Decline? In: LIEVEN DE WINTER, MARGERITA GÓMEZ-REINO und PETER LYNCH (Hg.), *Autonomist Parties in Europe: Identity Politics and the Revival of the Territorial Cleavage*, Barcelona: ICPS, S. 101 – 141.

———2017. Moderate regionalist parties in Spain: Convergència I Unió and Partido Nacionalista Vasco. In: OSCAR MAZZOLENI und SEAN MUELLER (Hg.), *Regionalist Parties in Western Europe. Dimensions of Success.* London und New York: Routledge, S. 61 – 85.

BASTA, K., 2017. The State between Minority and Majority Nationalism: Decentralization, Symbolic Recognition, and Secessionist Crises in Spain and Canada, *Publius: The Journal of Federalism*, 48 (1), S. 51 – 75.

BAUBÖCK, R., 2000. Why Stay Together: A Pluralist Approach to Secession and Federation. In: WILL KYMLICKA und WAYNE NORMAN (Hg.), *Citizenship in Diverse Societies*. Oxford: Oxford University Press, S., 366 – 394.

BEACH, D. und PEDERSEN, R. B., 2013. *Process-Tracing Methods: Foundations and Guidelines*. Ann Arbor: The University of Michigan Press.

BEAUCHEMIN, J., 2002. *L'histoire en trop: la mauvaise conscience des souverainistes québécois*. Montreal: VLB.

———2006. La protection de la langue et de l'identité collective comme enjeu au sein de la conscience historique québécoise. In: PIERRE GEORGEAULT et MICHERL PAGÉ (Hg.), *Le français, langue de la diversité québécoise. Une réflexion pluridisciplinaire*. Montreal: Québec Amérique, S. 131 – 151.

———2011. Entre le rejet du passé et les promesses de l'avenir. In: GUY BERTHIAUME und CLAUDE CORBO (Hg.), *La Révolution tranquille en héritage*. Montreal: Boréal, S. 157 – 182.

BEDNAR, J., 2009. *The Robust Federation: Principles of Design*. Cambridge: Cambridge University Press.

BEHIELS, M. D., 1984. Quebec: Social Transformation and Ideological Renewal, 1940 – 1976. In MICHAEL S. CROSS und GREGORY S. KEALEY (Hg.), *Modern Canada 1930 – 1980's*. Toronto: McClelland and Stewart, S. 144 – 176.

———1985. *Prelude to Quebec's Quiet Revolution: Liberalism versus Neo-Nationalism, 1945-1960*. Kingston and Montreal: McGill-Queen's University Press.

———1991. *Quebec and the Question of Immigration: From Ethnocentrism to Ethnic Pluralism, 1900 – 1985*. Saint John: Keystone.

BEHNKE, N., 2013. Federalization and Minority Accommodation. In: ALBERTO LÓPEZ-BASAGUREN und LEIRE ESCAJEDO SAN EPIFANI (Hg.), *The Ways of Federalism in Western Countries and the Horizons of Territorial Autonomy in Spain*, Band 2. Berlin und Heidelberg: Springer Verlag, S. 459 – 469.

BÉLAND, D., und LECOURS, A., 2008. *Nationalism and Social Policy. The Politics of Territorial Solidarity.* Oxford: Oxford University Press.

BÉLANGER, A. J., 1977. *Ruptures et constants. Quatre idéologies du Québec en éclatement: Le Relève, La JEC, Cité Libre, Parti Pris.* Montreal: Hurtubise HMH.

BÉLANGER, É., und GÉLINEAU, F., 2011. Le vote économique en contexte de crise financière : l'élection provinciale de 2008 au Québec, *Canadian Journal of Political Science*, 44 (3), S. 529 – 551.

BÉLANGER, É. und NADEAU, R., 2009. *Le comportement électoral des Québécois.* Montreal: Les Presses de l'Université de Montréal.

BÉLANGER, É. und PERRELLA, M. L., 2008. Facteurs d'appui à la souveraineté du Québec chez les jeunes : Une comparaison entre francophones, anglophones et allophones, *Politique et Sociétés*, 27 (3), S. 13 – 40.

BÉLANGER, É., NADEAU, R., HENDERSON, A. und HEPBURN, E., 2018. *The National Question and Electoral Politics in Quebec and Scotland.* Montreal und Kingston: McGill-Queen's University Press.

BÉLANGER, Y., 1994. *Québec Inc.: la dérive d'un modèle?.* Quebec: Centre de recherche sur les innovations sociales.

———1998. *Québec inc.: L'entreprise québécoise à la croisée des chemins.* Montreal: HMH Hurtubise.

BÉLANGER, Y. und FOURNIER, P., 1987. *L'entreprise québécoise. Développement historique et dynamique contemporaine.* Quebec: Hurtubise HMH.

BELL, D., 1960. *The end of ideology: On the exhaustion of political ideas in the fifties.* New York: Free Press.

BELL, D. V., J. und Wallace, D. C., 1982. Parliament and Politics. In: RODDICK BEAUMONT BYERS (Hg.), *Canadian Annual Review of Politics and Public Affairs.* Toronto: University of Toronto Press, S. 5 – 109.

BENNETT, A., 2010. Process Tracing and Causal Inference. In HENRY E. BRADY und DAVID COLLIER (Hg.), *Rethinking Social Inquiry: Diverse tools, shared standards.* 2. Auflage. Lanham: Rowman & Littlefield, S. 207 – 219.

BENNETT, A. und CHECKEL, J. (Hg.), 2014. *Process Tracing: From Metaphor to Analytic Tool.* Cambridge: Cambridge University Press.

BENNETT, A. und ELMAN, C., 2006. Complex Causal Relations and Case Study Methods: The Example of Path Dependence, *Political Analysis*, 14 (3), S. 250 – 267.

BENZ, A. und BEHNKE, N., 2009. The Politics of Constitutional Change between Reform and Evolution, *Publius: The Journal of Federalism*, 39 (2), S. 213 – 240.

BERGERON, G., 1980. Introduction. In: ders. und RÉJEAN PELLETIER (Hg.), *L'État du Québec en devenir*. Montréal: Les Éditions du Boréal Express, S. 7 – 17.

BERMEO, N., 2002. A New Look at Federalism: The Import of Institutions, *Journal of Democracy*, 13 (2), S. 96 – 110.

BERNARD, A., und DESCÔTEAUX, B., 1981. *Québec: élections 1981*. Montreal: Hurtubise HMH.

BERNIER, G., 1980. Les aspects économiques du débat: un dialogue de sourds. In: ROBERT BOILY (Hg.), *Québec: Un pays incertain. Réflexions sur le Québec post-référendaire*. Montreal: Québec/Amérique, S. 111 – 134.

BERNIER, I., 1988. Meech Lake and Constitutional Visions. In: KATHERINE E. SWINTON und CAROL J. ROGERSON (Hg.), *Competing Constitutional Visions. The Meech Lake Accord*. Toronto: Carswell. S.239 – 246.

BERNIER, L., 1993. State-Owned Enterprises in Québec: The Full Cycle, 1960 – 90. In: ALAIN-G. GAGNON (Hg.), *Quebec: State and Society*, 2. Auflage. Scarborough: Nelson Canada, S. 243 – 258.

———2001. The Beleaguered State: Quebec at the End of the 1990s. In: KEITH BROWNSEY und MICHAEL HOWLETT (Hg.), *The Provincial State in Canada. Politics in the Provinces and Territories*. Peterborough: Broadview Press, S. 139 – 161.

BERNIER ARCAND, P., 2015. *Le Parti québécois. D'un nationalisme à l'autre*. Montreal: Les Éditions Poètes de brousses.

BEW, J., FRAMPTON, M., und GURRUCHAGA, I., 2009. *Talking to Terrorists: Making Peace in Northern Ireland and the Basque Country*, London: C. Hurst & Co Publishers.

BEYME, K. von, 1984. *Parteien in westlichen Demokratien*. 2. überarbeitete Auflage. München: Piper.

———2007. *Föderalismus und regionales Bewusstsein: Ein internationaler Vergleich*. München: C. H. Beck.

BICKERTON, J., 2007. Between Integration and Fragmentation: Political Parties and the Representation of Regions. In: ALAIN-G. GAGNON, und BRIAN TANGUAY (Hg.), *Canadian Parties in Transition*, 3. Auflage, Toronto: Toronto University Press, S. 411 – 436.

———2011. Janus Faces, Rocks, and Hard Places: Majority Nationalism in Canada. In ALAIN-G. GAGNON, ANDRÉ LÉCOURS und GÉNEVIÈVE NOOTENS (Hg.), *Contemporary Majority Nationalism*. Montreal und Kingston: McGill-Queen's University Press, S. 144 – 179.

BILLIG, M., 1995. *Banal Nationalism*. London: Sage.

BILODEAU, A., 2013. L'avantage libéral: le vote des minorités visibles à l'élection québécoise de 2012. In: FRÉDÉRIC BASTIEN, ÉRIC BÉLANGER und FRANÇOIS GÉLINEAU (Hg.), *Les Québécois aux urnes. Les partis, les médias et les citoyens en campagne*. Montreal: Les Presses de l'Université de Montréal, S. 237 – 250.

BLAD, C. und COUTON, P., 2009. The Rise of an Intercultural Nation: Immigration, Diversity and Nationhood in Quebec, *Journal of Ethnic and Migration Studies*, 35 (4), 645 – 667.

BLAIS, A., und CRÊTE, J., 1986. La clientèle péquiste en 1985: caractéristiques et évolution, *Politique*, 10, S. 5 – 29.

BLAIS, A., MARTIN, P. und NADEAU, R., 1995. Attentes économiques et linguistiques et appui à la souveraineté du Québec: une analyse prospective et comparative, *Canadian Journal of Political Science*, 18 (4), S. 637 – 657.

BLAIS, A., und NADEAU, R., 1984a. L'appui au Parti québécois: Évolution de la clientèle de 1970 à 1981. In: JEAN CRÊTE (Hg.), *Comportement électoral au Québec*, Chicoutimi: Gaetan morin éditeur, S. 279 – 318.

———1984b. La clientèle du OUI. In: JEAN CRÊTE (Hg.), *Comportement électoral au Québec*, Chicoutimi: Gaetan morin éditeur, S. 321 – 334.

BLOCH, E., 1962. *Erbschaft dieser Zeit*. Erweiterte Ausgabe. Frankfurt a.M.: Suhrkamp.

BOADWAY, R. und SHAH, A. (Hg.), 2009. *Fiscal Federalism: Principles and Practice of Multiorder Governance*. New York: Cambridge University Press.

BOISMENU, G., 1981. *Le Duplessisme. Politique Économique et Rapports de Force 1944 – 1960*. Montreal: Les Presses de l'Université de Montréal.

BOLLEYER, N., SWENDEN, W., und MCEWEN, N., 2014. A theoretical perspective on multi-level systems in Europe: Constitutional power and partisan conflict, *Comparative European Politics*, 12 (4–5), S. 367 – 383.

BONIN, D., 1990. L'immigration au Québec en 1990. À l'heure des choix. In: RONALD L. WATTS und DOUGLAS M. BROWN (Hg.), *Canada: The State of the Federation 1990*. Kingston: Institute of Intergovernmental Relations, S. 137 – 175.

———1991. Le Québec de l'après-Meech: entre le beau risqué nouvelle manière et la souveraineté. In: DOUGLAS M. BROWN (Hg.), *Canada: The State of the Federation 1991*. Kingston: Institute of Intergovernmental Relations, S. 19 – 56.

BOS, E., 1996. Die Rolle von Eliten und kollektiven Akteuren in Transitionsprozessen. In WOLFGANG MERKEL (Hg.), *Systemwechsel*, Band 1, 2. Auflage. Opladen: Leske + Budrich, S. 81 – 109.

BOUCHARD, G., 2012. *L'Interculturalisme: Un point de vue québécois*. Montreal: Boréal.

BOUCHER, M., 2014. Political Reflections on a Homecoming: The Québec Election of April 2014, *Quebec Studies*, 58, S. 123 – 138.

BOURNE, A. K., 2014. Europeanization and Secession: The Cases of Catalonia and Scotland, *Journal on Ethnopolitics and Minority Issues in Europe*, 13 (3), S. 94 – 120.

BOURQUE, G., 1984. Class, Nation, and the Parti Québécois. In: ALAIN-G. GAGNON (Hg.), *Quebec: State and Society*. 1. Auflage. Toronto: Methuen, S. 124 – 147.

BOYLAN, B. M., 2015. In pursuit of independence: the political economy of Catalonia's secessionist movement, *Nations and Nationalism*, 21 (4), S. 761 – 785.

BRANCATI, D., 2007. Pawns take Queen. The Destabilizing Effects of Regional Parties in Europe, *Constitutional Political Economy*, 16 (2), 143 – 159.

———2008. The Origins and Strength of Regional Parties, *British Journal of Political Science*, 38 (1), S. 135 – 159.

———2009. *Peace by Design. Managing Intrastate Conflict through Decentralization*. Oxford: Oxford University Press.

BRAUN, D., 1999. Interests or Ideas? An Overview of Ideational Concepts in Public Policy Research. In: ders. und ANDREAS BUSCH (Hg.), *Public Policy and Political Ideas*. Cheltenham: Elgar, S. 11 – 29.

BRAUNGART, R. und BRAUNGART, M., 1989. Les générations politique. In: JEAN CRÊTE und PIERRE FAVRE (Hg.), *Générations et Politique*, Québec: Les Presses de l'Université Laval; Paris: Economica, S. 7 – 51.

BRAZEAU, J., 1964. Quebec's emerging middle class, in: RIOUX, M., und MARTEL, Y., (Hg.), *French-Canadian Society*, Toronto: McClelland and Stewart, S. 319 – 327.

———1966. Les nouvelles classes moyennes, *Recherches sociographiques,* 7 (1-2), S.151 – 170.

BRETON, G., und JENSON, J., 1991. La nouvelle dualité canadienne: l'entente de libre-échange et l'après-Meech. In: LOUIS BALTHAZAR, GUY LAFOREST und VINCENT LEMIEUX (Hg.), *Le Québec et la restructuration du Canada 1980 – 1992. Enjeux et perspectives*. Sillery: Septentrion, S. 75 – 92.

BRETON, R., 1988a. The Concepts of "Distinct Society" and "Identity" in the Meech Lake Accord. In: KATHERINE E. SWINTON und CAROL J. ROGERSON (Hg.), *Competing Constitutional Visions. The Meech Lake Accord*. Toronto: Carswell. S. 3 – 10.

———1988b. From Ethnic to Civic Nationalism: English Canada and Quebec, *Ethnic and Racial Studies*, 11 (1), S. 85 – 102.

BREUILLY, J. 1993. *Nationalism and the State*. 2. Ausgabe. Manchester: Manchester University Press.

BROSCHEK, J., 2004. „Collaborative Federalism" in Kanada: Eine neue Ära in den Beziehungen zwischen Bund und Provinzen?, *Zeitschrift für Parlamentsfragen*, 35 (3), S. 428 – 448.

———2005. Föderalismus und Wohlfahrtsstaat im historischen Kontext: Der Fall Kanada, *Politische Vierteljahresschrift*, 46 (2), S. 238 – 262.

———2009. *Der kanadische Föderalismus: Eine historisch-institutionalistische Analyse*. Wiesbaden: VS-Verlag.

BROSCHEK, J., und SCHULTZE, R.-O., 2004. Föderalismus und Integration: Konzeptionen, Reformen und Reformwirkungen von Trudeau bis Chrétien, *Zeitschrift für Kanada-Studien*, 24 (1), 7 – 32.

BROUILLET, E., 2017. The Supreme Court of Canada: The Concept of Cooperative Federalism and Its Effect on the Balance of Power. In: NICHOLAS ARONEY und JOHN KINKAID (Hg.), *Courts in Federal Countries. Federalists or Unitarists*. Toronto: University of Toronto Press.

BROWN, D. M., 2012. Fiscal Federalism: maintaining a balance. In: HERMAN BAKVIS und GRACE SKOGSTAD (Hg.), *Canadian Federalism: Performance, Effectiveness, and Legitimacy*. Don Mills: Oxford University Press, S. 118 – 140.

———2017. The financial crisis and the future of federalism in Canada. In: RICHARD ECCLESTON und RICHARD KREVER (Hg.), *The Future of Federalism. Intergovernmental Financial Relations in an Age of Austerity*. Cheltenham: Edward Elgar Publisching, S. 73 – 94.

BROWN, G. K., 2009. Federalism, Regional Autonomy and Conflict: Introduction and Overview, *Ethnopolitics*, 8 (1), 1 – 4.

BRUBAKER, R., 1997. *Nationalism Reframed: Nationalism and the National Question in the New Europe.* Cambridge: Cambridge University Press.

———1998. Myths and misconceptions in the study of nationalism. In: JOHN A. HALL (Hg.), *The State of the Nation: Ernest Gellner and the Theory of Nationalism.* Cambridge: Cambridge University Press, S. 272 – 305.

BUDGE, I., und ROBERTSON, D., 1987. Do parties differ and how? Comparative discriminant and factor analyses. In: dies. und DEREK HEARL (Hg.), *Ideology, Strategy and Party Change: spatial analyses of post-war election programmes in 19 democracies*. Cambridge: Cambridge University Press, S. 387 – 416.

BURGESS, M., 2012a. *In Search of the Federal Spirit: New Theoretical and Empirical Perspectives in Comparative Federalism.* Oxford: Oxford University Press.

———2012b. Multinational Federalism in Multinational Federations. In: MICHEL SEYMOUR und ALAIN-G. GAGNON (Hg.), *Multinational Federalism: Problems and Prospects*, Basingstoke: Palgrave Macmillan, S. 23 – 44.

BURGESS, M. und GAGNON, A.-G., 2010. Introduction: federalism and democracy. In: dies. (Hg.), *Federal Democracies,* London und New York: Routledge, S. 1 – 25.

BURGESS, M. und PINDER, J., (Hg.), 2007. *Multinational Federations*. London und New York: Routledge.

BUZAN, B., WÆVER, O. und DE WILDE, J.,1998. *Security: A New Framework for Analysis*. Boulder: Lynne Rienner Publishers.

CAIRNS, A. C., 1988. The Limited Constitutional Vision of Meech Lake. In: KATHERINE E. SWINTON und CAROL J. ROGERSON (Hg.), *Competing Constitutional Visions. The Meech Lake Accord*. Toronto: Carswell. S. 247 – 262.

———1991. *Disruptions: Constitutional struggles, from the Charter to Meech Lake*. Toronto: McClelland & Stewart.

———1992. *Charter versus Federalism. The Dilemmas of Constitutional Reform*. Montreal und Kingston: McGill-Queen's University Press.

———1994. The Charlottetown Accord: Multinational Canada v. Federalism. In: CURTIS COOK (Hg.), *Constitutional Predicament*. Montreal und Kingston: McGill – Queen's University Press, S. 25 – 63.

———1995. *Reconfigurations: Canadian Citizenship & Constitutional Change. Selected Essays by Alan C. Cairns*. Toronto: McClelland & Stewart.

CALDWELL, G., 1990. Immigrants et minorités ethniques. In: SIMON LANGLOIS (Hg.), *La société québécoise en tendances. 1960 – 1990*. Quebec: Institut québécois de recherche sur la culture, S. 581 – 590.

CAMERON, D., 2012. Quebec and the Canadian Federation. In: HERMAN BAKVIS und GRACE SKOGSTAD (Hg.), *Canadian Federalism. Performance, Effectiveness, and Legitimacy*, 3. Auflage. Don Mills: Oxford University Press, S. 38 – 58.

CAMERON, D. und WHITE, G., 2000. *Cycling into Saigon. The Conservative Transition in Ontario*. Vancouver und Toronto: UBC Press.

CAMPBELL, D. T., 1975. "Degrees of Freedom" and the Case Study, *Comparative Political Studies*, 8 (2), S. 178 – 193.

CAMPBELL, D. T. und STANLEY, J. C., 1963. *Experimental and Quasi-Experimental Designs for Research*. Chicago: Rand McNally.

CAPOCCIA, G., 2015. Critical junctures and institutional change. In: JAMES MAHONEY und KATHLEEN THELEN (Hg.), *Advances in Comparative-Historical Analysis*. Cambridge: Cambridge University Press, S. 147 – 179.

———2016. Critical Junctures, In: ORFEO FIORETOS, TULIA G. FALLETI, und ADAM SHEINGATE (Hg.), *The Oxford Handbook of Historical Institutionalism*, Oxford: Oxford University Press, S. 89 – 106.

CARLOS, S., und LATOUCHE, D., 1976. La composition de l'électorat péquiste. In: DANIEL LATOUCHE, GUY LORD, und JEAN-GUY VAILLANCOURT (Hg.), *Le processus électoral au Québec: Les élections provinciales de 1970 et 1973*. Montreal: Hurtubise HMH, S. 187 – 211.

CARPENTIER, A., und GIRARD-LAMOUREUX, C., 2004. La langue d'usage public de la génération 101. In: MICHEL VENNE (Hg.), *L'annuaire du Québec 2005*. Montreal: Fides, S. 208 – 213.

CASTELLS, A., 2014. Catalonia and Spain: Political and Fiscal Conflict, *Pôle Sud: Revenue de science politique de l'Europe méridionale*, 40 (1), S. 59 – 80.

CHARBONNEAU, J.-P., und PAQUETTE, G., 1978. *L'Option*. Montreal: Édition de l'Homme.

CHECKEL, J. T., 2005. *It's the Process Stupid! Process Tracing in the Study of European and International Politics*. ARENA Working Paper, No. 26.

———2008. Process Tracing. In: AUDIE KLOTZ und DEEPA PRAKASH (Hg.), *Qualitative Methods in International Relations: A Pluralist Guide.* New York: Palgrave Macmillan.

CHEVRIER, M., 2012. La famille souverainiste en crise. In: MIRIAM FAHMY (Hg.), *L'état du Québec 2012*. Montreal: Boréal, S. 134 – 142.

CHHIBBER, P., und KOLLMAN, K. 2004. *The Formation of National Party Systems: Federalism and Party Competition in Canada, Great Britain, India, and the United States*. Princeton: Princeton University Press.

CHRISTIN, T., und HUG, S., 2012. Federalism, the Geographic Location of Groups, and Conflict, *Conflict Management and Peace Science*, 29 (1), S. 93 – 122.

CLIFT, D., 1982. *Quebec Nationalism in Crisis*. Kingston und Montreal: McGill-Queen's University Press.

CLOUTIER, É., 1991. L'opinion publique québécoise en 1990-1991. In : DENIS MONIÈRE (Hg.), *L'Année politique du Québec 1990-1991*. Montréal: Presses de l'Université de Montréal.

———1992. L'outil référendaire et la marche du Québec vers la souveraineté. In: ALAIN-G. GAGNON und FRANÇOIS ROCHER (Hg.), *Répliques aux détracteurs de la souveraineté du Québec*. Montreal: VLB, S. 222 – 230.

CLOUTIER, É., GUAY, J. H., und LATOUCHE, D., 1992. *Le virage: l'évolution de l'opinion publique au Québec depuis 1960 ou comment le Québec est devenu souverainiste*. Montreal: Québec/Amérique.

COLEMAN, J.S., 1964. *Introduction to mathematical sociology*. Glencoe: Free Press.

COLEMAN, W. D., 1981. From Bill 22 to Bill 101: The Politics of Language under the Parti Québécois, *Canadian Journal of Political Science*, 14 (3), pp. 459 – 485.

CONRAN, J., und THELEN, K., 2016. Institutional Change. In: ORFEO FIORETOS, TULIA G. FALLETI, und ADAM SHEINGATE (Hg.), *The Oxford Handbook of Historical Institutionalism*, Oxford: Oxford University Press, S. 51 – 70.

CONWAY, K., 2012. Quebec's Bill 94: What's "Reasonable"? What's "Accommodation"? And what's the Meaning of the Muslim Veil?, *American Review of Canadian Studies*, 42 (2), S. 195 – 209.

COOK, R., 1988. Alice in Wonderland or the Concept of Quebec as "A Distinct Society". In: CLIVE THOMSON (Hg.), *Navigating Meech Lake: The 1987 Constitutional Accord*. Kingston: The Institute of Intergovernmental Relations, S. 53 – 64.

———2006. *Teeth of Time: Remembering Pierre Elliott Trudeau*. Montreal & Kingston: McGill-Queen's University Press.

COULON, J., 2003. Quebec. In: DAVID MUTIMER (Hg.), *Canadian Annual Review of Politics and Public Affairs 1997*. Toronto: University of Toronto Press, S. 123 – 136.

COURCHENE, T. J., 1986. Market Nationalism: Quebec's Disquieting Revolution, *Options politiques*, 7 (8), S. 7 – 12.

———1991. La communauté des Canadas. In: COMMISSION SUR L'AVENIR POLITIQUE ET CONSTITUTIONNEL DU QUÉBEC (Hg.). *Les avis des spécialistes invités à répondre aux huit questions posées par la commission*. Quebec: Éditeur officiel, S. 199 – 238.

———2004. Hourglass Federalism – How the Feds got the Provinces to Run out of Money in a Decade of Liberal Budgets, *Options politiques*, 25 (4), S 12 – 17.

———2007. Quebec and the Canadian Federation: From the 1980 Referendum to the Summit of the Canadas. In: MICHAEL MURPHY (Hg.), *Canada: The State of the Federation 2005. Quebec and Canada in the New Century. New Dynamics, New Opportunities*. Montreal und Kingston: Institute of Intergovernmental Relations, S. 201 – 232.

———2012. Reflections on the Federal Spending Power: Practices, Principles, Perspectives. In: JOHN R. ALLAN, ders., MARC-ANTOINE ADAM und HOI KONG (Hg.), *Canada: The State of the Federation 2008. Open Federalism and the Spending Power*. Kingston: Institute of Intergovernmental Relations, S. 85 – 117.

CREIGHTON, D. G., 1972. The Myth of Biculturalism. In: ders. (Hg.), *Towards the Discovery of Canada: Selected Essays*, Toronto: Macmillan, S. 256 – 270.

CRÊTE, J., 1995. Le poids de l'âge sur le vote. In: GUY LACHAPELLE, PIERRE P. TREMBLAY und JOHN E. TRENT (Hg.), *L'impact référendaire*. Sainte-Foy: Les Presses de l'Université du Québec, S. 333 – 346.

———1996. The Quebec 1995 constitutional referendum, *Regional and Federal Studies*, 6 (3), S. 81 – 92.

———2003. La droite au pouvoir. Une comparaison des programmes des partis. In: MICHEL VENNE (Hg.), *L'annuaire du Québec 2004*. Montreal: Fides, S 588 – 592.

———2012. La Coalition Avenir Québec. Entre l'action et l'efficacité: l'autorité. In: MIRIAM FAHMY (Hg.), *L'état du Quebec 2012*. Montreal: Fides, S. 149 – 154.

CRÊTE, J. und FAVRE, P. (Hg.), 1989. *Générations et Politique*. Québec: Les Presses de l'Université Laval; Paris: Economica.

CUCCIOLETTA, D., und LUBIN, M., 2003. The Quebec Quiet Revolution: A Noisy Evolution, *Québec Studies*, 36, S. 125 – 138.

DAHRENDORF, R., 1965. *Gesellschaft und Demokratie in Deutschland*. München: Piper.

DALLE MULLE, E., 2018. *The Nationalism of the Rich: Discourses and Strategies of Separatist Parties in Catalonia, Flanders, Northern Italy and Scotland.* London und New York: Routledge.

DANEAU, M., 1966. Évolution économique du Québec 1950-1965, *L'Actualité économique*, 41 (4), S. 659 – 692.

DAOUST, D., 1982. La planification linguistique au Québec: un aperçu des lois sur la langue, *Revue québécoise de linguistique*, 12 (1), S. 9 – 75.

DERRIDA, J., 2003. *Schurken. Zwei Essays über die Vernunft.* Frankfurt a. M.: Suhrkamp.

DESCHOUWER, K., 2013. Party Strategies, Voter Demands and Territorial Reform in Belgium, *West European Politics*, 36 (2), S. 338 – 358.

DE JOCAS, Y., und ROCHER, G., 1957. Inter-Generation Occupational Mobility in the Province of Quebec, *Canadian Journal of Economics and Political Science*, 23 (1), S. 57 – 68.

DESROSIERS, R., 1971. Duplessis et l'idéologie dominante, *Revue de l'histoire de l'Amérique françaises.* 25 (3), S. 385 – 388.

DEUTSCH, K. W., 1966. *Nationalism and Social Communication. An Inquiry into the Foundations of Nationality.* Cambridge: MIT Press.

DE WINTER, L., 1998. Conclusion: A comparative analysis of electoral, office and policy success of ethnoregionalist parties. In: LIEVEN DE WINTER und HURI TÜRSAN (Hg.), *Regionalist Parties in Western Europe.* London und New York: Routledge, S. 204 – 247.

DICKINSON, J. A. und YOUNG, B., 2003. *Brève histoire socio-économique du Québec.* Sillery: Les Éditions de Septentrion.

DION, L., 1991. Pour sortir de l'impasse constitutionelle. In: COMMISSION SUR L'AVENIR POLITIQUE ET CONSTITUTIONNEL DU QUÉBEC (Hg.). *Les avis des spécialistes invités à répondre aux huit questions posées par la commission.* Quebec: Éditeur officiel, S. 269 – 280.

———1995. *Le Duel constitutionnel Québec – Canada.* Montreal: Boréal.

DION, S., 2005. Fiscal Balance in Canada. In: HARVEY LAZAR (Hg.), *Canadian Fiscal Arrangements: What Works, What Might Work Better.* Montreal und Kingston: McGill-Queen's University Press, S. 153 – 172.

DOWNS, A. 1957. *An Economic Theory of Democracy.* New York: Harper.

DROUILLY. P., 2003. Qui a voté quoi, où et pourquoi? In: MICHEL VENNE (Hg.), *L'annuaire du Québec 2004.* Montreal: Fides, S. 598 – 619.

———2006. Au Québec, le Bloc reste solide, les gains conservateurs sont fragiles et les libéraux sont au fond du baril. In: MICHEL VENNE und MIRIAM FAHMY (Hg.), *L'annuaire du Québec 2007. Le Québec en panne ou en marche?*. Montreal: Fides, S. 360 – 370.

———2007. L'élection du 26 mars 2007 au Québec. Une élection de réalignement?. In: MICHEL VENNE und MIRIAM FAHMY (Hg.), *L'annuaire du Quebec 2008. Le Québec vire-t-il à droite? Mario Dumont et l'ADQ, Stephen Harper, Accommodements raisonnables et identité*. Montreal: Fides, S. 24 – 39.

———2010. Fin de la décennie post-référendaire? In: MIRIAM FAHMY (Hg.), *L'état du Québec*. Montreal: Fides, S. 245 – 252.

DUCHACEK, I., 1970. *Comparative Federalism: The territorial dimension of politics*. New York: Holt, Rinehart and Winston.

DUFOUR, C., 2000. *Lettre aux souverainistes québécois et aux fédéralistes canadiens qui sont restés fidèles au Québec*. Montreal: Stanké.

DUFOUR, P., 2009. From Protest to Partisan Politics: When and How Collective Actors Cross the Line. Sociological Perspective on Québec Solidaire. *The Canadian Journal of Sociology*, 34 (1), S. 55 – 81.

———2012. Québec solidaire: au-delà du tiers parti, une transformation majeure du paysage politique québécois. In: RÉJEAN PELLETIER (Hg.), *Les partis politiques québécois dans la tourmente. Mieux comprendre et évaluer leur rôle*. Quebec: Les Presses de l'université Laval, S. 333 – 360.

DUMONT, F., 1995. *Raisons communes*. Montreal: Boréal.

DUNN, C., 2010. The Federal Spending Power. In: ders. (Hg.), *The Handbook of Canadian Public Administration*. 2. Auflage. Oxford: Oxford University Press, S.

DUPUIS-DÉRI, F., und ÉTHIER, M.-A., 2016. Introduction: Ah! que la guerre culturelle est jolie! In: dies. (Hg.), *La guerre culturelle des conservateurs québécois*. Saint-Joseph-du-Lac: M Éditeur.

DURAND, C., 2013. Les sondages et l'élection québécoise de 2012. In: FRÉDÉRIC BASTIEN, ÉRIC BÉLANGER und FRANÇOIS GÉLINEAU (Hg.), *Les Québécois aux urnes. Les partis, les médias et les citoyens en campagne*. Montreal: Les Presses de l'Université de Montréal, S. 163 – 176.

DURAND, M., 1999. *Histoire du Québec*. Paris: Imago.

DUVERGER, M., 1958. *Les partis politiques*. 3. Auflage. Paris: Armand Colin.

EBBINGHAUS, B., 2005. When Less is More: Selection Problems in Large-N and Small-N Cross-National Comparisons, *International Sociology*, 20 (2), S. 133 – 152.

ECKSTEIN, H., 1975. Case Study and Theory in Political Science. In: FRED I. GREENSTEIN und NELSON W. POLSBY, (Hg.), *Handbook of Political Science, Volume 7*. Reading: Addison-Wesley, S. 79 – 137.

ELAZAR, D., 1987. *Exploring Federalism*. Tuscaloosa: University of Alabama Press.

ELIAS, A., und MEES, L., 2017. Between accommodation and secession: Explaining the shifting territorial goals of nationalist parties in the Basque Country and Catalonia, *Revista d'Estudis Autonòmics i Federals*, 25, S. 129 – 165.

ELIAS, A., und TRONCONI, F., 2011a. *From protest to power: Autonomist parties and the Challenges of Representation*. Wien: Braumüller.

——— 2011b. From Protest to Power: Autonomist parties in government, *Party Politics*, 17 (4), S. 505 – 524.

ELKINS, D. J., 1995. *Beyond Sovereignty. Territory and Political Economy in the Twenty-First Century*. Toronto: University of Toronto Press.

ERK, J., und ANDERSON, L. M., 2010. The Paradox of Federalism: Does Self-Rule Accommodate or Exacerbate Ethnic Divisions? In: dies. (Hg.) *The Paradox of Federalism: Does Self-Rule Accommodate or Exacerbate Ethnic Divisions?* London: Routledge, S. 1 – 12.

FANON, F., 1968. *Die Verdammten dieser Erde*. Frankfurt a. M.: Suhrkamp.

FIORETOS, O., FALLETI, T., und SHEINGATE, A., 2016. Historical Institutionalism in Political Science. In: dies. (Hg.), *The Oxford Handbook of Historical Institutionalism*, Oxford: Oxford University Press, S. 3 – 28.

FISHER, S. und VENGROFF, R., 1994. The 1994 Quebec Provincial Elections: Party Realignment, Independence Referendum, or More of the Same, *Quebec Studies*, 19, S. 1 – 16.

FISHMAN, J. A., (1967). Bilingualism with and without diglossia; diglossia with and without bilingualism, *Journal of Social Issues*, 23 (2), S. 29 – 38.

FORCESE, D., 1997. *The Canadian Class Structure*. 4. Ausgabe. Toronto: McGraw-Hill Ryerson Limited.

FOREST, P.-G., 2014. Never More than a Step from Paradise: Canadian Provinces and the Public Funding of Health Care Services. In: NADIA VERRELLI

(Hg.), *Canada: The State of the Federation 2011. The Changing Federal Environment: Rebalancing Roles?* Kingston: Institute of Intergovernmental Relations, S. 95 – 110.

FORTIN, P., 1991. How Economics is Shaping the Constitutional Debate in Quebec. In: ROBERT YOUNG (Hg.), *Confederation in Crisis*. Toronto: James Lorimer, S. 35 – 44.

———2011. La Revolution tranquille et l'économie: où étions-nous, que visions-nous, qu'avons-nous accompli?. In: GUY BERTHIAUME und CLAUDE CORBO (Hg.), *La Révolution tranquille en héritage*. Montreal: Boréal, S. 87 – 134.

FOURNIER, M., 1978. La question nationale: enjeux et impasse. In: JEAN-FRANÇOIS LÉONARD (Hg.), *La chance au coureur. Bilan de l'action du gouvernement du Parti québécois*. Montreal: Les Éditions Nouvelle Optique, S. 177 – 192.

FOURNIER, P., 1976. *The Quebec Establishment: The Ruling Class and the State*. Montreal: Black Rose Books.

———1978. Les nouveaux paramètres de la bourgeoisie québécoise. In: ders. (Hg.), *Le capitalisme au Québec*. Montreal: Éditions cooperatives Albert Saint-Martin, S. 135 – 181.

———(Hg.), 1981. *Capitalisme et politique au Québec. Un bilan critique du Parti québécois au pouvoir.* Montreal: Éditions cooperatives Albert Saint-Martin.

———1990. *Autopsie du Lac Meech. La souveraineté est-elle inévitable*? Montreal: VLB Éditeur.

FRASER, G., 1992. René Lévesque et le paradoxe démocratique. In YVES BÉLANGER und MICHEL LÉVESQUE (Hg.), *René Lévesque: L'homme, la nation, la démocratie*. Québec : Presses de l'Université du Québec, S. 119 – 123.

———2001. *René Lévesque and the Parti Québécois in Power*. Montreal: McGill-Queen's University Press.

FREEDMAN, D., 2010. On Types of Scientific Inquiry: The Role of Qualitative Reasoning. In HENRY E. BRADY und DAVID COLLIER (Hg.), *Rethinking Social Inquiry: Diverse tools, shared standards*. 2. Auflage. Lanham: Rowman & Littlefield, S. 221 – 236.

FRENCH, R., 1985. Governing without Business: The Parti Québécois in Power. In: VICTOR V. MURRAY (Hg.), *Theories of Business – Government Relations.* Toronto: Trans-Canada Press, S. 159 – 180.

FUKUYAMA, F., 1992. *Das Ende der Geschichte. Wo stehen wir?* München: Kindler.

GAGNÉ, G. und LANGLOIS, S., 2005. Les jeunes appuient la souveraineté et les souverainistes le demeurent en vieillissant. In: MICHEL VENNE und ANTOINE ROBITAILLE (Hg.), *L'annuaire du Québec. 2006*. Québec: Fides: S. 440 – 456.

GAGNON, A.-G., 1990. Quebec. In: RODDICK BEAUMONT BYERS (Hg.), *Canadian Annual Review of Politics and Public Affairs 1986*, Toronto: University of Toronto Press, S. 261 – 273.

———1991a. Quebec. In: RODDICK BEAUMONT BYERS (Hg.), *Canadian Annual Review of Politics and Public Affairs 1987*, Toronto: University of Toronto Press, S. 279 – 292.

———1991b. Québec and the Political Economy of Continental Integration. In: LESLIE A. PAL und RAINER-OLAF SCHULTZE (Hg.), *The Nation-State versus Continental Integration. Canada in North America – Germany in Europe*. Bochum: Universitätsverlag Dr. N. Brockmeyer, S. 165 – 185.

———1993a. The Political Uses of Federalism. In: MICHAEL BURGESS und ders. (Hg.), *Comparative Federalism and Federation: Competing Traditions and Future Directions*. New York: Harvester Wheatsheaf, S. 15 – 44.

———1993b. Québec-Canada: Constitutional Developments, 1960 – 1992. In: ders. (Hg.), *Quebec: State and Society*, 2. Auflage. Scarborough: Nelson Canada, S. 96 – 115.

———2001. The moral foundations of asymmetrical federalism: a normative exploration of the case of Quebec and Canada. In: ders. und JAMES TULLY, (Hg.), *Multinational Democracies,* Cambridge: Cambridge University Press, S. 319 – 337.

———2003. Undermining Federalism and Feeding Minority Nationalism: The Impact of Majority Nationalism in Canada. In: ders., MONTSERRAT GUIBERNAU und FRANÇOIS ROCHER (Hg.), *The conditions of diversity in multinational democracies*. Montreal; Institute. for Research on Public Policy, S. 295 – 314.

———2010. *The case for multinational federalism: beyond the all-encompassing nation*, London: Routledge.

———2012. Reconciling Autonomy, Community and Empowerment: The Difficult Birth of a Diversity School in the Western World. In: ders. und MICHAEL KEATING (Hg.), *Political Autonomy in Divided Societies: Imagining Democratic Alternatives in Complex Settings*, Basingstoke: Palgrave Macmillan, S. 49 – 59.

———2014. *Das Zeitalter der Ungewissheiten: Essays über Föderalismus und nationale Diversität*. Baden-Baden: Nomos.

———2015. Constitutionalism, Empowerment and Multinational Federalism. In: ders., SOEREN KEIL und SEAN MUELLER (Hg.), *Understanding Federalism and Federation*, Farnham: Ashgate, S. 143 – 155.

GAGNON, A.-G. und BOUCHER, F., 2017. Party Politics in a Distinct Society: Two Eras of Block Voting in Quebec. In: ALAIN-G. GAGNON, und BRIAN TANGUAY (Hg.), *Canadian Parties in Transition*, 4. Auflage, Toronto: Toronto University Press, S. 277 – 295.

GAGNON, A.-G. und IACOVINO, R., 2007. *Federalism, Citizenship, and Quebec. Debating Multinationalism*. Toronto: University of Toronto Press.

GAGNON, A.-G. und LAFOREST, G., 2012. The moral foundations of asymmetrical federalism: normative considerations. In: FERRAN REQUEJO und MIQUEL CAMINAL, (Hg.), *Federalism, Plurinationality and Democratic Constitutionalism: Theory and cases*, London und New York: Routledge, S. 85 – 107.

GAGNON, A.-G. und LATOUCHE, D., 1991. *Allaire, Bélanger, Campeau et les autres. Les Québécois s'interrogent sur leur avenir*. Montreal: Québec/Amérique.

GAGNON, A.-G. LECOURS, A. und NOOTENS, G. (Hg.), 2011. *Contemporary Majority Nationalism*. Montreal und Kingston: McGill-Queen's University Press.

GAGNON, A.-G. und MONTCALM, M. B., 1990. *Quebec Beyond the Quiet Revolution*. Scarborough: Nelson Canada.

GAGNON, A.-G. und ROCHER, F., 1992. The Multilateral Agreement: A Betrayal of the Federal Spirit. In: DOUGLAS M. BROWN und ROBERT YOUNG (Hg.), *Canada: The State of the Federation 1992*. Kingston: Institute of Intergovernmental Relations, S. 117 – 127.

GÉLINAS, X., 2009. D'une droite à l'autre : le conservatisme intellectuel canadien-français des années 1960 et 2000, *Études canadiennes/Canadian Studies*, 66, S. 63 – 75.

GELLNER, E., 1983. *Nations and Nationalism*. Oxford: Blackwell.

GELOSO, V. und FORTIN, M.-O., 2013. *Du Grand rattrapage au déclin tranquille: une histoire économique et sociale du Québec de 1900 à nos jours*. Montreal: Accent Grave.

GEORGE, A. L. und BENNETT, A., 2005. *Case Studies and Theory Development in the Social Sciences*. Cambridge: MIT Press.

GERRING, J., 2007. *Case Study Research. Principles and Practices*. New York: Cambridge University Press.

GERVAIS, S., 2000. Le débat linguistique: le retour à la une et la crainte de la crise. In: ROCH CÔTÉ (Hg.), *Québec 2001. Annuaire politique, social, économique et culturel*. Montreal: Éditions Fides, S. 109 – 117.

GERVAIS, S., KARMIS, D.und LAMOUREUX, D. (Hg.), 2008. *Du tricoté serré au métissé serré ? La culture publique commune au Québec en débats*. Quebec: Les Presses de l'Université Laval.

GEßLER, S., 2014. Niedergang des Separatismus? Provinzwahlen in Quebec, *WeltTrends*, 98, S. 61 – 69.

———2015a. Autonomie und institutionelle Handlungsspielräume regionaler Parteien: Katalonien, Quebec und Schottland im Vergleich, *Zeitschrift für Parlamentsfragen*, 46 (1), S. 183 – 204.

———2015b. *Vive le Québec autonome: The Erosion of the Sovereignist Idea in Québec and the Decline of the PQ*. Unveröffentlichtes Manuskript zum Vortrag auf der Jahrestagung der Gesellschaft für Kanada-Studien.

GODBOUT, J.-F., 2013. Les élections au Québec de 1973 à 2012. In: FRÉDÉRIC BASTIEN, ÉRIC BÉLANGER und FRANÇOIS GÉLINEAU (Hg.), *Les Québécois aux urnes. Les partis, les médias et les citoyens en campagne*. Montreal: Les Presses de l'Université de Montréal, S. 23 – 43.

GOSSAGE, P. und LITTLE, J. I. 2012. *An Illustrated History of Quebec. Tradition & Modernity*. Don Mills: Oxford University Press.

GRAEFE, P., 2004. The Quebec Patronat: Proposing a Neo-liberal Political Economy after All, *Canadian Review of Sociology*, 41 (2), S. 171 – 193.

———2007. State Restructuring and the Failure of Competetive Nationalism. In: MICHAEL MURPHY (Hg.), *Canada: The State of the Federation 2005.*

Quebec and Canada in the New Century. New Dynamics, New Opportunities. Montreal und Kingston: Institute of Intergovernmental Relations, S. 153 – 176.

GRAEFE, P. und LAFOREST R., 2007. La Grande Seduction: Wooing Quebec. In: G. BRUCE DOERN (Hg.), *How Ottawa Spends 2007 – 2008. The Harper Conservatives – Climate of Change*. Montreal und Kingston: McGill-Queen's University Press, S. 46 – 62.

GUAY, J.-H., 1994. Les résultats électoraux au Québec. In: DENIS MONIÈRE, D. und ders. (Hg.), *La bataille du Québec. Premier épisode: les élections fédérales de 1993*. Montreal: Fides, S. 125 – 175.

———2007. Une refondation incertaine pour le PQ. In: MICHEL VENNE und MIRIAM FAHMY (Hg.), *L'annuaire du Quebec 2008. Le Québec vire-t-il à droite? Mario Dumont et l'ADQ, Stephen Harper, Accommodements raisonnables et identité*. Montreal: Fides, S. 61 – 66.

GÜNTZEL, R. P., 2000. "Rapprocher les lieux du pouvoir": The Québec Labour Movement and Québec Sovereigntism, 1960 – 2000, *Labour*, 46, S. 369 – 395.

GUEST, D., 1997. *The Emergence of Social Security in Canada*. Vancouver: UBC Press.

GUIBERNAU, M., 2012. From Devolution to Secession: The Case of Catalonia. In: MICHEL SEYMOUR und ALAIN-G. GAGNON (Hg.), *Multinational Federalism: Problems and Prospects*, Basingstoke: Palgrave Macmillan, S. 149 – 171.

GUINDON, H., 1960. The Social Evolution of Quebec Reconsidered, *The Canadian Journal of Economics and Political Science*, 26 (4), S. 533 – 551.

———1964. Social Unrest, Social Class and Québec's Bureaucratic Revolution, *Queen's Quarterly*, 71 (2). S. 150 – 162.

GURR, T. 2000. *Peoples versus States: Minorities at Risk in the New Century*. Washington DC: United States Institute of Peace Press.

HABERMAS, J., 1996a. Der europäische Nationalstaat. Zu Vergangenheit und Zukunft von Souveränität und Staatsbürgerschaft. In: ders. (Hg.), *Die Einbeziehung des Anderen. Studien zur politischen Theorie*. Frankfurt a. M.: Suhrkamp, S. 128 – 153.

———1996b. Kampf um Anerkennung im demokratischen Rechtsstaat. In: ders. (Hg.), *Die Einbeziehung des Anderen. Studien zur politischen Theorie*. Frankfurt a. M.: Suhrkamp, S. 237 – 276.

HALE, H. E., 2004. Divided We Stand: Institutional Sources of Ethnofederal State Survival and Collapse, *World Politics*, 56 (2), S. 165 – 193.

———2008. *The Foundations of Ethnic Politics: Separatism of States and Nations in Eurasia and the World*. Cambridge: Cambridge University Press.

HALL, P. A., 1992. The movement from Keynesianism to monetarism: Institutional analysis and British economic policy in the 1970s. In: SVEN STEINMO, KATHLEEN THELEN und FRANK LONGSTRETH (Hg.), *Structuring Politics. Historical institutionalism in comparative analysis*, Cambridge: Cambridge University Press, S. 90 – 113.

———1993. Policy Paradigms, Social Learning, and the State: The Case of Economic Policymaking in Britain, *Comparative Politics*, 25 (3), S. 275 – 296.

———2005. Preference Formation as a Political Process: The Case of Monetary Union in Europe. In: IRA KATZNELSON und BARRY R. WEINGAST (Hg.), *Preferences and Situations. Points of Intersection Between Historical and Rational Choice Institutionalism*. New York: Russell Sage, S. 129 – 160.

———2010. Historical Institutionalism in Rationalist and Sociological Perspective. In JAMES MAHONEY und KATHLEEN THELEN (Hg.), *Explaining Institutional Change: Ambiguity, Agency, and Power*. Cambridge: Cambridge University Press. S. 204 – 223.

HAMELIN, J., und GARON, A., 1969. La vie politique au Québec de 1956 à 1966. In: VINCENT LEMIEUX (Hg.), *Quatre Élections Provinciales au Québec*. Quebec: Les Presses de l'Université Laval, S. 3 – 26.

HARMEL, R., and JANDA, K., 1994. An Integrated Theory of Party Goals and Party Change, *Journal of Theoretical Politics*, 6 (3), S. 259 – 287.

HARMES, A., 2007. The Political Economy of Open Federalism, *Canadian Journal of Political Science*, 40 (2), S. 417 – 437.

HECHTER, M., 1975. *Internal Colonialism: The Celtic Fringe in British National Development 1536-1966*. Berkeley: University of California Press.

———1978. Group Formation and the Cultural Division of Labor, *American Journal of Sociology*, 84 (2), S. 293 – 318.

HEIDEGGER, M., 1993. *Sein und Zeit*. 17. Auflage, Tübingen: Max Niemeyer Verlag.

HEINEMANN-GRÜDER, A., 2011. *Föderalismus als Konfliktregelung. Indien, Russland, Spanien und Nigeria im Vergleich*. Opladen: Budrich.

HEINS, V. M., 2013. *Der Skandal der Vielfalt. Geschichte und Konzepte des Multikulturalismus*. Frankfurt a. M.: Campus Verlag.

HÉMON, L., 1947. *Maria Chapdelaine*. Paris: Fayard.

HEPBURN, E., 2010a. *Using Europe. Territorial party strategies in a multi-level system*, Manchester und New York: Manchester University Press.

———2010b. Introduction: Re-conceptualzing Sub-state Mobilization. In: dies. (Hg.), *New Challenges for Stateless Nationalist and Regionalist Parties*. London: Routledge, S. 1 – 23.

HEPBURN, E. und DETTERBECK, K., 2010. Party politics in multi-level systems: party responses to new challenges in European democracies. In: JAN ERK und WILFRIED SWENDEN. (Hg.), *New Directions in Federalism Studies*. London: Routledge, S. 106 – 125.

HERRERA, C. S., und LACHAPELLE, G., 2010. Politicians, Public Opinion, and Reasonable Accommodation in Québec, *Quebec Studies*, 49, S. 87 – 106.

HOBSBAWM, E., 1992. *Nations and Nationalism since 1780. Programme, Myth, Reality*, 2. Auflage, Cambridge: Cambridge University Press.

HOLLAND, K., 1995. Quebec's Successful Role as Champion of North American Free Trade, *Quebec Studies*, 19, S. 71 – 84.

HOLLANDER, R. und PATAPAN, H., 2017. Morality Policy and Federalism: Innovation, Diffusion and Limits, *Publius: The Journal of Federalism*, 47 (1), S. 1 – 26.

HOROWITZ, D. L., 1981. Patterns of Ethnic Separatism, *Comparative Studies in Society and History*, 23(2), S. 165 – 195.

HOWE, P., 1998. Rationality and Sovereignty Support in Quebec, *Canadian Journal of Political Science*, 31 (1), S. 31 – 59.

IACOVINO, R., 2015. Contextualizing the Quebec charter of values: belonging without citizenship in Quebec. *Canadian Ethnic Studies Journal*, 47 (1), S. 41 – 60.

JACOBS, J., 1980. *The Question of Separatism. Quebec and the struggle over sovereignty*. New York: Random House.

JEDWAB, J., 2016. La charte Québécoise des « malheurs » : La victoire des droits de la personne sur la protection des valeurs. In: CHARLES MERCIER und JEAN-PHILIPPE WARREN (Hg.), *Identités religieuses et cohésion sociale. La France et le Québec à l'école de la diversité.* Lormont: Le bord de l'eau, S. 131 – 135.

JOHNSTON, R., BLAIS, A., GIDENGIL. E. und NEVITTE, N., 1966. *The Challenge of Direct Democracy. The 1992 Canadian Referendum.* Montreal und Kingston: McGill-Queen's University Press.

JOLLY, S. K., 2015. *The European Union and the Rise of Regionalist Parties.* Ann Arbor: University of Michigan Press.

JONES, R., 1983. *Duplessis et le gouvernement de l'Union nationale*, Heft 35, Ottawa: La Société Historique du Canada.

———1987. Politics and the Reinforcement of the French Language in the Province of Quebec, 1960 – 1986. In: MICHAEL D. BEHIELS (Hg.), *Quebec since 1945*. Toronto: Clopp Clark Pitmann, S. 223 – 240.

KEATING, M., 2001a. *Plurinational Democracy. Stateless Nations in a Post-Sovereignty Era*. Oxford: Oxford University Press.

———2001b. *Nations against the State. The New Politics of Nationalism in Quebec, Catalonia and Scotland.* 2. Auflage, Basingstoke: Palgrave.

———2010. *The Government of Scotland. Public Policy Making after Devolution.* 2. Auflage, Edinburgh: Edinburgh University Press.

———2012a. Rethinking Territorial Autonomy. In: ALAIN-G. GAGNON und ders. (Hg.), *Political Autonomy in Divided Societies: Imagining Democratic Alternatives in Complex Settings*, Basingstoke: Palgrave Macmillan, S. 13 – 31.

———2012b. Rethinking Sovereignty: Independence-lite, devolution-max and national accommodation. *Revista d'Estudis Autonòmics i Federals*, 16, S. 9 – 29.

———2012c. Reforging the Nation: Britain, Scotland and the Crisis of Unionism. In: MICHEL SEYMOUR und ALAIN-G. GAGNON (Hg.), *Multinational Federalism: Problems and Prospects*, Basingstoke: Palgrave Macmillan, S. 107 – 128.

———2015. The political economy of small states in Europe. In: HARALD BALDERSHEIM und ders. (Hg.), *Small States in the Modern World. Vulnerabilities and Opportunities*. Cheltenham: Edward Elgar Publishing.

KEEN, R., und APOSTOLOVA, V., 2017. *Membership of UK political parties. Briefing Paper Number SN05125*. London: House of Commons Library.

KEMPF, U., 1999. Der gesellschaftliche Umbruch: Die Auswirkungen der „Stillen Revolution“ auf Politik, Wirtschaft und Gesellschaft. In UDO KEMPF (Hg.), *Quebec: Wirtschaft – Gesellschaft – Politik*. Hagen: ISL-Verlag, S. 9 – 41.

KEIL, S., und BRANSDEN, S., 2015. The European Union as a Federal Project. In: ALAIN-G. GAGNON, ders. und SEAN MUELLER (Hg.), *Understanding Federalism and Federation*, Farnham: Ashgate, S. 215 – 232.

KING, G., KEOHANE, R. O., und VERBA, S., 1994. *Designing Social Inquiry: Scientific Inference in Qualitative Research*. Princeton: Princeton University Press.

KNOPFF, R. und MORTON, F. L., 1992. *Charter Politics*. Scarborough: Nelson Canada.

KRAUS, P. A., 2015. Caught in the Minority Trap: Limits of Territorial Autonomy. In: KARLO BASTA, JOHN MCGARRY und RICHARD SIMEON (Hg.), *Territorial Pluralism: Managing Difference in Multinational States*, Vancouver und Toronto: UBC Press, S. 74 – 96.

———2017. Democratizing Sovereignty: the Catalan “Process” in a Theoretical Perspective. In: ders. und JOAN VERGÉS GIFRA (Hg.), *The Catalan Process. Sovereignty, Self-Determination and Democracy in the 21st Century*. Barcelona: Institut d’Estudis de l’Autogovern, S. 99 – 119.

KYMLICKA, W., 1995. *Multicultural Citizenship: A Liberal Theory of Minority Rights*, Oxford: Oxford University Press.

———1998. Is Federalism a Viable Alternative to Secession? In: PERCY B. LEHNING (Hg.), *Theories of Secession*. London: Routledge, S. 111 – 150.

———2001, *Politics in the Vernacular: Nationalism, Multiculturalism, and Citizenship*. Oxford: Oxford University Press.

———2007. *Multicultural Odysseys: Navigating the New International Politics of Diversity*. Oxford: Oxford University Press.

LACHAPELLE, G., 1997. The 1995 Quebec Referendum - How the Sovereignty Partnership Proposal Turned the Campaign Around, *Quebec Studies*, 24, S. 180 – 196.

LACLAU, E. 1996. *Emancipation(s)*. London: Verso.

LAFOREST, G., 1991. L'esprit de 1982. In: LOUIS BALTHAZAR, ders. und VINCENT LEMIEUX (Hg.), *Le Québec et la restructuration du Canada 1980 – 1992. Enjeux et perspectives*. Sillery: Septentrion, S. 147 – 163.

———1992. *Trudeau et la fin d'un rêve canadien*. Sillery: Septentrion.

———2004. *Pour la liberté d'une société distincte. Parcours d'un intellectuel engagé*. Quebec: Les Presses de l'Université Laval.

———2007. One never knows... Sait-on jamais? In: MICHAEL MURPHY (Hg.), *Canada: The State of the Federation 2005. Quebec and Canada in the New Century. New Dynamics, New Opportunities*. Montreal und Kingston: Institute of Intergovernmental Relations, S. 53 – 81.

———2013. Trust and Mistrust Between Harper and Québec. In: ALBERTO LÓPEZ-BASAGUREN und LEIRE ESCAJEDO SAN EPIFANI (Hg.), *The Ways of Federalism in Western Countries and the Horizons of Territorial Autonomy in Spain*, Band 2. Berlin und Heidelberg: Springer Verlag, S. 341 – 358.

LALONDE, M., 1974. *Speak white*. Montreal: L'Hexagone.

LAMMERT, C., 2004. *Nationale Bewegungen in Quebec und Korsika, 1960-2000*. Frankfurt a. M.: Campus Verlag.

———2006. "A New Canadian Social Architecture?" Die Reform des kanadischen Wohlfahrtsstaates in den 1990er Jahren, *Zeitschrift für Kanada-Studien*, 26 (1), S. 9 – 27.

LAMY, G., 2015. *Laïcité et valeurs québécoises. Les sources d'une controverse*. Montreal: Québec Amérique.

———2016. Commission Stasi et Charte des Valeurs Québécoises : Nouvelle trajectoire de la laïcité au Québec et en France. In: CHARLES MERCIER und JEAN-PHILIPPE WARREN (Hg.), *Identités religieuses et cohésion sociale. La France et le Québec à l'école de la diversité*. Lormont: Le bord de l'eau, S. 115 – 126.

LANGE-HOFFMANN, 2003. Eliten. In: ECKHARD JESSE und ROLAND STURM (Hg.), *Demokratien des 21. Jahrhunderts im Vergleich. Historische Zugänge, Gegenwartsprobleme, Reformperspektiven*. Opladen: Leske + Budrich, S. 203 – 231.

LANGLOIS, S., 1990. Inégalités sociales. In: ders. (Hg.), *La société québécoise en tendances. 1960 – 1990*. Quebec: Institut québécois de recherche sur la culture, S. 257 – 260.

———2000. Les changements sociaux: tendances de 1960 à 2000. In: ROCH CÔTÉ (Hg.), *Québec 2001. Annuaire politique, social, économique et culturel*. Montreal: Éditions Fides, S. 11 – 88.

———2010. Defining the Quebec Nation: Ten Years of Debates and an Emerging Consensus. In: CHRISTIAN LAMMERT und KATJA SARKOWSKY (Hg.), *Travelling Concepts. Negotiating Diversity in Canada and Europa*. S. 109 – 128.

LATOUCHE, D., 1976. Réflexion sur l'avenir du parti québécois. In: ders., GUY LORD, und JEAN-GUY VAILLANCOURT (Hg.), *Le processus électoral au Québec: Les élections provinciales de 1970 et 1973*. Montréal: Hurtubise HMH, S. 265 – 278.

———1983. The Constitutional Misfire of 1982. In: KEITH BANTING und RICHARD SIMEON (Hg.), *And No One Cheered. Federalism, Democracy & The Constitution Act*, Toronto: Methuen, S. 96 – 118.

———1985. Jeunesse et nationalisme au Québec. Une idéologie peut-elle mourir? *Revue française de science politique*, 35 (2), S. 236 – 261.

———1986. *Canada and Quebec, past and future: an essay*. Toronto: University of Toronto Press.

———1991. La stratégie québécoise dans le nouvel ordre économique et politique international. In: COMMISSION SUR L'AVENIR POLITIQUE ET CONSTITUTIONNEL DU QUÉBEC (Hg.). *Les avis des spécialistes invités à répondre aux huit questions posées par la commission*. Quebec: Éditeur officiel, S. 597 – 622.

———1995. Quebec in the Emerging North American Configuration. In: ROBERT L. EARLE und JOHN D. WIRTH (Hg.), *Identities in North America: The Search for Community*, Stanford: Stanford University Press, S. 117 – 139.

LAWLOR, A., und BASTIEN, F., 2013. La campagne vue par la presse écrite In: FRÉDÉRIC BASTIEN, ÉRIC BÉLANGER und FRANÇOIS GÉLINEAU (Hg.), *Les Québécois aux urnes. Les partis, les médias et les citoyens en campagne*. Montreal: Les Presses de l'Université de Montréal, S. 109 – 122.

LAZAR, H., 1998. Non-Constitutional Renewal: Toward a New Equilibrium in the Federation. In: ders. (Hg.), *Canada: The State of the Federation 1997*.

Non-Constitutional Renewal. Kingston: Institute of Intergovernmental Relations, S. 3 – 35.

———2000. In Search of a New Mission Statement for Canadian Fiscal Federalism. In: ders. (Hg.), *Canada: State of the Federation 1999/2000. Toward a New Mission Statement for Canadian Fiscal Federalism*. Montreal und Kingston: McGill-Queen's University Press, S. 3 – 39.

———2012. The Spending Power and the Harper Government. In: JOHN R. ALLAN, THOMAS J. COURCHENE, MARC-ANTOINE ADAM und HOI KONG (Hg.), *Canada: The State of the Federation 2008. Open Federalism and the Spending Power*. Kingston: Institute of Intergovernmental Relations, S. 119 – 129.

LAZAR, H., und MCLEAN, J., 2000. Non-Constitutional Reform and the Canadian Federation: The Only Game in Town. In: RAINER-OLAF SCHULTZE und ROLAND STURM (Hg.), *The Politics of Constitutional Reform in North America. Coping with New Challenges.* Opladen: Leske + Budrich, S. 149 – 175.

LAZAR, H., ST-HILAIRE, F. und TREMBLAY, J.-F., 2004. Vertical Fiscal Imbalance: Myth or Reality? In: HARVAY LAZAR und FRANCE ST-HILAIRE (Hg.), *Money, Politics and Health Care. Reconstructing the Federal-Provincial Partnership*. Montreal und Kingston: Institute for Research on Public Policy, S. 135 – 187.

LEBEL, G., 1970. *Horizon 1980: une étude sur l'évolution de l'économie du Québec de 1946 à 1968 et sur ses perspectives d'avenir*. Quebec: Ministère de l'Industrie et du Commerce.

LECOURS, A., 2013. Balancing Self-Rule and Shared-Rule: Sources of Tensions and Political Responses in Contemporary Political Systems. In: ALBERTO LÓPEZ-BASAGUREN und LEIRE ESCAJEDO SAN EPIFANI (Hg.), *The Ways of Federalism in Western Countries and the Horizons of Territorial Autonomy in Spain*, Band 1. Berlin und Heidelberg: Springer Verlag, S. 103 – 114.

———2018. The two Quebec independence referendums: Political strategies and international relations. In: DIEGO MURO und ECKART WOERTZ (Hg.), *Secession and Counter-secession. An International Relations Perspective.* Barcelona: CIDOB, S. 63 – 68.

LÉCOURS, A. und NOOTENS, G., 2011. Understanding Majority Nationalism. In: ALAIN-G. GAGNON und dies. (Hg.), *Contemporary Majority Nationalism*. Montreal und Kingston: McGill-Queen's University Press, 3 – 18.

LEHMBRUCH, G., 1995. Konkordanzdemokratie. In: DIETER NOHLEN (Hg.), *Wörterbuch Staat und Politik*. München: Piper, S. 350 – 354.

———2000. Bundesstaatsreform als Sozialtechnologie? Pfadabhängigkeit und Veränderungsspielräume im deutschen Föderalismus. In: EUROPÄISCHES ZENTRUM FÜR FÖDERALISMUS-FORSCHUNG TÜBINGEN (Hg.), *Jahrbuch des Föderalismus 2000: Föderalismus, Subsidiarität und Regionen in Europa*. Baden-Baden: Nomos, S. 71 – 93.

———2002. Der unitarische Bundesstaat in Deutschland: Pfadabhängigkeit und Wandel, in: ARTHUR BENZ und ders. (Hg.), *Föderalismus. Analysen in entwicklungsgeschichtlicher und vergleichender Perspektive. (PVS Sonderheft 32, 2001)*, Wiesbaden: Westdeutscher Verlag, S. 53 – 110.

———2004. Föderalismus als entwicklungsgeschichtlich geronnene Verteilungsentscheidungen. „History matters", 3. aktualisierte Auflage, In: HANS-GEORG WEHLING (Hg.), *Die deutschen Länder. Geschichte, Politik und Wirtschaft*. Opladen: Leske + Budrich, S. 337 – 354.

LEMIEUX, V., 1991. Le positionnement des partis dans les débats sur l'avenir politique du Québec. In: LOUIS BALTHAZAR, GUY LAFOREST und ders. (Hg.), *Le Québec et la restructuration du Canada 1980 – 1992. Enjeux et perspectives*. Sillery: Septentrion, S. 265 – 279.

———1997. Les partis et l'idée de souveraineté. In: MAURICE PINARD, ROBERT BERNIER und ders. (Hg.), *Un combat inachevé*. Sainte-Foy: Presses de l'Université du Québec, S. 3 – 27.

———2008. *Le Parti libéral du Québec*, 2. Auflage, Quebec: Les Presses de l'Université Laval.

———2011. *Les partis générationnels au Québec: Passé, présent, avenir*. Quebec: Les Presses de l'Université Laval.

———2012. Un réalignement probable, mais sans l'émergence d'un parti générationnel. In: RÉJEAN PELLETIER (Hg.), *Les partis politiques québécois dans la tourmente. Mieux comprendre et évaluer leur rôle*. Quebec: Les Presses de l'université Laval, S. 393 – 404.

LEMIEUX, V., GILBERT, M. und BLAIS, A., 1970. *Une élection de réalignement. L'élection générale du 29 avril 1970 au Québec*. Montreal: Éditions du Jour.

LEMIEUX, V., und HUDON, R., 1975. *Patronage et politique au Québec: 1944 – 1972*. Quebec: Boréal Express.

LEPSIUS, M. R., 1973. Wahlverhalten, Parteien und politische Spannungen: Vermutungen zu Tendenzen und Hypothesen zur Untersuchung der Bundestagswahl 1972, *Politische Vierteljahresschrift,* 14 (2), S. 295 – 313.

———2002. Generationen. In: MARTIN GREIFFENHAGEN und SYLVIA GREIFFENHAGEN (hg.), *Handwörterbuch zur politischen Kultur der Bundesrepublik Deutschland,* 2. Auflage, Wiesbaden: Westdeutscher Verlag, S. 162 – 165.

LESLIE, P. M., 1994. Asymmetrie: Rejected, Conceded, Imposed. In: F. LESLIE SEIDLE (Hg.), *Seeking a New Canadian Partnership. Asymmetrical and Confederal Options*. Montreal: Institute for Research on Public Policy, S. 37 – 69.

LEVI, M., 1997. A Model, a Method, and a Map: Rational Choice in Comparative and Historical Analysis. In: MARK LICHBACH und ALAN ZUCKERMAN (Hg.), *Comparative Politics: Rationality, Culture, and Structure,* New York: Cambridge University Press, S. 19 – 41.

LEVY, J. S., 2008. Case Studies: Types, Designs, and Logics of Inference, *Conflict Management and Peace Science*, 25 (1), S. 1 – 18.

LIÑEIRA, R., 2011. 'Less at Stake' or a Different Game? Regional Elections in Catalonia and Scotland, *Regional and Federal Studies*, 21 (3), S. 283 – 303.

LIPSET, S., M., 1960. *Political Man: The Social Bases of Politics.* Garden City: Doubleday.

———1985. The Revolt against Modernity. In: ders. (Hg.), *Consensus and Conflict: Essays in Political Sociology*, New Brunswick: Transaction Publishers, S. 253 – 293.

———1990. *Continental Divide. The Values and Institutions of the United States and Canada.* New York: Routledge.

LIPSET, S., M., und ROKKAN, S., 1967. Cleavage Structure, Party Systems, and Voter Alignment: An Introduction. In: dies. (Hg.), *Party systems and voter alignments: Cross-national perspectives*. Toronto: The Free Press, S. 1 – 64.

LIJPHART, A., 1968. *The Politics of Accommodation: Pluralism and Democracy in the Netherlands*, Berkeley: University of California Press.

———1971. Comparative Politics and the Comparative Method, *American Political Science Review*, 65 (3), S. 682 – 693.

———1984. *Democracies: Patterns of Majoritarian and Consensus Government in Twenty-one Countries*. New Haven: Yale University Press.

———1994. *Electoral Systems and Party Systems: A study of twenty-seven democracies 1945 – 1990*. Oxford: Oxford University Press.

———1999. *Patterns of Democracy: Government Forms and Performance in Thirty-Six Countries*. New Haven und London: Yale University Press.

LINTEAU, P.-A., DUROCHER, R., ROBERT, J.-C. und RICARD, F., 1989. *Histoire du Québec Contemporain. Le Québec depuis 1930.* Band 2, überarbeitete Auflage. Montreal: Boréal.

LIVINGSTON, W. S., 1952. A Note on the Nature of Federalism, *Political Science Quarterly*, 67 (1), S. 81 – 95.

LLUCH, J., 2011. Autonomism and Federalism, *Publius: The Journal of Federalism*, 42 (1), S. 134 – 161.

———2014. *Visions of Sovereignty: Nationalism and Accommodation in Multinational Democracies*, Philadelphia: University of Pennsylvania Press.

LÓPEZ, J., 2015. A „right to decide"? On the normative basis of a political principle and its application to the Catalan case. In: KLAUS-JÜRGEN NAGEL und STEFAN RIXEN (Hg.), *Catalonia in Spain and Europe: Is There a Way to Independence?* Baden-Baden: Nomos, S. 28 – 41.

———2017. The Right to Decide: a Right of the 21st century. In: PETER A. KRAUS und JOAN VERGÉS GIFRA (Hg.), *The Catalan Process. Sovereignty, Self-Determination and Democracy in the 21st Century*. Barcelona: Institut d'Estudis de l'Autogovern, S. 121 – 137.

LORENZ, A., 2008. *Verfassungsänderungen in etablierten Demokratien: Motivlagen und Aushandlungsmuster*. Wiesbaden: VS-Verlag.

LYNCH, P. 2009. From Social Democracy Back to No Ideology? The Scottish National Party and Ideological Change in a Multi-Level Setting, *Regional and Federal Studies*, 19 (4-5), S. 619 – 638.

MACLURE, J., und BOUCHER, F., 2016. Quebec's Culture War: Two Conceptions of Quebec Identity. In: STÉPHAN GERVAIS, CHRISTOPHER

KIRKEY und JARRETT RUDY (Hg.), *Quebec Questions. Quebec Studies for the Twenty-First Centruy*. Oxford: Oxford University Press, S. 66 – 80.

MACMILLAN, C. M., 1996. Rights in Conflict: Contemporary Disputes Over Language Policy in Quebec, *International Journal of Canadian Studies*, 14, S. 193 – 214.

MAHONEY, J. und THELEN, K., 2010. A Theory of Gradual Institutional Change. In: dies. (Hg.), *Explaining Institutional Change: Ambiguity, Agency, and Power*. Cambridge: Cambridge University Press, S. 1 – 37.

MAHROUSE, G. 2010. 'Reasonable Accommodation' in Quebec: the limits of participation and dialogue, *Race & Class*, 52 (1), S. 85 – 96.

MAIONI, A., 2014. The Québec Election of 2014 and the Unresolved Challenges of the Parti Québécois, *Quebec Studies*, 58, S. 139 – 152.

MANNHEIM, K., 1970. Das Problem der Generationen. In: ders. und KURT H. WOLFF (Hg.), *Wissenssoziologie*, 2. Auflage, Neuwied am Rhein und Berlin: Luchterhand, S. 509 – 565.

MARCET, J. und ARGELAGUET, J., 1998. Nationalist Parties in Catalonia: Convèrgencia Democràtica de Catalunya and Esquerra Republicana. In: LIEVEN DE WINTER und HURI TÜRSAN (Hg.), *Regionalist Parties in Western Europe*. London und New York: Routledge, S. 70 – 86.

MARKS, G., HOOGHE, L., und SCHAKAL, A., 2010. *The Rise of Regional Authority A comparative study of 42 democracies*. London: Routledge.

MARTIN, P., 1994. Générations politiques, rationalité économique et appui à la souveraineté au Québec, *Canadian Journal of Political Science*, 27 (2), S. 345 – 359.

———1995. When nationalism meets continentalism: The politics of free trade in Quebec, *Regional and Federal Studies*, 5 (1), S. 1 – 27.

MARX, K., 1927. *Der achtzehnte Brumaire des Louis Bonaparte*. Wien: Verlag für Literatur und Politik.

MASLOVE, A. M., 2005. Health and Federal-Provincial Fiscal Arrangements: Lost Opportunity. In: G. BRUCE DOERN (Hg.), *How Ottawa Spends 2005 – 2006. Managing the Minority*. Montreal und Kingston: McGill-Queen's University Press, S. 23 – 40.

MASSETTI, E., 2009. Explaining Regionalist Party Positioning in a Multi-dimensional Ideological Space: A Framework for Analysis, *Regional and Federal Studies*, 19 (4-5), S. 501 – 531.

MASSETTI, E., und SCHAKAL, A., 2013. Ideology matters: Why decentralisation has a differentiated effect on regionalist parties' fortunes in Western democracies, *European Journal of Political Research*, 52 (6), S. 797 – 821.

———2015. From class to region: How regionalist parties link (and subsume) left-right into centre-periphery politics, *Party Politics*, 21 (6), S. 866 – 886.

———2016. Between autonomy and secession: Decentralization and regionalist party ideological radicalism, *Party Politics*, 22 (1), S. 59 – 79.

———2017. Decentralisation Reforms and Regionalist Parties' Strength: Accommodation, Empowerment or Both?, *Political Studies*, 65 (2), S. 432 – 451.

MASSICOTTE, L., 1995. Éclipse et retour du gerrymander linguistique. In: ALAIN-G. GAGNON und ALAIN NOËL (Hg.), *L'Espace québécois.* Montreal: Québec/Amérique, S. 227 – 244.

———2003. Quebec Politics after Bouchard: End of an Era?, *Zeitschrift für Kanada-Studien*, 23 (1), S. 96 – 116.

———2008. Quebec and the 1982 Constitution Act, *Zeitschrift für Kanada-Studien*, 28 (1), S. 32 – 45.

MATHEWS, G., 1984. *Le choc démographique: le déclin du Québec est-il inévitable?* Montreal: Boréal.

MAYNTZ, R., 2004. Mechanisms in the Analysis of Social Macro-Phenomena, *Philosophy of the Social Sciences*, 34 (2), S. 237 – 259.

MAZZOLENI, M., 2009. The Saliency of Regionalization in Party Systems A Comparative Analysis of Regional Decentralisation in Party Manifestos, *Party Politics*, 15 (2), S. 199 – 218.

MAZZOLENI, O. und MUELLER, S., 2017. Introduction: Explaining the policy success of regionalist parties in Western Europe. In: dies. (Hg.), *Regionalist Parties in Western Europe. Dimensions of Success.* London und New York: Routledge, S. 1 – 21.

MCGARRY, J., 2015. Territorial Pluralism: Taxonomizing Its Forms, Virtues, and Flaws. In: KARLOS BASTA, ders. und RICHARD SIMEON (Hg.), *Territorial Pluralism: Managing Difference in Multinational States*, Vancouver und Toronto: UBC Press, S. 13 – 53.

MCGARRY, J., und O'LEARY, B., 1993. Introduction: The macro-political regulation of ethnic conflict. In: Dies. (Hg.), *The Politics of Ethnic Conflict Regulation.* New York: Routledge, S. 1 – 40.

———2009. Must Pluri-national Federations Fail?, *Ethnopolitics*, 8 (1), 5 – 25.

MCGARRY, J., O'LEARY, B. und SIMEON, R., 2008. Integration or accommodation? The enduring debate in conflict regulation. In: SUJIT CHOUDHRY (Hg.), *Constitutional design for divided societies: Integration or accommodation?*, Oxford: Oxford University Press, S. 41 – 88.

MCGRANE, D., 2013. National Unity through Disengagement: The Harper Government's One-Off Federalism. In: CHRISTOPHER STONEY und G. BRUCE DOERN (Hg.), *How Ottawa Spends, 2013 – 2014. The Harper Government: Mid-term Blues and Long-Term Plans*. Montreal und Kingston: McGill-Queen's University Press, S. 114 – 126.

———2014. *Remaining Loyal. Social Democracy in Quebec and Saskatchewan.* Montreal und Kingston: McGill-Queen's University Press.

MCKENZIE, R., 1972. *Comment se fera l'indépendance. Entrevues de René Lévesque, Jacques Parizeau, Jacques-Yvan Morin et Camille Laurin*. Montréal: Éditions du Parti québécois.

MCROBERTS, K., 1979. Internal Colonialism: The Case of Quebec, *Ethnic and Racial Studies*, 2 (3), S. 293 – 318.

———1984. The Sources of Neo-Nationalism in Quebec, *Ethnic and Racial Studies*, 7 (1), S. 55 – 85.

———1988. *Quebec: Social Change and Political Crisis*. 3. Auflage, Toronto: McClelland and Stewart.

———1993. Disagreeing on Fundamentals: English Canada and Quebec. In: ders. und PATRICK MONAHAN (Hg.), *The Charlottetown Accord, the Referendum, and the Future of Canada*. Toronto u.a.: University of Toronto Press, S. 249 – 263.

———1997. *Misconceiving Canada. The Struggle for National Unity*. Toronto: Oxford University Press.

———2003. Managing Cultural Differences in Multinational Democracies. In: ALAIN-G. GAGNON, MONTSERRAT GUIBERNAU und FRANÇOIS ROCHER (Hg.), *The conditions of diversity in multinational democracies*, Montreal: IRPP, S. iii – xi.

MCWHINNEY, E., 1972. French-Canadian Nationalism and Separatism and contemporary Canadian Federalism, GERHARD LEIBHOLZ (Hg.), *Jahrbuch des öffentlichen Rechts der Gegenwart*, Band 21, Tübingen: J. C. B. Mohr (Paul Siebeck), S. 571 – 590.

———1982, *Canada and the Constitution 1979 – 1982*. Toronto: University of Toronto Press.

MEADWELL, H., 1991. A Rational Choice Approach to Political Regionalism, *Comparative Politics*, 23 (4), S. 401 – 421.

———1993a. Transitions to independence and ethnic nationalist mobilization. In WILLIAM J. BOOTH, PATRICK JAMES, und HUDSON MEADWELL (Hg.), *Politics and Rationality*. Cambridge: Cambridge University Press, S. 191 – 213.

MEADWELL, H. und MARTIN, P., 1996. Economic integration and the politics of independence, *Nations and Nationalism*, 2 (1), S. 67 – 87.

MEGUID, B. M., 2008. *Party Competition between Unequals. Strategies and Electoral Fortunes in Western Europe*. Cambridge: Cambridge University Press.

MENDELSOHN, M., 2002. Measuring National Identity and Patterns of Attachment: Quebec and Nationalist Mobilization, *Nationalism and Ethnic Politics*, 8 (3), S. 72 – 94.

MERTON, R., K., 1968. *Social Theory and Social Structure*. New York: Free Press.

MILNE, D. 1986. *Tug of war: Ottawa and the provinces under Trudeau and Mulroney*. Toronto: Lorimer.

MONIÈRE, D., 1981. *Ideologies in Quebec: The historical development*. Toronto: University of Toronto Press.

———1995a. Le déroulement de la campagne électorale. In: ders. und JEAN H. GUAY (Hg.) 1995. *La bataille du Québec. Deuxième épisode: les élections québécoises de 1994*. Montreal: Fides, S. 39 – 71.

———1995b. Les programmes des partis. In: ders. und JEAN H. GUAY (Hg.) 1995. *La bataille du Québec. Deuxième épisode: les élections québécoises de 1994*. Montreal: Fides, S. 73 – 91.

———1999. Zur politischen Kultur in Quebec. In: UDO KEMPF (Hg.), *Quebec: Wirtschaft – Gesellschaft – Politik*. Hagen: ISL-Verlag, S. 43 – 60.

———2001. *Pour comprendre le nationalisme au Québec et ailleurs*. Montreal: Les Presses de l'Université de Montréal.

MONIÈRE, D. und GUAY, J. H., (Hg.) 1994. *La bataille du Québec. Premier épisode: les élections fédérales de 1993*. Montreal: Fides.

———(Hg.) 1995. *La bataille du Québec. Deuxième épisode: les élections québécoises de 1994.* Montreal: Fides.

———(Hg.) 1996. *La bataille du Québec. Troisième épisode: 30 jours qui ébranlèrent le Canada.* Montreal: Fides.

MONTIGNY, E., 2011. *Leadership et militantisme au Parti québécois*. Laval: Presses de l'Université Laval.

MORROW, D., 2005. Breaking Antagonism? Political Leadership in Divided Societies. In IAN O'FLYNN und DAVID RUSSELL (Hg.), *Power Sharing: New Challenges for Divided Societies*. London: Pluto, S. 45 – 58.

MOUFFE, C., 2013. *Agonistics. Thinking the world politically.* London: Verso.

MORIN, J.-Y. und WOEHRLING, J., 1994. *Demain, le Québec... Choix politiques et constitutionnels d'un pays en devenir.* Sillery: Septentrion.

MÜLLER, W. C., und STRØM, J. (Hg.), 1999. *Policy, Office, or Votes? How Political Parties in Western Europe Make Hard Decisions*. Cambridge: Cambridge University Press.

MURO, D., und VLASKAMP, M. C., 2016. How do prospects of EU membership influence support for secession? A survey experiment in Catalonia and Scotland, *West European Politics*, 39 (6), S. 1115 – 1138.

MURRAY, L., 1989. The Constitutional Politics of National Reconciliation. In: MICHAEL D. BEHIELS (Hg.), *The Meech Lake Primer. Conflicting Views of the 1987 Constitutional Accord*. Ottawa: University of Ottawa Press, S. 13 – 27.

MURRAY, V., 1976. *Le Parti québécois: de la fondation à la prise du pouvoir*. Montreal: Hurtubise HMH.

NADEAU, R. und BÉLANGER, É., 2013. Un modèle général d'explication du vote des Québécois. In: FRÉDÉRIC BASTIEN, ÉRIC BÉLANGER und FRANÇOIS GÉLINEAU (Hg.), *Les Québécois aux urnes. Les partis, les médias et les citoyens en campagne*. Montreal: Les Presses de l'Université de Montréal, S. 191 – 207.

NEMNI, M., 1991. Le « dés »accord du Lac Meech et la construction de l'imaginaire symbolique des Québécois. In: LOUIS BALTHAZAR, GUY LAFOREST und VINCENT LEMIEUX (Hg.), *Le Québec et la restructuration du Canada 1980 – 1992. Enjeux et perspectives*. Sillery: Septentrion, S. 165 – 197.

———1995. The Politics of Nationalism in Quebec: The case of the Bélanger-Campeau Commission, *Québec Studies*, 19, S. 17 – 39.

NIOSI, J. E., 1980. *La bourgeoisie canadienne. La formation et le développement d'une classe dominante*. Montreal: Boréal Express.

———1983. La multinationalisation des firmes canadiennes-françaises, *Recherches sociographiques,* 24 (1), S. 55 – 73.

———1984. The Rise of French-Canadian Capitalism. In: ALAIN-G. GAGNON (Hg.), *Quebec: State and Society*. 1. Auflage. Toronto: Methuen, S. 186 – 200.

NOËL, A., 2002. Without Quebec: Collaborative Federalism with a Footnote?. In: TOM MCINTOSH (Hg.), *Building the Social Union: Perspectives, Directions and Challenges*. Regina: Canadian Plains Research Center, S. 13 – 30.

———2005. "A Report That Almost No One has discussed", Early Responses to Quebec's Commission on Fiscal Imbalance. In: HARVEY LAZAR (Hg.), *Canadian Fiscal Arrangements: What Works, What Might Work Better*. Montreal und Kingston: McGill-Queen's University Press, S. 127 – 151.

———2006. Il suffisait de presque rien: Promises and Pitfalls of Open Federalism. In: KEITH G. BANTING, ROGER GIBBINS, PETER M. LESLIE, ders., RICHARD SIMEON und ROBERT YOUNG (Hg.), *Open Federalism. Interpretations, Significance*. Kingston: Institute of Intergovernmental Relations, S. 25 – 37.

———2008. Fédéralisme d'ouverture et pouvoir de dépenser au Canada, *Revista d'Estudis Autonòmics i Federals*, 7, Seite 10 – 36.

———2009. Balance and Imbalance in the Division of Financial Resources. In: ALAIN-G. GAGNON (Hg.), *Contemporary Canadian Federalism: Foundations, Traditions, Institutions*, Toronto: University of Toronto, S. 273 – 302.

———2010. Quebec. In JOHN C. COURTNEY and JOHN SMITH (Hg.), *The Oxford Handbook of Canadian Politics*. Oxford: Oxford University Press, S. 92 – 110.

———2012. How Do You Limit a Power That Does Not Exist? In: JOHN R. ALLAN, THOMAS J. COURCHENE, MARC-ANTOINE ADAM und HOI KONG (Hg.), *Canada: The State of the Federation 2008. Open Federalism and the Spending Power*. Kingston: Institute of Intergovernmental

Relations, S. 167 – 182.

———2013a. Quebec's New Politics of Redistribution. In: KEITH BANTING und JOHN MYLES (ed.), *Inequality and the Fading of Redistributive Politics*. Vancouver und Toronto: UBC Press, S. 256 – 282.

———2013b. Café para todos? Homogeneity, Difference, and Canadian Federalism. In: ALBERTO LÓPEZ-BASAGUREN und LEIRE ESCAJEDO SAN EPIFANI (Hg.), *The Ways of Federalism in Western Countries and the Horizons of Territorial Autonomy in Spain*, Band 2. Berlin und Heidelberg: Springer Verlag, S. 359 – 374.

———2015. Québec: The Ambivalent Politics of Social Solidarity. In: DANIEL BÉLAND und PIERRE-MARC DAIGNEAULT (Hg.), *Welfare Reform in Canada. Provincial Social Assistance in Comparative Perspective*. Toronto: University of Toronto Press, S. 127 – 141.

———2017. Les inégalités et la redistribution des revenus dans la fédération canadienne. In: ALAIN-G. GAGNON und DAVID SANSCHAGRIN (Hg.), *La politique québécoise et canadienne. Acteurs, institutions, sociétés*, Quebec: Les Presses de l'Université du Québec, S. 445 – 464.

NOHLEN, D., 2009. *Wahlrecht und Parteiensystem: Zur Theorie und Empirie der Wahlsysteme*, 6. Auflage. Opladen: Verlag Barbara Budrich.

NORDLINGER, E. A., 1972. *Conflict Regulation in Divided Societies*. Cambridge, Mass.: Center for International Affairs, Harvard University.

NORMAN, W., 2006. *Negotiating Nationalism. Nation-building, Federalism, and Secession in the multinational state*. Oxford: Oxford University Press.

NOUAILHAT, Y.-H., 1992. *Le Québec de 1944 à nos jours. Un destin incertain*. Paris: Imprimerie nationale éditions.

OUELLET, F., 1989. Générations et changements dans le système de partis: le cas du Québec. In: JEAN CRÊTE und PIERRE FAVRE (Hg.), *Générations et Politique*, Québec: Les Presses de l'Université Laval; Paris: Economica, S. 181 – 232.

MARTEL, M., und PÂQUET, M., 2012. *Speaking up: a history of language and politics in Canada and Quebec*, Toronto: Between the Lines.

PAQUET, M., 2016. *La fédéralisation de l'immigration au Canada*. Montreal: Les Presses de l'Université de Montréal.

PARENTEAU, I., 2004. La gauche québécoise en effervescence. In: MICHEL VENNE (Hg.), *L'annuaire du Québec 2005*. Montreal: Fides, S. 438 – 444.

PARENTEAU, R., 1980. L'industrialisation du Québec et ses conséquences. In: GÉRARD BOISMENU, LAURENT MAILHOT und JACQUES ROUILLARD (Hg.), *Le Québec en textes*, Montreal: Boréal Express, S. 45 – 59.

PARKIN, A., HARTMANN, E., und ALWANI, K., 2017. *Portraits 2017. A Fresh Look at Public Opinion and Federalism*. Toronto: Mowat Center.

PELLETIER, G., 1952. Crise d'autorité ou crise de liberté? *Cité libre*, 5, S. 1 – 10.

PELLETIER, J., 1994. *Les habits neufs de la droite culturelle: Les néo-conservateurs et la nostalgie de la culture d'ancien régime*. Montreal: VLB.

PELLETIER, R., 1991. L'État du Québec, dix ans plus tard (1980 – 1990). In: LOUIS BALTHAZAR, GUY LAFOREST und VINCENT LEMIEUX (Hg.), *Le Québec et la restructuration du Canada 1980 – 1992. Enjeux et perspectives*. Sillery: Septentrion, S. 11 – 30.

———1997. Les relations entre le Québec et les autres provinces canadiennes : convergence ou divergences, *Zeitschrift für Kanada-Studien*, 31 (1), S. 1 – 16.

———2004. Partenariat, référendum et social-démocratie : les conditions nécessaires. *Options Politiques*, 26 (1), S. 32 – 35.

———2005. Les élections d'avril 2003 au Québec: un vote contre la souveraineté?, *Zeitschrift für Kanada-Studien*, 25 (1), S. 39 – 51.

———2012. L'Évolution du Système de Partis au Québec: In Bipartisme Tenace. In: ders. (Hg.), *Les partis politiques québécois dans la tourmente. Mieux comprendre et évaluer leur rôle*, Laval: Presses de l'Université Laval, S. 19 – 40.

PÉREZ, L., und SANJAUME, M., 2013. Legalizing Secession: The Catalan Case, *Journal of Conflictology*, 4 (2), S. 3 – 12.

PETERS, B. G., 2012. *Institutional Theory in Political Science: The New Institutionalism*. 3. Auflage, New York: Continuum.

PETERS, B. G., PIERRE, J., und KING, D. S., 2005. The Politics of Path Dependency: Political Conflict in Historical Institutionalism, *The Journal of Politics*, 67 (4), S. 1275 – 1300.

PETERSOHN, B. und SCHULTZE, R.-O., 2011. Ziele, Formen und Prozessstrukturen des Verfassungswandels in Mehrebenensystemen. In: SASCHA KNEIP, CHRISTOPH HÖNNIGE und ASTRID LORENZ (Hg.), *Verfassungswandel im Mehrebenensystem*, Wiesbaden: VS-Verlag, S. 41 – 74.

PHILPOTT, D., 2001. *Revolutions in Sovereignty. How Ideas Shaped Modern International Relations*. Princeton und Oxford: Princeton University Press.

PIAZOLO, M. und WEBER, J., (Hg.) 2004. *Föderalismus: Leitbild für die Europäische Union?* München: Olzog.

PICHÉ, V., 2001. Immigration et integration : une crise qui n'a pas eu lieu. In: ROCH CÔTÉ (Hg.), *Québec 2002. Annuaire politique, social, économique et culturel.* Montreal: Fides, S. 43 – 50.

PIERSON, P., 1994. *Dismantling the Welfare State? Reagan, Thatcher, and the Politics of Retrenchment*. Cambridge: Cambridge University Press.

———2004. *Politics in Time. History, Institutions, and Social Analysis*. Princeton: Princeton University Press.

———2015. Power and path dependence. In: JAMES MAHONEY und KATHLEEN THELEN (Hg.), *Advances in Comparative-Historical Analysis.* Cambridge: Cambridge University Press, S. 123 – 146.

PILCHER, J., 1994. Mannheim's sociology of generations: An undervalued legacy, *The British Journal of Sociology,* 45 (3), S. 481 – 495.

PINARD, M., 1997a. Les fluctuations du mouvement indépendantiste depuis 1980. In: ders., ROBERT BERNIER und VINCENT LEMIEUX (Hg.), *Un combat inachevé.* Sainte-Foy: Presses de l'Université du Québec, S. 69 – 99.

———1997b. Le contexte politique et les dimensions sociodémographiques. In: ders., ROBERT BERNIER und VINCENT LEMIEUX (Hg.), *Un combat inachevé.* Sainte-Foy: Presses de l'Université du Québec, S. 277 – 315.

PINARD, M., und HAMILTON, R., 1976. The Bases of Parti Québécois Support in Recent Quebec Elections, *Canadian Journal of Political Science*, 9 (1), S. 3 – 26.

———1977. The Independence Issue and the Polarization of the Electorate: The 1973 Quebec Election, *Canadian Journal of Political Science*, 10 (2), S. 215 – 259.

———1978. The Parti Québécois Comes to Power: An Analysis of the 1976 Quebec Election, *Canadian Journal of Political Science*, 11 (4), S. 739 – 775.

———1981. Le référendum québécois. Les intellectuels québécois et le projet souverainiste, *Options politiques*, 2 (4), S. 39 – 44.

———1982. The Quebec Independence Movement. In: COLIN H. WILLIAMS (Hg.), *National Separatism*, Cardiff: University of Wales Press, S. 203 – 233.

———1984. The class bases of the Quebec independence movement: Conjectures and evidence, *Ethnic and Racial Studies*, 7 (1), S. 19 – 54.

PIOTTE, J.-M. (Hg.), 2003. *À droite toute ! Le programme de l'ADQ expliqué*. Montreal: HMH.

PIOTTE, J.-M. und COUTURE, J.-P., 2012. *Les Nouveaux Visages du nationalisme conservateur au Québec*. Quebec: Québec Amérique.

PORTER, J. 1970. *The Vertical Mosaic: An Analysis of Social Class and Power in Canada*. Toronto: University of Toronto Press.

RAGIN, C. C. und BECKER, H. S. (Hg.), 1992. *What is a case? Exploring the foundations of social inquiry.* Cambridge: Cambridge University Press.

RAYNAULD, A., und VAILLANCOURT, F., 1984. *L'appartenance des entreprises: le cas du Québec en 1978*, Quebec: Éditeur Officiel du Québec.

RENAUD, M., 1984. Quebec's New Middle Class in Search of Social Hegemony. In: ALAIN-G. GAGNON (Hg.), *Quebec: State and Society*. 1. Auflage. Toronto: Methuen, S. 150 – 185.

REQUEJO, F. und SANJAUME, M., 2015. Recognition and Political Accommodation: from Regionalism to Secessionism – The Catalan Case. In: GRÉGOIRE, J.-F. und JEWKES, M. (Hg.), *Recognition and Redistribution in Multinational Federations*. Leuven: Leuven University Press, S. 107 – 132.

RICHARDS, J., 1998. Reducing the Muddle in the Middle: Three Propositions for Running the Welfare State. In: HARVEY LAZAR (Hg.), *Canada: The State of the Federation 1997. Non-Constitutional Renewal*. Kingston: Institute of Intergovernmental Relations, S. 71 – 104.

RICHEZ, E. und BODET, M. A., 2012. Fear and Disappointment: Explaining the Persistence of Support for Quebec Secession, *Journal of Elections, Public Opinion & Parties*, 22 (1), S. 77 – 93.

RIEDEL, S., 2016. *Föderalismus statt Separatismus: Politische Instrumente zur Lösung von Sezessionskonflikten in Europa*, Berlin: SWP.

RIKER, W. H., 1964. *Federalism: Origin, Operation, and Significance.* Boston: Little, Brown & Company.

RIOUX, M., 1955. Idéologie et crise de conscience du Canada français, *Cité libre*, 14, S. 1 – 29.

———1968. Sur l'évolution des idéologies au Québec, *Revue de l'Institut de Sociologie*, 1, S. 95 – 124.

RIOUX OUIMET, H., 2014. Quebec and Canadian Fiscal Federalism: From Tremblay to Séguin and Beyond, *Canadian Journal of Political Science*, 47 (1), S. 47 – 69.

ROBITAILLE, A., 2000. Le débat sur l'identité. Comment peut-on être ethnique?. In: ROCH CÔTÉ (Hg.), *Québec 2000*. Montréal: Fides, S. 381 – 386.

ROCHER, F., 1995. Les aléas de la stratégie pré-référendaire : Chronique d'une mort annoncée. In: In: DOUGLAS M. BROWN und JONATHAN W. ROSE (Hg.), *Canada: The State of the Federation 1995*. Kingston: Institute of Intergovernmental Relations, S. 19 – 45.

ROCHER, F., und ROUILLARD, C., 1996. Using the Concept of Deconcentration to Overcome the Centralization/Decentralization Dichotomy: Thoughts on Recent Constitutional and Political Reform. In: PATRICK C. FAFARD und DOUGLAS M. BROWN (Hg.), *Canada: The State of the Federation 1996. How Canadians Connect*. Kingston: Institute of Intergovernmental Relations, S. 99 – 134.

ROCHER, F., und SMITH, M., 2003. The Four Dimensions of Canadian Federalism. In: dies. (Hg.), *New Trends in Canadian Federalism*. 2. Auflage. Peterborough: Broadview Press, S. 21 – 44.

ROCHER, F., und VERRELLI, N., 2003. Questioning Constitutional Democracy in Canada: From the Canadian Supreme Court Reference on Secession to the Clarity Act. In: ALAIN-G. GANON, MONTSERRAT GUIBERNAU und FRANÇOIS ROCHER (Hg.), *The conditions of diversity in multinational democracies*. Montreal: Institute. for Research on Public Policy, S. 207 – 240.

ROEDER, P., 2009. Ethnofederalism and the Mismanagement of Conflicting Nationalisms, *Regional and Federal Studies*, 19 (2), S. 203 – 219.

ROKKAN, S. und URWIN, D., 1983. *Economy, Territory, Identity. Politics in West European Peripheries*. London: Sage.

RORTY, R., 1998. *Achieving our country. Leftist thought in twentieth-century* America. Cambridge: Harvard University Press.

ROTH, K., 1990. Selbstbehauptung und Anerkennung bei G.W.F. Hegel. In: HELMUT GIRNDT (Hg.), *Selbstbehauptung und Anerkennung. Spinoza – Kant – Fichte – Hegel*. Sankt Augustin: Academia Verlag, S. 177 – 206.

ROUILLARD, C., MONTPETIT, É., FORTIER, I. und GAGNON, A.-G., 2004. *La réingénierie de l'État: Vers un appauvrissement de la gouvernance québécoise.* Québec: Les Presses de l'Université Laval.

ROUILLARD, J., 1980. Mutations de la Confédération des Travailleurs Catholiques du Canada (1940 – 1960), *Revue d'histoire de l'Amérique française,* 34 (3), S. 377 – 405.

———1997. Duplessis: Le Québec vire à droite. In: ALAIN-G. GAGNON und MICHEL SARRA-BOURNET (Hg.), *Duplessis: Entre la grande noirceur et la société libérale*, Montreal: Québec/Amérique, S. 183 – 206.

ROY, J.-L., 1976. *La marche des Québécois: Le temps des ruptures (1945 – 1960).* Montreal: Leméac.

RUESCHEMEYER, D., 2003. Can One or a Few Cases Yield Theoretical Gains?. In: JAMES MAHONEY und DIETRICH RUESCHENMEYER (Hg.), *Comparative Historical Analysis in the Social Sciences*. New York: Cambridge University Press, S. 305 – 336.

RUSSELL, P. H., 1993. The End of Mega-Constitutional Politics in Canada? In: KENNETH MCROBERTS und PATRICK MONAHAN (Hg.), *The Charlottetown Accord, the Referendum, and the Future of Canada*. Toronto u.a.: University of Toronto Press, S. 211 – 221.

———2000. Canada – A Pioneer in the Management of Constitutional Politics in a Multi-national Society. In: RAINER-OLAF SCHULTZE und ROLAND STURM (Hg.), *The Politics of Constitutional Reform in North America. Coping with New Challenges.* Opladen: Leske + Budrich, S. 227 – 234.

———2004. *Constitutional Odyssey. Can Canadians Become a Sovereign People?* 3. Auflage. Toronto: University of Toronto Press.

———2010. Constitution. In: JOHN C. COURTNEY und DAVID E. SMITH (Hg.), *The Oxford Handbook of Canadian Politics*, Oxford: Oxford University Press, S. 21 – 38.

———2017. *Canada's Odyssey. A Country Based on Incomplete Conquests*. Toronto: University of Toronto Press.

SAINT-GERMAIN, M., 1973. *Une économie à libérer: Le Québec analysé dans ses structures économiques*. Montreal: Les Presses de l'Université de Montréal.

SALÉE, D., 1997. Quebec Sovereignty and the Challenge of Linguistic and Ethnocultural Minorities: Identity, Difference and the Politics of Ressentiment, *Quebec Studies*, 24, S. 6 – 23.

———2002. Quebec's Changing Political Culture and the Future of Federal-Provincial Relations in Canada. In: HAMISH TELFORD und HARVEY LAZAR (Hg.), *Canada: The State of the Federation 2001. Canadian Political Culture(s) in Transition*. Kingston: Institute of Intergovernmental Relations, S. 163 – 197.

———2003. Transformative Politics, the State, and the Politics of Social Change in Quebec. In: WALLACE CLEMENT und LEAH F. VOSKO (Hg.), *Changing Canada. Political Economy as Transformation*. Montreal und Kingston: McGill-Queen's University Press, S. 25 – 50.

———2008. Quebec. In: DAVID MUTIMER (Hg.), *Canadian Annual Review of Politics and Public Affairs 2002.* Toronto: University of Toronto Press, S. 194 – 212.

SARTORI, G., 1976. *Parties and Party Systems: A Framework for Analysis, Band 1*. Cambridge: Cambridge University Press.

———1994. *Comparative constitutional engineering: An inquiry into structures, incentives and outcomes*. Basingstoke: Macmillan.

SASSEN, S., 1996. *Losing Control? Sovereignty in the Age of Globalization*. New York: Columbia University Press.

———2008. *Das Paradox des Nationalen. Territorium, Autorität und Rechte im globalen Zeitalter*. Frankfurt a. M.: Suhrkamp.

SAVARD-TREMBLAY, S.-P., 2014. *Le Souverainisme de province*. Montreal: Boréal.

SAYWELL, J., 1977. *The Rise of the Parti Québécois. 1967 – 1976.* Toronto: University of Toronto Press.

———1978. Parliament and Politics. In: ders. (Hg.), *The Canadian Annual Review of Politics and Public Affairs*, 1976. Toronto: University of Toronto Press, S. 3 – 164.

SCHERTZER, R., 2016. *The Judicial Role in a Diverse Federation. Lessons from the Supreme Court of Canada.* Toronto: University of Toronto Press.

SCHNEIDER, S., 1994. *Staat und regionale Entwicklung. Zur Theorie, Strategie und Praxis subnationaler Industriepolitik am Beispiel Québecs*. Bochum: Universitätsverlag Dr. N. Brockmeyer.

———1997a. Industriepolitik subnationaler Akteure zwischen Keynes und Schumpeter: Ontario und Quebec im Vergleich. In: RAINER-OLAF SCHULTZE und ders. (Hg.), *Kanada in der Krise: Analysen zum Verfassungs-, Wirtschafts-, und Parteiensystemwandel seit den 80er Jahren*. Bochum: Universitätsverlag Dr. N. Brockmeyer, S. 349 – 387.

———1997b. Québec am Scheideweg: Von der Provinzwahl 1994 zum Unabhängigkeitsreferendum 1995. In: RAINER-OLAF SCHULTZE und ders. (Hg.), *Kanada in der Krise: Analysen zum Verfassungs-, Wirtschafts-, und Parteiensystemwandel seit den 80er Jahren*. Bochum: Universitätsverlag Dr. N. Brockmeyer, S. 165 – 202.

SCHNEIDER, S., und SCHULTZE, R.-O., 1997. Vom ethnischen Nationalismus zum Separatismus: Der Fall Quebec. In: dies. (Hg.), *Kanada in der Krise: Analysen zum Verfassungs-, Wirtschafts-, und Parteiensystemwandel seit den 80er Jahren*. Bochum: Universitätsverlag Dr. N. Brockmeyer, S. 315 – 348.

SCHULTZE, R.-O., 1977. *Politik und Gesellschaft in Kanada*. Meisenheim: Transfines.

———1990. Föderalismus als Alternative? Überlegungen zur territorialen Reorganisation von Herrschaft, *Zeitschrift für Parlamentsfragen*, 21 (3), S. 475 – 490.

———1991. Models of Federalism and Canada's Political Crisis. In: LESLIE A. PAL und ders. (Hg.), *The Nation-State versus Continental Integration. Canada in North-America – Germany in Europe.* Bochum: Universitätsverlag Dr. N. Brockmeyer, S. 99 – 112.

———1993. Statt Subsidiarität und Entscheidungsautonomie – Politikverflechtung und kein Ende: Der deutsche Föderalismus nach der Vereinigung, *Staatswissenschaften und Staatspraxis*, 4 (2), S. 225 – 255.

———1997a. Verfassungspolitik im kanadischen Föderalismus seit Beginn der 80er Jahre. In: ders. und STEFFEN SCHNEIDER (Hg.), *Kanada in der Krise: Analysen zum Verfassungs-, Wirtschafts-, und Parteiensystemwandel seit den 80er Jahren*. Bochum: Universitätsverlag Dr. N. Brockmeyer, S. 3 – 42.

———1997b. Résumé. In: ders. und STEFFEN SCHNEIDER (Hg.), *Kanada in der Krise: Analysen zum Verfassungs-, Wirtschafts-, und*

Parteiensystemwandel seit den 80er Jahren. Bochum: Universitätsverlag Dr. N. Brockmeyer, S. 417 – 427.

———1999. Föderalismusreform in Deutschland: Widersprüche – Ansätze – Hoffnungen, *Zeitschrift für Politik*, 46 (2), S. 173 – 194.

SCHULTZE, R.-O. und ZINTERER, T., 2002. Föderalismus und regionale Interessenkonflikte im Wandel: Fünf Fallbeispiele. In: ARTHUR BENZ und GERHARD LEHMBRUCH (Hg.), *Föderalismus. Analysen in entwicklungsgeschichtlicher und vergleichender Perspektive*. (PVS Sonderheft 32, 2001), Wiesbaden: Westdeutscher Verlag, 253 – 276.

SCHWARZ, M., BREIER, K.-H. und NITSCHKE, P., 2017. *Grundbegriffe der Politik. 33 zentrale Politikbegriffe zum Einstieg*. 2. aktualisierte und erweiterte Auflage, Baden-Baden: Nomos.

SCOTT, S., 1988. "Meech Lake" and Quebec society: "distinct" or distinctive? In: RÉAL A. FOREST (Hg.), *L'adhésion du Québec à l'Accord du Lac Meech: points de vue juridiques et politiques*. Montréal: Éditions Thémis, S. 41 – 53.

SERRANO, I., 2013. Just a Matter of Identity? Support for Independence in Catalonia, *Regional and Federal Studies*, 23 (5), S. 523 – 545.

SHARIFY-FUNK, M., 2010. Muslims and the Politics of "Reasonable Accommodation": Analyzing the Bouchard-Taylor Report and its Impact on the Canadian Province of Québec, *Journal of Muslim Minority Affairs*, 30 (4), S. 535 – 553.

———2011. Governing the Face Veil: Quebec's Bill 94 and the Transnational Politics of Women's Identity, *International Journal of Canadian Studies*, 43, S. 135 – 163.

SHARIFY-FUNK, M., und GUZIK, E. 2017. Muslim Veiling and the Legacy of Laïcité. In: HILLARY KAELL (Hg.), *Everyday Sacred. Religion in Contemporary Quebec*. Montreal und Kingston: McGill-Queen's University Press, S. 186 – 213.

SHARPE, L. J., 1993. The European Meso: An Appraisal. In: ders. (Hg.), *The Rise of Meso Government in Europe*. London: Sage Publications, S. 1 – 39.

SIMARD, J.-J., 1979. *La longue marche des technocrates*. Montreal: Les Éditions coopératives Albert Saint-Martin.

SIMEON, R., 1988a. Meech Lake and Visions of Canada. In: KATHERINE E. SWINTON und CAROL J. ROGERSON (Hg.), *Competing Constitutional Visions. The Meech Lake Accord*. Toronto: Carswell. S. 295 – 306.

———1988b. National Reconciliation: The Mulroney Government and Federalism. In: ANDREW B. GOLLNER und DANIEL SALÉE (Hg.), *Canada under Mulroney. An End-of-Term Report.* Montreal: Véhicule Press, S. 25 – 47.

———1990. Why did the Meech Lake Accord fail? In: RONALD WATTS und DOUGLAS BROWN (Hg.), *Canada: The State of the Federation, 1990.* Kingston: The Institute for Intergovernmental Relations, S. 15 – 40.

———2006. Making Federalism Work. In: KEITH G. BANTING, ROGER GIBBINS, PETER M. LESLIE, ALAIN NOËL, ders. und ROBERT YOUNG (Hg.), *Open Federalism. Interpretations, Significance.* Kingston: Institute of Intergovernmental Relations, S. 1 – 5.

———2009. Debating Secession Peacefully and Democratically: The Case of Canada. In: ALFRED STEPAN (Hg.), *Democracies in Danger*. Baltimore: The Johns Hopkins University Press, S. 41 – 56.

———2013. Reflections on Diversity in Canada: Competing Models. In: ALBERTO LÓPEZ-BASAGUREN und LEIRE ESCAJEDO SAN EPIFANI (Hg.), *The Ways of Federalism in Western Countries and the Horizons of Territorial Autonomy in Spain*, Band 2. Berlin und Heidelberg: Springer Verlag, S. 331 – 340.

SIMEON, R., ROBINSON, I. und WALLNER, J., 2014. The Dynamics of Canadian Federalism. In: JAMES BICKERTON und ALAIN-G. GAGNON (Hg.), *Canadian Politics*, 6. Auflage. Toronto: University of Toronto Press: 65 – 91.

SMILEY, D., 1983. A Dangerous Deed: The Constitution Act, 1982. In: KEITH BANTING und RICHARD SIMEON (Hg.), *And No One Cheered. Federalism, Democracy & The Constitution Act*, Toronto: Methuen, S. 74 – 95.

SMITH, L., 1988. The Distinct Society Clause in the Meech Lake Accord: Could it Affect Equality Rights for Women? In: KATHERINE E. SWINTON und CAROL J. ROGERSON (Hg.), *Competing Constitutional Visions. The Meech Lake Accord*. Toronto: Carswell. S. 35 – 54.

SMITH, P. J., 2001. Alberta: Experiments in Governance – From Social Credit to the Klein-Revolution. In: KEITH BROWNSEY und MICHAEL

HOWLETT (Hg.), *The Provincial State in Canada. Politics in the Provinces and Territories*. Peterborough: Broadview Press, S. 277 – 308.

SNODDEN, T. und HOBSON, P., 2010. Cost-sharing and federal-provincial fiscal transfers. In: CHARLES M. BEACH, BEV DAHLBY und PAUL HOBSON (Hg.), *The 2009 Federal Budget: Challange, Response, and Retrospect*. Kingston: John Deutsch Institute for the Study of Economic Policy, S. 181 – 198.

SORENS, J. 2008. Regionalists against Secession: The Political Economy of Territory in advanced Democracies, *Nationalism and Ethnic Politics*, 14 (3), S. 325 – 360.

——— 2016. Secession Risk and Fiscal Federalism, *Publius: The Journal of Federalism*, 46 (1), S. 25 – 50.

STEPAN, A., 1999. Federalism and Democracy: Beyond the U.S. Model, *Journal of Democv vracy*, 10 (4), S. 19 – 34.

———2001. *Arguing Comparative Politics*. Oxford: Oxford University Press.

STEVENSON, G., 2009a. *Unfulfilled Union. Canadian Federalism and National Unity*. 5. Auflage. Montreal und Kingston: McGill-Queen's University Press.

———2009b. Fiscal Federalism and the Burden of History. In: JOHN R. ALLAN, THOMAS J. COURCHENE, und CHRISTIAN LEUPRECHT (Hg.), *Canada: The State of the Federation 2006/07. Transitions: Fiscal and Political Federalism in an Era of Change*. Kingston: Institute of Intergovernmental Relations, S. 27 – 51.

STREECK, W., und THELEN, K., 2005. Introduction: Institutional Change in Advanced Political Economies. In: WOLFGANG STREECK und KATHLEEN THELEN (Hg.), *Beyond Continuity. Institutional Change in Advanced Political Economies*. Oxford: Oxford University Press, S. 1 – 39.

STRØM, K., 1990. A Behavioral Theory of Competitive Political Parties, *American Journal of Political Studies*, 34 (2), S. 565 – 598.

STRØM, K. und MÜLLER, W. C., 1999. Political Parties and Hard Choices. In: dies. (Hg.), *Policy, Office, or Votes? How Political Parties in Western Europe Make Hard Decisions*, Cambridge: Cambridge University Press, S. 1 – 35.

STURM, R., 2010. More courageous than expected? The 2006 reform of German federalism. In: JAN ERK und WILFRIED SWENDEN (Hg.), *New Directions in Federalism Studies*. London: Routledge, S. 34 – 49.

SWENDEN, W. 2006, *Federalism and Regionalism in Western Europe: A Comparative and Thematic Analysis*. Houndmills: Palgrave Macmillan.

SWENDEN, W., und MADDENS, B., (Hg.) 2009. *Territorial Party Politics in Western Europe*. New York: Palgrave Macmillan.

SWINTON, K. E. und ROGERSON, C. J., (Hg.) 1988. *Competing Constitutional Visions. The Meech Lake Accord*. Toronto: Carswell.

TARLTON, C., 1965. Symmetry and Asymmetry as Elements of Federalism: A Theoretical Speculation, *The Journal of Politics*, 27 (4), S. 861 – 874.

TAYLOR, C. 1991. Les enjeux de la réforme constitutionelle. In: COMMISSION SUR L'AVENIR POLITIQUE ET CONSTITUTIONNEL DU QUÉBEC (Hg.). *Les avis des spécialistes invités à répondre aux huit questions posées par la commission*. Quebec: Éditeur officiel, S. 961 – 979.

———1992a. *Multiculturalism and "the politics of recognition"*. Princeton: Princeton University Press.

———1992b. *Rapprocher les solitudes. Écrits sur le fédéralisme et le nationalisme au Canada*. Sainte-Foy: Les Presses de l'Université Laval.

———1993. The Deep Challenge of Dualism. In: ALAIN-G. GAGNON (Hg.), *Quebec: State and Society*, 2. Auflage. Scarborough: Nelson Canada, S. 82 – 95.

———1994. *Sources of the self: The making of the modern identity*. Cambridge: Harvard University Press.

———2012. Interculturalism or multiculturalism, *Philosophy and Social Criticism*, 38 (4-5), S. 413 – 423.

TELLIER, L.-N. (Hg.), 1977. *Économie et indépendance: textes du Congrès de l'Association des économistes québécois*, Montréal: Editions Quinze.

THOMSON, D. C., 1984. *Jean Lesage & the Quiet Revolution*. Toronto: Macmillan of Canada.

THORLAKSON, L., 2009. Patterns of Party Integration, Influence and Autonomy in Seven Federations, *Party Politics*, 15 (2), S. 157 – 177.

———2013. Measuring Vertical Integration in Parties with the Party Organisation in Multi-Level Systems Data, *Party Politics*, 19(5), S. 713 – 734.

THUNERT, M., 1992. *Grundrechtspatriotismus in Kanada? Zur politischen Integrationsfunktion der Canadian Charter of Rights and Freedoms*. Bochum: Dr. N. Brockmeyer.

TILLY, C. 1975. *The Formation of National States in Western Europe*. Princeton: Princeton University Press.

TOUBEAU, S., 2011. Regional Nationalist Parties and Constitutional Change in Parliamentary Democracies: A Framework for Analysis, *Regional and Federal Studies*, 21 (4–5), S. 427 – 446.

TOUBEAU, S., und MASSETTI, W., 2013. The Party Politics of Territorial Reforms in Europe, *West European Politics*, 36 (2), S. 297 – 316.

TOUBEAU, S. und WAGNER, M., 2015. Explaining Party Positions on Decentralization, *British Journal of Political Science*. 45 (1), S. 97 – 119.

———2016. Party competition over decentralisation: The influence of ideology and electoral incentives on issue emphasis, *European Journal of Political Research*, 55 (2), S. 340 – 357.

TREMBLAY, L.-M., 1972. *Le syndicalisme québécois: Idéologies de la C.S.N. et de la F.T.Q.*, Montreal: Les Presses de l'Université de Montréal.

TREMBLAY, M., 1953. Orientations nouvelles de la pensée sociale. In JEAN-C. FALARDEAU (Hg.), *Essais sur le Québec contemporain. Essays on Contemporary Quebec*. Quebec: Les Presses de l'Université Laval, S. 193-215.

TRUDEAU, P.-E., 1958. Some Obstacles to Democracy in Quebec, *The Canadian Journal of Economics and Political Science*, 24 (3), S. 297 – 311.

———1962. La nouvelle trahison des clercs, *Cité libre*, 46, S. 3 – 16.

———1968. *Federalism and the French Canadians*. New York: St. Martin's Press.

———1969. *Federal-Provincial Grants and the Spending Power of Parliament. Working paper on the constitution.* Ottawa: Government of Canada.

———1970. La province de Québec au moment de la grève, in: ders. (Hg.), *La grève de l'amiante*. Montreal: Édition du jour. S. 1 – 91.

TULLY, J., 2001. Introduction. In: ALAIN-G. GAGNON, und ders., (Hg.), *Multinational Democracies*, Cambridge: Cambridge University Press, S. 1 – 33.

———2008. *Public Philosophy in a New Key: Democracy and Civic Freedom.* Band 1, Cambridge: Cambridge University Press.

TÜRSAN, H., 1998. Introduction. Ethnoregionalist parties as ethnic entrepreneurs. In: LIEVEN DE WINTER und ders. (Hg.), *Regionalist Parties in Western Europe*. London und New York: Routledge, S. 1 – 16.

VALLIÈRES, P., 1974. *Nègres blancs d'Amérique. Autobiographie précoce d'un "terroriste" québécois*. Montreal: Parti Pris.

VENNE, M. (Hg.), 2000. *Penser la nation québécoise*. Montreal: Québec/Amérique.

WALDMANN, P., 1992., *Ethnischer Radikalismus. Ursachen und Folgen gewaltsamer Minderheitenkonflikte*, Opladen: Budrich.

WATTS, R. L., 1998. Federalism. Federal Political Systems, and Federations, *Annual Review of Political Science*, 1, 117 – 137.

———1999. The Canadian Experience with Asymmetrical Federalism. In: ROBERT AGRANOFF (Hg.), *Accommodating Diversity: Asymmetry in Federal States*. Baden-Baden: Nomos, S. 118 – 136.

———2005. Comparing Forms of Federal Partnerships. In: DIMITRIOS KARMIS und WAYNE NORMAN (Hg.), *Theories of Federalism: A Reader*. London: Palgrave Macmillan, S. 233 – 253.

———2009. *Comparing Federal Systems*. 3. Auflage. Kingston: Institute of Intergovernmental Relations.

WEBER, M., 1963. *Gesammelte Aufsätze zur Religionssoziologie*. Tübingen: Mohr-Siebeck, Band 1.

WISEMAN, N. 2007. *In Search of Canadian Political Culture*. Vancouver: UBC-Press.

———2016. Provincial Political Cultures. In: CHRISTOPHER DUNN (Hg.), *Provinces: Canadian Provincial Politics*. 3. Auflage, Toronto: University of Toronto Press, S. 3 – 45.

WHYTE, J. D., 2012. Federalism Dreams. In: JOHN R. ALLAN, THOMAS J. COURCHENE, MARC-ANTOINE ADAM und HOI KONG (Hg.), *Canada: The State of the Federation 2008. Open Federalism and the Spending Power*. Kingston: Institute of Intergovernmental Relations, S. 19 – 39.

WOEHRLING, J., 1989. A Critique of the Distinct Society Clause's Critics. In: MICHAEL D. BEHIELS (Hg.), *The Meech Lake Primer. Conflicting Views of the 1987 Constitutional Accord*. Ottawa: University of Ottawa Press, S. 171 – 207.

———1998. L'obligation d'accommodement raisonnable et l'adaptation de la société à la diversité religieuse, *McGill Law Journal*, 43, S. 325 – 401.

WYN JONES, R. und SCULLY, R., 2006. Devolution and Electoral Politics in Scotland and Wales, *Publius: The Journal of Federalism* 36 (1), S. 115 – 134.

YALE, F. und DURAND, C., 2011. What did Quebeckers Want? Impact of Question Wording, Constitutional Proposal and Context on Support for Sovereignty, 1976–2008. *American Review of Canadian Studies,* 41 (3), S. 242 – 258.

YOUNG, A., FAUCHER, P., und BLAIS, A. 1984. The Concept of Province-Building: A Critique, *Canadian Journal of Political Science*, 17 (4), S. 783 – 818.

ZÜRN, M., 2005. *Regieren jenseits des Nationalstaates. Globalisierung und Denationalisierung als Chance*. 2. Auflage. Frankfurt a. M.: Suhrkamp.

Made in the USA
Las Vegas, NV
12 November 2024

11556534R00213